Grammatica di base dell'italiano

gbi

La prima grammatica cognitiva dell'italiano

Andrea Petri
Marina Laneri
Andrea Bernardoni

D1122807

Nota degli autori

L'insegnamento della grammatica, basata sulla descrizione della lingua intesa come prodotto dei parlanti nativi e che classifica gli usi su base tassonomica, ha creato uno scollamento tra forma e significato a vantaggio dello studio della prima. Infatti, la grammatica che viene generalmente insegnata è poco interessata a spiegare il perché delle scelte del parlante. L'obiettivo dell'insegnamento della grammatica dovrebbe essere, invece, secondo noi, a supporto della comunicazione e dovrebbe mettere in evidenza il significato di cui ogni forma grammaticale è portatrice.

È questo ciò che i nostri colleghi spagnoli si sono proposti di fare quasi una decade orsono, formulando una metodologia e una pratica pedagogica che avessero come obiettivo mettere in mano allo studente uno strumento operativo, chiaro ed efficace per affrontare il viaggio avventuroso dell'apprendimento di una lingua. Anche noi, più che di una un'altra grammatica che descrivesse la produzione linguistica dei parlanti italiano, abbiamo sentito il bisogno di creare un manuale che cercasse di spiegare perché gli italiani scelgono determinate espressioni grammaticali e cosa vogliono esprimere con queste. Una grammatica, insomma, che facesse attenzione ai processi cognitivi e che, alla fine, si proponesse di insegnare a pensare in italiano. Il risultato è il presente manuale che sposa le idee fondamentali della grammatica cognitiva con un approccio pedagogico che trova nel suo orientamento operativo la propria forza.

Desideriamo ringraziare gli autori della Gramática básica del estudiante de español (Rosario Alonso, Alejandro Castañeda, Pablo Martínez, Lourdes Miquel, Jenaro Ortega, José Plácido Ruiz) per averci in qualche modo spianato la strada, e particolarmente José Plácido Ruiz Campillo per aver suggerito per primo l'idea di realizzare un materiale simile per l'italiano. Ringraziamo tutto lo staff di Casa delle Lingue e di Difusión per aver creduto in questo progetto, e in modo particolare Ludovica Colussi, che ci ha appoggiato e aiutato pazientemente durante questo lungo lavoro.

Ringraziamo le nostre famiglie e i nostri amici che ci hanno sostenuti durante tutto il progetto. E infine, ci teniamo particolarmente a menzionare un'amicizia che, nata per caso, è maturata in mesi di minuzioso, attento e costante lavoro: la nostra. A quest'ultima dobbiamo la realizzazione di questo manuale.

Gli autori

Presentazione

Cos'è la GBI?

La *Grammatica di base dell'italiano* (GBI) è una grammatica per studenti d'italiano di livello iniziale e intermedio (A1-B1 del *Quadro comune europeo di riferimento per lingue*) che sono in cerca di una descrizione chiara ed esauriente del funzionamento della lingua italiana. Le caratteristiche principali della GBI sono:

- spiegazioni del sistema grammaticale dell'italiano che considerano il significato e l'uso reale della lingua, sia nella descrizione dei fenomeni che negli esercizi.
- l'uso di elementi figurativi (illustrazioni, colori e altre convenzioni grafiche) che facilitano la comprensione dei significati grammaticali.
- descrizioni chiare ed esaurienti dei contenuti grammaticali che permettono un'applicazione significativa e sistematica delle regole presentate.

Struttura della GBI

Il libro è suddiviso in sette sezioni che trattano i principali aspetti del sistema grammaticale dell'italiano: SOSTANTIVI E AGGETTIVI; DETERMINANTI; PRONOMI PERSONALI; VERBI; PREPOSIZIONI; FRASI; FONETICA E ORTOGRAFIA.

Ogni sezione è, a sua volta, suddivisa in capitoli e paragrafi, al cui interno, le schede che contengono le spiegazioni dei fenomeni linguistici sono seguite dai relativi esercizi di applicazione immediata (che consentono allo studente di verificare l'assimilazione della spiegazione). All'interno dei vari capitoli sono presenti numerosi rimandi interni che ne facilitano la consultazione.

La GBI include, inoltre, le soluzioni degli esercizi e le tavole dei verbi coniugati (regolari e irregolari).

Spiegazioni grammaticali e modelli di lingua

Le spiegazioni grammaticali (con pochi termini tecnici e un lessico adeguato agli studenti), gli schemi, i modelli di lingua che accompagnano le spiegazioni, le illustrazioni sono stati elaborati tenendo sempre in considerazione la prospettiva dell'apprendente, la sua necessità di imparare la grammatica in maniera sistematica ma anche in funzione della comunicazione.

Esercizi

La GBI offre una gran varietà di esercizi di automatizzazione, interpretazione e produzione, ma anche di correzione degli errori più frequenti nell'interlingua degli studenti. Tutti gli esercizi sono stati pensati per rendere il lavoro interessante, gradevole e incentrato sul significato.

La lingua è presentata in contesti reali e verosimili, che facilitano la comprensione del funzionamento della grammatica.

Gli esercizi sono a risposta chiusa per agevolare la verifica autonoma dell'apprendimento, anche grazie alle soluzioni incluse alla fine del libro.

Contesti educativi

La GBI, di facile uso e consultazione, è uno strumento efficace per l'apprendimento autonomo di studenti di livello A1-B1. Tuttavia, la GBI è utile anche per quegli studenti con un livello più alto d'italiano che vogliono consolidare i contenuti già appresi in precedenza.

Al tempo stesso, la GBI può essere regolarmente utilizzata a lezione per presentare e approfondire i vari temi grammaticali, per esercitarsi nel contesto collettivo del gruppo-classe e favorire, così, una maggiore e più profonda riflessione grammaticale.

Come funziona la GBI

■ La GBI è suddivisa in SETTE SEZIONI che trattano i principali aspetti del sistema grammaticale dell'italiano. Ogni sezione è contraddistinta da un colore differente:

■ I capitoli sono suddivisi in **paragrafi**, che contengono le **spiegazioni** e gli **esercizi**:

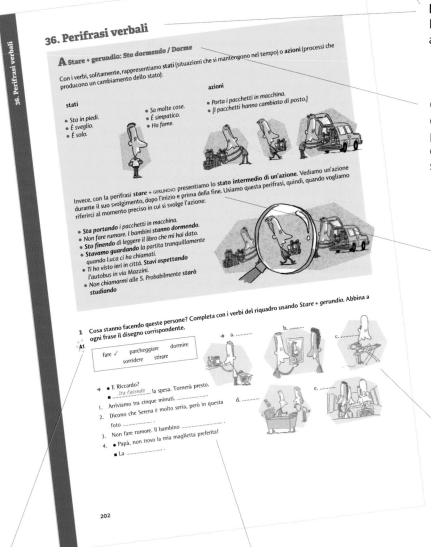

Numero e **nome** del capitolo. Il **colore** indica la sezione a cui appartiene.

Ogni **paragrafo** è identificato da una lettera (**A**, **B**, **C**...) e comprende **spiegazioni** con **esempi** ed **esercizi**. Tutti i paragrafi sono indicati nell'indice.

Le **spiegazioni** con gli **esempi** si trovano all'interno di riquadri di colore giallo.

Negli **esercizi** le forme linguistiche sono in relazione con il **significato**: si deve fare attenzione alla situazione e al senso delle frasi e dei testi.

Per ogni esercizio, questo pittogramma indica il livello del **Quadro comune europeo di riferimento** corrispondente (A1, A2 o B1).

Ogni spiegazione è seguita da **esercizi** (di automatizzazione, comprensione e produzione) per praticare i contenuti su cui si sta lavorando. Si potrà verificare facilmente grazie alle **soluzioni**.

I **riquadri bianchi** evidenziano informazioni importanti: forme, categorie, esempi, ecc.

Sono numerosi i **riferimenti** ad altri capitoli che rimandano ad argomenti collegati.

I colori distinguono forme **linguistiche** differenti per facilitare la comprensione.

L' 👁 segnala punti a cui prestare particolare attenzione.

Il <u>sottolineato</u> mette in evidenza elementi direttamente relazionati con con l'aspetto grammaticale trattato.

Gli errori più frequenti da evitare sono scritti in *azzurro* e ~~cancellati~~ in rosso.

Sono in **grassetto** le forme presentate e i concetti chiave delle spiegazioni.

Le **illustrazioni** facilitano la comprensione dei fenomeni linguistici.

Gli esempi sono in *corsivo* e, tra parentesi grigie [...], ci sono le spiegazioni degli esempi.

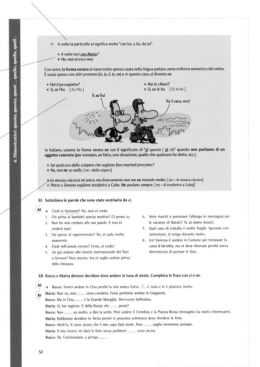

■ Oltre alle sezioni con i temi grammaticali, questa grammatica include tavole con **verbi coniugati** e le **soluzioni degli esercizi**:

Le tavole dei **verbi coniugati** comprendono i verbi regolari e irregolari più frequenti. La sillaba tonica (con l'accento) è <u>sottolineata</u>.

Con la pagina, il numero del capitolo e il numero dell'esercizio, si consultano facilmente le **soluzioni degli esercizi**.

1 Sostantivi e aggettivi

2 Determinanti

9

7 Fonetica e Ortografia

1

Sostantivi e aggettivi

1. Sostantivo: genere delle cose

In italiano, **tutti i sostantivi hanno un genere**, che può essere **maschile** o **femminile** (non esistono sostantivi neutri). È molto importante sapere se un sostantivo è maschile o femminile, perché tutti gli elementi che gli si riferiscono (articoli, aggettivi, dimostrativi, pronomi, ecc.) devono avere lo stesso genere:

- *Quest**o** è un <u>edifici**o**</u> molto antic**o**.*
- *L'altra <u>magliett**a**</u> è più carina, provala!*

A Regola generale: *il libro, la casa...*

I sostantivi che designano cose (oggetti concreti, concetti, sentimenti, ecc.) **hanno un solo genere**: alcuni sono sempre maschili e altri sono sempre femminili. Generalmente, i sostantivi di genere maschile terminano in -**o**, e quelli di genere femminile terminano in -**a**.

MASCHILE in -**o**	*l'edificio, il vaso, il dizionario, il semaforo, il negozio, il tavolo, il messaggio, ecc.*
FEMMINILE in -**a**	*la casa, la piazza, la parola, la finestra, la strada, la porta, ecc.*

Inoltre, sono **maschili**:

molti sostantivi che terminano in consonante	*il computer, lo yogurt, l'autobus, il bar, il film, il monitor, ecc.*
i nomi dei monti, mari, laghi, fiumi	*il Po, il Mediterraneo, il Cervino, ecc.*
i giorni della settimana	*il lunedì, il sabato, ecc. (eccezione: la domenica)*

Sono **femminili**:

i sostantivi in -**tà**	*la città, la bontà, la civiltà, l'austerità, la verità, ecc.*
i nomi di continenti, isole, città	*l'Africa, l'Europa, la Sardegna, la Sicilia, ecc.*

1 Completa con la desinenza corretta. Segui la regola generale.

A1

→ Il mio gatt.*o*. è bianco e nero e ha la cod.*a*. molto lunga.

1. Uso sempre la penn........ nera. Per sottolineare uso la matit........ rossa.
2. La camer........ da letto è piccola, però lo studi........ è spazioso.
3. Questo quadern........ ha poche pagine.
4. I Bianchi sono una famigli........ molto numerosa. Sono otto fratelli.

B Sostantivi in -e: *il giornale, la stazione...*

In italiano sono numerosi **i sostantivi che terminano in -e**, che possono essere maschili o femminili.

- *Questa canzone è bellissima!* **La** *adoro!*
- **Il** *maglione rosso è il mio preferito.*

Sono generalmente maschili:

i sostantivi in	**-one**	*il limone, il sapone, il furgone, il neurone, il mattone, il maglione, il tallone, ecc.*
i sostantivi in	**-ale**	*l'arsenale, il giornale, il funerale, l'ospedale, il caviale, il boccale, ecc.*
i sostantivi in	**-ile**	*il fucile, il fienile, il canile, il cortile, ecc.*
i sostantivi in	**-ore**	*l'amore, il dolore, l'errore, l'odore, il sapore, il terrore, ecc.*

Sono generalmente femminili:

i sostantivi in	**-ione**	*la stazione, l'emozione, la sensazione, la lezione, l'emissione, l'impressione, la tensione, l'elezione, la frizione, ecc.*
i sostantivi in	**-ice**	*la lavatrice, la cornice, la danzatrice, l'affettatrice, l'educatrice, l'attrice, ecc.*
i sostantivi in	**-ie**	*la serie, la specie, la carie, ecc.*

Sono sempre femminili:

i sostantivi che terminano in -**udine**:

l'abitudine, la consuetudine, la beatitudine, l'incudine, la solitudine, la moltitudine, ecc.

Per alcuni sostantivi in -e, non è possibile dedurre il genere dalla terminazione. Ma il dizionario indica sempre il genere dei sostantivi:

parte s. f. [lat. *pars partis*]. – 1. a. Ciascuno degli elementi in cui un intero è diviso materialmente staccati l'uno dall'altro, sia che possano essere soltanto considera

MASCHILE
Il caffè, il sole, il paese, il femore, il padre, il fiume, il mese, il cellulare, il (forno a) microonde, il sangue, ecc.

FEMMINILE
la classe, la carne, la febbre, la fame, la fronte, la gente, la chiave, la morte, la nave, la notte, la nube, la parte, la sorte, ecc.

---

2 **Maschile o femminile? Inserisci i seguenti sostantivi nel riquadro corrispondente.**

A1
A2

sangue	latte	sole	microonde	fame	amore	chiave	morte	sorte ✓	commissione
terrore	sapone	caviale	fucile	informazione	elezione	serie	solitudine	situazione	
giornale	ristorante	attrice	pane ✓	canzone	stazione	maglione	notte		

MASCHILE

pane

FEMMINILE

sorte

3 Abbina le seguenti frasi all'oggetto corrispondente.

A2

→ Quella rossa è più carina.

1. È piuttosto antica, del XII secolo.
2. È il più alto d'Europa.
3. È una terra fantastica!
4. Se è rosso, non puoi passare.
5. È moderna e vivace.
6. Non è lontana dall'hotel, possiamo andare a piedi.
7. Che buono! Non è per niente acido.

- Monte Bianco
- yogurt
- borsa
- Berlino
- semaforo
- stazione
- chiesa
- Australia

C Il problema, la mano, la crisi...

Contrariamente alla regola generale, esistono alcuni sostantivi **maschili che terminano in** -*a* (tra questi, la maggior parte termina in -*ema*):

MASCHILE IN -*a*: *il clima, il programma, il pianeta, lo schema, il poema, il problema, il cinema, il sistema, il tema, ecc.*

Esistono anche alcuni sostantivi **femminili che terminano in** -*o*:

FEMMINILE IN -*o*: *la foto (fotografia), la mano, la moto (motocicletta), la radio, la metro (metropolitana), ecc.*

Sono generalmente femminili anche:

i sostantivi che terminano in -*i*

la crisi, l'analisi, la tesi, l'ipotesi, ecc.

i sostantivi che terminano in -*tù*

la virtù la gioventù, la servitù, ecc.

---

4 In ciascun gruppo uno dei sostantivi ha un genere diverso dagli altri. Individualo ed eliminalo.

A1

→ mano, foto, braccio, metro, radio

(braccio è l'unico sostantivo maschile)

A2

1. problema, panorama, parola, teorema, sistema
2. mappa, pianeta, schema, cinema, automa
3. clima, pentagramma, tema, poema, casa
4. libro, moto, auto, crisi, ipotesi
5. terra, pianeta, stella, galassia, luna

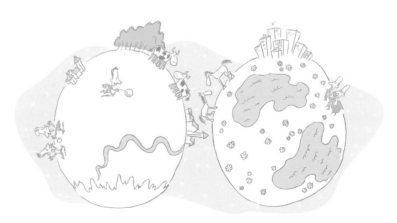

5 Scegli l'articolo corretto.

★ ★
★ **A2**
★ ★

Andrea

Mi dispiace ma non posso prestarti **il/la** macchina: **il/la** sabato andiamo sempre a fare **il/la** spesa **al/alla** supermercato.

Anna

Puoi accompagnarmi **al/alla** stazione? C'è solo **un/una** problema: **il/la** treno parte alle 6:00

Edoardo

Amore, non andare **al/alla** ristorante: ti ho lasciato **il/la** cena **nel/nella** microonde e **il/la** pane è in forno. Ti ho anche lavato **il/la** maglione verde. **Un/Una** bacio!

Paola

Ricordati che **il/la** riunione di domani è alle 9:30. Per favore porta **il/la** computer e, se puoi, prepara **il/la** caffè. Grazie!

Mario

Andiamo **al/alla** cinema stasera? Fanno **un/una** film interessante.

Giorgio

Ti aspetto al/alla bar vicino casa. Per favore non dimenticare il/la chiave del lucchetto del/della moto.

Ilaria

Oggi **al/alla** radio hanno trasmesso **il/la** canzone di Dario, è stata **un'/un** emozione grande!

Bruno

Mi dai **un/una** mano con **lo/la** schema di fisica? C'è **un/una** teorema che non ho capito...

6 Il cantautore Giorgio Chitarrone ha composto questa canzone. Completala con gli articoli *il/l'/la.*

★ ★
★ **A2**
★ ★

→ Compra ...*il*... computer,

1. compra .... cellulare,
2. compra .... moto,
3. ma non comprerai .... libertà che mi appartiene.

4. Compra .... diamante più prezioso,
5. compra .... fiore più bello,
6. compra .... dolce più delizioso,
7. ma non comprerai .... cuore che mi appartiene.
8. né .... amore che non ho mai provato,
9. né .... fiore che non ti ho mai dato.
10. Compra .... sapone,
11. compra .... caffè,
12. e .... limone,
13. compra .... carne,
14. e compra .... melone
15. ma non comprerai .... canzone che canto
16. o .... voglia di starti vicino.
17. Sono come .... bambino che corre felice,
18. come .... lavatrice che gira veloce,
19. non potrai rubarmi .... passione,
20. né prendermi .... emozione.

17

2. Sostantivo: genere di persone e animali

A Regola generale: *il ragazzo, la ragazza, il signore, la signora...*

I sostantivi che si riferiscono a persone o animali hanno, generalmente, **due forme**: una **maschile** e una **femminile**. Il maschile è la forma di base, quella presente nel dizionario.

Generalmente, i sostantivi che terminano in *-o* formano il femminile sostituendo l'ultima vocale con una *–a*. Anche per **alcuni sostantivi maschili che terminano in** *–e* si forma il femminile sostituendo l'ultima vocale con una *–a:*

MASCHILE IN *–o*

il ragazzo, il gatto

FEMMINILE *–a*

la ragazza, la gatta

MASCHILE IN *–e*

il signore, il cameriere

FEMMINILE *–a*

la signora, la cameriera

👁 Solamente con sostantivi che designano persone o animali è possibile formare il femminile cambiando la desinenza *–o* in *–a*, oppure *–e* in *–a*. Alcuni nomi di cosa, che sembrano varianti femminili di un nome maschile, hanno invece un altro significato:

> *modo (=maniera)   moda (=usanza)*
> *pianto (=lacrime)   pianta (=albero)*

1 Indica il genere delle parole in grassetto (M o F) e sottolinea gli elementi che ti aiutano a capire.

★ ★
★ **A1**
★ ★

→ Il **gatto** di Piero è grasso e pigro. ..*M*...

1. La **pasticcera** è straordinaria, fa dei dolci squisiti. ....

2. L'**insegnante** è bravissimo, mi piacciono molto le sue lezioni. ....

3. La **cameriera** è molto educata e gentile. ....

4. Il **figlio** dei vicini è maleducato, non saluta mai quando ci incontriamo. ....

5. Il **parrucchiere** di Gina è specializzato in capelli corti. ....

6. La **cantante** di questo gruppo è bravissima, ha voce eccezionale. ....

7. La **signora** Parlantini è pettegola, sa sempre tutto di tutti. ....

2 Completa come nell'esempio.

★ ★
★ **A1**
★ ★

→ Il marito di mia sorella è mio cognato e la moglie di mio fratello è mia cognat ..*a*...

1. Mio nonno andò a Vienna con mia nonn .... e si sposarono lì.

2. Sua mamma fa l'infermiera e anche lui vuole diventare un infermier ....

3. Il ristorante è proprio piccolo. Ci sono solo un cameriere e una camerier ....

4. Mio padre ha un fratello e una sorell .... , quindi ho due zii.

5. Il ragazzo ha vent'anni e la ragazz .... diciannove.

6. Ho due figli: un bambino e una bambin ....

B Casi particolari per il genere delle persone: *marito e moglie...*

In alcuni casi, esistono **parole differenti per riferirsi al genere** maschile e al genere femminile:

> il **marito**/la **moglie**   il **padre**/la **madre**
> il **frate**/la **suora**   l'**uomo**/la **donna**

👁 In altri casi, per nomi che designano una professione o una carica, formiamo il femminile aggiungendo il suffisso -**essa**:

> Il professore/la professor**essa**, lo studente/la student**essa**, il dottore/la dottor**essa**

Di norma, i sostantivi che terminano in -**tore**, formano il femminile in -**trice**:

> l'impera**tore**/l'impera**trice**   il diret**tore**/la diret**trice**
> l'at**tore**/l'at**trice**   il let**tore** la let**trice**

I sostantivi che terminano in -**ante, -ente** e -**ista** hanno **una sola forma per i due generi**, quindi sono gli articoli e gli aggettivi a definirne il genere:

- È **un** artista veramente creativo e innovativo.
- **La** nuova giornalista è molto preparata.
- **La** comandante della polizia è molto astuta.
- È **un** adolescente problematico.
- **La** docente d'italiano è molto simpatica.

👁 In italiano, per alcuni nomi di professioni è molto diffuso l'uso della forma maschile anche per il femminile; in questi casi la forma maschile si percepisce come neutra:

> avvocato, ingegnere, architetto, medico, ecc.

Tuttavia, la forma femminile esiste ed è corretta come quella maschile:

> avvocata, ingegnere, architetta, medica, ecc.

---

3 Completa le frasi con le parole nel riquadro. A volte sarà necessario ripeterle.

⭐ **A1**
⭐ **A2**

uomo ✓	moglie	marito ✓	padre	madre	fratello
donna	sorella	figlio	figlia	nonno	nonna

→ L'_uomo_ con cui sono sposata è mio _marito_ .

1. Il .... di mia .... è mio nonno.

2. La .... di mio .... è mia nonna.

3. La .... con cui sono sposato, è mia ....

4. La .... di mia .... è mia zia.

5. Mia .... è la nipote dei miei genitori.

6. Il .... di mio .... è mio zio.

7. Il .... di mia .... è mio suocero.

8. La .... di mio .... è mia suocera.

9. Mio .... è il nipote dei miei genitori.

10. Mia .... è la madre della mia unica ....

11. Mio .... è il padre del mio unico ....

4 Il bambini e le bambine della scuola del futuro sanno già cosa vogliono fare da grandi, però non conoscono il nome della professione. Aiutiamoli come nell'esempio.

★ ★
★ **A1**
★ ★
★ ★
★ ★
★ **A2**
★ ★

pittrice ✓	veterinario	professore	scrittrice	violinista	attore
stilista	architetto	calciatore	poliziotto	pianista	

E tu cosa vuoi fare da grande?

→ Maria vuole dipingere quadri. Vuole diventare *pittrice* .

1. Giorgio vuole suonare il violino in un'orchestra. Vuole diventare ....
2. Anche Irene vuole suonare in un'orchestra, però le piace il pianoforte. Vuole diventare ....
3. Enrico vuole arrestare i ladri e gli assassini. Vuole diventare ....
4. Elvira vuole curare i malati. Vuole diventare ....
5. Carmelo vuole insegnare latino. Vuole diventare ....
6. Michela vuole scrivere romanzi. Vuole diventare ....
7. Armando vuole costruire palazzi. Vuole diventare ....
8. Elena vuole disegnare vestiti. Vuole diventare ....
9. Davide vuole essere come Johnny Depp. Vuole diventare ....
10. Matteo vuole curare gli animali. Vuole diventare ....
11. Antonio vuole giocare a calcio. Vuole diventare ....

C Eccezione per il genere degli animali: *toro e vacca...*

Alcuni sostantivi che si riferiscono a persone o animali hanno due forme, una maschile (*-o*) e una femminile (*-a*):

il gatto, la gatta	*l'orso, l'orsa*
il cavallo, la cavalla	*il lupo, la lupa*

👁 Alcuni nomi presentano terminazioni speciali per il femminile:

il gallo/la gallina   *il leone/la leonessa*

Altri nomi di animali hanno, invece, due forme differenti per ciascun genere:

*il **toro**/la **vacca**   il **porco**/la **scrofa**   il **cane**/la **cagna***

Sono numerosi i nomi di animali che hanno una sola forma, maschile o femminile, per indicare sia il *maschio* che la *femmina*:

il/l'/lo	*coccodrillo, avvoltoio, dinosauro, polipo, corvo, usignolo, falco, delfino, leopardo, scorpione, serpente*
la	*formica, cicogna, giraffa, tartaruga, lumaca, pantera, iena, balena, volpe, tigre, civetta, anatra*

👁 Per specificare il sesso dell'animale si aggiunge al nome *maschio* o *femmina*:

- *la volpe **maschio***
- *la trigre **maschio***

- *il coccodrillo **femmina***
- *il leopardo **femmina***

In alternativa, si ricorre a una perifrasi: *il maschio* della volpe o *la femmina* del coccodrillo.

5 Classifica i seguenti nomi di animali a seconda del genere. Cerca nel dizionario quelli che non conosci.

★★
★ **A2**
★★

giraffa	cane ✓	mosca ✓	tartaruga	tigre	orsa	gatto ✓	polipo ✓	vacca	
coccodrillo	gallina	cagna ✓	toro	volpe	cavallo	gatta	formica		
lumaca	cavalla	pantera	iena	gallo	pellicano	orso	cicogna		

maschile e femminile:	parola diversa per ciascun sesso:	femminile invariabile:	maschile invariabile:
gatto/gatta	*cane/cagna*	*mosca*	*polipo*

6 Gigetto e Lucilla vanno allo zoo con la scuola. Vedono tantissimi animali ma non capiscono di che sesso sono. Completa come nell'esempio.

★ ★
★ **A2**
★ ★

➜ Gigetto: Cos'è questo?
Un orso o un'orsa ?

Lucilla: Ah boh! E questo è
un pinguino maschio o un pinguino femmina ?

1. Gigetto: Non si capisce.
Secondo te questo è .... ?

2. Lucilla: Non lo so.
E questo è .... ?

3. Gigetto: Guarda quello!
Cos'è, ... ?

4. Lucilla: Vediamo se questo è più facile.
Cos'è? .... ?

5. Gigetto: Questo sì che è complicato.
È .... ?

6. Lucilla: Impossibile capirlo. E cosa sarà questo?
.... ?

21

3. Sostantivo: numero

In italiano, oltre al genere (maschile e femminile), **i sostantivi hanno anche il numero (singolare e plurale)**. Il numero indica la **quantità** di individui a cui ci riferiamo: un solo individuo (singolare) o più individui (plurale). Il **singolare** è la forma di base, quella che troviamo nel dizionario.

- *Ecco la mia macchina.*
  [macchina è singolare, si riferisce ad un solo oggetto]

- *Ecco le mie macchine.*
  [macchine è plurale, si riferisce a vari oggetti]

A Formazione del plurale: *casa, case, paese, paesi*

Di norma, quando il singolare termina in *-o*, il plurale si forma cambiando la *-o* in *–i*; quando il singolare termina in *-a*, il plurale si forma cambiando la *-a* in *-e*; quando il singolare termina in *-e*, il plurale si forma cambiando la *-e* in *-i*.

GENERE	DESINENZA SINGOLARE	DESINENZA PLURALE
maschile	**-o** (*libro, ragazzo*)	**-i** (*libri, ragazzi*)
femminile	**-a** (*casa, ragazza*)	**-e** (*case, ragazze*)
maschile	**-e** (*paese, limone*)	**-i** (*paesi, limoni*)
femminile	**-e** (*stazione, canzone*)	**-i** (*stazioni, canzoni*)

👁 I nomi maschili che terminano in *-a* formano il plurale cambiando la *-a* in *-i*.

> *il problema* → *i problemi*
> *il pianeta* → *i pianeti*

👁 Alcuni sostantivi hanno il plurale irregolare.

> *l'uomo* → *gli uomini*
> *il tempio* → *i templi*

1 Inserisci le parole nella categoria corretta. Se hai dubbi cerca la parola nel dizionario.

A1

giraffa	stazione	case	zaini	aerei	dentista	quaderni	problema	teoremi
numero	ristoranti	gatti	poeta ✓	paese	libro	canzoni	esame	penna	bambine

	SINGOLARE	PLURALE
MASCHILE	*poeta*	
FEMMINILE		

2 La giornata di Daniela non è cominciata bene. Completa secondo il modello.

A1 → Il gatto le ha rotto due vasi. Adesso ha un solo ..*vaso*.. per i suoi fiori.

1. Ha bruciato due torte. Le rimane solo una .... per la festa.
2. Ha dimenticato i limoni al mercato. In frigo c'è solo un .... per la limonata.
3. Ha bruciato tre maglioni con il ferro da stiro. Fortunatamente ha un altro ....
4. Ha fulminato quasi tutte le lampadine della casa. Funziona solo la .... del corridoio.
5. Ha scaricato le canzoni per la festa, ma si sente bene solo una ....

B **Formazione del plurale:** *farmacia, farmacie, provincia, province*

Per i nomi maschili che terminano in *-co* e *-go* si segue la seguente regola per il plurale:

| accento sulla penultima sillaba | fuo*co* → fuo*chi*
a*go* → a*ghi* |

👁 A*mico* ha l'accento sulla penultima sillaba ma ha il plurale in *-ci* (ami*ci*).

| accento sulla terzultima sillaba | me*dico* → medi*ci*
psi*cologo* → psicolo*gi* |

👁 Dia*logo* ha l'accento sulla terzultima sillaba ma ha il plurale in *-ghi* (dialo*ghi*).

| I nomi maschili che terminano in *-ca* e *-ga* hanno il plurale in *-chi* e *-ghi*: | monar*ca* → monar*chi*
colle*ga* → colle*ghi* |

Per i nomi maschili che terminano in *-io* si segue la seguente regola per il plurale:

| accento sulla *i* di *-io* | inv*io* → inv*ii*
z*io* → z*ii* |

| accento su un'altra vocale | ne*gozio* → negoz*i*
ba*cio* → bac*i* |

| I nomi femminili che terminano in *-ca* e *-ga* hanno il plurale in *-che* e *-ghe*: | ami*ca* → ami*che*
botte*ga* → botte*ghe* |

Per i nomi femminili che terminano in *-cia* e *-gia* si segue la seguente regola per il plurale:

| se una vocale precede *-cia* e *-gia* | farma*cia* → farma*cie*
cilie*gia* → cilie*gie* |

| se una consonante precede *-cia* e *-gia* | provin*cia* → provin*ce*
spiag*gia* → spiag*ge* |

→ 43. Accenti

3 Volgi al plurale le seguenti parole.

A1

→ amica (F) → *amiche*

1. pesca (F) → ....
2. collega (F) → ....
3. collega (M) → ....

4. patriarca (M) → ....
5. valanga (F) → ....
6. panca (F) → ....
7. bottega (F) → ....

4 Osserva su quale sillaba cade l'accento e poi completa con la terminazione corretta del plurale.

A1

→ <u>ban</u>co → ban.*chi*

1. <u>par</u>co → par...........
2. antibi<u>o</u>tico → antibioti...........
3. <u>la</u>go → la...........
4. antro<u>po</u>logo → antropolo...........

5. chi<u>rur</u>go → chirur...........
6. <u>por</u>tico → porti...........
7. al<u>ber</u>go → alber...........
8. oro<u>lo</u>gio → orolo...........
9. ad<u>di</u>o → add...........

A1 5 Inserisci i seguenti nomi nella colonna corrispondente.

valigia	salsiccia	camicia	arancia	magia	bilancia	frangia	antologia

HA IL PLURALE IN -CE	HA IL PLURALE IN -GE	HA I PLURALE IN -CIE	HA I PLURALE IN -GIE

C Sostantivi invariabili: *il re, la città, gli sport, il caricabatterie…*

Alcuni sostantivi hanno una sola forma per singolare e plurale; il numero è indicato da altri elementi, come l'articolo:

sostantivi che hanno una sola sillaba:	*il re / i re* *la gru / le gru*
sostantivi con accento sulla vocale finale:	*la città / le città* *il caffè / i caffè*
sostantivi che terminano in consonante:	*il film / i film* *il computer / i computer*
sostantivi che terminano in -*i*:	*la crisi / le crisi,* *l'alibi / gli alibi*
sostantivi composti da verbo + sostantivo:	*il caricabatterie / i caricabatterie* *la lavastoviglie / le lavastoviglie*
abbreviazioni di sostantivi:	*il cinema / i cinema (cinematografo / cinematografi)* *la foto / le foto (fotografia / fotografie)* *l'auto / le auto (automobile / automobili)*

D Casi particolari: *il braccio/le braccia, l'uovo/le uova*

Tra i sostantivi che indicano le parti del corpo ce ne sono alcuni che hanno **forma maschile al singolare e forma femminile al plurale**:

SINGOLARE MASCHILE	*il braccio, il dito, il ginocchio, l'orecchio, l'osso, il labbro*
PLURALE FEMMINILE	*le braccia, le dita, le ginocchia, le orecchie, le ossa, le labbra*

👁 Per alcuni di questi sostantivi esiste il maschile plurale, ma ha un altro significato.

> *i bracci di una croce, i labbri di una ferita*

Ci sono altri sostantivi, che non si riferiscono alle parti del corpo, che presentano la stessa irregolarità:

> *l'uovo (M)* → *le uova (F)*
> *il paio (M)* → *le paia (F)*
> *il lenzuolo (M)* → *le lenzuola (F)*

6 Completa con i sostantivi corrispondenti e il relativo articolo al sigolare e al plurale.

★ ★
★ **A2**
★ ★

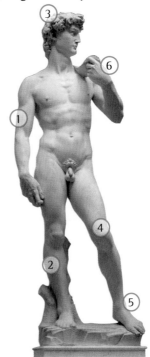

1. *Il braccio / le braccia* ....
2. ....
3. ....
4. ....
5. ....
6. ....

E Usi particolari: *la gente, gli occhiali*

I sostantivi **non numerabili** (che si riferiscono a qualcosa che non è possibile contare) si usano al **singolare** per parlare della **categoria in generale** o una **quantità non determinata**. Quando sono usati al plurale si riferiscono a **tipi distinti** o **unità diverse** della stessa categoria:

> *acqua, riso, carne, luce, legno, musica, pane, pesce, birra, vino, pasta, ecc.*

| SINGOLARE | • *Bevi **vino** durante i pasti?* | [vino, categoria di bevanda] |
| PLURALE | • *Qui ci sono molti **vini** di qualità.* | [vari tipi di vino] |

Alcuni sostantivi singolari si riferiscono a una **pluralità di individui**, ma si accordano al singolare:

la *famiglia,* **la** *gente,* **il** *pubblico*

• *In Italia **la** gente mangia molto gelato, no?*
[*La gente mangiano molto gelato.*]

Altri sostantivi, di norma, si usano invece al plurale:

*i pantaloni, **le** scarpe, **le** pinze, **le** forbici, **gli** occhiali*

• *Questi occhiali da sole **sono** nuovi?*
• *Ti piac**ciono** quest**i** pantaloni? **Sono** italiani.*

---

7 Singolare o plurale? Scegli la forma giusta.

A1

→ Che pasta / ~~paste~~ facciamo con questo sugo? Corta o lunga?

1. Quella panetteria fa del pane / dei pani di ottima qualità.
2. Aggiungi del sale / dei sali al sugo. Non è molto saporito.
3. Susanna non mangia carne / carni, è vegetariana.
4. Se mangiamo la pizza, allora beviamo la birra / le birre.
5. Al mercato trovo sempre del pesce fresco / dei pesci freschi.

8 Ha avuto successo il cantante lirico Peppino Caruso? Trova la reazione giusta di ogni gruppo e sottolinea gli elementi che ti hanno aiutato a determinarla.

A2

→ La gente ———————— a. <u>era</u> <u>contenta</u>.
1. I suoi amici... b. si occupava della sicurezza del concerto.
2. I suoi ammiratori... c. erano molto interessati.
3. Il pubblico... d. uscì molto soddisfatto.
4. La polizia... e. applaudirono entusiasti.

9 Nei Grandi Magazzini è tempo di offerte. Per ogni acquisto, ricevi un prodotto gratis.

A2

Grande offerta!! ★ ★ ★

Per l'acquisto di:

→ Un chilo di pasta...
1. Un orologio da polso...
2. Un apribottiglie...
3. Due asciugamani...
4. Un computer...
5. Un lenzuolo...

Regaliamo:

Due chili di pasta
....
....
....
....
....

4. Aggettivo

L'aggettivo fornisce informazioni sulle caratteristiche degli oggetti che nominiamo con un sostantivo:

Un _ragazzo_ simpatic**o**	una _rosa_ ross**a**	una _casa_ grand**e**

A Genere: *bello, bella, interessante...*

Cambiano

Alcuni aggettivi hanno **una forma per il maschile e una per il femminile**. Il maschile è la forma di base, cioè quella che troviamo nel dizionario. Se il maschile termina in *–o*, il femminile si forma cambiando la *–o* in *–a*.

MASCHILE *-o*

simpatic**o**   ● *Sembra un <u>ragazzo</u> simpatico.*
educat**o**   ● *È davvero un <u>bambino</u> educato.*

FEMMINILE *-a*

simpatic**a**   ● *Sembra una <u>ragazza</u> simpatica.*
educat**a**   ● *È davvero una <u>bambina</u> educata.*

Alcuni aggettivi hanno **una sola forma per il maschile e per il femminile**; possono terminare in *-e* o in *-a*.

MASCHILE *-e*

intelligent**e**   ● *È un <u>ragazzo</u> davvero intelligente.*
grand**e**   ● *Abbiamo un <u>appartamento</u> grande.*

FEMMINILE *-e*

intelligent**e**   ● *È una <u>ragazza</u> davvero intelligente.*
grand**e**   ● *Abbiamo una <u>casa</u> grande.*

MASCHILE *-a*

pessimist**a**   ● *È un <u>uomo</u> pessimista.*
ipocrit**a**   ● *È proprio un <u>uomo</u> ipocrita.*

FEMMINILE *-a*

pessimist**a**   ● *È una <u>donna</u> pessimista.*
ipocrit**a**   ● *È proprio una <u>donna</u> ipocrita.*

Non cambiano

👁 Anche gli aggettivi di nazionalità seguono la stessa regola:

MASCHILE	FEMMINILE
italian**o**	italian**a**
ingles**e**	ingles**e**
belg**a**	belg**a**

1 Marco, Stefania e Nando cercano un ragazzo o una ragazza che sia esattamente come loro. Come devono essere questi fidanzati?

★ ★
★ **A1**
★ ★

Marco è ...	Lei deve essere...		Stefania è...	Lui deve essere...		Nando è...	Lei deve essere...
→ simpatico	_simpatica_	6.	ecologista	....	12.	nervoso	....
1. affettuoso	....	7.	timida	....	13.	forte	....
2. bello	....	8.	allegra	....	14.	ottimista	....
3. superficiale	....	9.	curiosa	....	15.	intelligente	....
4. gentile	....	10.	indipendente	....	16.	brutto	....
5. egoista	....	11.	fragile	....	17.	entusiasta	....

2 In ciascun gruppo, elimina l'aggettivo che segue una regola diversa dagli altri.

A2

→ inglese, francese, <u>spagnolo</u>, danese, statunitense

1. iraniano, italiano, israeliano, marocchino, cinese
2. felice, allegro, impaziente, gentile, intelligente
3. egoista, ottimista, pessimista, vasta, ecologista
4. gentile, verde, vietnamita, ipocrita, simpatica

B Numero: *alto, alti, interessante, interessanti...*

Gli aggettivi formano il plurale seguendo le stesse regole dei sostantivi:

GENERE	DESINENZA SINGOLARE	DESINENZA PLURALE
maschile	**-o** *(alto)*	**-i** *(alti)*
femminile	**-a** *(buona)*	**-e** *(buone)*
maschile e femminile	**-e** *(interessante)*	**-i** *(interessanti)*
maschile	**-a** *(ottimista)*	**-i** *(ottimisti)*
femminile	**-a** *(entusiasta)*	**-e** *(entusiaste)*

---

3 L'alieno Casimiro non si è ancora abituato all'acqua minerale della Terra. Quando la beve vede doppio. Che cosa vede in questi casi?

A1

Quando...   Casimiro vede.....

→ c'è una macchina verde   *due macchine verdi* ....

1. c'è una bambina felice   ....
2. c'è una persona allegra   ....
3. c'è un bambino entusiasta   ....
4. c'è un abito bianco   ....
5. c'è una donna interessante   ....
6. c'è un asciugamano azzurro   ....

C Casi particolari: *rosa, viola, beige, indaco, ecc.*

Alcuni aggettivi, in italiano, sono **invariabili** (hanno una sola forma per il genere e per il numero): alcuni aggettivi che indicano il **colore**:

rosa, beige, viola, indaco, blu, amaranto, lilla, fucsia	● *due <u>abiti</u> rosa* ● *i <u>pantaloni</u> viola* ● *il <u>cappotto</u> beige* ● *la <u>penna</u> blu*

I colori seguiti da altri aggettivi o sostantivi per **indicare gradazione di colore**:

marrone cupo, verde bottiglia, rosso fuoco, verde pistacchio, blu chiaro, rosa pastello	● *una <u>macchina</u> **verde bottiglia*** ● *le <u>scarpe</u> **rosso fuoco*** ● *un <u>armadio</u> **verde pistacchio***

aggettivi con il prefisso *-anti* (*-ante*):

> antigelo, antiruggine, antifurto, antiscivolo

- due <u>allarmi</u> **antifurto**
- dei <u>prodotti</u> **antiruggine**
- dei <u>calzini</u> **antiscivolo**

aggettivi di **origine straniera**:

> trendy, chic, cool, snob, punk

- dei <u>locali</u> **chic**
- delle <u>persone</u> **snob**
- un <u>gruppo</u> **punk**

4 Il nuovo stilista della casa di moda Elegantini sta organizzando una sfilata ma non parla ancora bene l'italiano. Correggi gli errori.

A2

→ Le modelle italiane porteranno dei <u>cappelli</u> rosi ...*rosa*... , mentre la modella francese indosserà dei pantaloni **rossi** ....✓..... .

1. I modelli spagnoli vestiranno delle <u>camicie</u> **verdi** .... bottiglia.
2. La modella argentina indosserà due <u>vestiti da sera</u> **rosso** .... fuoco.
3. Il modello messicano avrà degli <u>stivali</u> **marroni** .... scuro.
4. Le modelle russe indosseranno dei <u>bikini</u> **azzurri** .... chiaro.
5. Tutti i modelli avranno dei <u>cappelli</u> **trendy** ....
6. I modelli tedeschi presenteranno dei <u>parei</u> **blu** ....
7. Le modelle cinesi calzeranno dei <u>sandali</u> **violi** ....
8. Lo stilista indosserà dei <u>pantaloni</u> **lilla** ....
9. La presentatrice porterà delle <u>scarpe</u> **amarante** ....

D Concordanza: *gli amici tedeschi, la casa bianca*

L'aggettivo deve avere lo stesso genere e lo stesso numero del sostantivo a cui si riferisce.

- *Domani vado a cena con gli <u>amici</u> tedeschi, vieni anche tu?* [maschile plurale]
- *Ah sì, grazie, sono molto simpatici.*

- *Questo <u>libro</u> è molto interessante, ma troppo lungo.* [maschile singolare]
- *È pesante e noioso secondo me!*

- *Non trovo la <u>maglietta</u> verde.* [femminile singolare]
- *È un po' lunga, elegante?*

- *Uffa! Bea è venuta con le sue <u>amiche</u> antipatiche!* [femminile plurale]
- *Oh no! Sono insopportabili!*

Quando l'aggettivo deve concordare con due o più sostantivi dello stesso genere, segue il loro stesso genere e va sempre al plurale:

- *Il <u>tavolo</u> e il <u>letto</u> sono bianchi.*
- *L'<u>acqua</u> e la <u>birra</u> sono fresche.*

Quando parliamo allo stesso tempo di sostantivi femminili e maschili, l'aggettivo plurale segue il genere **maschile**:

- *Ho conosciuto un <u>ragazzo</u> e una <u>ragazza</u> italiani.*
- *Mario ha tre <u>sorelle</u> e un <u>fratello</u> simpaticissimi.*

5 Completa secondo il modello. Fai attenzione al genere e al numero.

★ ★
★ **A1**
★ ★
★ ★

tedesco ✓	spagnolo	francese	scozzese	finlandese	senegalese	giapponese
colombiano	cubano	italiano	cinese	turco	svizzero	statunitense

→ automobile / Germania → *L'automobile è tedesca*

1. computer / USA → ....

2. scarpe / Italia → ....

3. caffè / Colombia → ....

4. tappeti / Turchia → ....

5. sigari / Cuba → ....

6. macchina fotografica / Giappone → ....

7. whisky / Scozia → ....

8. cacao / Senegal → ....

9. orologi / Svizzera → ....

10. sauna / Finlandia → ....

11. olio / Spagna → ....

12. profumi / Francia → ....

13. porcellana / Cina → ....

6 Carlotta è ricca e lavora in una multinazionale importante. Matilde è una hippy e fa l'artigiana. Completa secondo il loro stile di vita e fai attenzione alla concordanza.

★ ★
★ **A2**
★ ★
★ ★

→ Carlotta indossa sempre vestiti...
  a. elegante
  b. economici
  c. cari
  d. vecchio

1. Matilde indossa vestiti...

4. Carlotta guida una macchina...
  a. sportiva e veloce
  b. vecchio e brutto
  c. grandi e veloce
  d. piccola e vecchia

5. Matilde guida una macchina...

2. Carlotta vive in una casa...
  a. piccola e accogliente
  b. grande e lussuosa
  c. grandi e comoda
  d. piccole e scure

3. Matilde vive in una casa....

6. Carlotta fa dei viaggi...
  a. costosi
  b. economiche
  c. lunghe
  d. avventurosi

7. Matilde fa dei viaggi...

7 Abbina gli elementi delle due colonne per formare delle frasi e poi completa con le terminazioni di genere e numero.

★ ★
★ **A2**
★ ★
★ ★

→ Le scarpe di Veronica...

1. Mia sorella...

2. Il cane e il gatto di Nino...

3. Le amiche di Mattia...

4. La bicicletta...

5. Tutti questi racconti...

6. La marmellata e il miele...

è più ecologic.... e più san.... della moto.

sono altissim.e.. , come fa a camminare?

sono ecologic.... .

sono gentil.... però sono un po' noios..... .

è molto creativ.... ma è disorganizzat..... .

sono illustrat..... .

sono buoni.... ed affettuos..... .

E Aggettivo dopo il sostantivo: *Vino rosso o vino bianco?*

In generale, in italiano gli aggettivi possono essere posti **prima** o **dopo** il sostantivo.
Generalmente, l'aggettivo si mette **dopo** il sostantivo, **per distinguere** l'oggetto di cui parliamo da altri oggetti:

- *Mi piacciono quelle <u>scarpe</u> alte, eleganti.*
- *Il mio studio si trova in un <u>quartiere</u> centrale e comodo.*
- *Vorrei un <u>divano</u> grande e moderno.*
- *Valeria è una <u>collaboratrice</u> affidabile e seria.*

Esistono alcuni aggettivi per i quali la posizione è fissa, cioè vanno collocati sempre **dopo** il nome:

colore	<u>calze</u> blu, <u>gonna</u> nera, <u>maglione</u> giallo...
forma	<u>cesto</u> ovale, <u>tavolo</u> rettangolare...
stato	<u>scatola</u> aperta e vuota, <u>porta</u> chiusa o aperta...
nazionalità	<u>donna</u> messicana, <u>ragazzo</u> tedesco...
materia	<u>terreno</u> argilloso, <u>roccia</u> calcarea...

8 Completa le frasi inserendo l'aggettivo nel posto giusto.

★ ★
A2
★ ★

→ Ho comprato un .... televisore ..*giapponese*.. . (giapponese)

1. A destra c'è una .... porta .... , è il mio ufficio. (aperta)

2. Passami quella .... bottiglia .... , per favore. (vuota)

3. Vivo in un .... edificio .... accanto alla biblioteca. (antico)

4. Mettiti il .... vestito .... , ti sta benissimo. (blu)

5. Io preferisco il .... tavolo .... (rotondo)

6. Hai preso la .... borsa .... ? (grande)

7. I .... bicchieri .... sono in cucina. (puliti)

8. Le .... scarpe .... sono in offerta. (sportive)

9. Hai una .... penna .... ? (rossa)

F **Aggettivo prima del sostantivo:** *la piccola casa, l'altra macchina, la prossima volta*

Quando l'aggettivo è posto **prima** del sostantivo, generalmente assume valore **descrittivo, mettendo in risalto** una **qualità** dell'oggetto; non serve per distinguerlo dagli altri.

Guarda tesoro, la balena **grande** è la mamma e quella **piccola** è il cucciolo.

La **grande** balena si nutre di **piccole** creature, chiamate plancton.

Balena

Mammifero, grande (fino a 30 metri), di colore scuro, vive nel mare.

👁 L'aggettivo *grande* può avere una forma ridotta (*gran*) quando appare prima di un sostantivo singolare che comincia per consonante. In questo caso, tuttavia, più che riferirsi alle dimensioni, l'aggettivo qualifica positivamente l'oggetto a cui si riferisce:

> *Un giardino* **grande** *(=di grandi dimensioni) / Un* **gran** *giardino (=un giardino molto bello)*
> *Una casa* **grande** *(=spaziosa) / una* **gran** *casa (=una casa molto bella, di lusso)*

Di norma si usano **prima** del sostantivo gli aggettivi:

> *altro, stesso/medesimo, molto, tanto, poco, troppo*

- *Hai un'**altra** penna?*
- *Io e Marco abbiamo la **stessa** macchina.*
- *Lorenzo ha **molti** soldi ma ha **poca** classe.*
- *Nadia e Graziella hanno **tanti** vestiti.*
- *Sabrina ha sempre **troppe** cose da fare.*

Gli aggettivi che indicano l'ordine in una serie (*primo, secondo, terzo, ecc., ultimo, seguente, antico, prossimo*), normalmente, si pongono **prima** del sostantivo:

- *Anna è stata la **prima** ragazza di Giulio.*
- *Nel **seguente** articolo Italo Calvino critica l'italiano burocratico.*
- *Ti chiedo soltanto una **seconda** opportunità.*
- *Questi resti archeologici risalgono all'**antica** Roma.*
- *Te lo restituisco la **prossima** volta che ci vediamo.*

👁 Quando fanno parte di titoli regali o papali, questi aggettivi si usano sempre **dopo** il nome:

> *Vittorio Emanuele III*   [terzo]
> *Bonifacio VIII*   [ottavo]

9 Per ciascuna frase indica se la funzione dell'aggettivo è quella di distinguere il sostantivo da altri apparte-
nenti alla sua categoria, o di metterne in risalto una caratteristica.

★ ★
★ **B1**
★ ★ ★

		distinguere	mettere in risalto
→	La vecchia Cinquecento funziona ancora.	✓	....
→	Butta quelle scarpe vecchie, per favore.	....	✓
a.	Devo farti una **piccola confidenza** su Danilo.	....	....
b.	Hai preso tu l'**ombrello piccolo**?	....	....
c.	Alle Poste ho trovato un **impiegato veloce** e ho già spedito tutto.	....	....
d.	Facciamo un **veloce ripasso** per l'esame di domani e poi ci riposiamo.	....	....
e.	Dalla porta si vede una **lunga fila**... ci metteremo almeno mezzora.	....	....
f.	Se puoi, evita la **fila lunga**, altrimenti ci mettiamo troppo.	....	....
g.	Suo padre è un **alto funzionario** dello Stato.	....	....
h.	Se puoi, parla con il **funzionario alto**, è molto efficiente.	....	....

10 In questo articolo ci sono degli errori: cinque aggettivi vanno dopo il sostantivo.
Cancellali e riscrivi correttamente.

★ ★
★ **B1**
★ ★ ★

Il presidente di Bellalandia ha fatto un <u>lungo</u> viaggio per <u>molti</u> paesi, accompagnato da <u>vari</u> ministri e dalla sua <u>bella</u> sposa. Negli <u>ultimi</u> giorni sono accaduti <u>numerosi</u> aneddoti. All'inaugurazione di un ~~industriale~~ edificio, per esempio, il <u>giapponese</u> architetto è caduto mentre salutava il presidente; la moglie del presidente

si è seduta su un <u>rotondo</u> oggetto, che in realtà era un orologio solare. Ma ci sono stati anche <u>brutti</u> momenti. Mentre andavano con la <u>ufficiale</u> macchina all'inaugurazione di un <u>nuovo</u> edificio per una <u>stretta</u> strada di montagna, l'auto del presidente ha subito un <u>piccolo</u> incidente ed è finita fuori strada.

edificio industriale
....
....
....
....
....

G **Aggettivo prima o dopo il sostantivo:** *Un uomo povero / un pover'uomo*

L'aggettivo, normalmente, segue il sostantivo. In questa posizione, esprime il suo significato primario (*buono* = di animo nobile; *grande, alto, piccolo, ecc* = dimensione; *vecchio* = età, ecc). In alcuni casi, quando l'aggettivo **precede il sostantivo**, esprime un **significato diverso**, secondario, a volte metaforico.

AGGETTIVO	SIGNIFICATO PRIMARIO	SIGNIFICATO SECONDARIO
buono	*È un'insegnante buona.* [non severa]	*È una buona insegnante.* [abile, capace, preparata]
grande	*È un uomo grande.* [alto, grosso, robusto]	*È un gran/grand'uomo.* [con grandi qualità]
alto	*È un funzionario alto.* [di alta statura]	*È un alto funzionario.* [di alto livello]
bravo	*È una ragazza brava.* [capace e abile]	*È un brava ragazza* [onesta e sincera]
semplice	*Ti ho fatto una richiesta semplice.* [facile, non complicata]	*Ti ho fatto una semplice richiesta.* [soltanto una]

Caro	Quell'avvocato è troppo **caro**. [costoso, di prezzo elevato]	È davvero un **caro** avvocato. [gentile, amichevole]
Vecchio	È un amico **vecchio**. [di età avanzata]	È un **vecchio** amico. [di vecchia conoscenza]
Solo	Mario è un uomo **solo**. [non ha amici, né parenti]	Mario è il **solo** uomo per me. [unico]

11 Questa è la storia di Lucrezia Nobili de Snobbis. Completa con gli aggettivi dove necessario.

B1

→ Il mio .....*primo*.... marito .... era imprenditore. Fabbricava .... abbigliamento ...*sportivo*.... . Morì durante un viaggio in Cina.

Il mio (1) .... marito .... era esploratore. Morì mentre attraversava le (2) .... sabbie .... Il mio (3) .... marito .... era pilota di Formula 1. Ebbe un (4) .... incidente .... durante una gara. Il mio (5) .... marito .... era un (6) .... attore .... È morto mentre girava (7) l' .... episodio .... di una serie di successo. Il mio (8) .... marito .... è proprio un (9) .... uomo .... : è pieno di qualità e ha messo tutte le sue proprietà a mio nome. Però ultimamente non si sente molto bene.

> quarto
> primo ✓
> secondo
> attuale
> terzo
> sportivo ✓
> grande
> mobili
> mortale
> ultimo
> comico

H Gli aggettivi *bello* e *buono*

Quando l'aggettivo **bello** precede il sostantivo, segue le stesse regole dell'articolo determinativo:

MASCHILE

SINGOLARE	PLURALE		ESEMPI	
bel	**bei**	+ consonante	Un **bel** libro	Dei **bei** libri
bell'	**begli**	+ vocale	Un **bell'**uomo	Dei **begli** uomini
bello	**begli**	+ z, gn, ps, s+consonante	Un **bello** spettacolo	Dei **begli** spettacoli

FEMMINILE

SINGOLARE	PLURALE		ESEMPI	
bella	**belle**	+ consonante	Una **bella** donna	Delle **belle** donne
bell'	**belle**	+ vocale	Una **bell'**amica	Delle **belle** amiche

Quando l'aggettivo **bello** segue il sostantivo, ha le stesse terminazioni di un normale aggettivo in *-o* (*bello / bella / belli / belle*):

> *un uomo bello, una casa bella, degli uomini belli, delle case belle*

Quando l'aggettivo buono precede il sostantivo **singolare**, segue le stesse regole dell'articolo indeterminativo:

SINGOLARE MASCHILE

buon	+ vocale + consonante	*Un **buon** amico.*
buono	+ z, gn, ps, s+consonante	*Un **buono** studente.*

SINGOLARE FEMMINILE

buon'	+ vocale	*Una **buon'**amica.*
buona	+ consonante	*Una **buona** studentessa.*

Quando l'aggettivo **buono** segue il sostantivo di riferimento, ha le stesse terminazioni di un normale aggettivo terminante in *-o* (*buono / buoni / buona / buone*).

un dolce buono, una bambina buona, dei dolci buoni, delle bambine buone

12 Inserisci le seguenti parole nelle colonne corrispondenti.

★ ★
★ **A2**
★ ★

> case   vacanza   zaino   storia   spettacoli   racconto   amici   donne   auto   vino   uomini
> programmi   quadri   bicicletta   studente   quartiere   amica   albero   psicologo   amiche   libri

bel	bello	bella	bell'
....	....	....	....
....	....	....	....
....	....	....	....
bei	**begli**	**belle**	**buono**
....	....	....	....
....	....	....	....
....	....	....	....
buona	**buon'**	**buoni**	**buone**
....	....	....	....
....	....	....	....
....	....	....	....

13 Completa con la forma corretta degli aggettivi *bello* e *buono*.

★ ★
★ **A2**
★ ★

→   L'idea di Giovanni era molto interessante. Era una be..*ll*..'idea.

1.   Lo spettacolo di ieri sera è stato veramente un be........ spettacolo.

2.   Un'amica che ti è sempre vicina è proprio una buo........ amica.

3.   L'albero che ha piantato Sergio è un pesco. È proprio un be........ albero.

4.   Un bravo studente prende sempre buo........ voti.

5.   Le poesie di Montale sono stupende. Ma anche Saba ha scritto delle be........ poesie.

6.   Gli occhi di Stefano sono verdi. Ha proprio dei be........ occhi!

7.   L'appartamento di Silvana è in centro. È un be........ appartamento.

8.   Una volta sono andato in moto da Lecce a Bolzano. Era una buo........ motocicletta.

2
Determinanti

5. Articoli: un, il, Ø...

A Forme

Gli articoli possono essere **determinativi** o **indeterminativi**. Le loro forme variano in base al genere e al numero del sostantivo di riferimento.

ARTICOLI DETERMINATIVI SINGOLARI

MASCHILE

il + consonante	*il libro*	• *Il libro è chiuso.*
l' + vocale, h	*l'albero, l'hotel*	• *L'albero è grande.*
lo + z, s + consonante, y, ps, gn	*lo zaino, lo specchio, lo yogurt, lo psicologo, lo gnomo*	• *Lo zaino è piccolo.*

FEMMINILE

la + consonante	*la scatola*	• *La scatola è pesante.*
l' + vocale	*l'isola*	• *L'isola è piccola.*

ARTICOLI DETERMINATIVI PLURALI

MASCHILE

i + consonante	*i libri*	• *I libri sono chiusi.*
gli + vocale, h	*gli alberi, gli hotel*	• *Gli alberi sono grandi.*
+ z, s + consonante, y, ps, gn	*gli zaini, gli specchi, gli yogurt, gli psicologi, gli gnomi*	• *Gli zaini sono piccoli.*

FEMMINILE

le + consonante	*le scatole*	• *Le scatole sono pesanti.*
le + vocale	*le isole*	• *Le isole sono piccole.*

👁 Gli articoli plurali *le* e *gli* non si contraggono: *le* isole (non l'isole), *gli* alberi (non gl'alberi).

ARTICOLI INDETERMINATIVI SINGOLARI

MASCHILE

un + consonante	*un gatto*	• *Mario ha un gatto.* • *È un prodotto nuovo.*
un + vocale, h	*un albero, un hotel*	• *È un albero di pere.*
uno + z, s + consonante, y, ps, gn	*uno zaino, uno specchio, uno yogurt, uno psicologo, uno gnomo*	• *C'è uno yogurt in frigo.*

FEMMINILE

una + consonante	*una bicicletta*	• *C'è una bicicletta antica.*
un' + vocale	*un'amica*	• *Cristina ha un'amica americana*

👁 Quando non menzioniamo il sostantivo, l'articolo indeterminativo maschile *un/uno* diventa **uno** e l'articolo indeterminativo femminile *un'/una* diventa **una**.

• *Che computer vuoi comprare? Non so, **uno** veloce e con lo schermo grande.*
• *Per l'esame servono due aule: **una** grande e **una** piccola.*

In italiano, **per il plurale degli articoli indeterminativi si usano gli articoli partitivi**, oppure gli aggettivi **indefiniti** (*qualche, alcuni,* ecc.). Gli articoli partitivi si formano combinando la preposizione semplice **di** con la forma plurale degli articoli determinativi **i, gli, le.**

ARTICOLI PARTITIVI PLURALI

MASCHILE

dei + consonante	***dei*** gatti	• *Mario ha **dei** gatti.*
degli + vocale, h	***degli*** alberi, ***degli*** hotel	• *Sono **degli** alberi di pere.*
+ z, s + consonante, y, ps, gn	***degli*** zaini, ***degli*** specchi, ***degli*** yogurt, ***degli*** psicologi, ***degli*** gnomi	• *Ci sono degli **yogurt** in frigo.*

FEMMINILE

delle + consonante	***delle*** biciclette	• *Ci sono **delle** biciclette antiche.*
+ vocale	***delle*** amiche	• *Cristina ha **delle** amiche americane.*

→ **8. Indefiniti**

→ **11. Quantificatori**

---

1 L'investigatore Rossano Rossi arriva sulla scena del delitto e vede molte cose che lo insospettiscono. Va a informare la polizia e, quando torna, si accorge che c'è qualcosa di strano. Aiutalo a completare **A1** il suo rapporto.

Quando sono entrato nella stanza, ho visto:

→ *Un* ..... pizzaiolo coperto di sangue steso al suolo.

1. .... cameriera molto nervosa che cercava di nascondere .... foglio con l'ordinazione.

2. .... uomo che teneva .... forbici in mano.

3. .... donna con .... vestito bianco, molto tranquilla.

4. .... bambino che piangeva davanti a .... scatolone pieno di regali.

Quando sono tornato, ho trovato:

→ *Il* sangue e gli occhiali del pizzaiolo, ma non *il* pizzaiolo.

5. .... foglio con .... ordinazione, ma non .... cameriera.

6. .... forbici, ma non .... uomo.

7. .... vestito bianco, ma non .... donna.

8. .... scatolone pieno di regali, ma non .... bambino.

---

2 Completa con la forma adeguata dell'articolo.

A1

→ Stiamo cercando *un'* aula libera per fare l'esame.

1. Eleonora è uscita in fretta e ha lasciato .... finestre di casa aperte.

2. Ieri sono andato a casa di Ludovico e Chiara. Hanno casa molto piccola ma .... giardino è davvero molto grande.

3. .... calcio è .... sport molto popolare in Italia. Anzi, è .... sport più popolare di tutti!

4. Mario ha .... amica francese, ... amico inglese e .... spagnolo.

5. Ho .... sete tremenda!

6. .... albero di mele del vicino non è molto alto.

7. .... specchio del bagno è piccolo, non credi?

8. • Dove sono .... libri che abbiamo comprato ieri? • Sono dentro .... zaino.

9. .... Isole Borromee sul Lago Maggiore sono davvero molto belle, ma la mia preferita è .... isola piccolissima che si chiama Isola degli Innamorati.

10. .... studenti d'italiano sono tutti simpatici e parlano .... "bella lingua" molto bene.

37

B Usi: *Prendi una lettera / Prendi la lettera*

Usiamo *un, uno, un', una* per indicare qualcosa o qualcuno che **non è identificato** o identificabile all'interno di una categoria o di un gruppo, quando:

Usiamo *il, lo, l', la, i, gli, le* per indicare qualcosa o qualcuno che **è identificato** o identificabile all'interno di una categoria o un gruppo, quando:

I. ci sono vari elementi dello stesso tipo.

- *Questo è Giorgio,* **un** *cugino di Daniela.*

  [Si dice *un cugino* perché Daniela ha vari cugini.]

- *Ho bisogno di* **una** *borsa per il lavoro.*

  [Si dice *una borsa* perché non si cerca una borsa specifica, e quindi si fa riferimento a un oggetto senza precisare quale.]

I. non ci sono altri elementi dello stesso tipo.

- *Questo è Giorgio,* **il** *cugino di Daniela.*

  [Si dice *il cugino* perché Daniela ha solo un cugino oppure, se ha diversi cugini, è l'unico presente in questo momento.]

- *Federica prende* **la** *borsa.*

  [Si dice *la borsa* perché si parla di una borsa specifica, quella di Federica]

C'è **una** lettera per te.

...una lettera

La lettera è per te.

...la lettera

II. parliamo di questo elemento per la prima volta.

- *Vengono anche* **dei** *colleghi di Mara: Paola e Mauro.*

  [Questi colleghi non sono identificabili perché non abbiamo parlato di loro in precedenza.]

II. abbiamo parlato di questo elemento in precedenza.

- *Alla festa di Ottavia vengono anche Paola e Mauro,* **i** *colleghi di Mara.*

  [Sono colleghi già identificati perché abbiamo parlato di loro in precedenza.]

...**una** lettera e **un** pacco...

Ho ricevuto **una** lettera e **un** pacco.

La lettera è di mia cugina.

...la lettera

3 Romina e Mirella devono preparare un compito per il corso d'italiano. Sai di cosa parlano?
Abbina le frasi della colonna sinistra alla situazione corrispondente nella colonna destra.

A2

→ a. Romina: Ci può aiutare un amico di Giulia.

b. Romina: Ci può aiutare l'amico di Giulia.

a. Romina e Mirella hanno già parlato dell'amico di Giulia.

b. Romina e Mirella non hanno ancora parlato di questo ragazzo.

1. a. Mirella: Ho portato dei libri che avevo a casa.
   b. Mirella: Ho portato i libri che avevo a casa.

   a. Romina sa di quali libri parla Mirella.
   b. Romina non sa di quali libri parla Mirella.

2. a. Romina: Dobbiamo consegnare un compito entro martedì.
   b. Romina: Dobbiamo consegnare il compito entro martedì.

   a. Parlano del compito che stanno facendo.
   b. Parlano di un altro compito. Uno diverso.

3. a. Mirella: Un professore di arte mi ha prestato questa rivista.
   b. Mirella: Il professore di arte mi ha prestato questa rivista.

   a. Parlano di un altro professore di arte.
   b. Parlano del loro professore di arte.

4. a. Romina: Mi presti una penna?
   b. Romina: Mi presti la penna?

   a. Mirella ha solo una penna.
   b. Mirella ha varie penne.

5. a. Mirella: Ha chiamato Riccardo, un ragazzo di Napoli.
   b. Mirella: Ha chiamato Riccardo, il ragazzo di Napoli.

   a. Mirella e Romina hanno parlato molte volte di Riccardo.
   b. Mirella non conosce Riccardo.

4 Osserva il contesto e inserisci l'articolo corrispondente.

B1

→ Nel salone di casa di Romina c'è un solo quadro sulla parete.

Mirella: Mi piace molto *il* quadro del salone.
Ho sempre voluto *un* quadro come quello.

1. Romina e Mirella hanno finito il compito.

   Mirella: Posso portare .... compito a casa per leggerlo .... altra volta?
   Se vuoi, posso fare .... copia.

2. Romina porta una crostata di mele molto grande. Mirella non sapeva nulla.

   Romina: Guarda, ho portato .... crostata di mele.

3. Romina ha tagliato la crostata di mele. Ci sono molte fette, grandi e piccole.

   Mirella: Per favore, dammi .... fetta piccola.

4. Le due ragazze conoscono tutta la famiglia di Sandra.

   Mirella: Vado al cinema con .... amici. Li conosci, sono Stefano e Massimo, ... fratelli di Sandra.

5. Romina ha un cellulare, e anche le sue compagne d'appartamento hanno un cellulare.

   Romina: Mamma mia, ho perso .... cellulare!
   Mirella: Io ho visto .... cellulare sul letto, non so se è .... tuo.

5 Leggi l'inizio di questo racconto e indica se le affermazioni a destra sono vere o false.

A2

Orlando, **un** cavaliere di Girolandia (→), esce per una cavalcata con **un** cavallo della principessa, sua innamorata (1). Arrivato ad **un** fiume (2), mentre attraversa il ponte, incontra **la** Maga dell'Acqua (3) che gli dice: "Arriverà **un** cavaliere (4) del regno vicino, si innamorerà della principessa (5) e fuggirà con lei". Orlando non crede alle parole della maga, attraversa **il** ponte (6) e torna al castello. Però, davanti al grande portone, **un** soldato (7) gli dice nervoso: "Cavalier Orlando, la principessa se ne è andata".

→	In Girolandia c'è un solo cavaliere.	V	(F)
1.	La principessa ha diversi cavalli.	V	F
2.	Orlando va a questo fiume tutti i giorni.	V	F
3.	Orlando non ha sentito mai parlare di questa maga.	V	F
4.	Questo cavaliere va spesso a Girolandia.	V	F
5.	Il cavaliere si innamorerà di una principessa qualunque.	V	F
6.	Attraversa lo stesso ponte di prima.	V	F
7.	Orlando ha incontrato prima questo soldato.	V	F

C Un, il oppure Ø?: Bevi vino? Ho comprato un vino italiano. Compro sempre il vino all'enoteca.

Quando usiamo un sostantivo singolare **senza articolo (articolo Ø)**, non facciamo riferimento a nessun elemento in particolare.

Quando usiamo un sostantivo **con articolo** (*un*, ... oppure *il*, ...), facciamo riferimento a singoli elementi concreti, che possono essere indefiniti (*un*, ...) oppure definiti (*il*, ...).

Mangi pesce?

Ci hanno portato un pesce freschissimo.

Il pesce era squisito.

[Non si parla di un elemento particolare, ma della categoria in generale.]

[Si parla di un elemento concreto, ma non definito: non si può identificare.]

[Si parla di un elemento concreto e definito: si può identificare.]

- *Il modo più rapido e salutare per muoversi in città è andare in <u>bicicletta</u>.*
- *Stasera c'è un concerto di <u>piano</u>.*
- *Giovanna ha comprato una gonna di <u>lino</u>.*
- *In questo ristorante si entra solo con <u>giacca</u> e <u>cravatta</u>.*

- *Compro* **una** <u>*bicicletta*</u> *per fare un po' di esercizio fisico.*
- *In quel bar c'è* **un** <u>*piano*</u> *molto bello.*
- *Per realizzare questo vestito serve* **un** <u>*lino*</u> *pregiato.*
- *Oggi ho comprato* **una** <u>*giacca*</u> *e* **una** <u>*cravatta*</u>.

- *Prima di uscire devo aggiustare* **la** <u>*bicicletta*</u>.
- *Ho visto* **il** <u>*piano*</u> *che hai comprato, è bellissimo!*
- *Il* <u>*lino*</u> *di questo vestito è di ottima qualità.*
- *Ho sporcato* **la** <u>*giacca*</u> *e* **la** <u>*cravatta*</u> *con il sugo della pasta.*

6 (Cerchia) l'opzione corretta e abbina le frasi della colonna sinistra con le corrispondenti della colonna destra.

B1

→ Mi passi ∅/(un) pomodoro, per favore?

1. Hai comprato ∅/le olive?
2. Che buono questo paté di ∅/le olive!
3. Maurizio, vestiti! È tutto il giorno che stai in ∅/un pigiama!
4. Maurizio, metti ∅/il pigiama in lavatrice.
5. Maurizio, ti compro ∅/un pigiama.
6. Mi fa male ∅/il piede destro.
7. È una bellissima giornata: andiamo a ∅/i piedi?
8. Ho letto ∅/un libro molto interessante.
9. Ho perso la chiavi di ∅/la casa.
10. Quella è la mia insegnante di ∅/il danza.
11. La pizzica è ∅/una danza tipica pugliese.

a. Voglio preparare l'aperitivo.
b. In questo periodo ci sono i saldi.
c. Mettiti dei pantaloni e una maglietta.
d. Preparo un'insalata caprese.
e. È sporco!
f. Si nota che è artigianale
g. Ho preso una botta giocando a calcio.
h. Perché non facciamo la lezione di prova?
i. Non posso entrare. Posso fermarmi da te?
j. Se vuoi te lo presto per il viaggio in treno.
k. Mi piace molto perché ha molta pazienza.
l. Così facciamo un po' di esercizio fisico.

7 Completa il testo con le seguenti parole. In alcuni casi è necessario l'articolo.

B1

| mozzarella | sedano | ragù | carne ✓ | aspirina | vino | acqua |

Gabriella: Amore, oggi devi fare tu la spesa. Abbiamo bisogno di *carne* di vitello per (1) .... e ci serve anche (2) .... di bufala per l'insalata caprese. Ricordati di prendere le carote e (3) .... per il soffritto! Abbiamo anche bisogno di (4) .... minerale e (5) .... rosso, ma deve essere Brunello di Montalcino. Capito? E se vai in farmacia, compra (6) .... , che ho mal di testa.

D Generalizzare: *Gli italiani amano la moda*

Quando facciamo riferimento a un'intera categoria composta da più elementi usiamo *il, lo, l', la, i, gli, le*.

NUMERABILI

singolare (la categoria in generale)
plurale (tutti i membri della categoria)

NON NUMERABILI

singolare (la categoria in generale)

- *Il cane e il gatto sono animali domestici.*
  [il cane e il gatto sono categorie di esseri viventi.]

- *Gli adolescenti sono ribelli.*
  [Tutti gli adolescenti, in generale.]

- *In Italia le donne e gli uomini hanno gli stessi diritti e doveri.*
  [Tutte le donne e tutti gli uomini in generale.]

- *La birra in estate è molto piacevole.*
  [La birra in generale.]

- *Il legno è un materiale naturale.*
  [Il legno in generale.]

- *Non mi piace il caffè. È troppo amaro.*
  [Il caffè in generale.]

Quando parliamo di un elemento rappresentativo della sua categoria o di un elemento qualsiasi di una determinata categoria, usiamo *un, uno, un', una*.

- *Che cos'è un cellulare?*
  ■ *Un cellulare è un telefono senza fili.*

- *Una donna capisce subito quando un uomo racconta una bugia.*
- *Un insegnante deve sapere comunicare con gli studenti.*

L'uomo è un mammifero.

MAMMIFERI   UCCELLI

👁 In italiano, quando generalizziamo, il soggetto deve essere sempre accompagnato dall'**articolo**:

- **Un** <u>adolescente</u> ha bisogno di essere compreso.   [~~Adolescente~~ ha bisogno di essere compreso]
- **La** <u>mela</u> fa bene alla salute.   [~~Mela~~ fa bene alla salute]
- Adoro **il** <u>cioccolato</u>.   [Adoro ~~cioccolato~~]
- **I** <u>gatti</u> sono molto indipendenti.   [~~Gatti~~ sono molto indipendenti]

8 Osserva le parole sottolineate e collega ogni frase con l'interpretazione più adeguata.

⭐ **B1**

I. una categoria intera di oggetti o persone	II. qualsiasi oggetto o persona di una categoria	III. categoria in generale

→ a. <u>La case</u> in legno sono ecologiche. ...I...
b. Mi piacerebbe vivere in <u>una casa</u> in legno. ...II...
c. Fabbrichiamo <u>case</u> in legno, in muratura, modulari, ecc. ...III...

4. a. Sapevi che <u>le lumache</u> sono molto timide? ....
b. Hai mai mangiato <u>lumache</u>? Sono buonissime. ....
c. Gianna è lentissima, sembra <u>una lumaca</u>! ....

1. a. Qui è pieno di <u>ristoranti</u> etnici. ....
b. <u>I ristoranti</u> di questa zona sono molto cari. ....
c. Di solito in <u>un ristorante</u> c'è più scelta che in una trattoria. ....

5. a. Non ho <u>fratelli</u>, però ho molti cugini. Cugine, in realtà, visto che sono tutte femmine. ....
b. <u>I fratelli</u> di solito sono molto legati fra loro. ....
c. Avere <u>un fratello</u> è una cosa bellissima. ....

2. a. <u>I disegnatori grafici</u> fanno un lavoro creativo. ....
b. Ho conosciuto Simone a un seminario di <u>disegnatori grafici</u>. ....
c. <u>Un disegnatore grafico</u> generalmente ama la tecnologia. ....

6. a. In giardino <u>un ombrellone</u> ci starebbe proprio bene. ....
b. Il nuovo supermercato è enorme, vendono anche <u>ombrelloni</u>. ....
c. <u>L'ombrellone</u> è più adatto per una terrazza. ....

3. a. Federico beve solo <u>vino rosso</u>. ....
b. Con la bistecca <u>un vino rosso</u> è meglio di un'aranciata. ....
c. Per me, <u>il vino rosso</u> è molto meglio del vino bianco. ....

7. a. A Ferrara è pieno di <u>biciclette</u>. ....
b. <u>La bicicletta</u> è comoda per girare a Ferrara. ....
c. Adesso che vivo a Ferrara devo comprare <u>una bicicletta</u>. ....

9 Completa con le parole nel riquadro usando l'articolo più adeguato, se necessario.

★ ★
★ **B1**
★ ★

> montagna   aperitivo   acqua   alimentari ✓   zucchero   formiche   mare   macchina
> moka   libri   carrello   marmellata   gelati

→ *L'alimentari* .... è un piccolo negozio in cui si vendono vari generi di alimenti.

1. .... serale è tipico dell'Italia Settentrionale, ma da qualche anno è diventato famoso in tutto il paese.

2. .... è .... per fare il caffè a casa.

3. Questa è .... dietetica perché non contiene ....

4. .... italiani sono davvero buonissimi!

5. .... vanno sempre in fila una dietro l'altra.

6. Per le vacanze, preferisci .... o .... ?

7. Per il mio compleanno mi hanno regalato .... di storia molto interessanti.

8. .... è un contenitore su ruote per fare la spesa al supermercato.

9. Non ti puoi fare la doccia. Non c'è ....

10 Alcuni mostri di Halloween stanno imparando l'italiano, però hanno qualche problema: a volte si dimenticano di usare gli articoli. Correggi le loro frasi, inserendo gli articoli *il, lo, l', la, i, gli, le* dove sono necessari.

★ ★
★ **B1**
★ ★

→ Quando notte scende, mostri escono per strada e spaventano gli esseri umani. Esseri umani hanno sempre paura! *la notte scende...; i mostri escono...; Gli esseri umani*

1. Dopo una notte di terrore, ci fa male gola, però il Dottor Jekyll ci dà succo di aspirine. ....

2. Mostri vogliono essere come pipistrelli e lupi, e rispettano esseri umani. Mangiano animali unicamente per catturare loro spirito. ....

3. Mostri amano guardare cielo grigio mentre vecchio vampiro Dracula suona organo cantando canzoni tristi. ....

4. Per mostri, paura è un sentimento molto bello; per questo frequentano cimitero per giocare tra tombe. ....

5. Mostri fanno magia nera e ballano danza con morti viventi quando c'è luna piena. ....

6. Tutte notti di tormenta scheletri lasciano loro tombe per festeggiare grande festa di tutti tuoni. Mostri si divertono come pazzi. ....

7. Vampiri non amano specchi e non si specchiano mai. Però sanno di essere belli perché vampire gli sorridono sempre. ....

8. Vampiri e scheletri vanno molto d'accordo: escono spesso insieme, gli piacciono concerti dark e film horror. ....

9. Tutti mostri vogliono imparare bene italiano, per questo vanno a lezione tutti giorni, fanno compiti e parlano con mostri italiani. ....

E Uno al tonno, una nuova ...

Quando è chiaro di quali elementi stiamo parlando, si possono usare **uno** e **una** senza menzionare il nome al quale si riferiscono:

- *Passami un <u>tramezzino</u>, per favore. **Uno** al tonno.*
- *Questa <u>TV</u> è vecchia ormai. Compriamone **una** nuova.*

 Le forme plurali **dei, degli, delle**, invece, non si possono usare da sole senza il nome. Al loro posto si possono usare **alcuni** e **alcune**.

- *Passami dei <u>tramezzini</u>. **Alcuni** al tonno e **alcuni** ai funghi.*
- *Ci sono delle <u>TV</u> in offerta, **alcune** sono di ultima generazione.*

→ 8. Indefiniti

11 Completa le frasi con *uno/una* e *alcuni/alcune*.

★ ★
★ A2
★ ★

→ • Ti va un gelato?
  ■ Sì, ma *uno* piccolo.
1. • Un' aranciata?
  ■ Sì, grazie. Ma .... senza zucchero.
2. • Ci sono circa 8 studenti nuovi, ... per il livello 1 e .... per il livello 2.
3. • Quante borse ci sono in questo negozio!
  ■ Sì, e .... sono in offerta.
4. • Ci sono teatri in questo quartiere?
  ■ Sì, guarda, ce n'è .... nella piazzetta lì in fondo.
5. • Ti piace questo maglione?
  ■ Mmmm... Ne vorrei .... più classico.

12 Elimina il sostantivo quando non è necessario e sostituisci con l'articolo indeterminativo corretto.

★ ★
★ B1
★ ★

→ Lo so che sei a dieta, ma dovresti assaggiare questi gelati. Uno ~~gelato~~ non ti farà certo male.
1. Le mele hanno molte funzioni benefiche. Una mela al giorno aiuta a prevenire il tumore.
2. • Avete ordinato due tramezzini?
  ■ Sì, un tramezzino al tonno e un tramezzino ai funghi.
3. • Cosa preferisci: un gelato al limone o alla crema?
  ■ Un gelato alla crema, grazie.
4. • Mi passi una cravatta, per cortesia?
  ■ Sì, certo. Una cravatta qualsiasi?

5. Ho conosciuto Aldo, l'architetto. Mammamia che delusione! È proprio un architetto dei tanti.
6. • Quale camera preferisce per il suo soggiorno in hotel?
  ■ Non ha importanza, una camera vale l'altra.
7. I dipinti rubati sono stati ritrovati dalla polizia: un dipinto era stato rubato nel 1996 e un dipinto era stato rubato nel 1993.
8. Mi hanno regalato un orologio con la sveglia e un orologio con il cronometro.

6. Dimostrativi: *questo, questa, quest'... quello, quella, quell'...*

A *Questo libro, quel libro*

I dimostrativi hanno una forma maschile e una femminile. Concordano nel genere e nel numero con il nome al quale si riferiscono.

MASCHILE

SINGOLARE

		PLURALE	
questo libro	**quel** tavolo	**quest**i libri	**que**i tavoli
quest'albero	**quell'**uomo	**quest**i alberi	**que**gli uomini
			quegli stivali

FEMMINILE

SINGOLARE

		PLURALE	
questa finestra	**quell**a matita	**quest**e finestre	**quell**e matite
quest'aranciata	**quell'**amica	**quest**e aranciate	**quell**e amiche
	quello stivale		

👁 La forma singolare *quest'* si usa quando il sostantivo inizia per vocale; le forme *quel, quello, quella, quell', quei, quegli, quelle* seguono le stesse regole dell'articolo determinativo.

→ 5. Articoli

I dimostrativi servono per **segnalare cose** o **persone** identificandole in relazione a due spazi differenti.

Questo - questa - quest' - questi - queste indicano che l'oggetto o gli oggetti si trovano in uno spazio vicino alla persona che parla.

Quel - quello - quella - quell' - quei - quegli - quelle indicano che l'oggetto o gli oggetti si trovano in uno spazio lontano dalla persona che parla.

Questo gatto

QUI

Quel gatto

LÌ

● *Cosa regaliamo a Lea?* **Questa** *borsa?* **Quella** *sciarpa?*

> Si dice **questa** per indicare una borsa che si trova **qui** (vicino alla persona che parla); si dice **quella** per indicare una sciarpa che si trova **lì** (lontano dalla persona che parla)

1 Irina è andata a cena in un tipico ristorante italiano. Ha molta fame.
Completa ciò che dice usando *questo, questa,* ecc oppure *quello, quelle* ecc.

★ ★
★ **A1**
★ ★

Questo carpaccio di pesce spada è squisito. E anche (1) .... cozze! (2) .... spaghetti ai frutti di mare sono eccezionali e (3) .... insalata di mare è buonissima!

Come dessert, vorrei assaggiare un po' di (1) .... pastiera napoletana, due o tre di (2) .... pasticcini, (3) .... budino al cioccolato e anche (4) .... sfogliatelle ricce, che sembrano molto invitanti.

2 Metti in relazione i dialoghi con le immagini corrispondenti.

★ ★
★ **A1**
★ ★

→ Lucia: **Questa** maglietta è molto carina.
Ada: Sì, e anche **queste** scarpe non sono male.

1. Ada: **Questa** maglietta è davvero bella, ma è carissima.
Lucia: E **quelle** giacche, come ti sembrano?

2. Ada: **Queste** scarpe sono stupende, vero?
Lucia: Sì certo, sono belle però le magliette mi piacciono di più.
Ada: **Quelle** magliette vicino alle scarpe? Andiamo a chiedere quanto costano.

3. Lucia: Guarda che bella **questa** maglietta.
Ada: Un po' cara, no? Dovresti provarti **queste** scarpe.

A ...... →

B ......

C ......

D ......

3 Osserva il contesto di ogni frase e sottolinea il dimostrativo adeguato.

★ ★
★ **A1**
★ ★

→ (Patrizio osserva un quadro.) — Patrizio: **Questo/Quel** quadro è meraviglioso.

1. (Marta e Patrizio mangiano dei biscotti.)	Marta: **Questi/Quei** biscotti sono buonissimi!
2. (Marta è seduta in terrazza, Patrizio esce dalla cucina con delle fragole.)	Marta: **Queste/Quelle** fragole non sono ancora mature.
3. (Marta e Patrizio passeggiano in città e in fondo alla strada c'è un nuovo negozio.)	Patrizio: Ti va di andare a vedere **questo/quel** negozio?
4. (Marta indica una giacca in fondo alla vetrina del negozio.)	Marta: Guarda che bella **questa/quella** giacca!
5. (Patrizio prova degli occhiali da sole.)	Patrizio: Come mi stanno **questi/quegli** occhiali?

B Uso in relazione al tempo. *Questo mese, questa settimana, quell'anno...*

I dimostrativi servono anche per situare un fatto o un evento nel tempo:

I dimostrativi *questo, quest', questa, questi, queste* si utilizzano per riferirsi al **presente**, ma anche a un **passato** recente e a un **futuro** prossimo:

- *Quest'inverno è stato freddissimo.*
- *Questa settimana devo lavorare molto.*
- *Questo mese abbiamo quattro giorni di vacanza.*

I dimostrativi *quello, quell', quella, quei, quegli, quelle* sono utilizzati per riferirsi a un **passato lontano**:

- *Quella settimana partimmo per la Germania.*
- [La settimana, lontana nel tempo, di cui abbiamo parlato in precedenza.]

- *Ieri ho visto per caso **quel** ragazzo che lavorava con me in banca.*
- [Un ragazzo che conoscevo nel passato.]

4 Metti in relazione ciascun enunciato con la sua corrispondente continuazione.

A2

→ Da bambino vivevo in una bella casa in campagna.
1. Pranziamo insieme giovedì?
2. Ci siamo conosciuti nell'estate del 1999.
3. Mi sposo il 15 febbraio.
4. Il professore di arte che avevo al liceo era bravissimo.
5. Sono tornato a casa il giorno di Natale, dopo due mesi in giro per lavoro in tutta Europa.

a. Quel giorno dovrò essere puntuale!
b. Quel giorno ho saputo che mia moglie era incinta.
c. Quelle lezioni erano interessantissime.
d. Mi ricordo perfettamente perché in quei giorni faceva davvero un caldo incredibile.
e. Quella casa era grandissima.
f. Questa settimana ho più tempo libero.

C *Questo, questi, questa, queste, quello, quelli, quella, quelle.*

Quando è chiaro di cosa si sta parlando, i dimostrativi possono essere utilizzati **senza menzionare il nome** al quale si riferiscono.

	SINGOLARE		PLURALE	
MASCHILE	questo	quello	questi	quelli
FEMMINILE	questa	quella	queste	quelle

- *Non so quale vestito mettere per il matrimonio di Alessio... forse **questo** lungo...*
- *Secondo te quale armadio sta meglio in camera mia? Forse **questo** di legno chiaro è più bello.*
- *Dobbiamo passare in edicola per comprare il giornale. **Questa** all'angolo è la più vicina.*
- *Quale cravatta compriamo al papà? **Quella** a righe mi piace molto.*
- *Questo tavolo non è male, ma mi piace di più **quello** di cristallo.*
- *In questo negozio vendono delle scarpe molto belle. **Quelle** rosse sono fantastiche!*
- *Quegli zaini sono troppo cari. **Quelli** che vendono nel negozio all'angolo sono più economici.*

5 A cosa si riferiscono questi dimostrativi?

★★
★ **A2**
★★

→ **Quelle** mi piacciono di più.

1. Sono **questi**?
2. Dammi **quella**.
3. **Quello** era molto più interessante.
4. **Questa** non è grande!
5. **Questi** sono per me e quelli sono per te.

~~giacca~~ - scarpe - ~~pantaloni~~ - ~~cappello~~

amico - persona - ragazza - uomini

penna - quaderno - libri - matite

libro - rivista - giornali - dischi

vaso - bicchiere - bottiglia - bottiglie

soldi - denaro - moneta - banconote

6 Ecco un gruppo di amici italiani sempre pronti a scherzare e a divertirsi. Completa la descrizione.

★★
★ **B1**
★★

→ Quello che .....*porta gli occhiali*..... è Andreino.

1. Quella .... è Ludovica.
2. Quella con .... è Marina.
3. Quello con la .... è Andrea.
4. Quello che .... è Francesco.

5. Quello .... è Andreino
6. Quella che .... è Fidelia.
7. Quella .... è Marina.

porta gli occhiali ✓
elegantissima
magro
porta la parrucca
guanti lunghi
vestita come James Bond
bandana gialla a pois
sta cantando

D Dimostrativi neutri: *Dove metto questo? Cos'è quello?*

I dimostrativi di **genere neutro** sono sempre **al singolare** e si usano da soli. Non possono accompagnare un sostantivo perché in italiano non esistono sostantivi neutri.

	SINGOLARE	
DIMOSTRATIVO NEUTRO	*questo*	*quello*

Usiamo le forme neutre dei dimostrativi quando vogliamo indicare qualcosa in relazione agli spazi *qui/qua* e *lì/là* e di cui o *non conosciamo il nome*, o *il cui nome non ha importanza*, oppure quando *non parliamo di un oggetto concreto* (per esempio, un fatto, una situazione, quello che qualcuno ha detto, ecc.):

NON SAPPIAMO IL NOME DELL'OGGETTO

E **questo** cos'è?

• *Mi passi un... corkscrew? Come si chiama* **questo** *in italiano?*

• *Cos'è* **quello**? *Da qui sembra un gabbiano, vero?*

[Chi parla non conosce il nome di questo oggetto.]

[Chi parla non sa esattamente cosa sia quell'oggetto.]

[Chi parla non conosce il contenuto del regalo e quindi non è in grado di usare un sostantivo preciso.]

NON È IMPORTANTE NOMINARE L'OGGETTO

Ecco, **questo** è per te.

NON È UN OGGETTO CONCRETO

Che sorpresa! **Questo** proprio non me l'aspettavo.

- *Devo andare, se no perdo il treno... Pensi tu a **questo**, per favore?*

[Le cose che bisogna fare.]

- *Allora, **questo** lo mangiamo stasera, **questo** domani a pranzo, e **quello** lo surgeliamo.*

[Tre cose che vengono indicate con il dito.]

- *Graziano lavora meno di me e ha uno stipendio più alto. **Questo** è veramente ingiusto!*

[Il fatto che Graziano lavori di meno e abbia uno stipendio più alto.]

- *Giorgia pensava di poter mangiare sempre gratis nel nostro ristorante solo perché era la nostra vicina di casa... **quello** che pretendeva era assurdo.*

[Il fatto che Giorgia volesse mangiare sempre gratis.]

- *Credo che Patrizia non mi voglia vedere.*

[Le parole che ha appena detto l'altra persona.]

- *Perché dici **questo**?*

👁 In italiano le forme neutre **non si usano** per parlare di **persone**. Al loro posto, si usano le forme maschili e femminili.

- *Chi è **quella**?*   [Chi è quello?]
- *È mia cugina.*

Tra le forme neutre dei dimostrativi è possibile trovare anche *ciò*.
Ciò è invariabile, non si usa con le persone e si utilizza, di solito, in contesti formali.

- *Discuteremo di **ciò** in seguito.*   - *Tutto **ciò** accadeva in epoche molto remote.*

Nella lingua parlata *ciò* viene spesso sostituito da *questo* e *quello*:

- *Parleremo di **questo** dopo.*   - *Tutto **questo** succedeva molto tempo fa.*

---

7 Hans sta imparando l'italiano e fa molte domande alla sua amica Beatrice.
Aiutalo inserendo i dimostrativi adeguati.

★★ **A2**

→ • Come si chiama *questo*?
■ Tovagliolo.
• E (1) .... cosa?
■ Si chiama forchetta. E (2) ....
   sono il coltello e il cucchiaio.

• E (3) .... cose lunghe vicino alla finestra come si chiamano?
■ Si chiamano tende.
• E (4) .... animali in giardino?
■ (5) .... sono cani.

49

8 Hans e la sua amica vanno in giro per la città e Hans le fa tante domande. Completa la conversazione tra i due amici con le informazioni contenute nelle frasi a destra. (H) Hans, (A) amica.

★ ★
★ **A2**
★ ★

→ H: *(Al mercato, prende una verdura di cui non conosce il nome)*
A: Si chiama melanzana. È una verdura che si usa molto nella cucina italiana.

1. H: *(Indica un monumento lontano.)*
A: È il Circo Massimo. Ha più di duemila anni.

2. H: *(Hans guarda il manifesto di una mostra)*
A: Sì, è proprio bello. È un artista famoso.

3. H: Cosa vuoi mangiare?
A: *(Indica il piatto di un signore seduto a un altro tavolo.)*

4. H: Non sono abituato a prendere tanti caffè.
A: *(Fa un commento sulle abitudini degli italiani.)*

5. H: *(Dà un fiore alla sua amica.)*
A: Oh grazie! Sei proprio gentile!

6. H: Ho 10 €.
A: *(Gli dice come spendere i soldi.)*

a. Come si chiama questo?

b. Beh, questo qui in Italia è abbastanza normale.

c. Questo è molto interessante!

d. Ecco, questo è per te.

e. Con quello paghi l'aperitivo, il gelato lo offro io!

f. Cos'è quello là in fondo?

g. Mmmmm quello che mangia il signore sembra buono...

Ora classifica le risposte. Quali delle seguenti possibilità è la più probabile in ogni situazione sopradescritta?

Non conosce il nome dell'oggetto ....
....

Il nome dell'oggetto non è importante ....
....

Non è un oggetto ....
....

9 Luca e Gabriele hanno appena finito di traslocare nella loro nuova casa. C'è una grande confusione. Non riconoscono alcune cose e stanno cercando di fare un po' di ordine. Completa i dialoghi.

★ ★
★ **B1**
★ ★

→ ● Dove metto *questo*?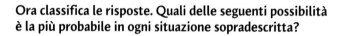

■ (1) .... mettilo in bagno. Mi sembra che sia un asciugacapelli.

● E (2) .... lì?

■ (3) .... puoi metterlo in salotto.

50

■ (4) .... là in fondo cos'è?

● Mmmm... mi sembra che sia la lampada che ci ha regalato Gigi.

■ Oh mammamia, è bruttissima! Mettiamola in cantina!

■ E (5) .... qui, che cos'è?

● Non ne ho proprio idea. Lasciamolo qui per adesso.

10 Sottolinea le opzioni più adeguate. Attenzione, a volte entrambe sono possibili.

★★ **B1** ★★

→ Chi sta cercando **quel ragazzo** / **quello**?
Sta cercando Greta.

1. Cos'è **quell'uccello** / **quello**?
Non so, sembra un uccello.

2. Lucia dice che non ti ama.
Questa ragazza / **Questo** non mi interessa.

3. Perché non hai spedito **queste lettere** / **questo**?
Perché non avevo ancora finito di scriverle.

4. Vuoi delle mele?
Sì, grazie. Dammi **quelle** / **quelli**.

5. Che lavoro fa **quel signore** / **quello**?
Mi hanno detto che è un professore di matematica.

6. A cosa pensi?
A **quella ragazza** / **a quello** che ho visto ieri.

7. Quali limoni preferisci?
Questi / **Quelli**.

8. **Questo tavolino** / **questo** dove lo metto?
Nel salotto, qui non va bene.

9. **Quel** / **Quello** con la barba è tuo fratello?
No, mio fratello è quello con il cappello.

E Dimostrativi neutri: *Non ci posso credere! Non ne so nulla!*

In italiano, usiamo il dimostrativo *ci*:

con il significato di *qui* o *lì* quando indichiamo un luogo concreto:

● *Sei mai stata a Milano?*
■ *Sì, ci sono stata in aprile.* [ci = lì a Milano]

● *Lavori spesso a casa?*
■ *No, ci lavoro poco.* [ci = qui a casa]

con il verbo *essere*, quando indichiamo il luogo in cui sono presenti una o più persone o una o più cose:

● *Ci sono troppe macchine per strada.*
[ci = per strada]

● *C'è Maria oggi in ufficio?*
[ci = in ufficio]

con il significato di "*a questo/a ciò*", "*in questo/in ciò*", "*su questo/su ciò*" quando indichiamo un'idea, un fatto, una situazione o un oggetto non concreto:

● *Credi a quello che ha detto il direttore?*
■ *Sì, ci credo.* [ci = a quello che ha detto il direttore]
● *Sei riuscita ad entrare?*
■ *No, non ci sono riuscita.* [ci = ad entrare]

● *Riccardo vincerà.*
■ *Ci scommetto la testa!*
[ci = sul fatto che Riccardo vincerà]

👁 A volte la particella *ci* significa anche "con lui, a lui, da lui".

- • *A volte esci <u>con Mario</u>?*
- ▪ *No, non **ci** esco mai.*

Con *avere*, **la forma neutra** *ci* viene molto spesso usata nella lingua parlata come rinforzo semantico del verbo. È usata spesso con altri pronomi (*lo, la, li, le, ne*) e in questo caso, *ci* diventa *ce*.

- • *Hai il passaporto?*
- ▪ *Sì, **ce** l'ho.* [si, k-ho.]

- • *Hai le chiavi?*
- ▪ *Sì, **ce** le ho.* [si, le ho.]

In italiano, usiamo la forma neutra *ne* con il significato di "*di questo* / *di ciò*" quando **non parliamo di un oggetto concreto** (per esempio, un fatto, una situazione, quello che qualcuno ha detto, ecc.).

- • *Sai qualcosa dello sciopero che vogliono fare martedì prossimo?*
- ▪ *No, non **ne** so nulla.* [ne = dello scipero]

- • *La musica classica mi piace, ma francamente non me **ne** intendo molto.* [ne = di musica classica]
- • *Pietro e Simona vogliono trasferirsi a Cuba. **Ne** parlano sempre.* [ne = di trasferirsi a Cuba)]

---

11 Sottolinea le parole che sono state sostituite da *ci*.

★★
★ **A2**
★★

→ Credi ai fantasmi? No, non **ci** credo.

1. Chi pensa ai bambini questa mattina? **Ci** penso io.

2. Non ho mai creduto alle sue parole. E non **ci** crederò mai!

3. Vai spesso al supermercato? No, **ci** vado molto raramente.

4. Credi nell'amore eterno? Certo, **ci** credo!

5. Sei già andato alla mostra internazionale dei fiori a Genova? Non ancora, ma **ci** voglio andare prima della chiusura.

6. Siete riusciti a prenotare l'albergo in montagna per le vacanze di Natale? Sì, **ci** siamo riusciti.

7. Quel vaso di cristallo è molto fragile. Spostalo con attenzione, **ci** tengo davvero molto.

8. Ieri Vanessa è andata in Comune per rinnovare la carta d'identità, ma **ci** deve ritornare perché aveva dimenticato di portare le foto.

---

12 Rocco e Marta devono decidere dove andare in luna di miele. Completa le frasi con *ci* o *ne*.

★★
★ **A2**
★★
★★
★ **B1**
★★

→ Rocco: Vorrei andare in Cina perché la mia amica Greta ...*ci*... è stata e le è piaciuta molto.

Marta: Non so, non .... sono convinta. Forse preferirei andare in Giappone.

Rocco: Ma in Cina .... è la Grande Muraglia. Dev'essere bellissima.

Marta: Sì, hai ragione. E della Russia che .... pensi?

Rocco: Non .... so molto, a dire la verità. Però vedere il Cremlino e la Piazza Rossa immagino sia molto interessante.

Marta: Dobbiamo decidere in fretta perché la prossima settimana devo chiedere le ferie.

Rocco: Anch'io. E sono sicuro che il mio capo farà storie. Non .... voglio nemmeno pensare.

Marta: Il mio invece mi darà le ferie senza problemi. .... sono sicura.

Rocco: Ok. Continuiamo a pensar........ .

7. Possessivi: *il mio libro, la tua casa, le nostre scuole...*
il mio, la tua, le nostre...

A Possessivi con sostantivo di riferimento "determinato": *il mio amico, la mia amica, i nostri libri, ...*

	SINGOLARE	PLURALE
io	il **mio** amico / la **mia** amica	i **miei** amici / le **mie** amiche
tu	il **tuo** libro / la **tua** rivista	i **tuoi** libri / le **tue** riviste
lui / lei / Lei	il **suo** vestito / la **sua** cravatta	i **suoi** vestiti / le **sue** cravatte
noi	il **nostro** cappotto / la **nostra** giacca	i **nostri** cappotti / le **nostre** giacche
voi	il **vostro** gatto / la **vostra** gatta	i **vostri** gatti / le **vostre** gatte
loro	il **loro** motorino / la **loro** macchina	i **loro** motorini / le **loro** macchine

Questo è il **mio** letto e questi sono i **miei** amici.

Questa è la **nostra** casa e questi sono i **nostri** vicini.

👁 In italiano, i possessivi di norma precedono il sostantivo di riferimento e **concordano** con questo nel genere e nel numero. Non concordano mai con il possessore. Solo l'aggettivo possessivo *loro* è *invariabile*.

Quando accompagnano un sostantivo di riferimento "determinato", i possessivi sono preceduti dall'articolo determinativo (*il, la, i, le*).

1 Inserisci l'aggettivo possessivo corrispondente al pronome personale.

A1
→ (Noi) - Ecco il ....*nostro*.... zaino.

1. (Io) - Ecco la .... borsa.

2. (Tu) - Ecco la .... casa.

3. (Noi) - Ecco il .... nido d'amore.

4. (Loro) - Ecco i .... occhiali.

5. (Voi) - Ecco le .... chiavi.

6. (Lui) - Ecco la .... ragazza.

7. (Lei) - Ecco il .... ragazzo.

8. (Loro) - Ecco la .... macchina.

9. (Tu) - Ecco il .... libro.

2 Ecco una selezione di annunci pubblicitari contenenti offerte pensate in modo particolare per l'estate. Completa gli annunci pubblicitari con i possessivi adeguati.

★★ A2

1

Agenzia Giramondo

Viaggia con noi e goditi i _nostri_ meravigliosi HOTEL, la .... incredibile OFFERTA DI DESTINAZIONI, le .... fantastiche ESCURSIONI e i .... PREZZI imbattibili!

2

Scuola di ballo
RitmicA

Balla e divertiti con la .... musica preferita! Nelle nostre lezioni di salsa, merengue tango o rumba imparerai tutto ciò che ti serve per fare colpo sul .... ragazzo o la .... ragazza, sui .... amici e le .... amiche.

3

Lo Chef in casa

Provate la .... deliziosa pasta fatta in casa. Le .... specialità delle cucine regionali. I .... dolci al cioccolato.

La .... esperienza in ristoranti di lusso e i .... studi nelle migliori scuole, mi permettono di offrirvi il miglior servizio della città. Chiamatemi allo 02-65-43-21.

4

Casa verde

Cosa farete con le vostre piante quest'estate? Chi si prenderà cura del .... giardino? Chi innaffierà i .... fiori? Chi poterà le .... rose?

Chiamateci! Tel. 333 12 456
Al ritorno troverete tutto VERDE.

5

BUNKER
Serivizi di sicurezza

Preoccupato per la sicurezza della .... casa durante l'estate?

R I L A S S A T I !

Noi vigileremo sul .... appartamento, sulla .... villa o sul .... posta. Goditi le .... vacanze!

3 Simona e Marino si stanno separando e si dividono le cose. Osserva attentamente il dialogo e completalo con i possessivi adeguati.

★★ A2

→ **Simona:** Puoi tenere lo stereo, però io mi prendo _la mia_ libreria e (1) .... libri.

Marino: Perfetto. Tieniti pure (2) .... libreria e (3) .... libri. Io mi tengo (4) .... microonde.

Simona: Ah no! Scusa, ma questo non è (5) .... microonde. È (6) .... microonde! Il tuo è a casa di Flavia.

Marino: Va bene, d'accordo. Però (7) .... divano e (8) .... poltrona non si toccano!

Simona: Guarda, per me non c'è problema. Tieniti (9) .... divano e (10) .... poltrona, ma a questo punto io mi tengo (11) .... quadri e (12) .... tende.

Marino: Molto bene. Tieniti pure (13) .... quadri orribili e (14) .... vecchie tende! Ah, prenditi anche (15) .... vaso in ceramica e il lampadario di Aldo.

Simona: Ah, e (16) .... fotografie insieme?

Marino: Non so. Per me è lo stesso, puoi tenerle tu.

B Possessivi con nomi di parentela: *mio fratello, tua zia, i nostri cugini, ...*

L'articolo determinativo **non si usa** davanti ai possessivi quando il sostantivo di riferimento è un nome di parentela al singolare ad eccezione della **terza persona plurale** (loro).

- *Tua figlia è molto simpatica.*
- *Come si chiama tuo padre?*

- *La loro figlia non vive in Italia.*
- *Il loro padre è un noto uomo politico.*

👁 Con **mamma** e **papà** di norma si usa l'articolo: *la mia mamma, il vostro papà.*

→ 5. Articoli

Davanti ai possessivi che si riferiscono a nomi di parentela al plurale è invece necessario l'articolo determinativo (*i, le*).

- *Le mie sorelle studiano all'università di Bologna.*
- *I suoi cugini vivono a New York.*

- *Le nostre zie stanno arrivando da Milano.*
- *Come si chiamano i tuoi fratelli?*

👁 Se il nome di parentela è accompagnato da un aggettivo qualificativo, o se è usato nella forma diminutiva o vezzeggiativa, l'articolo determinativo è sempre obbligatorio.

- *Il mio amato nonno è molto anziano, ma ha lo spirito e la vitalità di un ragazzino.* [aggettivo qualificativo]
- *La mia sorellina gioca sempre con le bambole.* [diminutivo]
- *La mia cuginetta è molto piccola e non parla ancora.* [vezzeggiativo]

- *Guardate, questa è la foto di famiglia del mio matrimonio. Questi sono i miei genitori, cioè i vostri nonni. A destra c'è mia sorella Luisa, vostra zia, e a sinistra i miei fratelli Franco e Bruno, i vostri zii. Luisa tiene in braccio Marcello, vostro cugino. Dietro mia madre ci sono la mia amica Cristina e il mio amico Giulio con i loro figli, Alberto e Carlo. Voi e il vostro cuginetto Matteo non siete nella foto perché non eravate ancora nati!*

👁 I possessivi suo, sua, vostro, vostra (riferiti a un oggetto e/o una persona) e suoi, sue, vostri, vostre (riferiti a vari oggetti e/o varie persone) significano:

DI LEI oppure DI VOI:
- *E Lei? Verrà al matrimonio, vero?*
- ■ *Sì, certo. Grazie mille.*
- *E sua moglie e i suoi figli?*
- ■ *Sì, verranno anche loro.*
- *Per l'hotel, non preoccupatevi. Ho già la vostra prenotazione.*

DI LUI/LEI oppure DI VOI:
- *Quali altre persone hai invitato al matrimonio?*
- ■ *Ho invitato il capo con sua moglie, Mariangela con i suoi figli e naturalmente tu e tuo marito con le vostre figlie.*

👁 Nell'italiano estremamente formale, il possessivo *loro* può significare di Voi.

- *Benvenuti! I Signori favoriscano il loro documento d'identità, per cortesia.*
- *Ecco la loro chiave. Buon soggiorno!*

4 Completa con la forma del possessivo adeguata.

A1

→ Il fratello di mio padre è .... zio.

1. Giovanna è vedova. .... marito è morto l'anno scorso.

2. La madre di .... madre è mia nonna.

3. La figlia di mia sorella è .... nipote.

4. .... padre si chiama Ernesto e .... madre Mirella.
   Sono .... genitori.

5. I figli dei miei zii sono .... cugini.

6. La sorella di mia madre si chiama Laura ed è .... zia.

7. .... sorellina ha due anni meno di me e si chiama Antonella.

5 Simona e Marino continuano a litigare. Osserva attentamente il dialogo e completalo con i possessivi adeguati.

A2

→ **Simona:** *Mia* madre aveva ragione quando mi diceva che eri un buono a nulla! E pensare che (1) ...... padre ti ha sempre considerato un uomo onesto.

Marino: (2) .... genitori invece non avevano capito quanto eri egoista. Come tutta (3) .... famiglia, del resto!

Simona: (4) .... famiglia egoista? Ma se (5) .... nonna ci ha lasciato (6) .... macchina quando ha smesso di guidare? E (7) .... zii ci hanno lasciato usare (8) .... appartamento in montagna senza chiederci un soldo?

Marino: È vero, ma (9) .... cugina non mi ha mai fatto un regalo. Né per Natale e neppure per (10) .... compleanno. Mai!

Simona: (11) .... cugina è un tipo un po' strano, ma (12) .... sorellina non mi ha mai fatto gli auguri. Per non parlare di (13) .... padre che appena mi saluta.

C Possessivi con sostantivo di riferimento "indeterminato": *un mio amico, un'amica mia...*

Quando i possessivi si riferiscono a un sostantivo "indeterminato" singolare, sono preceduti dall'articolo indeterminativo singolare (*un, uno, una*) e possono precedere oppure seguire il sostantivo al quale si riferiscono.

- *Un **mio** amico di vecchia data è andato a vivere a Londra.*
- *Un amico **mio** si è sposato con una ragazza giapponese e ora vive a Tokyo.*

- *Una **mia** amica inglese vuole trasferirsi in Italia e trovare un lavoro a Milano.*
- *Un'amica **mia** sta scrivendo un romanzo di fantascienza.*

Quando si riferiscono a un sostantivo "indeterminato" al plurale, i possessivi sono preceduti dall'articolo indeterminativo plurale (*dei, degli, delle*) e possono andare prima oppure dopo il sostantivo al quale si riferiscono.

- *Ho trovato delle **mie** vecchie foto in quel cassetto.*
- *Mia nonna tiene delle vecchie foto **sue** in un baule in soffitta.*

- *Maria ha ancora dei **miei** libri che le avevo prestato molti anni fa.*
- *Ho degli asciugamani **miei** da prestarti. Va bene?*

  👁 *un amico di me, un amico di te, un amico di voi.*

→ **4. Aggettivi**

→ **5. Articoli**

→ **11. Indefiniti**

6 Unisci le frasi di sinistra con le frasi di destra completando con gli aggettivi possessivi adeguati.

A1

→ Sto uscendo con un ragazzo bellissimo.

1. A tuo marito piace molto la voce di Andrea Bocelli, vero?

2. Conosci qualcuno esperto di computer?

3. Fernanda si dimentica spesso di restituire le cose.

4. Che cosa vi ha regalato Anselmo per il vostro matrimonio?

5. L'anno scorso sono andata in vacanza con Tea. La conosci?

a. Davvero? Hai delle *sue* foto?

b. Penso di sì. È una .... amica?

c. Ha ancora le .... cose che le avevo prestato ai tempi dell'università.

d. Dei .... quadri. È un pittore fantastico!

e. Sì, un .... amico è piuttosto bravo con le cose elettroniche.

f. Verissimo! Mamma mia, ha i .... dischi dappertutto.

7 La tua professoressa d'italiano ti ha chiesto di correggere questo esercizio di un tuo compagno di classe.

A1

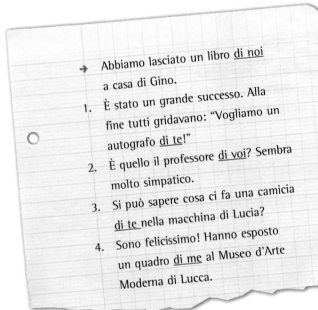

→ Abbiamo lasciato un libro <u>di noi</u> a casa di Gino.

1. È stato un grande successo. Alla fine tutti gridavano: "Vogliamo un autografo <u>di te</u>!"

2. È quello il professore <u>di voi</u>? Sembra molto simpatico.

3. Si può sapere cosa ci fa una camicia <u>di te</u> nella macchina di Lucia?

4. Sono felicissimo! Hanno esposto un quadro <u>di me</u> al Museo d'Arte Moderna di Lucca.

un libro nostro

1. ....

2. ....

3. ....

4. ....

8 Scegli l'opzione corretta come nell'esempio.

A2

→ Sono arrivati anche *i suoi cugini*

a.	cugini suoi
b.	i suoi cugini

1. .... lavora a Londra, l'altra a Dubai.

c.	Una mia sorella
d.	Mia sorella

2. Adoro .... Sono davvero luminosi.

e.	tuoi capelli
f.	i tuoi capelli

3. Probabilmente .... è a teatro. Ci sono le luci spente nell'appartamento.

g.	tua moglie
k.	la tua moglie

4. Abbiamo dovuto dargli .... per poter entrare allo stadio.

i.	i nostri documenti
j.	documenti nostri

5. Lei è il regista, vero? Mi piacerebbe vedere ....

k.	suoi film
l.	dei suoi film

6. Non sono d'accordo con te, però è .... e la decisione spetta solo a te.

m.	tua vita
n.	la tua vita

7. Ecco, questi sono .... che erano a casa mia. Gli altri sono ancora nella mia soffitta.

o.	dei libri tuoi
p.	i tuoi libri

D Possessivi dopo il sostantivo: *è colpa tua, sono problemi suoi...*

Quando si vuole dare particolare rilievo o enfasi al possessore, a un concetto o un'idea, si mette il possessivo subito dopo il sostantivo al quale si riferisce e si omette l'articolo.

- *Questi sono **problemi tuoi**, e di nessun altro!*
- ***Figlia mia!** Che bello rivederti.*
- ***Amore mio**, ti scrivo per dirti che mi manchi molto.*
- *Se tutto questo è successo, è solo **merito suo**.*
- *Siete veramente testardi, volete fare sempre di **testa vostra**!*
- *Andiamo a **casa mia** o a **casa tua**?*
- *Alfredo sa il **fatto suo** e saprà risolvere questa situazione.*
- *Quello che è successo non ti riguarda, non sono **fatti tuoi**.*

9 (Cerchia) la forma del possessivo adeguata.

A2

→ È un tuo problema / (problema tuo:) lo devi risolvere tu.

1. **Tesoro mio** / **Mio tesoro**, quanto mi sei mancato!
2. Questi sono **fatti nostri** / **nostri fatti**, non ti abbiamo chiesto un'opinione.
3. Lavoriamo insieme, mi devi ascoltare: non puoi fare sempre di **tua testa** / **testa tua**!
4. Allora domani sera ci vediamo a **vostra casa** / **casa vostra**?
5. Se abbiamo vinto il concorso è tutto **merito mio** / **mio merito**, e lo sai benissimo.

E Possessivi senza sostantivo: *La tua casa è bella però la mia è più grande.*

Quando non è necessario aggiungere un sostantivo al possessivo (perché sappiamo già a cosa ci riferiamo), usiamo *il mio, la tua, il suo, le nostre*, ecc.

- *Mi piacciono le tue scarpe, ma sinceramente preferisco **le mie**.* [le mie scarpe]
- *Andiamo con la tua macchina o con **la mia**?* [la mia macchina]
- *Ho prestato il mio motorino a mia sorella: **il suo** non funziona.* [il suo motorino]
- *Voi portate i vostri appunti e noi portiamo **i nostri**, va bene?* [i nostri appunti]

👁 In alcuni casi il possessivo è usato senza un sostantivo, che è sottinteso, e di cui prende il significato.

In particolare può riferirsi a:

- un **sostantivo generico**

- *Io ho detto la **mia**, voi adesso dite la **vostra**.*
  [Io ho espresso la <u>mia opinione</u>, voi adesso esprimete la <u>vostra opinione</u>.]
- *Marco ne ha fatta una delle **sue**.* [Marco ha compiuto una delle <u>sue solite malefatte</u>.]
- *Sono tutti dalla **mia**.* [Sono tutti dalla <u>mia parte</u>.]

- i **genitori**

- *Abito con i **miei**.* [Abito con i <u>miei genitori</u>.]
- *I **tuoi** sono già partiti per le vacanze?* [I <u>tuoi genitori</u> sono già partiti per le vacanze?]

- gli **amici**, i **compagni**, gli **alleati**

- *Sono dei **vostri**.* [Sto con voi, faccio parte del <u>vostro gruppo</u>.]
- *Questa sera andiamo in pizzeria. Sei dei **nostri**?* [Stai con noi, vieni <u>con noi</u>?]

10 Trasforma le frasi per non ripetere il sostantivo.

★ ★
★ **B1**
★ ★

→ La mia moto è più potente della <u>tua moto</u>, però è meno comoda.
La mia moto è più potente della tua, però è meno comoda.
....

1. Il mio parrucchiere è bravo, ma preferisco <u>il vostro parrucchiere</u>.
....

2. Il mio tablet è completamente scarico. Mi presti <u>il tuo tablet</u>?
....

3. Questi sono i miei jeans. <u>I tuoi jeans</u> sono già in valigia.
....

4. Il mio appartamento è molto spazioso e ben rifinito,
però <u>il suo appartamento</u> è molto più luminoso.
....

5. I nostri vicini sono persone gradevole ed educate,
ma <u>i vostri vicini</u> sono davvero carini e simpatici!
....

6. Le sue piante sono belle, ma <u>le mie piante</u> sono spettacolari.
....

7. Tra la macchina di Luigi e <u>la nostra macchina</u>, preferisco quella di Luigi: è più spaziosa.
....

8. Io e Marcello frequentiamo la stessa università, però <u>la sua facoltà</u> sta in un altro edificio.
....

9. Il tuo tiramisù è molto più buono, <u>nel loro tiramisù</u> c'è troppo mascarpone.
....

F Di chi è? È nostro: mio, tuo e di Carlotta.

Quando i possessivi sono usati senza il sostantivo e con il verbo ***essere***, l'uso dell'articolo è facoltativo.

- ● ***Di chi*** <u>è</u> questa rivista?
- ■ ***È nostra***.

- ● ***Di chi*** <u>sono</u> questi occhiali? Sono ***tuoi***?

- ● Questo cappello rosso <u>è</u> il ***tuo***?
- ■ Sì, ti piace?

- ● Queste vecchie fotografie <u>sono</u> ***di tua nonna***, vero?
- ■ Sì sono le ***sue***.

→ 5. Articoli

---

11 Mariangela, Antonio e l'amica Carlotta sono andati al supermercato. Alla cassa c'è stata un po' di
confusione e la loro spesa si è mescolata con quella di un signore. Osserva le liste della spesa

★ ★
★ **B1**
★ ★

e completa con i possessivi.

Carlotta:

zucchero
caffè
mele

Mariangela e Antonio:

yogurt
formaggio
mele
pomodori
pasta
anguria

Il signore:

patate
anguria

Carlotta: Il vino è *nostro*?

Mariangela: No, non è (1) ....
Il vino è (2) ...., signore?

Signore: No, non è nemmeno
(3) .... E allora lo ha lasciato
qualcun altro.

Mariangela: Le patate invece sono
(4) .... , vero signore?

Signore: Sì, sono (5) ....
Grazie.

Mariangela: Di chi è lo zucchero?

Carlotta: È (6) ....

Mariangela: E il caffè?

Carlotta: Anche il caffè è
(7) .... Me lo passi, per
favore?

Signore: Signora, questa anguria
qui è (8) .... ?

Mariangela: No, la (9) .... è
quella più grande.

Signore: Allora è la (10) ....
Me la passa, per favore?

Mariangela: Di chi sono le mele?

Antonio: Sono (11) ...., amore.

Carlotta: No, queste sono (12) ....
; le (13) .... sono quelle.

Carlotta: E di chi sono questi
yogurt?

Mariangela: Gli yogurt sono (14) .....
.

Carlotta: E il formaggio?

Mariangela: Anche il formaggio è
(15) ....

Carlotta: Tieni, Alberto. I pomodori
sono (16) ....

Antonio: Grazie, anche la pasta
è (17) .... Me la passi, per
favore?

G Casi speciali: *Ho i capelli bagnati.*

In italiano, i possessivi di solito, quando il possessore è chiaro dal contesto, non si usano per parlare delle parti del corpo, né per parlare degli indumenti o di altri oggetti che portiamo addosso.

- *Perché non ti tagli i capelli? Sono troppo lunghi*
- *Fai attenzione a non macchiarti la camicia.*
- *Forse dovrei fare più sport. Mi fa sempre male la schiena.*
- *Vuoi il collirio? Hai gli occhi arrossati.*

[*Perché non ti tagli i ~~tuoi~~ capelli?*]
[*Fai attenzione a non macchiarti la ~~tua~~ camicia.*]
[*Mi fa male la ~~mia~~ schiena.*]
[*Hai i ~~tuoi~~ occhi arrossati.*]

Ti chiamo dopo.
Mi sto lavando **i** denti.

→ 17. Costruzioni riflessive e valutative

12 Completa i dialoghi e metti in relazione come nell'esempio.

A2

→ a. Ragazzi, è ora di andare a scuola. Vi siete
messi *il* cappotto? Vi siete lavati *i* denti, vero?
Allora, andiamo.

b. Mah guarda, la vacanza era cominciata bene, poi,
però, un disastro! Mi sono slogato (1) .... polso
destro, mi si sono congelate (2) .... dita dei piedi
e mi sono rotto (3) .... caviglia! Credo che sciare
non faccia per me!

c. Oddio è tardissimo! E devo ancora lavarmi (4) ....
capelli, depilarmi (5) .... gambe e truccarmi (6) ......
occhi in stile anni '70!

d. Sto malissimo, sicuramente ho l'influenza. Mi fanno
male (7) .... ossa, (8) .... testa e anche (9) ....
pancia. E credo di avere la febbre!

Una madre parla con i suoi figli *A*.

1. Due compagne d'appartamento che parlano. ....
2. Un bambino spiega alla madre perché non può
andare a scuola. ....
3. Un ragazzo racconta le sue vacanze sul Monte
Bianco a un amico. ....

H Combinazione dei possessivi con dimostrativi, indefiniti, quantificatori: *quel mio amico, alcune mie amiche, molti miei amici.*

I possessivi si possono combinare anche con i dimostrativi, con gli indefiniti e con i quantificatori. In questi casi i possessivi **seguono** sempre i dimostrativi, gli indefiniti e i quantificatori e **non richiedono l'articolo**, ad eccezione di *tutto, tutta, tutti, tutte* che esprimono una quantità definita e identificabile.

- *Non capisco <u>questa</u> **tua** mania di alzare la voce.*
- *Ti ricordi <u>quella</u> **mia** amica tedesca che viveva a Berlino?*
- *<u>Alcuni</u> **miei** amici sono appassionati di moto e sono iscritti al "Circolo della Vespa".*
- *<u>Molte</u> **mie** amiche vestono all'ultima moda.*
- *<u>Tutti</u> **i miei** alunni hanno finito i compiti.*

→ 6. Dimostrativi
→ 8. Indefiniti
→ 11. Quantificatori

---

13 Completa con l'aggettivo possessivo corrispondente al pronome personale.

 A2

→ Devo smetterla con questa ....*mia*.... cattiva abitudine di mangiarmi le unghie! (io)

1. Questo .... modo di cantare è decisamente innovativo. (noi)
2. Mi piace quella .... giacca nera che mettevi l'anno scorso. (tu)
3. Queste .... idee sono ormai superate. (voi)
4. Quei .... amici sono davvero simpatici. (loro)
5. Quella .... spiegazione è stata davvero illuminante. (lei)
6. Quella .... giocata mi ha veramente sorpreso. (loro).

---

14 Cerchia l'opzione corretta.

 B1

→ È la verità! L'ho visto con **i questi miei** / quesi miei / **quegli miei** occhi.

1. **Quel suo** / **suo quell'** / **quel il suo** amico che non sorride mai, non mi piace proprio.
2. **Molti miei** / **molti i miei** / **miei molti** amici stranieri pensano che l'Italia sia bellissima.
3. Quando mi dai **quella tua** / **la quella tua** / **tua quella** famosa ricetta della crostata di visciole?
4. Adoro Caravaggio. **Tutte le sue** / **tutte sue** / **le tutte sue** opere sono straordinarie.
5. Mi stai facendo impazzire con **questa tua** / **questa la tua** / **tua questa** ossessione per l'ordine!
6. **Le alcune mie** / **alcune mie** / **mie alcune** amiche vanno in palestra regolarmente per mantenersi in forma perfetta.
7. **Questo tuo** / **tuo questo** / **il questo tuo** regalo significa molto per me.
8. Ho amato molto Arianna e ancora oggi conservo **qualche la sua** / **qualche sua** / **sua qualche** fotografia.
9. **Nostre molte** / **molte nostre** / **molte le nostre** paure sono irrazionali.

8. Indefiniti: *tutti, alcuni, qualche, qualcuno, niente, altri...*

A *Alcuni studenti, nessuna casa, tutti i giorni...*

Alcuni, alcune
Alcuni: vari elementi di un gruppo, senza specificare né quali né quanti.

Nessuno, nessuna
Nessuno: zero elementi di un gruppo.

Tutti, tutte
Tutti: l'insieme al completo.

- *Hanno mangiato **alcuni** cioccolatini.*
- *Ne hanno lasciati **alcuni**.*

- *Non hanno mangiato **nessun** cioccolatino.*
- *Non ne hanno aperto **nessuno**.*

- *Hanno mangiato **tutti** i cioccolatini .*
- *Li hanno aperti **tutti**!*

Queste forme di indefiniti concordano con il sostantivo a cui si riferiscono:

alcuni cioccolatini	*nessun cioccolatino*	*tutti i cioccolatini*
alcune caramelle	*nessuna caramella*	*tutte le caramelle*

👁 **Alcuni/e** e si usano solo al plurale.
Nessuno si usa solo al singolare. Quando accompagna un sostantivo, si comporta come gli articoli indeterminativi: *nessun cioccolatino, nessuno spettacolo, nessuna caramella, nessun'edicola.* Quando si usa senza sostantivo di riferimento, ha solo due forme: ***nessuno, nessuna.***

👁 Quando **tutti** e **tutte** accompagnano un sostantivo, prima di questo si mette l'articolo determinativo:

- *Lucio ha mangiato tutti **i cioccolatini**!*

Quando vogliamo definire in modo più specifico gli elementi di un insieme, usiamo gli indefiniti seguiti dalla preposizione **di** + la definizione dell'insieme:

- ***Alcune delle*** <u>domande dell'esame</u> *erano molto difficili.*
- *Alla festa non c'era **nessuno dei** <u>tuoi amici</u>.*

Qualche, ogni
Qualche e *ogni* sono invariabili e accompagnano sempre un sostantivo singolare.

Qualche: vari elementi di un gruppo, senza specificare né quali né quanti.

Ogni: il gruppo al completo, considerando gli elementi singolarmente.

- *Hanno mangiato **qualche** <u>cioccolatino</u>.*
  (Hanno mangiato alcuni cioccolatini.)

- ***Ogni*** <u>cioccolatino</u> *ha un ripieno diverso.*
  (Tutti i cioccolatini ha un ripieno diverso.)

👁 **Qualche** e **ogni** non si usano mai senza sostantivo.

- *Hanno mangiato **qualche caramella**.* [Ho mangiato qualche.]
- *Vado a corre **ogni giorno**.* [Vado a correre ogni.]

1 Indovina le risposte di questi tre concorrenti di una prova di memoria in una trasmissione televisiva.

★ **A1**

Vi ricordate...

→ ... i compagni della scuola materna?	Sì, *alcuni*	No, *nessuno*	Sì, *tutti* ....
→ ... le favole che avete letto da piccoli?	*Alcune*	*Nessuna*	*Tutte*
1. Vi ricordate le vostre prime parole?	Sì, ...	No, ...	Quasi ....
2. Vi ricordate quali telefilm vi piacevano da ragazzi?	Solamente	Mmmm	....
3. Vi ricordate i vostri vicini di casa di quando eravate piccoli?	.... sì	No, ...	Sì, ...
4. Vi ricordate i vostri professori delle scuole superiori?	Sì, ...	.... credo	Certo, ...
5. Vi ricordate i nomi degli italiani che hanno vinto un oscar?	Sì, ...	.............., temo	.............., direi.
6. Vi ricordate le opere liriche che avete visto nella vostra vita?	Solo	Non	....
7. Vi ricordate i titoli dei libri che avete letto?	....	Eh no, ...	Praticamente ....
8. Vi ricordate le canzoni di successo degli anni '90?	Forse	....	....

2 Scegli la parola adatta nel riquadro e completa come nell'esempio.

★ **A1**

nessuna alcune alcuni qualche✓ tutti qualche nessun nessun nessuno tutte tutti

→ Hai ....*qualche*.... ora libera oggi pomeriggio?

1. Non capisco .... regole grammaticali. Mi aiuti?

2. .... politici sono onesti, però sono pochi.

3. Puoi prendere .... i fumetti. Non ne leggerò ....

4. Non mi piace il tè verde e neanche il tè rosso. In realtà, non mi piace .... tipo di tè.

5. Che succede? C'è .... problema?

6. Non dovete giocare a palla in casa per .... ragione: ci sono oggetti delicati.

7. A Luigi piacciono .... le canzoni di Lucio Battisti.

8. Per poterti aiutare, ho bisogno di .... le informazioni possibili.

9. Le bottiglie sono cadute dallo scaffale, ma per fortuna non se n'è rotta ....

3 La signora Rita e la signora Maria sono un po' pettegole, amano stare al balcone e fare commenti sulla gente che passa. Completa con *tutti, tutte, alcuni, alcune, nessuno, nessuna.*

★ **A1**

→ Gli uomini sono quasi ....*tutti*.... vestiti male. Solamente (1) .... portano la giacca e .... mette la cravatta. Invece il signor Carletti è sempre elegante.

● Oh ecco le modelle dell'agenzia di moda. (2) .... sono ingrassate, però le altre sembrano magre come sempre. Come faranno a rimanere sempre così?

■ Sicuramente (3) .... seguiranno una dieta rigidissima!

● I ragazzi che gestiscono il nuovo bar secondo me sono (4) .... strani.

■ (5) .... hanno anche dei tatuaggi, che brutti!

● Ah questi giovani! (6) .... sembra essere serio e responsabile! E neanche le ragazze, eh!

■ Eh già, (7) .... si comportano come ragazzi e (8) .... sa veramente come comportarsi.

● Beh ma oggi sono (9) .... maleducati, anche gli adulti!

■ Sì, e la gente parla e parla. È pieno di pettegoli!

63

B Qualcuno, nessuno, qualcosa, niente/nulla, tutto

Questi indefiniti si usano come sostantivi e servono per riferirsi a persone (*qualcuno, nessuno*) o cose (*qualcosa, niente/nulla, tutto*) **senza specificare di che tipo di persona o di cosa parliamo.**

Qualcuno [qualche persona]	**Nessuno** [nessuna persona]	**Qualcosa** [qualche cosa]	**Niente/Nulla** [nessuna cosa]	**Tutto** [tutte le cose o l'intera situazione]

Vedo **qualcuno**.	Non vedo **nessuno**.	Vedo **qualcosa**.	Non vedo **niente**. / Non vedo **nulla**.	Vedo **tutto**.

Qualcuno, nessuno, qualcosa, niente/nulla e *tutto* sono invariabili e sono sempre usati al maschile singolare.

- *Ciao! C'è **qualcuno** in casa?*
  [Possiamo riferirci a un uomo, a una donna, a vari uomini, a varie donne, ecc.]

- *C'era **qualcosa** di giallo nella scatola.*
  [Possiamo riferirci a un giocattolo, a una palla, a un capo d'abbigliamento, ecc.]

- *Mi piace questo manuale. È **tutto** molto chiaro.*
  [Possiamo riferirci al testo, alla presentazione, agli esempi, ecc. ...]

4 Questo è un frammento del copione di una commedia napoletana. Completa con le forme *qualcuno, nessuno, qualcosa, niente/nulla, o tutto.*

★ ★
★ **A1**
★ ★

→ ....*Qualcuno*.... mette, con molta attenzione,
(1) .... nel ripiano più alto del frigo.
(2) .... se ne rende conto: né la cuoca
Giuseppina, né la sua aiutante Pasqualina. Quando il
cameriere Carmine apre il frigo, vede che dentro c'è
(3) .... di strano, però non dice
(4) .... per non insospettire la cuoca
Giuseppina che vuole sempre sapere (5) ....
e poi si arrabbia. Il cameriere Carmine decide di
tornare in cucina quando non c'è (6) ....
Apre un'altra volta il frigo e vede che dentro non
c'è il misterioso pacchetto. Sente dei passi che si

avvicinano, sta arrivando (7) .... È lo zio
Salvatore, un pettegolo tremendo.
- Cerchi (8) .... ?
- No, non cerco (9) ....
- Senti, sai se oggi (10) .... ha consegnato
  un pacchetto?
- Eh? no, no, io non so (11) ....
- Allora chiederò a Giuseppina, che sa sempre
  (12) ....
Poi Carmine vede il nonno Peppino che passa in
giardino con in mano (13) .... che sembra un
pacchetto. "Devo scoprire (14) ...." pensa.

5 Completa con l'aggettivo più appropriato concordando il genere.

★ ★
★ **A2**
★ ★

rosso/a   comodo/a   perfetto/a   dinamico/a ✓   squisito/a   buono/a

→ Abbiamo bisogno di qualcuno ....*dinamico*.... per il nuovo progetto.
1. Sì sono disordinata, ma nessuno è ....
2. Mmmm grazie per la cena, è tutto .... !
3. Se non credi in te stesso, non farai nulla di ....
4. In Italia, per iniziare bene l'anno nuovo devi indossare qualcosa di ....
5. Niente è più .... del divano di casa!

6 Completa con la forma adeguata.

| qualcuno   nessun   qualcosa   niente/nulla   qualche   alcuni/e   nessuno/a   tutto |

→ ● Oh ecco gli accappatoi. Scusi, ne avete *qualcuno* per bambini?

■ Aspetti che controllo... No, non ne abbiamo più *nessuno*. Vuole vedere gli asciugamani? Sono molto morbidi.

● Va bene, grazie. Sempre meglio di *niente*.

1. ● Sapete .... dei risultati del concorso?

■ No, ancora non sappiamo ....

● Dobbiamo chiedere a .... , sono troppo curioso!

■ A Franca, che sa sempre ....

2. ● Hai .... per il raffreddore?

■ Mi pare di non avere .... No aspetta! Ho dell'ibuprofene.

● Non hai .... di più specifico?

■ Non credo ma andiamo a vedere nel cassetto, magari ho .... di più forte.

3. ● Hai .... da bere? Un succo di frutta, una bibita?

■ Sì, delle bibite, dovrei averne .... in dispensa.

4. ● È avanzato .... tramezzino o panino? Erano davvero molto buoni.

■ Credo proprio di no. Non è rimasto .... in frigo.

5. ● C'è .... che conosciamo alla festa?

■ Credo di sì, ... amico di Rosanna che abbiamo conosciuto lo scorso anno.

6. ● Ci vuole .... in più in questa insalata. Abbiamo delle carote?

■ Eh no, non è rimasta .... carota.

● E .... cetriolo?

■ No, guarda non è rimasto proprio ....

7. ● Salve. Stavo cercando .... di originale per un regalo.

■ Benissimo. Abbiamo degli oggetti di design molto belli e .... sono davvero unici.

● Perfetto. Mi può far vedere anche .... quadro, per favore?

8. ● Ma è vero che Luigi ha litigato con tutti?

■ Beh con .... sì. Soprattutto con Giorgio.

● Il problema è che Luigi critica sempre ....

■ Beh, però .... volta ha ragione.

C Doppia negazione: *Non vedo nessun libro e nessuna penna, non vedo nessuno, non vedo niente/nulla.*

Gli indefiniti nelle forme negative invariabili *nessuno, niente / nulla* e nella forma negativa variabile *nessun, nessuno, nessun', nessuna* possono andare **prima del verbo** oppure **dopo il verbo**. Se si trovano **dopo il verbo**, è necessario esprimere la **negazione prima del verbo**.

- *Nessun albero è fiorito.*   MA: *Non è fiorito nessun albero.*   [È fiorito nessun albero.]
- *Niente mi sembra impossibile.*   *Non mi sembra impossibile niente.*   [Mi sembra impossibile niente.]
- *Nessuno mi aiuta.*   *Non mi aiuta nessuno.*   [Mi aiuta nessuno.]

---

7 Quattro delle seguenti frasi richiedono la doppia negazione. Individuale e correggile.

→ Con questa pioggia oggi verrà **nessuno**. *Non verrà nessuno.*

→ È assurdo: se lo racconto, **nessuno** ci crederà. ✓ ....

1. A **nessuno** è piaciuto lo spettacolo. ....

2. Sei un'irresponsabile: ti preoccupi di **niente**. ....

3. Ho mandato un messaggio alle mie amiche, ma **nessuna** mi ha risposto. ....

4. Dovevano esserci le stelle cadenti ieri notte, però io ho visto **nulla**. ....

5. Ho mille borse e borsette, ma ho **nessuno** zaino. ....

6. Ho girato decine di negozi ma **niente** mi è sembrato adatto per la festa. ....

D Altro, altra, altri, altre

Altro, altra, altri, altre si riferiscono a uno o più elementi diversi che appartengono alla stessa categoria:

Una banconota!   Un'altra banconota!   Toh! Altre due!   E ancora un'altra!

- *Ci sono **altre** <u>edicole</u> qui vicino? In questa non hanno giornali stranieri.*
  [La domanda si riferisce a edicole diverse da quella che già si conosce.]

- *Hai cambiato <u>macchina</u>? Mi piaceva di più l'**altra**!*
  [L'affermazione si riferisce alla macchina usata in precedenza.]

- *Vuoi un **altro** <u>bicchiere di prosecco</u>?*
  [La domanda si riferisce a un ulteriore bicchiere di prosecco (cioè, uno in più)
  e non a un bicchiere di prosecco diverso dal precedente.]

Queste forme concordano nel genere e nel numero con il sostantivo a cui si riferiscono e, spesso, sono precedute dall'articolo indeterminativo singolare o dalle sue forme al plurale:

- *Dobbiamo trovare un **altro** <u>appartamento</u>, questo è troppo piccolo.*
- *Va bene, ho sbagliato. Ma dammi un'**altra** <u>opportunità</u>, per favore.*
- *Avete delle **altre** <u>borse</u> in pelle?*
- *Non ci sono degli **altri** <u>ristoranti</u> etnici nel quartiere?*

Queste forme si possono combinare con altri determinativi (dimostrativi, possessivi, articoli determinativi e indeterminativi, ecc.):

- *Sì, quel quadro è bello, ma preferisco <u>quest'</u>**altro**.*
- *Carolina è molto gentile, ma <u>gli</u> **altri** <u>miei</u> colleghi sono poco disponibili.*
- *Quali sono <u>le</u> **altre** scatole da portare via?*
- *Ho preso <u>un'</u>**altra** settimana di ferie.*

👁 I numerali cardinali (*due, tre, quattro*, ecc...) vanno *dopo* **altri** e **altre**, e non prima.

- *Ho **altre due** sorprese per te.* [~~due altre~~]

---

8 Collega gli enunciati delle due colonne per formare delle frasi e completa con *altro, altra, altri, altre*. Poi sottolinea il sostantivo al quale si riferiscono.

★ ★
★ **B1**
★ ★

→ Mi piacciono queste <u>scarpe</u>.   però non voglio spendere molto. Ne avete *altre* meno costose?

1. Che bel vestito! Un po' troppo corto però.
2. Questa camicia è grande,
3. Questi pantaloni sono fatti bene ma
4. Fantastiche queste scarpe! Però

a. ne vorrei un' .... più stretta.
b. posso vederne ...., magari con il tacco a spillo?
c. Ce n'è un .... più lungo?
d. vorrei provarne degli .... più casual.

9 Oggi al supermercato Tutto fresco ci sono grandi offerte: per ogni prodotto acquistato ne regalano altri. Completa l'annuncio, il numero tra parentesi indica la quantità di prodotti offerti.

★ ★
★ **A2**
★ ★

→ Per l'acquisto di una crema solare ne regaliamo (I) *un'altra* e per due creme idratanti, ne regaliamo (III) *altre tre*

1. Per l'acquisto di una confezione di uova, ne regaliamo (I) ....

2. Per l'acquisto di due pacchetti di caffè, ne regaliamo (III) ....

3. Per l'acquisto di una tavoletta di cioccolato, ne regaliamo (I) ....

4. Per l'acquisto di due pizze surgelate, ne regaliamo (II) ....

5. Per l'acquisto di un bagnoschiuma, ne regaliamo (II) ....

6. Per l'acquisto di una bottiglia di vino, ne regaliamo (I) ....

10 Valentina scrive alla sua amica Emanuela, che adesso vive in Australia, per raccontarle tutte le novità del quartiere. Cerchia l'opzione corretta.

★ ★
★ **B1**
★ ★

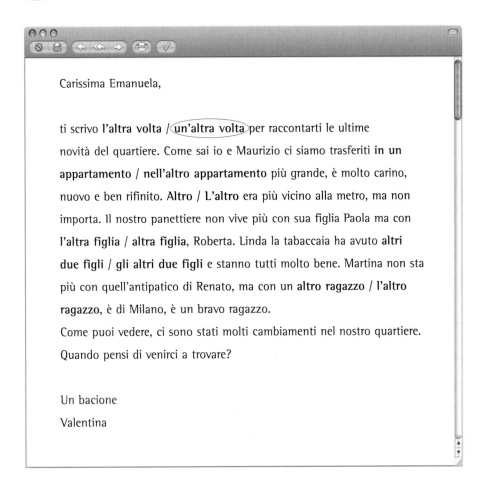

Carissima Emanuela,

ti scrivo l'altra volta / un'altra volta per raccontarti le ultime novità del quartiere. Come sai io e Maurizio ci siamo trasferiti in un appartamento / nell'altro appartamento più grande, è molto carino, nuovo e ben rifinito. Altro / L'altro era più vicino alla metro, ma non importa. Il nostro panettiere non vive più con sua figlia Paola ma con l'altra figlia / altra figlia, Roberta. Linda la tabaccaia ha avuto altri due figli / gli altri due figli e stanno tutti molto bene. Martina non sta più con quell'antipatico di Renato, ma con un altro ragazzo / l'altro ragazzo, è di Milano, è un bravo ragazzo.

Come puoi vedere, ci sono stati molti cambiamenti nel nostro quartiere. Quando pensi di venirci a trovare?

Un bacione
Valentina

11 John e Mei si sono innamorati al corso d'italiano. Ogni tanto litigano e fanno degli errori. Correggi l'uso di *altro, altra, altri, altre*.

★ ★
★ **B1**
★ ★

→ John: Tu fai sempre le attività di gruppo con <u>altri compagni</u> e mai con me! *gli altri compagni.*

1. Mei: Non essere geloso! Lavoro con <u>altri</u> per variare un po'. .... Invece io dovrei arrabbiarmi perché tu aiuti sempre quelle <u>altre ragazze</u>, e non me! ....

2. John: Ma io aiuto <u>altre</u> perché tu sei brava! ....

3. Mei: Non è vero! <u>Altra volta</u> io non capivo l'esercizio e tu non mi hai aiutata. ....

4. John: Va bene, basta litigare oggi. Ne parleremo <u>altro giorno</u>. ....

9. Numerali cardinali: *uno, due, tre...*

I numerali cardinali servono per esprimere delle quantità: *un motorino, due biciclette, tre macchine*. Si riferiscono sempre a un sostantivo, però si possono usare anche da soli, se è chiaro di cosa stiamo parlando. In questo caso sono accompagnati dalla particella ne.

- *Ho **quattro** biglietti per il concerto, e tu?*
- *Ne ho **cinque**.*

→ 11. Quantificatori

A Da 0 a 20

0 zero	3 tre	6 sei	9 nove	12 dodici	15 quindici	18 diciotto
1 uno	4 quattro	7 sette	10 dieci	13 tredici	16 sedici	19 diciannove
2 due	5 cinque	8 otto	11 undici	14 quattordici	17 diciassette	20 venti

Uno concorda nel genere con il sostantivo al quale si riferisce e segue le regole dell'articolo indeterminativo, quindi può diventare anche *un, un', una*. Gli altri numerali sono invariabili.

→ 5. Articoli

- *Cosa prendete?*
- ***Una*** *birra,* ***un'***_aranciata e_ ***un*** _bicchiere_ *di vino rosso.*

- *Quanti panini volete?*
- *Solo **uno**, grazie.*

- *E quante pizze?*
- *Solo **una**.*

1 Giacomino è molto invidioso e vuole sempre il doppio del suo amico Michelino. Completa scrivendo i numeri in lettere, come nell'esempio.

★ ★
★ A1
★ ★

→ Se Michelino legge due fumetti, Giacomino ne legge *quattro*

1. Se Michelino adotta un cane, Giacomino ne adotta ....
2. Se Michelino compra quattro palloni, Giacomino ne compra ....
3. Se Michelino ha tre biciclette, Giacomino ne ha ....
4. Se Michelino organizza una festa, Giacomino ne organizza ....
5. Se Michelino mangia sei gelati, Giacomino ne mangia ....
6. Se Michelino beve quattro succhi di frutta, Giacomino ne beve ....
7. Se Michelino pratica due sport, Giacomino ne pratica ....

2 Completa i seguenti dialoghi tra i camerieri e clienti scrivendo i numeri corrispondenti.
Fai attenzione a *un, un', una, uno*.

★ ★
★ A1
★ ★

→ ● Buona sera, vorrei 2 *due* caffè e 1 *un* cappuccino, per favore.

1. ■ 2 .... cappuccini?
   ● No, 1 ....

2. ■ Quanti bicchieri di prosecco mi avete detto?
   ● Solo 1 .... , e 3 .... spritz.

3. ● 1 .... cioccolata calda con panna, per favore.
   ■ Subito!

4. ■ Cosa prende?
   ● 1 .... tramezzino mozzarella e funghi e 1 .... aranciata.

5. ■ Quanti caffè?
   ● 3 .... 2 .... ristretti e 1 .... macchiato.

6. ● Quant'è?
   ■ Dunque, 2 .... focacce al prosciutto, 1 .... bottiglia di vino rosso e 1 .... spritz... 20 €

7 Abbina i seguenti numeri in lettere ai numeri in cifre corrispondenti.

A1

1. Novecentododici	a. 531
2. Trecentoventuno	b. 321
3. Duecentotrentacinque	c. 912
4. Seicentodue	d. 700
5. Cinquecentotrentuno	e. 602
6. Ottocentoventidue	f. 450
7. Settecento	g. 235
8. Quattrocentocinquanta	h. 822

8 Gaia e Fabrizio fanno i conti delle spese per la festa che hanno organizzato. Trascrivi i numeri in lettere.

A1

→ Affitto locale: 350 € *trecentocinquanta euro*

DJ: 165 € ....

Catering: 415 € ....

Decorazione: 93 € ....

Pasticceria: 226 € ....

Animazione bambini: 78 € ....

D Da 1.000 a 999.999

I numerali cardinali da **1.001** a **1.999** si ottengono aggiungendo i numerali da **uno** a **novecentonovantanove** al numerale **mille**. Sono tutti invariabili.

1.000 *mille*	1.304 *milletrecentoquattro*	1.708 *millesettecentootto*
1.001 *milleuno*	1.405 *millequattrocentocinque*	1.809 *milleottocentonove*
1.102 *millecentodue*	1.506 *millecinquecentosei*	1.910 *millenovecentodieci*
1.203 *milleduecentotré*	1.607 *milleseicentosette*	1.999 *millenovecentonovantanove*

I numerali cardinali da **2.000** a **999.999** si ottengono aggiungendo ai numerali da **due** a **novecentonovantanove** il suffisso **-mila**. Sono tutti invariabili.

2.000 *duemila*	400.000 *quattrocentomila*
2.001 *duemilauno*	400.500 *quattrocentomilacinquecento*
30.000 *trentamila*	900.000 *novecentomila*
30.020 *trentamilaventi*	999.999 *novecentonovantanovemilanovecentonovantanove*

👁 Mentre il numerale **uno** concorda con il genere del sostantivo al quale si riferisce, i numerali formati dalle diverse migliaia più il numerale **uno** (**milleuno**, **duemilauno**, **tremilauno**, **quattromilauno**, ecc.) sono invariabili e non concordano con il sostantivo.

• *È stata pubblicata **una** raccolta di **duemilauno** modi di dire tipici di Napoli.*

👁 Quando parliamo di quantità indeterminate ma numerose usiamo spesso **un centinaio / migliaio**. Per indicare quantità indeterminate ancora più numerose, usiamo **centinaia / migliaia**.

• *So come si fa questo lavoro: l'ho fatto **un migliaio** di volte!*

• *C'erano **centinaia** di persone al concerto.*

9 Metti in ordine le parole per formare un numero. Dopo trascrivi i numeri in cifre.

A1
→ trentatré duemila quattrocento *duemilaquattrocentotrentatré = 2433*

tremilatrecento-ventuno   milleduecent cinquantatré

1. cinquecento novemila quattordici

   .... = ...

2. centocinquantotto sessantaseimila

   .... = ...

3. cinque mille trecento

   .... = ...

4. cento quarantasettemila sedici

   .... = ...

5. novecento undicimila tredici

   .... = ...

6. quattrocento settantadue cinquantatremila

   .... = ...

10 Scrivi in lettere il risultato delle seguenti operazioni.

A2
→ 1.000 + 2.000 = ...*tremila*......

1. 2.015 + 1 = ...

2. 200.000 - 50.000 =...

3. 399.990 + 10 = ...

4. 620.000 + 137 = ...

5. 852.736 – 736 = ...

6. 110.000 x 6 = ...

7. 1.745 + 5 = ...

8. 1.000 + 1 = ...

9. 777.000 + 777 = ...

10. 999.999 – 99.999 = ...

E Milione, milioni...

La parola *milione* si utilizza al singolare quando parliamo di **1 milione**.
Per il plurale si usa la forma **milioni**.

1.000.000 *un milione*	**1.234.567** *un milione duecentotrentaquattromilacinquecentosessantasette*
2.000.000 *due milioni*	**2.345.678** *due milioni trecentoquarantacinquemilaseicentosettantotto*
10.000.000 *dieci milioni*	**200.000.000** *duecento milioni*
100.000.000 *cento milioni*	**1.000.000.000** *mille milioni/un miliardo*

Quando le parole *milione* e *milioni* sono immediatamente seguite da un sostantivo, si usa la preposizione *di*.

- *Circa duecento **milioni di** persone parlano italiano.*
- *Ogni anno a Bologna si consumano più di un **milione di** tortellini.*
  MA   *Quest'anno Bologna è stata visitata da un **milione centocinquantamila** turisti.*

In italiano, un **bilione** (1.000.000.000.000) significa "un milione di milioni" e si scrive con 12 zeri. Quando è immediatamente seguito da un sostantivo, richiede la preposizione *di*.

- *Nell'universo conosciuto esistono **bilioni di** pianeti e più di **un bilione di** galassie.*

11 Trascrivi in lettere il numero degli abitanti di alcune regioni italiane.

A2

→ Lombardia = 9.994.525 _nove milioni novecentonovantaquattromilacinquecentoventicinque_

1. Campania = 5.869.314 ....

2. Sicilia = 5.089.386 ....

3. Emilia-Romagna = 4.449.072 ....

4. Lazio = 5.886.156 ....

5. Friuli-Venezia Giulia = 1.228.106 ....

6. Toscana = 3.748.883 ....

7. Puglia = 4.084.850 ....

8. Sardegna = 1.661.520 ....

9. Piemonte = 4.426.800 ....

12 Leggi il seguente testo sull'Isola Bel Bella e completa le cifre scritte parzialmente con i numeri nel riquadro.

A2

| 4.058 | 615.000 ✓ | 849.300 | 235 | 307.000 | 2.565.000 | 479 |

Bel Bella ha una superficie di _seicentoquindicimila_ km² e un totale di due

milioni (1) .... di abitanti. La capitale, Bellezza,

è situata nel nord del paese e ha (2) ....

trecento abitanti; la seconda città più importante di Bel Bella è Belloccia,

con (3) .... sette

(4) .... abitanti.

Il monte principale dell'isola è il Bellone con un'altezza di

(5) .... otto metri, e ha due fiumi principali:

il Bellino, di (6) .... settanta

(7) .... km e il Belluccio, di duecento

(8) .... chilometri.

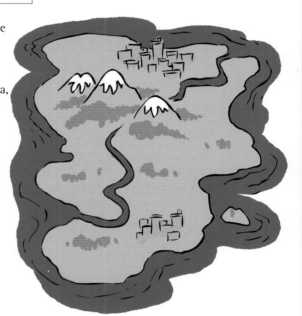

73

10. Numerali ordinali: *primo, secondo, terzo...*

I numerali ordinali esprimono la posizione all'interno di una serie e servono per indicare l'ordine di qualcosa in una sequenza (nello spazio e nel tempo).

- Antonella è arrivata **quinta** alla maratona di Milano.
- Il **primo** romanzo di Niccolò Ammaniti mi è piaciuto di più del **secondo**.
- I tre rapinatori sono stati arrestati, ma sembra che ci sia un **quarto** uomo ancora nascosto nell'edificio.

A Forme

I numerali ordinali corrispondenti ai numeri da 1 a 10 sono i seguenti:

1° *primo*	2° *secondo*	3° *terzo*	4° *quarto*	5° *quinto*
6° *sesto*	7° *settimo*	8° *ottavo*	9° *nono*	10° *decimo*

Per ottenere i numerali ordinali successivi alla prima decina, basta togliere l'ultima lettera del numerale cardinale e aggiungere il suffisso -*esimo*:

11° *undicesimo*	100° *centesimo*
20° *ventesimo*	200° *duecentesimo*
45° *quarantaseiesimo*	1.000° *millesimo*
99° *novantanovesimo*	1.000.000° *milionesimo*

- Viviamo al **quindicesimo** piano e abbiamo una vista stupenda.
- L'Italia ha fatto gol al **novantesimo** minuto e ha vinto la partita.

    👁 Quando il numerale cardinale termina con i numeri *tre* e *sei*, si mantiene la vocale finale e si aggiunge il suffisso -**esimo**.

    - 33° *trentatreesimo*
    - 56° *cinquantaseiesimo*

I numerali ordinali vengono normalmente scritti con il numerale cardinale seguito nella parte superiore destra dalla lettera ° per il maschile e dalla lettera ª per il femminile, oppure con la numerazione romana.

- 2° / II *secondo*
- 5° / V *quinto*
- 9° / IX *nono*

I numerali ordinali **non sono invariabili** e concordano in genere e numero con il sostantivo a cui si riferiscono:

- Vivo al **primo** piano, ma per fortuna la strada è tranquilla e non sento molti rumori.
- Te lo dico per la **millesima** volta: pulisci la tua camera!
- È la **terza** segretaria che se ne va in due mesi: hai proprio un brutto carattere!
- I miei figli sono arrivati **tredicesimi** al concorso per giovani talenti. I partecipanti erano 100.
- Sono le **ventesime** chiavi che perdi: fai più attenzione!

    👁 Quando li usiamo per ordinare il discorso, gli ordinali **sono invariabili** (*primo, secondo, terzo*, ecc.):

    - Come si prepara un Bellini: **primo**, si sbuccia una pesca bianca. [in primo luogo, prima di tutto]
    - **Secondo**, si frulla la pesca con la purea di lamponi. [poi, successivamente]
    - **Terzo**, si versa nel flute. **Quarto**, si aggiunge il prosecco ben freddo. Alla fine si guarnisce il bicchiere con una fettina di pesca o limone. [dopo]

→ **4. Aggettivi**

→ **9. Numerali cardinali**

1 Per ogni numero romano scrivi il corrispondente numerale ordinale in lettere.

A1

→ IV: _quarto_

1. XV: ....

2. III: ....

3. XIX: ....

4. VIII: ....

5. XXII: ....

6. IX: ....

7. XXXII: ....

8. V: ....

2 Ecco l'agenda culturale di un quotidiano. Scrivi l'ordinale corrispondente in lettere. Fai attenzione alla concordanza.

A1

→ 7° _Settimo_ premio letterario "Luigi Pirandello".

1. 2° .... concorso di pittura femminile "Artemisia".

2. 9° .... festival della musica leggera "Domenico Modugno".

3. 8° .... concorso di cucina "Tavola imbandita".

4. 3° .... festival di teatro di strada "Saltimbanco".

5. 1ª .... esposizione di automobili d'epoca a Torino.

6. 3ª .... sagra della lumaca di Cantalupo di Bevagna.

7. 1° .... congresso nazionale di Grammatica italiana.

3 Sai come si prepara la bruschetta al pomodoro? Metti in ordine le istruzioni.

A2

.... aggiungere il pomodoro tagliato a dadini con il basilico.

.... _primo_ .... tagliare e abbrustolire il pane.

.... condire con olio extravergine di oliva.

.... spalmare l'aglio sulle fette.

B Usi

I numerali ordinali indicano l'ordine di qualcosa in una sequenza, nello spazio e nel tempo.

I numerali ordinali, di solito, si usano con i determinativi.

- *La mia **prima** figlia si chiama Eleonora e il mio **secondo** figlio, Marcello.*

Quando i numerali ordinali accompagnano il sostantivo, di solito lo precedono.

- *Oggi è il **primo** <u>giorno</u> di vacanze.*

Scusi, dov'è il bagno?

È la **seconda** <u>porta</u> a destra

Mi sono innamorata di te la **prima** <u>volta</u> che ti ho visto.

Quando è chiaro ciò di cosa stiamo parlando, non è necessario utilizzare il sostantivo.

- *Questo è il **primo** <u>quadro</u> che ho dipinto, e quello è il **secondo**.*

👁 Per riferirsi ai giorni del mese, in italiano si usano i numerali cardinali (e non i numerali ordinali), ad eccezione del primo giorno del mese, che invece richiede l'uso del numerale cardinale ***primo***.

- *Sono nato il **9** marzo, non il **primo** marzo!*

→ 9. Numerali cardinali

👁 I numerali ordinali si possono usare senza sostantivo quando è chiaro di cosa si sta parlando. In questo caso sono accompagnati dalla particella ***ne***.

- *Ho già mangiato due tramezzini ma <u>ne</u> mangerei volentieri un terzo.*

→ 11. Quantificatori

4 Leggi il programma di questa settimana dell'Orchestra Filarmonica di Modena e poi completa il testo. Attenzione alla concordanza.

A1

A2

> ORCHESTRA DA CAMERA DI MODENA
>
> DIRETTORE: ALBERTO GUARINI
>
> PRIMO VIOLINO: GABRIELLA SANTELLI
>
> Programma
>
> LUNEDÌ 16
>
> **Antonio Vivaldi.**
> *Le Quattro stagioni - Primavera*, movimento n. 3
>
> **Antonio Vivaldi.**
> *Le Quattro stagioni - Estate*, movimento n. 2
>
> MARTEDÌ 17
>
> **Gioacchino Rossini.**
> *Il Barbiere di Siviglia*, atto I – *Largo al factotum*
>
> **Gioacchino Rossini.**
> *L'italiana in Algeri*, atto II – *Per lui che adoro*
>
> MERCOLEDÌ 18
>
> **Giuseppe Verdi.**
> *Nabucco*, parte III - *Va', pensiero, sull'ali dorate*
>
> **Giuseppe Verdi.**
> *Aida*, atto IV - *Morir! sì pura e bella!*

→ Il *primo* giorno, l'orchestra suonerà il .... movimento della *Primavera* e il .... dell'Estate dalle *Quattro stagioni* di Vivaldi. Il .... giorno, *Largo al factotum* dal .... atto del *Barbiere di Siviglia* e *Per lui che adoro* dal .... atto dell'Italiana in Algeri di Rossini. E il .... giorno suonerà *Va', pensiero, sull'ali dorate* dal .... atto del *Nabucco*, e *Morir! sì pura e bella!* dal .... atto dell'*Aida* di Verdi.

5 Scrivi vicino a ogni ordinale il numero al quale corrisponde.

A2

→ Trentatreesimo: .*33*.

1. Sedicesimo: ....
2. Cinquantaseiesimo: ....
3. Diciottesimo: ....
4. Quarantottesimo: ....
5. Sessantasettesimo: ....

6. Ottantesimo: ....
7. Settantunesimo: ....
8. Ventitreesimo: ....
9. Decimo: ....
10. Trentottesimo: ....
11. Novantaduesimo: ....

6 Completa con gli ordinali in lettere. Fai attenzione ai sostantivi maschili e femminili.

A2

→ Un corridore senegalese vince la (22a) *ventiduesima* corsa StraMilano.

1. Domani festeggiamo il 50° .... anniversario di matrimonio dei miei nonni.
2. Si tratta di un'importante manifestazione culturale, questa è la 15ª .... edizione.
3. Sono aperte le iscrizioni per il 22° .... Congresso di traduzione letteraria.
4. Il giovane motociclista parteciperà alla 34ª .... gara di motocross.

11. Quantificatori: *troppo, molto, abbastanza...*

I quantificatori si usano **per graduare l'intensità** del significato di un sostantivo, di un aggettivo, di un verbo o di determinati avverbi, oppure **per esprimere la quantità** di qualcosa.

A Con sostantivi: *molto cioccolato, molti biscotti*

SOSTANTIVI NON NUMERABILI

Troppo cioccolato   ***Molto*** cioccolato   ***Abbastanza*** cioccolato   ***Poco*** cioccolato   *Niente cioccolato*
                                   [sufficiente]   [non sufficiente]

SOSTANTIVI NUMERABILI

Troppi biscotti   ***Molti*** biscotti   ***Abbastanza*** biscotti   ***Pochi*** biscotti   *Nessun biscotto*
                                  [sufficienti]   [non sufficienti]   *Nessun piatto*

Quando accompagnano i sostantivi, i quantificatori concordano nel genere e nel numero con il sostantivo al quale si riferiscono, ad eccezione di *niente* e *abbastanza*, che sono invariabili, e di **nessuno**, che varia solo nel genere (***nessun, nessuno, nessun', nessuna***), dal momento che si usa solo con sostantivi al singolare.

Queste forme si possono usare senza sostantivo quando è chiaro di cosa si sta parlando. In questo caso sono accompagnate dalla particella **ne**, ad eccezione di *niente* e *nessuno*, che non possono essere usati con **ne**. Al loro posto si usa la particella **ne** preceduta dalla negazione *non*.

- *Ci sono **abbastanza** <u>gelati</u> per tutti?*
- *Sì, nel freezer <u>ne</u> abbiamo **molti**.*
- *Ah, bene. Pensavo avessimo **pochi** <u>gelati</u>. E abbiamo <u>spumante</u> in casa?*
- *No, <u>non ne</u> abbiamo.*

- *Facciamo in fretta, abbiamo **poco** <u>tempo</u>. Anzi, <u>non ne</u> abbiamo.*
- *Ma no, non è vero. <u>Ne</u> abbiamo **abbastanza**. Abbiamo ancora un'ora.*
- *Sì, però c'è **molto** <u>traffico</u>.*

> 👁 In italiano, ***molto*** può essere sostituito da ***tanto*** (che concorda nel genere e nel numero con il sostantivo al quale si riferisce) e dalle espressioni idiomatiche ***un sacco di, una mare di, un'infinità di*** (che sono invariabili).
>
> - *Camilla ha mangiato **tanti** <u>biscotti</u>, **poche** <u>caramelle</u>, e **un sacco di** pasticcini alla crema.*

1 Descrivi i disegni usando i quantificatori *niente/nessuno/a*, *poco*, *abbastanza*, *molto* e *troppo*. Fai attenzione alla concordanza.

→ *C'è poca acqua e ci sono molti cubetti di ghiaccio.*

1. ....

2. ....

3. ....

4. ....

2 Completa con *nessun, nessuno, nessuna* o *niente*. Fai attenzione se il sostantivo è numerabile oppure no.

→ ● Caffè per tutti?

■ No, grazie. Per me *niente* caffè.

1. Marcello non ha .... specchio in casa. Non è strano?

2. Eleonora non ha .... amica che riesca a capirla fino in fondo.

3. Allora, signora Clara, da oggi deve fare dieta ferrea! .... cioccolato e soprattutto .... dolci per i prossimi sei mesi.

4. Ho presentato molte domande di lavoro, ma fino ad ora non ho ricevuto .... risposta.

5. La città chiusa al traffico durante i fine settimana è bellissima: .... caos e soprattutto .... macchina e .... motorino!

6. Purtroppo non so suonare .... strumento musicale.

3 Completa con *poco, abbastanza* o *troppo*. Attenzione alla concordanza.

→ In questo locale possono stare 300 persone, oggi ce ne sono quasi 400. C'è *troppa* gente.

1. Mangi .... fritto: stai attento al colesterolo.

2. Una bottiglia per tre va bene, direi. Secondo me abbiamo .... vino per la cena.

3. Fai .... sport. Dovresti andare in palestra più spesso.

4. No, non accendere il riscaldamento: fa .... caldo, si sta bene.

5. Non ci stiamo tutti in una macchina, siamo ....

B Poco / Un poco di, Un po' di + sostantivo non numerabile: *c'è un po' di pasta, c'è dell'acqua.*

Con i sostantivi non numerabili, *poco* e *un poco di, un po' di* (*un po' d'* davanti a vocale) esprimono una piccola quantità, o comunque limitata. Più precisamente, con *poco* diamo importanza a quello che non c'è, e con *un poco di, un po' di* diamo importanza a quello che c'è.

In altre parole, con *poco* esprimiamo una visione negativa della quantità, mentre con *un poco di, un po' di* esprimiamo una visione positiva. Queste forme si possono usare senza sostantivo quando è chiaro di cosa stiamo parlando. In questo caso sono accompagnate dalla particella *ne*. Se usiamo la particella *ne* con la forma *un poco di, un po' di*, non si utilizza la preposizione *di*.

C'è **un po' di** limonata. Possiamo assaggiarla. Ne vuoi un po'?

Non c'è molta limonata, ma almeno **ce n'è!**

C'è **poca** limonata, non è abbastanza per tutti e due.

Non c'è molta limonata, probabilmente **non è sufficiente** per tutti e due.

👁 *Poco, poca, pochi, poche* concordano con il sostantivo al quale si riferiscono.
Un poco di, un po' di sono invariabili.

- *Le orchidee hanno bisogno di **poca** acqua.*
- *Questa orchidea è secca: ha bisogno di **un po' di** acqua.*

In italiano, i quantificatori *un poco di, un po' di* possono essere sostituiti dai partitivi **del, dello, della, dei, degli, delle**.

- *Buongiorno Signora Fiorini, cosa desidera?*
- ■ *Buongiorno, vorrei **dei** <u>biscotti</u>, **delle** <u>caramelle</u> alla frutta, e **un po' di** <u>pasticcini</u> al cioccolato.*

I partitivi **del, dello, della, dei, degli, delle** sono il risultato della combinazione della preposizione semplice di con le varie forme dell'**articolo determinativo (il, lo, la, i, gli, le)**. Per questo motivo, concordano nel genere e nel numero con il sostantivo al quale si riferiscono. Il loro uso è diverso dall'uso delle preposizioni articolate, anche se le forme sono le stesse:

→ 5. Articoli

- *Prima ho visto <u>dei bambini</u> giocare a pallone.*
  (Alcuni bambini giocano a pallone – partitivo/plurale articoli indeterminativi)

- *Non toccare i giocattoli <u>dei</u> bambini!*
  (I giocattoli appartengono ai bambini – preposizione articolata)

A differenza di *un poco, un po'* i partitivi **del, dello, della, dei, degli, delle** non si possono usare senza sostantivo. Quando è chiaro di cosa stiamo parlando, possiamo ometterli usando solo la particella *ne* oppure la particella *ne* insieme all'espressione **un po'**.

- *Sto mangiando **della** macedonia di frutta? <u>Ne</u> vuoi?*
- ■ *Sì, grazie. <u>Ne</u> prendo **un po'**.*

4 Per i Bianchi è un po' complicato fare la lista della spesa. Il marito, Felice, vede quello che c'è, invece la moglie, Addolorata, sempre vede quello che non c'è. Completa secondo l'esempio.

C'è un po' di mozzarella.

→ *Felice.*

C'è poco olio.

1. ....

Ci sono pochi pomodori.

2. ....

È rimasta un po' di mortadella.

3. ....

C'è un po' di frutta.

4. ....

Abbiamo poco tonno.

5. ....

C'è poco zucchero.

6. ....

C'è un po' di focaccia.

7. ....

5 Completa con *un po' di* o con *poco, poca, pochi, poche*.

→ Non vedo quasi niente. C'è *poca* luce.

1. Riesco ancora a leggere. C'è .... luce.
2. Il caffè è amaro, c'è .... zucchero.
3. Il caffè è amaro, aggiungici .... zucchero.
4. È rimasta .... pasta. Dobbiamo comprarne dell'altra.
5. È rimasta .... pasta. Vuoi assaggiarla?
6. Abbiamo .... tempo: sbrighiamoci.
7. Abbiamo .... tempo. Facciamo un giro?
8. C'è ancora .... pane, prepariamo delle bruschette?
9. C'è .... pane, non vale la pena fare le bruschette.

6 Completa con *del, dello, dell', degli, della, delle, dei*.

→ Ho fatto *del* tè, ne vuoi una tazza?

1. Per favore compra .... fragole per la macedonia.
2. Facciamo .... zabaione da mangiare con i biscotti?
3. Che sete! Mi dai .... acqua fresca, per favore?
4. Filippo fa .... spaghetti con le vongole eccezionali!
5. Come antipasto possiamo prendere .... crostini misti.
6. Non ho voglia di cucinare oggi: prendiamo .... pizza al taglio.
7. C'è .... prosciutto se vuoi farti un panino.

C Con aggettivi, avverbi e verbi: *Corre molto, è molto veloce, è molto lontano.*

Quando i quantificatori si riferiscono a un aggettivo,
a un avverbio o a un verbo, sono **invariabili**.

- *I miei vicini di casa sono* **molto** <u>simpatici</u>.
- *Antonio mangia* **troppo** <u>lentamente</u>. *È insopportabile!*
- *I romanzi d'avventura* <u>mi piacciono</u> **molto**.

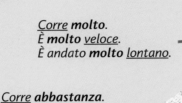

<u>Corre</u> **troppo**.
È **troppo** <u>veloce</u>.
È andato **troppo** <u>lontano</u>.

<u>Corre</u> **molto**.
È **molto** <u>veloce</u>.
È andato **molto** <u>lontano</u>.

<u>Corre</u> **abbastanza**.
È **abbastanza** <u>veloce</u>.
È andato **abbastanza** <u>lontano</u>.

<u>Corre</u> **poco**.
È **poco** <u>veloce</u>.
È andato **poco** <u>lontano</u>.

Non <u>corre</u> **per niente/per nulla**.
Non è **per niente/per nulla** <u>veloce</u>.
Non è andato **per niente/per nulla** <u>lontano</u>.

In italiano i quantificatori vanno normalmente dopo i verbi e prima degli aggettivi e degli avverbi.

- *Tuo cugino Raffaele è sempre* **molto** <u>silenzioso</u> *e parla* **molto** <u>raramente</u>.
- *Sì, hai ragione. In effetti non* <u>parla</u> **molto**. <u>Parla</u> *veramente* **poco**!

7 Completa gli esempi con un quantificatore che esprima un grado maggiore del precedente.

→ • Fa **abbastanza** caldo, vero?
  ■ Sì, *molto* .

1. • Ti metti **molto** quelle scarpe, no?
   ■ Sì, ... Sono consumatissime.

2. • Federica mangia **poco**.
   ■ Veramente oggi ha mangiato ....

3. • Sebastiano non è per niente simpatico.
   ■ È .... simpatico, ma ha altre qualità.

4. • Il tuo gatto è **abbastanza** grasso.
   ■ Sì, ... grasso: pesa circa sette chili.

5. • Rebecca studia **abbastanza**, no?

■ Io direi che studia .... , è sempre in biblioteca!

6. • Ultimamente lavori **molto**.
   ■ .... : circa 12 ore al giorno.

7. • Filippetti non fa mai **niente**.
   ■ È vero. Lavora ....

8. • Quasi non ci vediamo. Viviamo **molto** lontano.
   ■ .... : due ore di aereo.

9. • Siamo arrivati **abbastanza** presto, vero?
   ■ .... presto, lo spettacolo inizia tra 45 minuti.

10. • Io leggo **poco**.
    ■ Io, invece, leggo ....

3

Pronomi

12. Pronomi personali: introduzione

A Soggetto, complemento diretto e complemento indiretto

Per usare bene i pronomi personali è necessario riconoscere il soggetto
e i diversi tipi di complemento di un verbo.

→ 13. Pronomi soggetto

→ 14. Pronomi complemento

In alcuni casi abbiamo bisogno solo di dire il **soggetto** e il **verbo** che
concorda con questo:

- *Gianna legge.*

[Parliamo solo di un soggetto
(Gianna) che realizza un'attività
(leggere).]

In altri casi è necessario parlare di **un elemento**, diverso dal soggetto,
che è **in relazione diretta con il verbo**. Quest'altro elemento è il **complemento diretto (CD)**:

- *Gianna legge **un libro**.*

[Diciamo che Gianna legge
e anche che cosa legge: un libro.]

👁 Il CD può riferirsi a persone o cose.

- *Dalla finestra vedo **la mia macchina**.*
- *Dalla finestra vedo **mio figlio**.*

In altri casi, il verbo può avere **un altro complemento** che normalmente si riferisce al destinario o a chi riceve
l'azione del verbo. Questo nuovo elemento si chiama **complemento indiretto (CI)** e si può combinare con il
CD:

- *Gianna legge un libro **a suo figlio**.*

[Indichiamo, inoltre, la
destinazione di quello
che legge Gianna.]

Il **CI** può riferirsi a persone o cose, e normalmente è introdotto dalla preposizione *a*:

- *Ho comprato dei regali **ai miei cugini**.*
- *Ho cambiato la ruota **alla bicicletta**.*

1 **a. La famiglia Bianchi è numerosa e ognuno ha una responsabilità in casa.**
★ ★
★ **A1**
★ ★ **Leggi le seguenti frasi.**

Matteo, il padre, fa la spesa.

Luca mette i vestiti in lavatrice.

Romina innaffia le piante ogni giorno.

Antonella prepara la colazione ai suoi fratellini.

Claudia, la madre, prepara la cena a tutti.

Emma porta i piccoli a scuola.

Giovanna, la collaboratrice domestica, pulisce la casa e stira i vestiti.

Roberto legge le fiabe ai piccoli.

Così la casa funziona alla perfezione!

b. Rispondi alle seguenti domande per individuare il soggetto di ogni frase.

→ Chi pulisce la casa e stira i vestiti? → *Giovanna*

1. Chi innaffia le piante? 1. ....

2. Chi fa la spesa? 2. ....

3. Chi prepara la colazione? 3. ....

4. Chi porta a scuola i piccoli? 4. ....

5. Chi mette i vestiti in lavatrice? 5. ....

6. Chi prepara la cena? 6. ....

7. Che cosa funziona bene? 7. ....

c. Rispondi alle seguenti domande per individuare il CD (complemento diretto) di ogni frase.

8. Cosa pulisce Giovanna? → *La casa*

9. Cosa innaffia Romina? 8. ....

10. Cosa prepara Antonella? 9. ....

11. Cosa fa il padre? 10. ....

12. Chi porta a scuola Emma? 11. ....

13. Cosa mette Luca in lavatrice? 12. ....

14. Cosa stira Giovanna? 13. ....

15. Cosa prepara la madre? 14. ....

d. Rispondi alle seguenti domande per individuare il CI (complemento indiretto) di ogni frase.

16. A chi prepara la cena la madre? → *A tutti.*

17. A chi legge le fiabe Roberto? 17. ....

18. A chi prepara la colazione Antonella? 18. ....

2 **Abbina gli elementi delle due colonne per formare delle frasi. Poi indica se gli elementi colonna di destra**
★ ★
★ **A2** **sono complementi diretti (CD) o indiretti (CI).**
★ ★

→ Ogni settimana Marco regala un fiore... a. Carolina. ..*CD*....

Ogni giorno Marco vede... b. a Carolina. ..*CI*....

1. Il segretario annota sempre... a. tutti gli appuntamenti. ....

Il segretario telefona sempre... b. ai clienti. ....

2. Il professore insegna Geografia... a. Storia ....

Il professore insegna... b. ai bambini ....

3. Paolo scrive... a. poesie ....

Paolo manda una lettera... b. a Marta ....

B Costruzioni riflessive: *Gianna si lava*

→ 17. Costruzioni riflessive e valutative

Con le forme riflessive (*svegliarsi, lavarsi, vestirsi...*), il **complemento** (diretto o indiretto) e il **soggetto si riferiscono alla stessa persona o cosa**:

- *Gianna **si** lava.*
  SOGGETTO = CD

- *Gianna **si** lava i capelli.*
  SOGGETTO = CI

3 Abbina le frasi delle due colonne e individua quali delle frasi nella colonna di sinistra sono riflessive.

★★
★ **A2** →
★★

a. Filippo si prepara il pranzo. ....Riflessiva....
b. Filippo gli prepara il pranzo. ....

a. Prepara il pranzo per un'altra persona.
b. Prepara il pranzo per sé.

1. a. Tu mi servi sempre il vino per primo. ....
   b. Tu ti servi sempre il vino per primo. ....

a. Pensi prima a me.
b. Pensi prima a te stesso.

2. a. Mi stiro la camicia. ....
   b. Mi stira la camicia. ....

a. Qualcuno stira le mie camicie.
b. Sono autosufficiente.

3. a. Vi fate un caffè. ....
   b. Vi fanno un caffè. ....

a. Qualcuno prepara un caffè per voi.
b. Preparate un caffè per voi stessi.

C Costruzioni valutative: *A Nino piacciono le moto*

Per i verbi come *piacere, bastare, interessare, sembrare, parere, mancare,* ecc. il soggetto è qualcosa che produce un effetto (sensazione, sentimento, emozione o reazione) su qualcuno, e il complemento indiretto (**CI**) si riferisce al ricevente, alla persona che sperimenta questo effetto:

- *A **Mario** piacciono i quadri di Sara.*
  CI   SOGGETTO

SOGGETTO   CI

→ 17. Costruzioni riflessive e valutative

4 Sottolinea il soggetto delle seguenti frasi.

★★
★ **A2** →
★★

a. <u>Davide</u> ha molte scarpe.
b. A Davide piacciono <u>le scarpe</u>.

1. a. Ad Alessia bastano pochi soldi per essere felice.
   b. Alessia ha i soldi per comprare una bici nuova.

2. a. L'Astronomia interessa agli studenti.
   b. Gli studenti studiano Astronomia.

3. a. Ad Anna la situazione sembra critica.
   b. Anna sembra una ragazza molto intelligente.

4. a. Tua madre ha chiamato i bambini?
   b. A Serena piacciono i bambini.

5. a. Valentino disturba suo fratello mentre studia.
   b. A Valentino disturba il volume alto.

6. a. Al sugo manca sale.
   b. Il sugo è senza sale.

7. a. A noi basta una chitarra per divertirci.
   b. Noi suoniamo la chitarra tutte le domeniche.

13. Pronomi soggetto: *io, tu, lui, lei, noi, voi, loro*

A Forme: *io, tu, lui, lei, noi, voi, loro*

I pronomi personali che funzionano come soggetto della frase e che, quindi, concordano con il verbo, sono:

	SINGOLARE	PLURALE
1ª PERSONA	io	noi
2ª PERSONA	tu	voi
3ª PERSONA	lui, lei	loro

→ 14. Pronomi con preposizione

In situazioni informali o di confidenza si usano i pronomi *tu* (per il singolare) e *voi* (per il plurale).
In situazioni formali si usano i pronomi *Lei* (per il singolare) e il *voi di cortesia* (per il plurale).

Cosa **prendi**?

Prendete qualcos'altro?

In situazioni molto formali o quando c'è una differenza considerevole d'età tra gli interlocutori, si usa il pronome *Loro* (per il plurale).

I signori **prendono** qualcos'altro?

👁 Il pronome di cortesia *Lei* ha il verbo alla 3ª persona singolare e si usa sia per il **maschile** che per il **femminile**.

MEDICO: *Tutto a posto signor Rossi, **Lei** <u>sta</u> benissimo!*
PAZIENTE: *È sicuro dottore?*

[La relazione tra medico e paziente è formale.]

DANILO: *Ehi Camilla, come <u>stai</u>?*
CAMILLA: *Ciao Danilo! Bene! E tu come <u>stai</u>?*

[La relazione tra Danilo e Camilla è informale.]

---

1 **Laura sta parlando con la sua amica Michela. Che pronome usa per parlare di...?**

⭐A1

noi loro voi noi tu io ✓ lui loro lei voi

→ Laura ......*io*......

1. Alcuni amici di Laura ....
2. Laura e il ragazzo di Laura ....
3. Laura e Michela ....
4. Michela ....

5. Le sorelle di Michela ....
6. Michela e sua sorella ....
7. L'ex ragazzo di Laura ....
8. Michela e il ragazzo di Michela ....
9. Un'amica di Michela ....

2 Tu o Lei? Abbina le frasi delle due colonne e indica quale forma si usa per parlare con ciascuna di queste persone.

⭐⭐⭐ **A1**

→ Con una vicina anziana. ....*Lei*....

1. Con la ragazza di un amico. ....

2. Con un collega di lavoro. ....

3. Con il commesso di un negozio ....

4. Con un vigile urbano. ....

5. Con un vicino adolescente. ....

6. Con un cameriere in un ristorante. ....

7. Con un bambino. ....

a. Sa come si va a Firenze?

b. Vieni domani alla riunione?

c. Mi può far vedere quella maglia?

d. Ha bisogno di aiuto signora Benvenuto?

e. Per favore, ci porta il conto?

f. Stai attento che ti sporchi tutto!

g. Ecco lo zucchero che mi hai chiesto.

h. Sei la persona perfetta per Massimo!

B Presenza e assenza del pronome soggetto: *Come ti chiami? / Tu, come ti chiami?*

A differenza di quello che succede in altre lingue, in italiano **non si usa sempre** il pronome soggetto con il verbo. Il suo uso **è necessario** quando vogliamo **distinguere o opporre** la persona o le persone che identifichiamo come soggetto rispetto ad altre persone:

Ciao, sono Giuseppe. Chiamami!

[Non c'è opposizione tra persone, c'è solo Giuseppe.]

Ciao, **io** sono Giuseppe e **lui** è Domenico.

[C'è opposizione tra due persone: io e lui.]

FRANCESCO: *Io e Alessia andiamo al cinema, venite?*
SIMONA: *Ma veramente **noi** preferiamo andare a ballare.*

[Simona dice **noi** per mettere in risalto l'opposizione dei piani e dei soggetti]

---

3 Completa con l'opzione più adeguata.

⭐⭐⭐ **A1**

→ a. io vado
  b. vado

● La prossima settimana ......*vado*...... a Berlino.
■ Ah sì? Che bello! Invece ......*io vado*...... a Parigi.

1. a. noi non giochiamo
   b. non giochiamo

● .... la partita stasera. E voi giocate?
■ No, ...

2. a. sa ballare
   b. lei sa ballare

● Flavia canta benissimo e .... anche molto bene. Anche tu sei brava, no?
■ Beh, abbastanza. Però .... molti balli che io non conosco.

3. a. lui non si sveglia
   b. non si sveglia

● Marco .... presto il fine settimana, vero?
■ Ah .... prima delle 11:00.

4. a. loro non sono venute
   b. non sono venute

● Raffaella e Linda .... alla tua festa?
■ No, ... mai a casa mia.

5. a. lo hai rotto
   b. lo hai rotto tu

● .... per sbaglio, certo. Però .... , non inventarti scuse.

14. Pronomi con preposizione: *a me, per te, con lui*

Forme

Se prima dei pronomi personali c'è una preposizione, usiamo le forme dei pronomi personali soggetto, eccetto *io* e *tu*:

→ 13. Pronomi soggetto

PREPOSIZIONE	PRONOMI
di a da in con su di per tra/fra ...	**me** te lui, lei, Lei noi voi loro

[~~a io~~   a me]
[~~con tu~~   con te]

- Quando sento questa canzone, penso sempre **a lei**.
- Luciana parla sempre **di voi**.
- Hai tutto il mio appoggio: credo **in te**.
- Dopo pranzo passate **da noi** per il caffè?
- Allora contiamo **su di loro** per il progetto, no?
- Signora, questo mazzo di fiori è **per Lei**.
- Vai in macchina **con lui**?
- Secondo Guido, **tra me** e te c'è qualcosa.

---

1 Completa con i pronomi adeguati. Poi abbina ogni frase della colonna di sinistra alla sua continuazione nella colonna di destra.

A1

| voi   te   te ✓   me   Lei   voi   loro |

| io ✓   me   noi   me   voi   noi |

→ • Tesoro, ho comprato questi cioccolatini pensando a ....*te*.... , visto che ti piacciono tanto.

1. • Mi sono ricordato di .... e ho portato la ricetta che mi avevi chiesto.

2. • Signora Prandelli le ho portato dei fiori freschi perché so che a .... piacciono molto.

3. • Abbiamo comprato quel vino che vi piace tanto, così lo bevete con ....

4. • Cos'è successo fra .... due? Vi ho visto discutere ieri.

5. • Per .... è molto importante: dovete venire al mio matrimonio. Non sarà lo stesso senza di ....

a. ■ Oh! Sono per .... ? Grazie mille. Sono molto belli!

b. ■ Grazie mille. Cucini con .... vero?

c. ■ Anch'...*io*..... ti ho comprato qualcosa: guarda.

d. ■ Fra di .... non è successo niente. Stavamo solo parlando.

e. ■ Grazie! Noi non usciamo mai, però lo faremo per .... Vi vogliamo molto bene.

f. ■ Eh no, lo vogliamo tutto per .... ! Scherziamo, ovviamente. Lo apriamo subito.

2 Scrivi la preposizione e il pronome nella forma adeguata, e poi inseriscili nella frase adatta.

A1

preposizione	+ pronome	
per	+ io ✓	*per me*
a	+ tu	....
con	+ io	....
tra	+ tu e io	....
con	+ tu	....
di	+ tu	....
su di	+ tu	....
da	+ io	....
per	+ io	....
per	+ loro	....

→ Questa lettera è .....*per me*..... !

1. Vuoi venire in vacanza .... quest'estate?

2. Non posso venire a teatro .... stasera. Mi dispiace.

3. I biscotti sul tavolo sono ....

4. Grazie .... adesso sono una persona serena.

5. Quest'informazione deve rimanere ....

6. Sento che ti stai allontanando ....

7. Attento! C è un albero dietro ....

8. Guarda, sul blog della scuola c'è un articolo ....

9. Questa cartolina non è per noi, è ....

15. Pronomi complemento: *mi, ti, ci, vi, lo, la, le, gli, loro*

A Prima e seconda persona: *mi, ti, ci, vi*

Quando i complementi di una frase si riferiscono alle persone *io*, *tu*, *noi* e *voi* usiamo **la stessa forma** del pronome sia per il complemento diretto (**CD**) sia per il complemento indiretto (**CI**):

PERSONA GRAMMATICALE	*io*	*tu*	*noi*	*voi*
FORME DI CD E CI	*mi*	*ti*	*ci*	*vi*

→ 12. Pronomi personali

→ 16. Posizione e combinazione

Mi chiama su Skypy.

CD

Mi scrive un'e-mail.

CD   CI

- ● *Mi hai chiamato?*
- ■ *Sì, ti ho chiamato perché il tuo cellulare squillava.*

- ● *Allora ci puoi accompagnare all'aeroporto?*
- ■ *Ma certo! Vi passo a prendere alle 10.*

- ● *Mi dai l'e-mail di Sebastiano?*
- ■ *Certo. Se vuoi ti do anche il numero dell'ufficio.*

- ● *Vi hanno fatto dei bei regali per il vostro anniversario?*
- ■ *I nostri figli ci hanno regalato un fine settimana in una spa!*

1 Degli extraterrestri visitano il pianeta Terra. Completa le frasi con *mi, ti, ci, vi.*

A1

→ ...*Mi*... hai chiamato tu alla mia antenna telepatica?

1. Sì, sono stato io. .... presti la tua pistola laser?

2. .... portate sul vostro pianeta? Vogliamo vederlo.

3. .... fate vedere il vostro disco volante?

4. Cosa mangiate di solito? Volete che .... prepari qualcosa?

5. .... pagano bene i tuoi capi?

6. Adesso .... porto a prendere un buon caffè. Voi bevete caffè?

7. I terrestri .... fanno domande molto strane. Forse hanno paura.

8. Cari terrestri: .... invaderemo nell'anno 2065 e .... porteremo via la Terra per sempre.

B Terza persona: *lo, la, gli, le, loro*

Quando il complemento di una frase si riferisce a una terza persona (*lui, lei, Lei, loro*), usiamo forme del pronome differenti per il complemento diretto (**CD**) e il complemento indiretto (**CI**):

PERSONA GRAMMATICALE	FORME DI CD		FORME CI	
	MASCHILE	FEMMINILE	MASCHILE	FEMMINILE
lui, lei	*lo*	*la*	*gli*	*le*
Lei	*La*		*Le*	
loro	*li*	*le*	*gli*	

CD — La ama.

CI — CD — Le regala un anello.

👁 Nell'italiano scritto e in contesti formali, per la persona grammaticale *loro* usiamo la forma *loro* al posto di *gli* (CI).

- *Rossetti, ha avvisato i nostri clienti?*
- *Sì, ho mandato **loro** un'e-mail dettagliata.*

👁 Le forme *lo* e *la* (CD) si elidono davanti a verbi che iniziano per vocale o *h*. L'elisione è molto meno comune con *mi* e *ti*.

- *L'avvocato **l'ha** (=**lo** ha) difeso molto bene.*
- *Finalmente Carla è arrivata! **L'abbiamo** (=**la** abbiamo) aspettata per quasi un'ora!*

Usiamo i pronomi per riferirci **a una persona o una cosa di cui abbiamo già parlato o che sia chiaramente identificata.**

CD

lo
- *Hai ricevuto il regalo di Martino?*
- *Sì, l'ho appena aperto: mi piace tantissimo!*

- *Marco? Non lo vedo da un po'.*

la
- *Ho fatto una tisana, la prendi con me?*

- *Uh, non ho avvisato Gaia! La chiami tu, per favore?*

li
- *E gli spaghetti? Li abbiamo lasciati al supermercato?*

- *I bambini oggi escono prima. Li vado a prendere io.*

le
- *Belle quelle scarpe! Le voglio provare.*

- *Visto che simpatiche le amiche di Vincenzo?*
- *Sì! Ma comunque già le conoscevo.*

CI

gli
- *Hai parlato con tuo fratello?*
- *Gli ho mandato un messaggio.*

le
- *Hai già preso il regalo a Matilde?*
- *Sì, le ho comprato un libro di cucina asiatica.*

- *Le porto qualcos'altro, signor Manzoni?*

gli
- *Oggi non è l'anniversario dei tuoi genitori?*
- *Ah sì! Gli mandiamo dei fiori, no?*

- *Le ragazze sono soddisfatte: gli hanno fatto i complimenti per il loro progetto.*

2 Sottolinea i pronomi nelle seguenti frasi e indica se sono CD o CI.

A1

→ Non so dove ho messo gli occhiali. <u>Li</u> ho persi! .... *CD*

1. Aggiungi un po' di sale alla zuppa. Lo trovi sul tavolo. ....
2. Ugo è arrabbiato. Cosa gli avete detto? ....
3. Gli farò una casetta nuova: Fido è diventato grande. ....
4. Che buone queste polpette! La nonna le faceva così, no? ....
5. Oddio c'è anche Lorenza! Non la sopporto! ....
6. Ho fatto gli auguri agli sposi e li ho salutati. ....
7. Tua madre è nello studio che lavora. Le porti il tè? ....
8. Marina ha gli stessi occhi e capelli di sua sorella. Le assomiglia moltissimo. ....
9. Non ho messo le lenzuola nell'asciugatrice perché non le ho ancora lavate. ....

3 La nonna di Giulia è un po' sorda. Completa come nell'esempio inserendo il pronome opportuno.

★A1
★
★
★A2
★

→ **Giulia:** Mario balla la rumba con molto stile.

Nonna: Che cosa? ....*La*.... balla in aprile?

1. **Giulia:** Mario stira le camicie meglio di mia mamma.

Nonna: Cosa? .... stira con la panna?

2. **Giulia:** Mario taglia i capelli come un professionista.

Nonna: Cosa? .... taglia come un elettricista?

3. **Giulia:** Mario aiuta le anziane ad andare in chiesa.

Nonna: Che cosa? .... aiuta con la spesa?

4. **Mario:** Ho conosciuto Giulia in una palestra.

Nonna: Cosa? .... hai conosciuta a una festa?

5. **Mario:** Giulia accompagna i suoi nipoti a casa tutte le sere.

Nonna: Cosa? .... accompagna a bere?

6. **Mario:** Giulia porta la sua amica a giocare al parco.

Nonna: Che cosa? .... porta a cantare sul palco?

7. **Mario:** Giulia prepara la pasta come nessun altro.

Nonna: Cosa? .... prepara come un sarto?

4 Completa i seguenti dialoghi con il pronome adeguato.

★A1
★
★
★A2
★

→ **Mario:** E la mia camicia? Non ....*la*.... trovo.

Giulia: Si sta asciugando. ....*L'*.... Ho lavata perché era sporchissima.

1. **Mario:** Vai a trovare i tuoi nipoti questo fine settimana?

Giulia: Certo! Non ti ricordi? .... insegno a nuotare tutti i sabati!

2. **Giulia:** Come stanno i tuoi zii?

Mario: Non lo so. Questa settimana non .... ho portato la posta e non .... ho visti.

3. **Mario:** Ha chiamato Rosanna e ha chiesto di te.

Giulia: Ah sì! .... ho chiesto dei libri in prestito e non sono ancora andati a prenderli.

4. **Giulia:** Il gatto è un po' nervoso.

Mario: Nessun problema. Ora .... do da mangiare e .... accarezzo.

5. **Giulia:** Non pensi che Sofia sia un po' triste?

Mario: Hai ragione. .... mando subito un messaggio per sapere come sta e poi .... chiamo.

C Valore neutro del pronome *lo*: *Non lo so. Sembra facile, ma non lo è.*

Il pronome **CD** *lo* può riferirsi a cose e persone che nominiamo con un sostantivo maschile singolare, ma anche a qualcosa di cui parliamo senza usare un nome (né maschile, né femminile):

• *Non bevo <u>vino</u>.*	*Non **lo** bevo.*	[**lo** = il vino]
• *Non conosco <u>Filippo</u>.*	*Non **lo** conosco.*	[**lo** = Filippo]
• *Non capisco <u>perché ti preoccupi tanto</u>.*	*Non **lo** capisco.*	[**lo** = perché ti preoccupi tanto]

Usiamo il pronome **CD** *lo* **neutro** quando ci riferiamo a qualcosa di cui non definiamo il genere (maschile o femminile) perché:

NON CONOSCIAMO IL NOME	• *Cos'era? **Lo** hai sentito?*	• *E questo cos'è? **Lo** posso prendere un attimo?*
IL NOME NON È IMPORTANTE	• *Puoi portare tutto domani?* ■ *Sì, **lo** porto io.*	• *Mi passi quello?* ■ *Sì, adesso te **lo** do.*
NON È UN OGGETTO CONCRETO (fatti, situazioni, cose che diciamo o pensiamo o sappiamo, ecc.)	• *Al posto della biblioteca metteranno un centro commerciale...* ■ *Bah, io non **lo** capisco proprio, è assurdo!*	• *Cos'è successo tra Fabrizio e Michela?* ■ *No **lo** so... perché?*

Usiamo *lo* **neutro** anche quando ci riferiamo al complemento dei verbi *essere* e *avere*:

- *<u>È molto opportunista</u>, però all'inizio non **lo** sembra.*
- *<u>Non sei più attento</u> con me come una volta...*
  ■ *Sì che **lo** sono! Sei tu che esageri!*

---

5 L'attrice Luciana Greco è stata uccisa. La polizia interroga il suo amante Giacomo.
★ ★ Indica a cosa si riferisce *lo* in ogni caso e indica se è neutro (N) o maschile (M).
★ **A2**

G: Giacomo   P: Poliziotto

→ P: Quando ha dormito l'ultima volta nella sua villa?
  G: Non lo ricordo. Penso recentemente. (....N......)
  a. la sua villa
  b. l'ultimo giorno che ha dormito nella villa ✓

1. P: C'erano altri uomini nella casa di Luciana?
   G: No... Non lo so. (........)
   a. Margherita ha un altro amante
   b. Non sa la risposta

2. P: Abbiamo trovato questo oggetto vicino al corpo della vittima.
   G: Non l'ho mai visto in vita mia. (........)
   a. il cadavere
   b. l'oggetto ritrovato

3. P: Mi spiega queste cose che ha scritto nel suo diario?
   G: Non osate toccarlo! (........)
   a. il diario
   b. le cose scritte nel diario

4. P: Le sembra che questo omicidio sia inaspettato?
   G: Certo che lo è! (........)
   a. l'omicidio
   b. una sorpresa

5. P: Io non credo che questo criminale sia un professionista.
   G: Secondo me sì, lo è. (........)
   a. il criminale
   b. un omicida professionista

6. G: Posso chiamare il mio avvocato?
   P: Sì, lo può chiamare. È un suo diritto. (........)
   a. l'avvocato
   b. il fatto di chiamare l'avvocato

16. Posizione e combinazione dei pronomi complemento

A Un pronome: *Ti ho visto. Le hai comprate?*

I pronomi complemento si collocano, normalmente, prima della forma coniugata del verbo:

CD + VERBO

- *Mi accompagni al mercatino?*
- *Ti ho visto in palestra l'altro giorno.*
- *Ci chiami stasera dopo le nove?*
- *Vi aiuto io con il trasloco.*

- *Il frigo è aperto: non lo chiudi mai!*
- *Oh sì, una pizza! Io la voglio con le acciughe.*
- *Ho comprato gli spinaci: li cuciniamo stasera?*
- *Quelle lenzuola sono sporche: adesso le lavo.*

CI + VERBO

- *Mi presti il tablet?*
- *Ti telefono dall'ufficio più tardi.*
- *Ada ci prepara un dolce per la cena.*
- *Vi scrivo un'e-mail con tutti i dettagli.*

- *Ora chiamo Damiano e gli dico di venire a cena.*
- *Ecco i libri per Vanessa. Le inviamo un pacco, no?*
- *I bambini tornano tra poco: gli prepari la merenda?*
- *Che grandi le tue galline! Cosa gli dai da mangiare?*

👁 Il pronome formale *loro* (**CI**) si colloca dopo il verbo:

- *Benvenuti signori, abbiamo preparato loro il miglior tavolo.*

Quando si usano i pronomi **CD** *lo*, *la*, *li* e *le* con i tempi composti, il participio passato si accorda con questi in genere e numero:

- *Il pane? L'ho comprato io stamattina.*
- *Belli questi stivali! Dove li hai trovati?*

- *No, Mara non c'era. O comunque io non l'ho vista.*
- *Le mele sono finite. Le ho usate per la torta.*

1 Ordina le frasi. Poi indica a quale immagine corrisponde ciascun gruppo.

⋆ ⋆
⋆ **A2**
⋆ ⋆

 a. .....  b. .....  c. ......  d. .....

I

→ compro-i-le-biglietti-per l'opera?
   Le compro i biglietti per l'opera?

1. nel-miglior ristorante-un-prenoto-tavolo-le?
   ....

2. una-preparo-le-tisana?
   ....

II

3. fare-porto-un giro-ti-a?
   ....

4. abbasso-ti-il-finestrino?
   ....

5. la cintura di sicurezza-allaccio-ti?
   ....

III

6. lavate-le-mani-vi?
   ....

7. svegliate-presto-vi?
   ....

8. vostro-vi-fanno-per il-compleanno- regali?
   ....

IV

9. hanno applaudito-ci-con entusiasmo
   ....

10. molti autografi-hanno chiesto-ci
    ....

11. foto-hanno fatto-ci-moltissime
    ....

2 Completa le seguenti frasi con i pronomi CD o CI *lo, la, li, le, gli* e accorda il participio passato.

★ ★
★ **B1**
★ ★

Il nostro robot C3P0 fa delle cose strane:

→ Ha lavato i piatti e poi .....*li*..... ha buttat ....*i*..... per terra. (CD)

1. Ha preso l'antenna della macchina e .... ha rott .... (CD)

2. Ha preso un cuscino e........... ha mess .... nel microonde. (CD)

3. Ha visto mia zia Eugenia e .... ha fatt .... paura. (CI)

4. Si è mangiato la mia cravatta e .... ha vomitat .... (CD)

5. Ha preso un portaombrelli e .... ha dat .... ai miei genitori. (CD)

6. Ha trovato dell'aceto e .... ha versat .... sulle piante di mia nonna. (CD)

7. È andato a prendere i bambini a scuola e .... ha comprat .... dieci gelati. (CI)

8. Ha litigato con il nonno e .... ha rispost .... male. (CI)

9. Si è innamorato di mia nonna e .... ha comprat .... dei fiori. (CI)

10. Ha preso i dischi di mio padre e .... ha buttat .... nella piscina. (CD)

11. Non sopporta le mie cugine. L'altro giorno non .... ha salutat .... (CD)

B Combinazione di due pronomi: *Te lo dico. Te li mando.*

Quando abbiamo bisogno di usare due pronomi (un **CD** e un **CI**) le forme *mi, ti, ci, vi* usate come **CI** cambiano in *me, te, ce, ve*:

forme dei pronomi CI	mi	ti	ci	vi
forme dei pronomi CI per la combinazione	me	te	ce	ve

Quando usiamo due pronomi, seguiamo questo ordine:

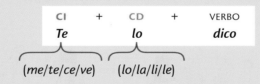

CI	+	CD	+	VERBO
Te		*lo*		*dico*

(*me/te/ce/ve*)   (*lo/la/li/le*)

- *Quando finisci questo libro,* **me lo** *presti?*
- *Adriana ha preparato il programma del viaggio.* **Te lo** *mando, ok?*
- *Tu sai cos'è successo ieri.* **Ce lo** *racconti?*
- *Ho fatto il caffè,* **ve lo** *porto?*

---

3 Giulia e Riccardo stanno per fare un viaggio in moto. Riccardo è molto emozionato e nervoso e vuole assicurarsi che tutto vada bene. Completa le risposte.

★ ★
★ **B1**
★ ★

A casa

→ Riccardo: Hai preparato i panini per il viaggio?
Giulia: Sì, ...*li*..... ho già preparati.

1. Riccardo: Hai preso tutti i documenti?
Giulia: Sì, ... ho presi tutti: patente, carta
d'identità, documenti della moto...

2. 2. Riccardo: Hai preso la telecamera?
Giulia: No, non .... ho presa. Dov'è?

3. Riccardo: Ci ha controllato le gomme?
Giulia: Sì, ...*ce*..... .....*le*..... ha controllate
due minuti fa.

Dal benzinaio

4. Riccardo: Non dimenticare il casco, eh!
Giulia: Ma no! Non .... dimentico!

5. Giulia: Ci dà i punti per la benzina?
Benzinaio: Sì, certo. .... do subito.

6. Riccardo: Ti hanno dato lo scontrino?
Giulia: Sì, ... hanno dato, non ti preoccupare.

7. Riccardo: E il casco? Se vuoi .... allaccio
io per bene.
Giulia: E va bene, se ti fa stare più tranquillo...

4 Sara e Roberta hanno tanti amici che le aiutano. Rispondi alle domande seguendo il modello e fai attenzione a chi risponde.

A2

→ Giuseppe ti ha mai cucinato la pasta?

Sara: *Sì, me l'ha cucinata molte volte.*

1. Matteo ti ha mai fatto usare la sua vespa?

Sara: ....

2. Laura ti ha mai prestato i suoi cd?

Roberta: ....

3. Antonio vi ha preparato la colazione qualche volta?

Sara e Roberta: ....

4. Alberto ti ha dato il suo zaino preferito?

Sara: ....

5. Carlo vi ha prestato la sua macchina qualche volta?

Sara e Roberta: ....

6. Anna vi ha mai fatto leggere le sue lettere?

Sara e Roberta: ....

7. Sofia ti ha dato gli appunti della lezione?

Roberta: ....

C Combinazione di due pronomi: *Glielo compro. Gliela compro.*

Quando il pronome **CI** si riferisce a una terza persona (*lui, lei, loro*) o alla forma di cortesia *Lei* e si combina con un pronome **CD** (*lo/la/li/le*), la forma del pronome **CI** è sempre *gli* e i due pronomi si uniscono in una sola parola:

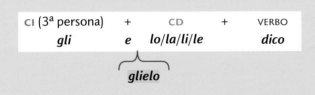

CI (3ª persona)	+	CD	+	VERBO
gli	*e*	*lo/la/li/le*		*dico*

glielo

- *Hanno già dato i risultati del concorso a Pietro?*
- *Glieli danno la prossima settimana.*

- *Ho restituito il trapano a Nicola e Sara.*
- *Finalmente! Glielo dovevamo restituire il mese scorso!*

- *Puoi portare la tisana alla nonna?*
- *Sì, gliela porto subito.*

- *Bambini, uno di voi porti su le borse alla signora Paoletti.*
- *Va bene, gliele porto su io.*

---

5 Giulia e Riccardo hanno appena adottato una gattina. Sta benissimo, però Riccardo non smette di fare domande a Giulia. Completa le frasi come nell'esempio. Inserisci il pronome doppio e completa la concordanza del participio passato.

B1

→ Riccardo: le hai dato il latte?

Giulia: Sì, *gliel'* ho dat*o* poco fa.

1. Riccardo: Le hai fatto il bagno?

Giulia: No, non .... ho fatt......., è un gatto!

2. Riccardo: Le abbiamo comprato una cuccia, vero?

Giulia: Sì, amore, ... abbiamo comprat....... ieri, non ti ricordi?

3. Riccardo: Le hai pulito tu le orecchie?

Giulia: Sì, ... ho pulit....... io.

4. Riccardo: Le do un po' di croccantini, va bene?

Giulia: Va bene. lo .... ho dat....... stamattina.

5. Riccardo: Le hai fatto un po' di coccole?

Giulia: Sì, certo, ... ho fatt....... ed è stata molto contenta.

6 Giulia è maestra in un asilo. Completa secondo il modello.

→ **Ilaria:** Maestra Giulia, mi puoi togliere il grembiule?
Giulia: Sì, Ilaria, ...*te lo tolgo*...... subito.

1. **Giulia:** Luca, hai restituito le matite a Paolo?
Luca: Sì maestra, ... Credo che stia disegnando sulla parete.

2. **Angela:** Maestra, mi puoi pulire il naso?
Giulia: Sì, Angela, adesso ....

3. **Sara e Elisa:** Maestra, ci metti il video di Cenerentola?
Giulia: Tra un attimo .... Va bene?

4. **Giulia:** Tommaso, hai restituito il libro di Pinocchio ad Angela?
Tommaso: Sì, maestra. Ieri l'ho portato a scuola e .... durante la ricreazione.

5. **Giulia:** Hai dato il pennarello verde ad Adriano?
Tommaso: No maestra, non .... È mio.

6. **Lara:** Maestra, mi dai un biscotto?
Giulia: Certo, Lara. .... subito.

7. **Eva e Andrea:** Maestra, ci dai la plastilina?
Giulia: Sì, tra un attimo ....

8. **Giulia:** Vi siete lavati le mani?
Bambini: No, maestra, non ....

9. **Giulia:** Paolo, hai dato il mangime agli uccellini?
Paolo: Sì, ... e lo hanno mangiato in un minuto.

10. **Giulia:** Lisa, hai dato tu uno spintone a Giovanna?
Lisa: No, io non .... È stato Luca.

D Con infinito, gerundio e imperativo: *diglielo, prestargliela, raccontatecelo...*

Con le forme dell'**imperativo affermativo**, dell'**infinito** e del **gerundio** i pronomi complemento si mettono dopo il verbo, formando una sola parola:

IMPERATIVO + CD/CI	INFINITO + CD/CI	GERUNDIO + CD/CI
*racconta**lo*** *racconta**gli***	*raccontar**lo*** *raccontar**gli***	*raccontando**lo*** *raccontando**gli***

IMPERATIVO + CD + CI	INFINITO + CD + CI	GERUNDIO + CD + CI
*racconta**glielo*** *racconta**glielo***	*raccontar**glielo*** *raccontar**glielo***	*raccontando**glielo*** *raccontando**glielo***

- ● Allora, com'è andata?
  Dai, racconta**celo**!
- ● Secondo me raccontar**glielo** è stato un errore.
- ● Scusa, ma raccontando**telo** cosa ci guadagno io?

👁 Quando aggiungiamo i pronomi al verbo, la posizione dell'accento non cambia:

rac**con**ta → rac**con**taglielo
raccon**ta**re → raccon**tar**lo
raccon**tan**do → raccon**tan**dovelo

👁 In alcuni casi, con le forme irregolari dell'imperativo affermativo alla seconda persona singolare (*tu*), il pronome raddoppia la lettera iniziale. Questo non succede con il pronome *gli*:

andare	vai/va'		● *Ho bisogno del libro di grammatica. Vallo a prendere per favore.*
dire	di'		● *Basta bugie: dicci la verità!*
fare	fai/fa'		● *Fammi un favore: scrivi tu l'e-mail.*
stare	stai/sta'		● *Stalle vicino, sta passando un momento difficile.*

MA: **Dagli** il telecomando! [Daggli il telecomando]

7 Il regista de *Le avventure di Pinocchio* e *Tosca* dà istruzioni agli attori. Completa con i pronomi adeguati.

B1

Le avventure di Pinocchio

Pinocchio, adesso tu sei davvero infastidito dal Grillo parlante: → lancia..*gli*.. il martello addosso. Adesso hai molta fame, inizi a cercare ovunque e trovi solo un uovo: (1) rompi......... .

Dall'uovo è uscito un pulcino, allora Pinocchio bussa a una porta; tu che fai la vicina prendi quel secchio d'acqua e (2) tira......... in testa per allontanarlo.

Geppetto, quando torni a casa trovi Pinocchio che piange con i piedi bruciati: (3) ricostruisci........ i piedi; hai portato tre pere: (4) da........ da mangiare.

Geppetto, domani Pinocchio deve andare a scuola: (5) prepara........ un vestito di carta.

Tosca

Bene, questa è una scena cruciale, dovete trasmettere tutte le emozioni. Scarpia, tu vuoi Tosca, la vuoi per te: avvicinati e → tocca..*le*.. la mano. Tosca, allontanati e (6) guarda........ disgustata.

Scarpia, avvicinati un'altra volta e (7) di........ che tu la puoi aiutare, (8) di........ all'orecchio. (9) Prometti........ che la aiuterai a salvare Mario. Tosca, (10) ascolta........ con speranza e paura. Scarpia, (11) spiega........ che vuoi qualcosa in cambio: Tosca dovrà essere la tua amante. Poi (12) bacia........ .

Tosca, tu non vuoi (13) baciar........, lo odi! Vedi un coltello sul tavolo: (14) prendi........ e uccidi Scarpia!

E Con perifrasi verbali: *Devi mangiartelo. Te lo devi mangiare.*

Con le **perifrasi verbali** (verbo coniugato + verbo non coniugato), possiamo collocare i pronomi complemento **prima della forma coniugata o dopo la forma non coniugata**.

devo dire
+
te lo

Te lo <u>devo</u> dire

devo <u>dir</u>telo.

- *Te lo devo dire.*
- *Glielo devo spiegare.*
- *Ve la posso prestare.*
- *Me le sta preparando.*

- *Devo dirtelo.*
- *Devo spiegarglielo.*
- *Posso prestarvela.*
- *Sta preparandomele.*

→ 36. Perifrasi verbali

---

8 Elisa e Luigi fanno terapia di coppia dallo psicologo. Completa con i pronomi adeguati.

B1

→ **Elisa:** Luigi, chiama...*mi*.... al lavoro ogni tanto.

1. **Luigi:** Elisa, lascia............ uscire con gli amici qualche volta. Non succede niente.

2. **Elisa:** Tu .... rimproveri sempre perché parlo troppo al telefono con le mie amiche.

3. **Luigi:** E tu, puoi lasciar............ vedere le partite di calcio in pace?

4. **Elisa:** Compra .... dei fiori e di............ cose dolci.

5. **Psicologo:** Tranquilli, non litigate. .... dovete dire sempre quello che pensate l'uno all'altro.

6. **Elisa e Luigi:** Dobbiamo dir............ sempre, quello che pensiamo? Veramente?

7. **Psicologo:** Certo! Dovete recuperare il romanticismo. Tu, Elisa, manda............ messaggi al cellulare, dicendo............ che lo ami. E tu, Luigi, chiama......... per dir............ che hai voglia di vederla.

F Con l'imperativo: *La guardi / Guardala!*

Nelle costruzioni con **l'imperativo formale**, il pronome segue la regola generale e va collocato **prima del verbo**:

- *Mi guardi attentamente e **mi** dica la verità!*
- ***Ci** seguano, per favore, si va per di qua.*
- *Non **mi** faccia perdere la pazienza!*

Nelle costruzioni con **l'imperativo informale affermativo**, il pronome **va aggiunto al verbo**:

- *La luce della cucina è accesa: spegni**la**, per favore.*
- *Sono piena, non ce la faccio a finire il tiramisù: mangia**lo** tu.*

Nelle costruzioni con **l'imperativo informale negativo**, possiamo collocare il pronome **prima del verbo o aggiungerlo al verbo**:

• *La lettera? Non dar**gliela** adesso.*	OPPURE	• *La lettera? Non **gliela** dare adesso.*
• *Ho appena verniciato il cancello: non toccate**lo***		• *Ho appena verniciato il cancello: non **lo** toccate.*

→ 35. Imperativo

---

9 Abbina le frasi contenenti l'imperativo informale o l'imperativo formale come nell'esempio.

★ ★
★ **A2** ★
★ ★

→ Signora, ha dimenticato la giacca! Gliela porto domani?

1. Scusa, ho bisogno del sale.
2. Lei è malato. Deve prendere un'aspirina.
3. L'agente sarà in ufficio alle 11.00.
4. È potabile quest'acqua?
5. Roberto è stato proprio scortese!
6. Ho imparato una nuova canzone.
7. Signori, prendano i libri.

a. Lo aspetti lì.
b. Cantala, ti prego!
c. Sì, me la porti domani. Grazie!
d. Non gli telefonare più.
e. Passamelo, per favore.
f. Adesso, li aprano a pagina 20.
g. La prenda!
h. No! Non berla!

---

10 La piccola Camilla è un po' ribelle. Colloca i pronomi adeguati al posto giusto e completa il verbo, se necessario.

★ ★
★ **B1**
★ ★

Mamma: Camilla, devi metti a posto i tuoi giocattoli. → Metti..*li*.. subito a posto!

Ah, (1) non .... vuoi metter........... a posto, eh? Forza, basta capricci!

(2) .... devi metter........ a posto adesso!

Camilla: Va bene, va bene. (3) .... sto mettendo........ a posto, non vedi?

Mamma: Mangia il minestrone. Camilla! (4) .... devi mangiar........, se no, niente gelato!

Cammila: Uffa! E va bene, (5) .... sto mangiando........ , vedi?

Mamma: Spegni la televisione, Camilla. Hai sentito? .... devi spegner........ , è tardi.

Camilla: Ho sentito, ... sto spegnendo........ . Però io non ho sonno!

G In costruzioni riflessive e valutative: *Se li lava / Le piace il cioccolato*

Quando abbiamo bisogno i pronomi **CD** in costruzioni riflessive, i pronomi riflessivi *mi, ti, si, ci, vi* cambiano in *me, te, se, ce, ve*:

forme dei pronomi **riflessivi**	mi	ti	si	ci	vi
forme dei pronomi **riflessivi** per la combinazione	me	te	se	ce	ve

Nelle costruzioni riflessive collochiamo **il pronome CD dopo il pronome riflessivo**:

- *Si è lavata i capelli ma non se **li** è tagliati.*
- *Non mi va più il gelato. Te **lo** mangi tu?*

- *Mi fanno male le scarpe!*
- *E allora toglite**le**!*

Nelle **costruzioni valutative** con verbi come *piacere, sembrare, interessare,* ecc., **il pronome CD non è mai presente**, quindi il CI e il CD non si combinano mai:

- *Mi piacciono molto <u>le ciliegie</u>, anzi mi piacciono tantissimo.*
  [le ciliegie = SOGGETTO]

  [~~me te~~ piacciono]

- *Mi sembra nervoso <u>Gabriele</u>. Mi sembra proprio nervoso.*
  [Gabriele = SOGGETTO]

  [~~me lo~~ sembra]

→ 17. Costruzioni riflessive e valutative

11 Questa famiglia ha delle abitudini abbastanza particolari. **Completa con uno o due pronomi.**

B1

→ Mia madre si lava le mani continuamente. *Se le* lava venti volte al giorno.

1. Mio padre legge i classici ma .... interessano anche i romanzi contemporanei. È pieno di libri.

2. Io mi metto normalmente i guanti di lana. Ho sempre la mani fredde. .... metto anche in estate!

3. Ai miei fratelli piacciono molto gli animali. .... interessano soprattutto gli insetti. Sono grandi collezionisti.

4. Mia nonna è terrorizzata dai temporali. .... fanno molta paura.

5. Le mie sorelle e io ci mettiamo lo smalto di vari colori alle unghie dei piedi. .... mettiamo perché ci piace essere alla moda.

6. Mia sorella Paola ogni giovedì noleggia un film e .... guarda da sola in camera sua.

7. Io adoro la mia famiglia e .... sembra una famiglia davvero unica.

17. Costruzioni riflessive e valutative

A Costruzioni riflessive: *Mi rado. Mi lavo i denti.*

Nelle costruzioni riflessive, **soggetto e complemento** (diretto o indiretto) **coincidono**, cioè si riferiscono alla stessa persona o cosa. Quando coniughiamo un verbo usando la costruzione riflessiva, **gli effetti di questo verbo si limitano allo spazio del soggetto:**

Mi faccio la barba tutte le mattine.

● *Ponzio si lava le mani.*

I pronomi che usiamo nelle costruzioni riflessive sono i seguenti:

(io)	*mi lavo*
(tu)	*ti lavi*
(lui, lei, Lei)	*si lava*
(noi)	*ci laviamo*
(voi)	*vi lavate*
(loro)	*si lavano*

👁 Il pronome e la desinenza del verbo si riferiscono alla stessa persona.

→ 15. Pronomi complemento

---

1 Segnala quali verbi sono riflessivi in queste frasi. Fai attenzione alla concordanza del pronome e del verbo.

★ ★
★ **B1**
★ ★ ★

→ Lunedì <u>mi alzo</u> presto.

1. Mi passi il cellulare?
2. Ti svegli sempre tardi.
3. Ti ho visto domenica al bar.
4. Michela si veste sempre elegante.
5. Ti porto un bel regalo da Siena.
6. Ci trucchiamo e usciamo. Va bene?

7. Abbassiamo la voce: la gente ci guarda male.
8. Se posso venire, vi chiamo.
9. Se vi mettete davanti allo schermo, non vedo niente.
10. Non gli piace proprio questo film.
11. I miei fratelli si svegliano verso le nove.

2 Collega le frasi come nell'esempio.

★ ★
★ **A1**
★ ★ ★

→ a. Ci siamo vestiti tutti di bianco.
   b. Li abbiamo vestiti tutti di bianco.

   a. Sembravano fantasmi.
   b. Sembravamo fantasmi.

1. a. Donatella gioca con Fido e poi lo lava.
   b. Donatella gioca con Fido e poi si lava.

   a. Altrimenti Fido non può entrare in casa.
   b. Stasera esce con Stefano.

2. a. Tutte le sere si puliva le scarpe prima di andare a dormire.
   b. Tutte le sere le puliva le scarpe prima di andare a dormire.

   a. Era un uomo ossessionato dalla pulizia.
   b. Si prendeva cura di lei.

3. a. Le ha versato addosso un bicchiere e le ha
        macchiato la maglietta.
    b. Si è versato addosso un bicchiere e si è macchiato
        la maglietta.

    a. Era molto distratto.
    b. Così si sono conosciuti.

4. a. Si sono tolti i vestiti.
    b. Gli hanno tolto i vestiti.

    a. Per andare a letto.
    b. Gli hanno rubato tutto.

B Usi: *Mi lavo. Mi lavo i capelli. Mi lavo la camicia.*

Con la costruzione riflessiva indichiamo che **il soggetto realizza un'azione su sé stesso, su una parte del corpo o su qualcosa che ha**:

	IL SOGGETTO SU SÉ STESSO	IL SOGGETTO SU UNA PARTE DEL PROPRIO CORPO	IL SOGGETTO SU UNA COSA CHE HA O PORTA

VERBI			
vestirsi, spogliarsi, divertirsi, fermarsi, alzarsi, sdraiarsi, addormentarsi, ecc.	• *Io **mi** spoglio appena arrivo a casa.* • *Ada **si** addormenta subito.*		
truccarsi, depilarsi, tatuarsi, radersi, tagliarsi, ecc.	• *Tu **ti** radi tutti i giorni?* • *Aspetta, **mi** trucco e ti richiamo.*	• *Domani **mi** rado tutta la testa.* • ***Ti** trucchi gli occhi molto bene.*	
lavarsi, macchiarsi, mettersi, sporcarsi, togliersi, bagnarsi, asciugarsi, ecc.	• *Fa caldo: **ci** bagniamo un po' alla fontana?* • *Gigetto, **ti** sporchi sempre!*	• *Piove tantissimo, **ti** bagnerai i piedi.* • *Tra poco si va a tavola: non **vi** sporcate le mani.*	• *Non abbiamo l'ombrello: adesso **ci** bagniamo tutti i vestiti.* • *Guido **si** sporca sempre la cravatta.*

In caso di combinazione con i pronomi **CD**, il pronome *si* diventa *se*:

• *Che dici, **mi** taglio <u>i capelli</u> e **me li** tingo?*
• *Sandra è fissata: **si** depila anche <u>le braccia</u>. E **se le** depila con il rasoio!*

In italiano usiamo questa costruzione per riferirci ad azioni che in altre lingue si esprimono con il possessivo:

• *Mi metto il cappello.*   [*Mi metto la ~~mia~~ giacca.*]
• *Ti sei tagliato i capelli?*   [*Ti sei tagliato i ~~tuoi~~ capelli?*]
• *Lavati le mani.*   [*Lavati le ~~tue~~ mani.*]
• *Si è rotto una gamba.*   [*Si è rotto la ~~sua~~ gamba.*]

👁 Quando usiamo la **costruzione riflessiva con un verbo coniugato a un tempo composto**, usiamo sempre **l'ausiliare *essere***, anche quando il verbo è transitivo, e quindi normalmente usa *avere*:

• ***Ho macchiato** la tovaglia e poi **mi sono macchiato** i pantaloni.*
• ***Mi sono svegliata** presto e dopo un'ora **ho svegliato** i bambini.*

→ **22. Essere e avere**

103

3 Giorgino racconta le abitudini della sua famiglia. Completa le costruzioni riflessive con i pronomi e/o la desinenza del verbo adeguati.

Mamma → ..*si*.. lav..*a*. i denti dopo mangiato. Papà (1) .... f........ la doccia con l'acqua fredda. I miei fratelli (2) .... addorment........ con la musica classica. Tutti in casa (3) .... mett........ a letto presto, e (4) .... svegl........ sempre alle sei di mattina.

Quando il sole sorge, io (5) .... alz........ e (6) .... vest......., papà (7) .... rad......., mamma (8) .... lav........ e (9) .... pettin........ . E tu? Quando (10) .... alz........?

4 Alice ha un'adolescenza un po' difficile. Leggi le cose che fa e completa con le parole che mancano.

→ Si mangia le unghie.

1. Non .... toglie mai .... cappello.
2. Non .... lava .... mani con il sapone.
3. Non .... taglia mai .... capelli.

4. .... mette .... vestiti più vecchi che ha.
5. .... trucca .... occhi con l'ombretto rosso.
6. .... è tatuata .... schiena.
7. .... è tinta .... capelli arancioni.

5 Chi sveglia chi domani mattina?

→ (Io solo)   a. Li sveglio.
1. (Io - te)   b. Vi sveglia.
2. (Tu - me)   c. La svegli.
3. (Io - i miei amici)   d. Mi sveglio.
4. (Tu - tua sorella)   e. Vi svegliate.
5. (Noi - te)   f. Ti sveglio.
6. (Lei - voi)   g. Mi svegli.
7. (Solo voi)   h. Ti svegliamo.

E chi taglia i capelli a chi nel salone di bellezza di Vincenzo?

1. (Gabriele - me)   a. Le tagli i capelli.
2. (Gabriele - sé stesso)   b. Ti taglia i capelli.
3. (Voi - Voi stessi)   c. Mi taglia i capelli.
4. (Gabriele - te)   d. Si taglia i capelli.
5. (Tu - Maria)   e. Gli taglia i capelli.
6. (Laura e Gabriele - i loro figli)   f. Gli tagliano i capelli.
7. (Laura - Gabriele)   g. Gli taglia i capelli.
8. (Laura - alcuni clienti)   h. Vi tagliate i capelli.

C La reciprocità: *Ci conosciamo. Ci amiamo.*

Con la costruzione reciproca possiamo indicare che **due soggetti realizzano un'azione in maniera reciproca,** cioè **l'uno su l'altro:**

- *Rocco e Gino **si picchiano** per qualsiasi cosa.*
  [Rocco picchia Gino + Gino picchia Rocco.]

- *Da piccole io e Carolina **ci scrivevamo**.*
  [Io scrivevo a Carolina + Carolina scriveva a me.]

- *Giulietta e Romeo **si amano**.*
  [Giulietta ama Romeo + Romeo ama Giulietta.]

ROMEO
GIULIETTA

6 Gianluca e Barbara si conoscono alla festa di Erica e si innamorano. Metti le frasi in ordine cronologico da 1 a 7. Sottolinea i verbi reciproci.

A2

a. .... Alla fine della festa Gianluca offre un passaggio a Barbara.

b. .... Quando Gianluca porta a casa Barbara si abbracciano e si baciano.

c. → ....1.... Barbara arriva alla festa. Si siede sul divano perché è stanca. Dopo un po' si avvicina Gianluca.

d. → ....2.... Gianluca e Barbara si presentano e cominciano a chiacchierare.

e. .... Gianluca e Barbara si sposano dopo 5 anni.

f. .... Si salutano sulla porta di casa di Barbara e si danno appuntamento alla sera dopo.

g. .... Gianluca e Barbara si raccontano tante cose, poi ballano un po'. Si divertono molto.

7 Erica racconta la storia d'amore di Gianluca e Barbara a un'amica. Completa con i verbi adeguati.

B1

→ ...*Si sono conosciuti*... a casa mia, a una festa. Gianluca si è avvicinato e (1) .... da solo e (2) .... subito, che romantico! Hanno parlato durante tutta la serata, (3) .... un sacco di cose e poi hanno anche ballato. (4) ..... insieme. Poi lui l'ha accompagnata a casa e lì (5) .... e (6) .... E dopo 5 anni (7) ....
Che romantico!

| innamorarsi |
| conoscersi ✓ |
| divertirsi |
| presentarsi |
| abbracciare |
| raccontarsi |
| sposarsi |
| baciare |

D Costruzioni impersonali con *si*: *Qua si vive bene / Si vendono automobili.*

Quando **non vogliamo identificare il soggetto**, usiamo il verbo in costruzione riflessiva alla terza persona singolare o plurale:

COSTRUZIONE PERSONALE:
identifichiamo il soggetto

COSTRUZIONE IMPERSONALE:
non identifichiamo il soggetto

- *I miei vicini vendono la casa.*

Nella costruzione impersonale con *si*, il soggetto non è specificato e il verbo concorda con l'oggetto dell'azione:

- *Si vende una casa con giardino.*
- *Si cerca un pizzaiolo.*
- *Si vendono vestiti usati.*
- *Si cercano attori di teatro.*

👁 Negli annunci di solito si aggiunge il *si* alla fine del verbo:

- *Vendesi casa con giardino.*
- *Cercasi pizzaiolo.*

I verbi che **non hanno un oggetto**, si usano sempre al **singolare**:

- *Nelle città piccole **si vive** meglio.*
- ***Si sta** molto bene qui.*
- *Qui **si esce** molto la sera.*

Con la **costruzione impersonale con** *si* facciamo una **generalizzazione**, come quando usiamo espressioni come *la gente, tutti, le persone, nessuno*, ecc.:

- *Qui si esce molto la sera.*
  [si generalizza, ma non si identifica il soggetto]
- *Qui la gente esce molto la sera.*
  [si generalizza e si identifica un soggetto]

8 Pierino è un bambino difficile e la mamma gli ricorda come si comportano i bambini beneducati. **Scegli** l'opzione corretta.

★ ★
★ A1
★ ★

→ Pierino, non **si dice** / **si dicono** mai le bugie.

1. Pierino, **si saluta** / **si salutano** la gente dando la mano.
2. Pierino, non **si parla** / **si parlano** con la bocca piena.
3. Pierino, non **si salta** / **si saltano** sul tavolo del ristorante.
4. Pierino, **si ascolta** / **si ascoltano** i genitori.
5. Pierino, **si alza** / **si alzano** la mano prima di parlare in classe.
6. Pierino, i vestiti **si mette** / **si mettono** nell'armadio.
7. **Si mangia** / **Si mangiano**! È pronta la cena.
8. Pierino, per strada **si deve tenere** / **si devono tenere** sempre la mano della mamma!

9 Scrivi in ogni cartello uno dei seguenti propositi, come nell'esempio.

★ ★
★ A2
★ ★

→ vendere moto usata

1. leggere i tarocchi

2. comprare vecchie radio

3. fare fotocopie

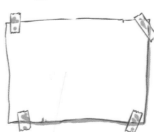

4. affittare un castello

5. vendere biglietti della lotteria

6. assumere pizzaioli

7. regalare gattini

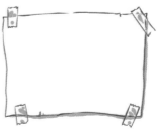

8. dare lezioni di canto

10 Usa uno stile più impersonale (usando costruzioni con "si") a questa ricetta delle lasagne.

Ingredienti:

ragù di carne alla bolognese

besciamella

1/2 kg di lasagne di pasta fresca all'uovo

parmigiano reggiano grattugiato, almeno 200 gr

una noce di burro

2 cucchiai di olio di semi

sale

➜ Riscalda / ...*Si riscalda*... il forno a 180 gradi.

1. Cuoci / .... le lasagne in una pentola piena di acqua salata.

2. Ungi / .... con il burro una teglia rettangolare.

3. Cuoci / .... le lasagne molto al dente.

4. Scola / .... le lasagne.

5. Disponi / .... le lasagne sulla teglia.

6. Versa / .... sopra del ragù e della besciamella.

7. Completa / .... con una spolverata di parmigiano grattugiato.

8. Continua / .... facendo altri strati di lasagna, ragù, besciamella e parmigiano.

9. Metti / .... in forno per 45 minuti.

10. Togli / .... dal forno e si lascia riposare una decina di minuti prima di servire.

11 Leggi attentamente le seguenti situazioni e completa con l'opzione più probabile.

➜ Ultimamente ......*si costruiscono*...... molte case, ma sono carissime.

1. Per questo lavoro .... persone qualificate.

2. In Italia .... pochi posti di lavoro.

3. .... i Vigili del fuoco per tutti i tipi di incidenti.

4. In Svizzera .... italiano.

5. .... un gatto rosso e grasso con una macchia bianca sulla fronte. Si chiama Fausto.

6. .... prestiti alle vittime dell'inondazione.

7. Da qui .... la tua stanza.

8. Non .... chi è l'autore. .... che sia un maestro del XVIII secolo.

9. In estate .... molta verdura.

10. Quando .... troppe cose, ... poche.

dare
creare
cercare (x2)
costruire ✓
chiamare
parlare
vedere
sapere
mangiare
volere
ottenere
pensare

12 Cambia le frasi come nell'esempio, usando la forma impersonale senza identificare il soggetto.

➜ Tra qualche anno **nessuno** scriverà con le penne. →   *Non si scriverà*

1. A scuola **i ragazzi** fanno troppa teoria. →   ....

2. In Italia **gli uomini** parlano spesso di calcio. →   ....

3. A Roma **tutti** guidano in maniera "sportiva". →   ....

4. In Italia **la gente** dà importanza alla famiglia. →   ....

5. Qui la domenica mattina **la gente** passeggia sul lungomare. →   ....

6. La casa è il posto in cui **le persone** stanno meglio. →   ....

E Costruzioni valutative: *Mi piace..., Mi fa paura..., Mi sembra strano...*

In questo tipo di costruzioni c'è **un elemento** (il soggetto) **che esprime un'emozione, una sensazione, un sentimento, una reazione**, ecc. (espressa dal verbo) **su qualcuno** (il **CI**):

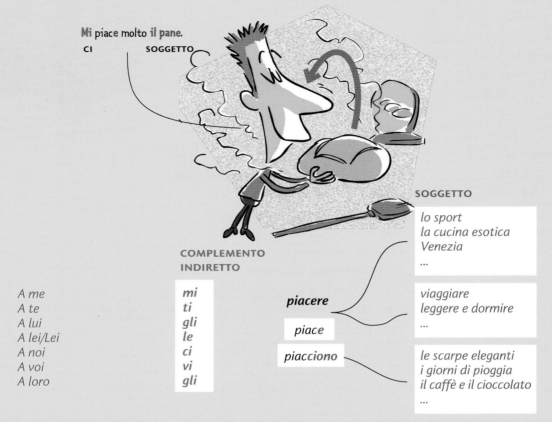

Mi piace molto il pane.
CI   SOGGETTO

SOGGETTO

lo sport
la cucina esotica
Venezia
...

viaggiare
leggere e dormire
...

le scarpe eleganti
i giorni di pioggia
il caffè e il cioccolato
...

COMPLEMENTO
INDIRETTO

A me	*mi*	
A te	*ti*	
A lui	*gli*	*piacere*
A lei/Lei	*le*	*piace*
A noi	*ci*	*piacciono*
A voi	*vi*	
A loro	*gli*	

Come *piacere* funzionano altri verbi: *bastare, mancare, interessare, servire, sembrare, parere, preoccupare, ecc.*:

- *Vi interessano* i film di fantascienza?
- *Mi serve* una pentola più grande.
- *Ci bastano* due mozzarelle per l'insalata?
- *Mi mancano* i miei amici.

Quando il soggetto è costituito da uno o più verbi all'infinito, o da un verbo all'infinito e un sostantivo, il verbo della costruzione valutativa si coniuga al singolare. Se, però, indichiamo prima il sostantivo al plurale e poi l'infinito, il verbo della costruzione si coniuga al plurale:

- Mi **piace** andare a teatro e inventare ricette originali.
- Mi **piace** il teatro e inventare ricette originali.
- MA: Mi **piacciono** le ricette originali e andare a teatro.

In alcune costruzioni di questo tipo, l'effetto (emozione, reazione, sentimento, ecc.) che il soggetto provoca su qualcuno si esprime con il verbo più un aggettivo, un sostantivo o un avverbio:

fare + *paura, pena, rabbia, schifo, piacere, ecc.*
sembrare/parere + *strano, assurdo, incredibile, ecc.*
dare + *fastidio, noia, ecc.*

- Mi fanno schifo *i ragni.*
- Mi sembra assurdo *non dire niente.*
- Mi dà fastidio *la gente che urla.*

13 Sofia farà uno scambio culturale con uno studente tedesco, Hendrik. Fai una lista con quello che vuole raccontare della sua famiglia e quello che vuole domandare a Hendrik della sua.

⭐⭐ **B1**

→ A mio padre PIACERE leggere il giornale a colazione. ✓

1. A mia nonna NON PIACERE i ragazzi con i tatuaggi.
2. Alle mie sorelle PIACERE andare tutti insieme al parco.
3. A me INTERESSARE l'opera e la danza contemporanea.
4. A tutti noi PIACERE molto la mozzarella di bufala.

→ A te PIACERE la musica? ✓

5. Ai tuoi genitori PIACERE il cinema?
6. A tua madre INTERESSARE l'arte moderna?
7. A voi PIACERE la pizza e la pasta?
8. A tua sorella PIACERE leggere?

COSE MIE E DELLA MIA FAMIGLIA

A mio padre piace leggere il giornale a colazione

COSE CHE MI PIACEREBBE SAPERE DI TE E DELLA TUA FAMIGLIA

Ti piace la musica?

14 Heather e Mark studiano in Italia e scrivono post in italiano, però usano un traduttore on-line che fa molti errori. Aiutali a correggere i post.

⭐⭐ **B1**

Heather

→ **Fare piacere cucinare** per gli amici e ogni sabato preparo una torta diversa. _Mi fa piacere cucinare per gli amici_

1. A volte **mancare lo zucchero**, a volte **mancare la farina**. ....
2. E a volte **mancare perfino le uova!** È un disastro! ....
3. Per fortuna **bastare telefonare** alla mia amica Maria. ....
4. Lei ha sempre tutti **gli ingredienti** che **servire**. ....

Mark

5. Odio le macchine e **dare fastidio il traffico**. ....
6. Abito molto vicino alla scuola dove studio e quindi **non servire la macchina**. ....
7. **Sembrare stupendo studiare** vicino a casa! ....
8. **Fare pena le persone** che devono usare la macchina tutti i giorni. ....
9. **Sembrare incredibile** essere così fortunato. ....

Adesso fai un riepilogo dei gusti di Heather e Mark.

Heather: _Le fa piacere cucinare per gli amici_

Mark: _Odia le macchine e gli dà fastidio il traffico,_

4

Verbi

19. Coniugazione: elementi di base

A Riferirsi a un verbo: l'infinito

L'infinito è la forma-base del verbo, quella che troviamo nel dizionario. È una forma che non esprime nessuna persona, cioè non si coniuga.

→ **20. Forme impersonali**

L'infinito in italiano ha tre desinenze, ognuna con una propria vocale tematica (*-are*, *-ere*, *-ire*). Tutti i verbi si classificano in base alla desinenza che hanno all'infinito, e dunque in base alla vocale tematica:

VERBI IN *-are*	VERBI IN *-ere*	VERBI IN *-ire*
studi*are*	legg*ere*	dorm*ire*
parl*are*	scriv*ere*	cap*ire*
gioc*are*	ved*ere*	prefer*ire*
passeggi*are*	ricev*ere*	usc*ire*
lavor*are*	decid*ere*	sal*ire*

👁 I verbi pronominali, all'infinito, perdono la *-e* finale, che sostituiscono con il pronome *-si*:

*svegliar**si**, muover**si**, vestir**si***

→ **17. Costruzioni riflessive e valutative**

---

1 **a.** È ora di allenarsi con i verbi italiani! Inserisci i seguenti verbi all'infinito nelle colonne corrispondenti.

★★ **A1**

> salire   ascoltare ✓   mettere   essere   sentire   entrare   chiamare   tenere   potere   dire
> imparare   avere   partire   leggere   dormire   giocare   chiudere   ripetere   viaggiare

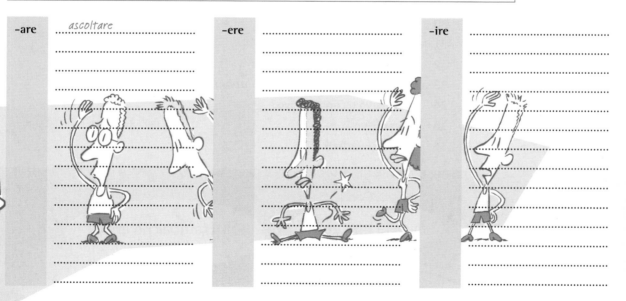

-are	-ere	-ire
ascoltare		

b. Adesso inserisci i seguenti verbi pronominali nelle colonne corrispondenti del punto a.

> alzarsi   occuparsi   tagliarsi   vestirsi   avvicinarsi   perdersi   mettersi   togliersi   cambiarsi   pulirsi   lavarsi

B Coniugare un verbo

In italiano, le **desinenze dei tempi verbali** sono molto importanti, perché ci danno **informazioni sul tempo e sulla persona** a cui ci riferiamo. Coniugare un verbo significa scegliere la forma adeguata al tempo e alla persona a cui ci vogliamo riferire.

Per **coniugare un verbo regolare**, sostituiamo la desinenza dell'infinito con le desinenze richieste dal tempo e dalla persona.

lavor*are*	scriv*ere*	dorm*ire*
studi + DESINENZA	scriv + DESINENZA	dorm + DESINENZA

lavor*o*	[io al presente]	scriv*o*	[io al presente]	dorm*o*	[io al presente]
lavor*i*	[tu al presente]	scriv*i*	[tu al presente]	dorm*i*	[tu al presente]
lavor*avo*	[io all'imperfetto]	scriv*evo*	[io all'imperfetto]	dorm*ivo*	[io all'imperfetto]
lavor*avi*	[tu all'imperfetto]	scriv*evi*	[tu all'imperfetto]	dorm*ivi*	[tu all'imperfetto]

In molti casi, per coniugare correttamente un verbo irregolare, oltre a utilizzare le desinenze adeguate, dobbiamo conoscere l'irregolarità di quel verbo, che ne condiziona la prima parte, cioè la radice (che può variare da persona a persona così come da tempo a tempo).

> *Venire* e *tenere*, al presente indicativo, per alcune persone presentano la radice ***vien*- e *tien*-**, invece di ***ven*- e *ten*-**:
>
> - ***Vien*e anche Ilaria al cinema.**
> - *Mi **tien**i il gatto durante il fine settimana, per favore?*
>
> *Uscire*, al presente indicativo, per alcune persone presenta la radice ***esc*- invece di *usc*-**:
>
> - *Sabato **esc**o con gli amici della palestra. Invece Sara e Gigi **esc**ono con voi?* (→ Tavole verbali)

2 Continua l'allenamento dei verbi separando la radice dalla desinenza dell'infinito come nell'esempio.

⋆ A1

cambiare	*cambi + are*	chiedere	....	dormire	....
aprire	....	ricevere	....	pensare	....
terminare	....	salire	....	telefonare	....
scrivere	....	nascere	....	vivere	....
imparare	....	rompere	....	cantare	....
mangiare	....	proibire	....	saltare	....
pranzare	....	sognare	....	fumare	....

C Concordare il verbo con il soggetto

(→ 13. Pronomi soggetto)

In italiano, la coniugazione dei verbi ha **sei desinenze differenti:** una per ogni persona che può svolgere il ruolo di soggetto grammaticale. Il verbo concorda sempre con il soggetto, cioè con la persona a cui si riferisce:

	DESINENZA	-*are*	-*ere*	-*ire*
io	-*o*	parl*o*	scriv*o*	dorm*o*
tu	-*i*	parl*i*	scriv*i*	dorm*i*
lui, lei, Lei	-*a* / -*e*	parl*a*	scriv*e*	dorm*e*
noi	-*iamo*	parl*iamo*	scriv*iamo*	dorm*iamo*
voi	-*ate* / -*ete* / -*ite*	parl*ate*	scriv*ete*	dorm*ite*
loro	-*ano* / -*ono*	parl*ano*	scriv*ono*	dorm*ono*

PARL-O

- *Mang**i** (= tu) con noi?*
- *Io e Francesco (= noi) cant**iamo** in un coro.*
- *Paola e Gabriele (= loro) dorm**ono** fino a tardi.*

3 Pronto/a per una gara? In tre minuti devi indovinare e scrivere l'infinito dei seguenti verbi.
In molto casi ti aiuta la vocale che trovi nella desinenza.

A1

studiano ✓ uscite cucina imparano vivete scrive andate beve legge
lavorano portano mangiamo viviamo sentiamo canti

-are	studiano	-ere	....	-ire	....
	....		....		....
	....		....		....
	....		....		....
	....		....		....
	....		....		....
	....		....		....
	....		....		....

4 Ancora un po' di allenamento. Inserisci le seguenti forme verbali al lato del soggetto corrispondente.

A1

usciamo ✓ avete scrivi cantiamo comunicate credo chiamano
sono fate dai bevo sognano vivono apre vendete

io ....

tu ....

lui, lei, Lei ....

noi usciamo ....

voi ....

loro ....

5 Un gruppo di amici si organizza per una cena. Completa le frasi con i seguenti verbi facendo attenzione alla concordanza con il soggetto.

A1

arrivate ✓ porti aiuto abbiamo porta comprano scegliete posso pensiamo preparo arriviamo

→ Voi, a che ora *arrivate*?

1. Noi .... alle otto perché .... lezione d'inglese fino alle sette e mezza.

2. Io .... arrivare un po' prima, così ti .... a sistemare.

3. Tu cosa .... ? Del vino?

4. No, io .... un dolce. Sofia .... del prosecco e Carolina e Luca ....
del vino biologico.

5. Perfetto, allora io e Bruno .... agli antipasti.

6. Bene, quindi tu e Ornella .... la musica.

20. Forme indefinite: *parlare, parlando, parlato*

A Significato e forma dell'infinito: *parlare, vivere, dormire*

L'infinito è una forma nominale del verbo. È il **nome** che designa un'azione, un **processo** o uno stato di cose.
È la forma di base, quella che troviamo nel dizionario quando cerchiamo un verbo. In italiano, l'infinito può
avere **tre desinenze differenti**, che corrispondono alle relative **coniugazioni**:

1ª CONIUGAZIONE -*are*	2ª CONIUGAZIONE -*ere*	3ª CONIUGAZIONE -*ire*
cantare	scrivere	dormire
saltare	correre	capire
volare	conoscere	preferire
sognare	sapere	uscire
comprare	vedere	venire

👁 Esistono alcuni infiniti che fanno parte della seconda
coniugazione (in –*ere*) ma che hanno una forma irregolare.
Questi verbi terminano tutti in –*rre*:
proporre, **tradu**rre, **tra**rre, ecc.

● *Dipingere è realizzare dipinti.*

→ **36. Perifrasi verbali**

1 Trova l'infinito corispondente per ciascuno dei seguenti sostantivi.

A1

la canzone	*cantare*	il viaggio	5.	la cucina	10. ....
il ballo	1.	la lettura	6.	il sogno	11. ....
il racconto	2.	la scrittura	7.	il pensiero	12. ....
l'entrata	3.	l'amore	8.	la parola	13. ....
l'uscita	4.	il bacio	9.	il ritorno	14. ....

B L'infinito come sostantivo

L'infinito può essere usato come un sostantivo:

COME SOGGETTO	COME COMPLEMENTO DIRETTO	COME COMPLEMENTO INDIRETTO
● *La danza è un'arte.* ● *Danzare è un'arte.*	● *Vuoi un caffè?* ● *Vuoi bere un caffè?*	● *Non puoi uscire senza portafoglio.* ● *Non puoi uscire senza portare il portafoglio.*
● *Il nuoto fa bene.* ● *Nuotare fa bene.*	● *Preferisco la lettura.* ● *Preferisco leggere.*	● *È ora di cena.* ● *È ora di cenare.*

Con costruzioni valutative del tipo *mi piace, mi rende nervoso, mi fa paura*, ecc., la cosa che piace, che rende
nervosi, che fa paura, ecc. è il soggetto della frase:

● *Mi piace molto lo sci.*
● *Mi piace molto sciare.*

● *La solitudine non mi fa paura*
● *Viaggiare da sola non mi fa paura.*

● *Il ritardo mi innervosisce.*
● *Arrivare tardi mi innervosisce.*

Cosa ti piace fare il
fine settimana?

Mah no so... **uscire** con gli amici, **fare**
sport, **dormire** a lungo, **guardare** la TV...

→ **17. Costruzione valutative**

2 Elimina l'unica opzione che non è possibile usare per rispondere a queste domande.

A2

→ Cosa vuoi adesso? — ~~Riposando un po'.~~ / Riposare un po'. / Un po' di riposo.

1. Cosa preferisci? — Andare al cinema. / Andando al cinema. / Un film al cinema.

2. Cosa fa bene per il mal di testa? — Un po' di silenzio. / Stare in silenzio. / Stando in silenzio.

3. Cosa ti piacerebbe fare? — Viaggiando. / Un bel viaggio. / Viaggiare.

4. Cosa ti preoccupa? — Fare l'esame. / Facendo l'esame. / L'esame.

5. Cosa ti innervosisce? — Il traffico. / Trovando traffico. / Trovare traffico.

C L'infinito come verbo

Nella sua funzione di verbo, l'infinito ha un **soggetto** di riferimento:

- *Il sogno di **Giuseppe** è **viaggiare** in moto.* [viaggiare-Giuseppe]
- *La polizia ci ha obbligati a **uscire**.* [uscire-noi]
- *[A tutti] Vietato **fumare**.* [fumare-tutti]
- *Ti telefono prima di **partire**.* [partire-io]

FUMARE

Dall'infinito possono dipendere dei complementi e anche delle frasi subordinate:

COMPLEMENTO OGGETTO (CD)	• ***Dire** <u>una bugia</u> mi sembra infantile.*
COMPLEMENTO INDIRETTO (CI)	• ***Dire** una bugia <u>al tuo capo</u> mi sembra molto infantile.*
PROPOSIZIONI SUBORDINATE	• ***Dire** al tuo capo <u>che arrivi tardi perché hai sonno</u> mi sembra veramente infantile.*

---

3 Indica qual è il soggetto delle seguenti frasi.

A2

→ Il mio hobby è fare bricolage.   a. noi

1. Curva pericolosa: non sorpassare.   b. voi

2. La prof ci ha vietato di usare il cellulare a lezione.   c. tu

3. No, non si può. Guarda: vietato girare a destra.   d. io

4. Scalare il Monte Bianco è il sogno di molti alpinisti.   e. tutti

5. Per favore, chiamami prima di uscire di casa.   f. loro

6. Ragazze, Giuseppe vi ha invitate a mangiare a casa sua.   g. tutti

7. Scusi, per uscire da dove passo?   h. io

---

4 Indica se dagli infiniti delle seguenti frasi dipende un soggetto (S), un complemento diretto (CD), un complemento indiretto (CI) o una frase subordinata (F).

A2

B1

→ **Comprare** <u>questo divano</u> è inutile.   *CD*

1. **Lavorare** <u>con Luigi</u> è sempre un piacere.   ....

2. Non è educato **arrivare** <u>alle 11 di sera</u>.   ....

3. **Fare** <u>la pizza</u> non è complicato.   ....

4. **Raccontare** <u>che io e Luca ci siamo lasciati</u> è da pettegoli.   ....

5. **Uscire** <u>con gli amici</u> mi piace molto.   ....

5 Cosa vedi nelle seguenti illustrazioni? Completa secondo il modello.

A2

| disegnare |
| mangiare |
| nuotare |
| parlare ✓ |
| fare |

→ Vedo un ragazzo *parlare* con una ragazza.

1. Vedo un bambino .... contento.

2. Vedo una bambina .... allegramente.

3. Vedo un vigile .... una multa.

4. Vedo un cane .... un osso soddisfatto.

D L'infinito passato

→ 22. Essere e avere

L'**infinito passato** si forma con l'infinito presente dei verbi *essere* o *avere* + il **participio passato** del verbo. *Avere*, generalmente, perde l'ultima vocale e diventa *aver*. Meno comune è la forma *esser* al posto di *essere*.

INFINITO	INFINITO PASSATO
parlare	aver parlato
credere	aver creduto
andare	essere andato/a/i/e
partire	essere partito/a/i/e

- **Aver detto** la verità mi ha creato molti problemi.
- **Essere andato** a studiare a Firenze è stata un'ottima scelta.

L'**infinito passato** viene usato spesso con *dopo*, quando il soggetto è lo stesso della proposizione reggente:

- Dopo **aver cenato**, (io) sono andato direttamente a letto.
- Dopo **essere tornata** dalle vacanze, Daniela ha dovuto lavorare tantissimo.
- Dopo **aver studiato** tre mesi per gli esami, Claudia e Renata si sono prese una vacanza.

---

6 Forma delle frasi come nell'esempio.

B1

→ noi/cenare (1), noi/uscire (2)

Dopo aver cenato, siamo usciti.

1. Matteo/chiamare Lina (2), Matteo/preparare il pranzo (1) ....

2. loro/fare una doccia (2), loro/andare a correre (1) ....

3. Simone/finire i compiti (1), Simone/giocare con gli amici (2) ....

4. Daniela/inviare un'e-mail (2), Daniela/controllare il file (1) ....

5. io/fare un corso d'inglese (1), io/andare in Inghilterra (2) ....

E Significato e forma del gerundio: *parlando, scrivendo, dormendo*

Il gerundio è una forma verbale che esprime un **processo nel suo svolgimento**.

La sua **forma regolare** si ottiene cambiando le desinenze dell'infinito come segue:

-are	-ando
-ere -ire	-endo

parlare → parlando

scrivere → scrivendo

dormire → dormendo

finire → finendo

- Alessandro si rilassa **dipingendo**.
- Sofia cucina **cantando**.

Alcuni verbi formano il gerundio in **modo irregolare**, perché usano una radice diversa da quella dell'infinito. Questi sono i più frequenti:

bere	→	bevendo	[~~berendo~~]	condurre → conducendo	[~~condurrendo~~]
dire	→	dicendo	[~~direndo~~]	porre → ponendo	[~~porrendo~~]
fare	→	facendo	[~~farendo~~]	trarre → traendo	[~~trarrendo~~]

Il **gerundio passato** si forma con il gerundio presente dei verbi *essere* o *avere* + il **participio passato** del verbo:

GERUNDIO PRESENTE	GERUNDIO PASSATO
parlando	avendo parlato
credendo	avendo creduto
andando	essendo andato/a/i/e
partendo	essendo partito/a/i/e

• **Avendo camminato** tutto il giorno, adesso siamo stanchi.

7 Completa la tabella con le forme corrette del gerundio.

A1

→ morire ....morendo.......

1. ripetere ....
2. dormire ....
3. ballare ....
4. soffrire ....
5. sentire ....
6. bere ....
7. andare ....

8. fare ....
9. scrivere ....
10. seguire ....
11. produrre ....
12. cantare ....
13. dire ....
14. scendere ....

F Usi del gerundio: *Salendo / Sta dormendo ...*

Usiamo il gerundio per esprimere il **modo** in cui avviene qualcosa; la **causa** di un evento o il **motivo** di un'azione; il **momento** in cui avviene qualcosa:

MODO	• *Che disastro, faccio sempre tutto **correndo**!* [di corsa]
TEMPO	• ***Tornando a casa** ho mangiato un gelato.* [mentre tornavo a casa]
CAUSA	• ***Avendo perso** le chiavi, non posso entrare in casa.* [non posso entrare in casa perché ho perso le chiavi]

Scusi, dov'è il bagno?

Salendo le scale, a destra.

Come si impara meglio una lingua?

Studiando, ma soprattutto **parlando**!

Con *stare + gerundio* presentiamo un'azione nel suo **svolgimento**.

- *Ti richiamo dopo: **sto mangiando**.*
- ***Stavamo passeggiando** tranquillamente e abbiamo incontrato Riccardo.*

→ **36. Perifrasi verbali**

Puoi venire un attimo?

Adesso non posso. Mi **sto facendo** la doccia.

Non usiamo il gerundio ma usiamo l'infinito in queste situazioni:

come SOGGETTO:	• ***Visitare** musei è interessante.*	[~~Visitando~~ *musei è interessante.*]
come COMPLEMENTO DIRETTO (CD):	• *Carla odia **aspettare**.*	[*Carla odia* ~~aspettando~~.]
dopo una PREPOSIZIONE:	• *Chiamami prima **di uscire**.*	[*Chiamami prima di* ~~uscendo~~.]

8 Collega ogni domanda alla risposta corrispondente.

A2

→ Come ha risolto il problema al lavoro?
1. Come combattere lo stress?
2. Dov'è l'ufficio del direttore?
3. Scusi, è lontana la banca?
4. Che tardi! Come facciamo ad arrivare in aeroporto?
5. Come sei riuscito a dimagrire tanto?

a. Dormendo 8 ore a notte e lavorando un po' di meno.
b. Andando in palestra tre volte alla settimana.
c. Prendendo un taxi. Solo così arriveremo in tempo.
d. No. Dunque, vada dritto fino al semaforo, poi girando a sinistra la vede subito.
e. Uscendo dall'ascensore, la seconda porta a destra.
f. Parlando con il mio coordinatore.

9 Karina studia italiano ma ha ancora qualche problema con l'infinito e il gerundio. Aiutala a correggere questa e-mail.

B1

A me piace molto → **leggendo,** perché → **leggendo** si imparano tante parole nuove. **(1) Parlare** dei libri che leggi è divertente. Adesso sto **(2) cercando** delle persone per **(3) fare** un club di lettura. Ho iniziato a **(4) facendo** un corso di cucina. Mi piace molto anche **(5) cucinare** e **(6) preparando** piatti italiani. **(7) Conoscere** nuove culture è molto interessante per me.

→ *leggere*
→ ✓
1. ....
2. ....
3. ....
4. ....
5. ....
6. ....
7. ....

G Significato e forma del participio presente: *cantante, credente, seguente*

Il participio presente esprime l'**idea del verbo nel suo svolgimento**. La sua forma regolare si ottiene cambiando le desinenza dell'infinito come segue:

-are	-ante	cantare → cantante
-ere	-ente	credere → credente
-ire	-ente	seguire → seguente
	-iente	convenire → conveniente

Alcuni participi presenti sono irregolari perché usano una radice diversa da quella dell'infinito:

bere	→	**bevente**	[berente]		condurre	→	**conducente**	[condurrente]
fare	→	**facente**	[farente]		porre	→	**ponente**	[porrente]

10 Cosa fanno? Scrivi cosa fanno e poi risali all'infinito.

A1

Chi è	Cosa fa?	infinito		Chi è	Cosa fa?	infinito
→ la cantante	*canta*	*cantare*		5. la praticante	....	....
1. l'amante	....	....		6. l'abitante	....	....
2. l'agente	....	....		7. il richiedente	....	....
3. l'insegnante	....	....		8. lo studente	....	....
4. il dipendente	....	....		9. la dirigente	....	....

H Significato e forma del participio passato: *parlato, ricevuto, dormito*

Il participio passato è un aggettivo verbale che esprime il risultato di un **processo**:

● *Un paesaggio* **dipinto**.

[Il risultato dell'azione di dipingere è un soggetto dipinto.]

La sua forma regolare si ottiene cambiando le desinenza dell'infinito come segue:

-are	-ato	parlare → parlato
-ere	-uto	ricevere → ricevuto
-ire	-ito	dormire → dormito

In italiano esistono molti participi passati irregolari, i più frequenti sono i seguenti:

aprire → **aperto**	friggere → **fritto**	piacere → **piaciuto**	rompere → **rotto**
bere → **bevuto**	leggere → **letto**	piangere → **pianto**	scegliere → **scelto**
chiedere → **chiesto**	mettere → **messo**	prendere → **preso**	scoprire → **scoperto**
chiudere → **chiuso**	morire → **morto**	proteggere → **protetto**	scrivere → **scritto**
cuocere → **cotto**	muovere → **mosso**	ridere → **riso**	vedere → **visto** (**veduto**)
decidere → **deciso**	nascere → **nato**	rimanere → **rimasto**	venire → **venuto**
dire → **detto**	offrire → **offerto**	risolvere → **risolto**	vincere → **vinto**
essere → **stato**	perdere → **perso** (**perduto**)	rispondere → **risposto**	vivere → **vissuto**
fare → **fatto**	dividere → **diviso**	succedere → **successo**	spegnere → **spento**

Tutti i composti presentano lo stesso tipo di irregolarità del verbo da cui derivano:

chiedere → chiesto   richiedere → richiesto
mettere → messo   commettere → commesso
prendere → preso   sorprendere → sorpreso
fare → fatto   rifare → rifatto
vedere → visto   prevedere → previsto
chiudere → chiuso   socchiudere → socchiuso

Quando si usa come aggettivo, il participio **concorda sempre in genere e numero** con il sostantivo a cui si riferisce:

- Gli <u>archivi</u> **protetti** con una parola chiave non si possono aprire facilmente.
- Molte <u>case</u> **abbandonate** sono state occupate da gruppi di giovani.

11 Raggruppa i verbi della prima colonna nella seconda colonna, secondo la coniugazione. Poi, scrivi i participi passati corrispondenti nella terza colonna.

★ ★
★ **A1**
★ ★

andare
vedere
dormire
ricevere
parlare
alzare
capire
preferire
disegnare
camminare
partire
vendere
lavorare
pulire
cenare
divertire
viaggiare
inserire
fumare
servire

–ARE
andare .... andato/a
....
....
....
....
....
....

–ERE
....
....
....

–IRE
....
....
....
....
....
....
....

12 Alcuni dei seguenti participi sono incorretti. Correggi scrivendo la forma corretta accanto.

★ ★
★ **A2**
★ ★

→ chiuduto ....chiuso....   6. nasciuto ....   13. perso ....
   messo ....✓..........   7. fatto ....   14. vinto ....
1. rimasto ....   8. aprito ....   15. prenduto ....
2. venito ....   9. risposto ....   16. detto ....
3. visto ....   10. chieduto ....   17. scoprutto ....
4. trovato ....   11. romputo ....   18. leggiuto ....
5. scrivuto ....   12. dormito ....   19. ascoltato ....

I Usi dei participi: *una valigia pesante, una cantante, i cittadini residenti...*

Il participio, presente e passato, può essere usato come aggettivo, sostantivo o verbo:

Piatti **lavati**!
Che altro c'è da fare?

PARTICIPIO PRESENTE

AGGETTIVO

- *Il passeggero ha una valigia **pesante**.*
- *Amelia è una donna **affascinante**.*

SOSTANTIVO

- *Oggi il **presidente** ha parlato in tv.*
- *Gianna Nannini è una bravissima **cantante**.*

VERBO

- *I cittadini **aventi** [= che hanno] diritto, votano domani.*
- *L'accesso è riservato ai cittadini **residenti** [= che risiedono] a Torino.*

PARTICIPIO PASSATO

AGGETTIVO

- *Con le porte **aperte** l'autobus non parte.*
- *Anna non vuole dormire con la luce **spenta**.*

SOSTANTIVO

- *I **feriti** sono ricoverati all'ospedale.*
- *Il 2 novembre è il giorno dei **morti**.*

VERBO

- ***Finita** l'università, Arianna farà un bel viaggio.*
- ***Partiti** i genitori, Roberto fece una bella festa.*

13 Completa la descrizione dei risultati delle seguenti azioni con la forma adeguata del participio.

A2

B1

→   Qualcuno ha aperto la finestra.   C'è una finestra ....*aperta*....
1. Ho fatto la torta di mele.   La torta di mele è ....
2. Abbiamo ordinato la cena per tutti.   La cena è ....
3. Ho già chiuso la valigia.   La valigia è già ....
4. I bambini hanno rotto tre bicchieri.   I bicchieri sono ....
5. Ho appena addormentato il bambino.   Il bambino è ....
6. Hai convinto i tuoi genitori a lasciarti venire.   I genitori sono convinti ....
7. Ho già chiuso il cancello.   Il cancello è già ....
8. Abbiamo stirato tutte le camicie.   Le camicie sono ....
9. Sara ha inviato le e-mail ai clienti.   Le e-mail sono state ....

L Uso del participio nelle forme composte del verbo: *ho mangiato, avevo mangiato, ecc.*

Il participio passato si usa nei tempi composti insieme agli ausiliari **avere** e **essere**:

- ***Ho mangiato** un gelato buonissimo.* [passato prossimo]
- ***Avevamo deciso** di andare al cinema, no?* [trapassato prossimo]
- ***Avremmo dovuto** chiamare Paola.* [condizionale passato]
- *Fabiana? **Sarà andata** in palestra.* [futuro anteriore]
- *Non è sicuro che lo **abbia detto** Luigi.* [congiuntivo passato]

Con l'ausiliare *essere*, il participio concorda con il soggetto in genere e numero:

- ***Erica** è ritornata a casa da poco.*
- ***Le mie amiche** sono andate in Italia l'anno scorso.*

→ 23. Passato prossimo

→ 28. Trapassato prossimo

→ 30. Futuro anteriore

→ 32. Condizionale composto

→ 33E. Congiuntivo passato

Con l'ausiliare **avere** il participio è invariabile:

- ***Antonella** ha comprato una bici nuova.*
- ***Flavio** e **Gabriella** hanno vinto la partita di ieri.*

👁 Quando nella frase è presente un pronome personale CD *lo, la, li, le* o la particella *ne*, il participio passato concorda con il pronome anche se l'ausiliare è **avere**.

- *Camilla aveva perso le chiavi ma poi, per fortuna, **le** ha ritrovate.*
- *Carlo e Fabio sono arrivati con due ore di ritardo! Meno male che **li** abbiamo aspettati in bar e non per strada.*

14 Metti in ordine i seguenti elementi per formare delle frasi.

A2

→ arrivati / molto / siete / tardi.

Siete arrivati molto tardi.

1. **scoperto** / hanno / un / pianeta / gli / nuovo / scienziati
....

2. **promesso** / Vanessa / mi / aveva / un / originale / regalo
....

3. **restituito** / Non / ancora / libri / hai / i ?
....

4. **sorpreso** / l'avrà / Flavia / con / bella / la / notizia
....

5. **prevedere** / gli / avevano / economisti / crisi / una
....

15 Completa con la forma adeguata del participio del verbo corrispondente.

A2

B1

pubblicare

→ La casa editrice Diffusione ha *pubblicato* molti libri di arte e cucina.

→ Questo è un libro *pubblicato* da Diffusione.

→ Il libro di cui parli è *pubblicato* da Diffusione.

→ Molti libri sull'arte e la cucina vengono *pubblicati* da Diffusione.

rompere

1. Cosa gli sarà successo? Avrà tutte e due le gambe................... ?

2. La gamba destra è .... ?

3. Con due gambe .... non si può muovere, poverino!

4. Povero Gianni: si è .... entrambe le gambe.

vedere

5. Hai .... l'ultimo film di Veronesi?

6. Non avevo mai .... tanta gente tutta insieme.

7. Paola avrà già .... il mio biglietto a quest'ora.

8. Simona? Credo che Nico l'abbia .... ieri alla riunione.

fare

9. Il tiramisù l'ha .... Eloisa.

10. Questo mobile l'avevi .... tu, vero?

11. Che buona questa crostata! Ma chi l'avrà .... ?

12. Ho .... un giro in bici lungo il fiume.

21. Indicativo presente

A Verbi regolari: *parlo, scrivo, dormo, finisco…*

Per formare il presente dell'indicativo sostituiamo la desinenza dell'infinito con le seguenti:

	- are	-ere	-ire	PARLARE	SCRIVERE	DORMIRE	FINIRE
io	-o	-o	-o	*parlo*	*scrivo*	*dormo*	*finisco*
tu	-i	-i	-i	*parli*	*scrivi*	*dormi*	*finisci*
lui, lei, Lei	-a	-e	-e	*parla*	*scrive*	*dorme*	*finisce*
noi	-iamo	-iamo	-iamo	*parliamo*	*scriviamo*	*dormiamo*	*finiamo*
voi	-ate	-ete	-ite	*parlate*	*scrivete*	*dormite*	*finite*
loro	-ano	-ono	-ono	*parlano*	*scrivono*	*dormono*	*finiscono*

L'**accento tonico** è sempre sulla radice, eccetto per la prima e la seconda persona plurali (noi e voi), come mostrano le sillabe sottolineate nella tabella: in queste persone, l'accento si trova sulla desinenza.

I verbi che terminano in **–iare** hanno una sola **i** alle persone **tu** e **noi** (**tu mangi** non ~~mangii~~, e **noi mangiamo** non ~~mangiiamo~~).

- *Se **mangi** la pizza, ti consiglio di ordinare la birra artigianale.*

I verbi che terminano in **-care** o **-gare** hanno un cambio di radice nelle persone **tu** e **noi** (**tu giochi** non gioci, e **noi giochiamo** non giociamo), per mantenere lo stesso suono velare.

- ***Cerchiamo** Luca e Fulvio. Devono essere al bar all'angolo.*
- *Questa volta **paghi** tu! **Pago** sempre io e non mi sembra giusto.*

Alcuni verbi in **–ire**, come *finire, capire, preferire* e *spedire*, inseriscono **–isc–** tra la radice e la desinenza a tutte le persone, eccetto la prima e la seconda plurale (*noi* e *voi*).

	FINIRE	
io	*finisco*	• *Gli studenti **finiscono** i compiti prima di uscire.*
tu	*finisci*	• ***Finiamo** di fare confusione?*
lui, lei, Lei	*finisce*	• *Luisa non **pulisce** mai la cucina!*
noi	*finiamo*	
voi	*finite*	
loro	*finiscono*	

1 A che persona si riferisce la forma del verbo? Scegli il soggetto o i soggetti possibili in ogni frase ed evidenzia la desinenza che indica questa persona.

A1

| tu   Lucia e Riccardo   lei   Lei e suo marito   io   io e un mio amico   voi tre   la sorella di Elisa |

→ **Parla** francese? (*lei / la sorella di Elisa*)

1. **Mangio** alle due, più o meno, e **ceno** alle dieci. (.................................)

2. Non può imparare il francese se non **studia**, non **legge**, non scrive e non lo **pratica**. (...................../.......................)

3. Se **vivi** a Milano, sicuramente **mangi** spesso il risotto alla milanese. (...................................)

4. **Saliamo** al secondo piano, **suoniamo** il campanello e, se non ci rispondono, **apriamo** con la chiave ed **entriamo**.
(.................................)

5. Cosa **guardate**? (...) Un documentario sulla globalizzazione.

6. Se **giocano** (.................................) alla PS tutto il pomeriggio, noi non **prepariamo** (.................................) la cena.

7. Signori Lucarelli, dove **vivete**? (.................................)

2 Completa con la desinenza adeguata del verbo all'indicativo presente. Puoi indovinare la persona dal contesto.

→ Giulia, ti present....°..... Sacha. Insegn....ª..... bulgaro in una scuola privata.

1. ● Scusa se stono, ma non suon................. la chitarra molto bene.

   ■ Beh effettivamente non suon................. molto bene. Perché non stud................. un altro strumento?

2. ● Che cosa signific................. fare le ore piccole?

   ■ Fare le ore piccole signific................. che riman................. sveglia fino all'una o o le due di notte.

3. ● Da qui pass................. un autobus ogni cinque minuti.

   ■ Scusa, ma io dev................. andarmene. Mi aspett................. i miei genitori.

4. Va bene, però prima ci bev................. un caffè?

5. Alberto, perché non mi ascolt.................? Io non signific................. niente per te?

6. ● Tu e Miroslaw parl................. molto bene l'inglese.

   ■ Mah, noi non lo parl................. tanto bene, però lo pratic................. molto.

7. Tu e Matilde siete una bella coppia. Viv................. insieme?

B Essere e avere: *io sono, tu hai...*

I due verbi più importanti, in italiano, sono *essere* e *avere* e il loro uso è molto ampio. In generale, *essere* esprime una caratteristica del soggetto. *Avere*, invece, esprime il possesso.
Sono **verbi totalmente irregolari**, quindi la loro coniugazione non segue la regola generale.

	ESSERE	AVERE
io	*sono*	*ho*
tu	*sei*	*hai*
lui, lei, Lei	*è*	*ha*
noi	*siamo*	*abbiamo*
voi	*siete*	*avete*
loro	*sono*	*hanno*

- *Io **sono** italiano; voi, invece, **siete** americani.*
- ***Abbiamo** una casa vicino al mare.*
- *Roberto e Filippo **hanno** solo sedici anni. **Sono** giovani.*

- *Romeo è **bianco** e **marrone**.*
- *Susanna **ha un gatto**.*

→ 22. Essere e avere

---

3 Scegli il soggetto giusto per le seguenti frasi.

| tu   io e Marina ✓   Andrea   tu e Serena   lo   loro   tu |

→ Abbiamo freddo.   *Io e Marina* ....

1. Sei milanese. ....

2. Ho un maglione blu. ....

3. Hanno uno smartphone. ....

4. Siete gentilissimi. ....

5. Hai il libro d'italiano? ....

6. È un ragazzo intelligente. ....

4 Completa con il verbo adeguato nella persona corretta di *essere* o *avere*.

A1

→ Ciao, ...*sono*.... Ernesto. Tu come ti chiami?

1. Asil .... turco, vero?

2. Io e Claudia .... traduttrici dal tedesco all'italiano.

3. La macchina di Luca .... bianca, Fulvio invece .... una moto blu.

4. Emiko .... disegnatrice grafica. .... giapponese.

5. Carlotta .... i capelli ricci e lunghi.

6. ● Teresa, di dove .... ?

   ■ .... di Gorizia, una città che si trova nel Friuli-Venezia Giulia.

7. Io e Patrizia .... la stessa età. .... ventidue anni.

C Verbi irregolari in -are: *andare, stare, dare, fare*

I verbi irregolari della coniugazione in *–are* sono i seguenti. L'irregolarità sta nella radice e nella desinenza della terza persona plurale (loro).

	ANDARE	STARE	DARE	FARE
io	*vado*	*sto*	*do*	*faccio*
tu	*vai*	*stai*	*dai*	*fai*
lui, lei, Lei	*va*	*sta*	*dà*	*fa*
noi	*andiamo*	*stiamo*	*diamo*	*facciamo*
voi	*andate*	*state*	*date*	*fate*
loro	*vanno*	*stanno*	*danno*	*fanno*

---

5 Completa con la forma adeguata di *andare, stare, dare* e *fare*.

A1

A2

Noi siamo molto diversi...

→ Tu **fai** sempre il possibile. Io ....*faccio*.... solo il minimo indispensabile.

1. Tu **dai** per avere qualcosa in cambio. Io, quando .... qualcosa, non voglio niente in cambio.

2. Tu **stai** sveglio fino a tardi ogni sera a guardare la TV. Io .... in piedi fino a tardi solo il fine settimana. Preferisco leggere.

3. Tu **vai** al lavoro alle 10 di mattina. Io .... in ufficio sempre prima delle 8.

4. Tu non **fai** mai colazione. Io .... colazione al bar tutti i giorni.

...ma anche molto simili!

5. Il fine settimana noi .... al cinema o .... a casa a cucinare.

6. Tu e io .... delle belle passeggiate al parco e .... da mangiare ai piccioni.

7. Noi .... bene insieme!

D Dovere, potere, volere

Dovere, *volere* e *potere* presentano un cambio di radice nella coniugazione.

	DOVERE	VOLERE	POTERE
io	*devo*	*voglio*	*posso*
tu	*devi*	*vuoi*	*puoi*
lui, lei, Lei	*deve*	*vuole*	*può*
noi	*dobbiamo*	*vogliamo*	*possiamo*
voi	*dovete*	*volete*	*potete*
loro	*devono*	*vogliono*	*possono*

Questi verbi sono sempre seguiti da un oggetto diretto. Questo può essere un sostantivo, un verbo all'infinito o una proposizione oggettiva.

- **Voglio** *un'auto nuova.* [oggetto diretto = sostantivo]
- *Arturo non* **può** *sbagliare.* [oggetto diretto = verbo all'infinito con funzione di sostantivo]
- **Devo** *correre a casa.* [oggetto diretto = proposizione oggettiva]
- **Voglio** *che tu mi stia a sentire.* [oggetto diretto = proposizione oggettiva]

6 Andreino sta imparando a parlare. Aiutalo, identificando e correggendo i suoi piccoli errori quando li fa (devi trovarne altri 5).

A1

A2

→ Allora **dovo** ...devo... mettere il foglio qui e poi **posso** ...✓... disegnare.

1. Io **voglio** .... fare un bel disegno per i nonni.
   Poto .... usare questi colori?

2. **Volo** .... disegnare anche sulle pareti. **Posso** .... ?

3. Io e mia sorella Antonella **voliamo** .... stare sempre con i nonni.

4. E poi Antonella **voglie** .... anche andare allo zoo.

5. Voi **possete** .... portarci al parco oggi pomeriggio?

E Verbi irregolari nella prima persona singolare e nella terza plurale

Questi verbi sono irregolari alla prima persona singolare (*io*) e alla terza plurale (*loro*).
Tenere e *venire* presentano un'irregolarità anche alla seconda e terza persona singolare (*tu* e *lui, lei, Lei*).

	TENERE	VENIRE	PORRE	SALIRE
io	*tengo*	*vengo*	*pongo*	*salgo*
tu	*tieni*	*vieni*	*poni*	*sali*
lui, lei, Lei	*tiene*	*viene*	*pone*	*sale*
noi	*teniamo*	*veniamo*	*poniamo*	*saliamo*
voi	*tenete*	*venite*	*ponete*	*salite*
loro	*tengono*	*vengono*	*pongono*	*salgono*

7 Scegli il verbo più adeguato per ogni situazione e completalo con la forma corretta dell'indicativo presente.

A2

venire	porre	salire	tenere

Io vengo in questo centro commerciale quasi ogni giorno perché ci lavoro. Anche la mia ragazza, Camilla,

→ (1) ....*viene*.... qui per vedermi. A volte, lei mi accompagna la mattina e (2) .... a prendermi la sera.

Quando mi accompagna, insieme (3) .... al quarto piano del centro commerciale e facciamo colazione.

Io e Stefano, il mio collega, (4) .... in ordine il reparto DVD e CD. Io metto i CD in ordine alfabetico, mentre Stefano si occupa dei DVD. Stefano è un ottimo collega perché si (5) .... sempre informato sulle ultime novità nel mondo della musica e dei film e a volte mi (6) .... un sacco di domande.

Alla fine del mio turno, (7) .... all'ultimo piano dove c'è il cinema multisala e vediamo un film insieme.

F Altri verbi irregolari: *piacere, sapere, bere, dire, uscire*

In altri verbi l'**irregolarità** si trova **nella radice**. Le desinenze sono sempre regolari.

	PIACERE	SAPEERE	BERE	DIRE	USCIRE
io	*piaccio*	*so*	*bevo*	*dico*	*esco*
tu	*piaci*	*sai*	*bevi*	*dici*	*esci*
lui, lei, Lei	*piace*	*sa*	*beve*	*dice*	*esce*
noi	*piacciamo*	*sappiamo*	*beviamo*	*diciamo*	*usciamo*
voi	*piacete*	*sapete*	*bevete*	*dite*	*uscite*
loro	*piacciono*	*sanno*	*bevono*	*dicono*	*escono*

---

8 Johnny è appena arrivato a Roma. Ha studiato un po' d'italiano, ma non è ancora bravo con la coniugazione dei verbi irregolari. Aiutalo correggendo i verbi sbagliati (ce ne sono 5, oltre all'esempio).

A1

A2

→ Non **sapo** ....*so*.... come si arriva alla pensione Legionari. Scusate, **sapete** ....✓.... aiutarmi?

1. **Usco** .... di là e poi prendo un autobus?

2. Mi **piace** .... molto questa città!

3. Che bello questo bar. Cameriere, io **bero** .... un espresso, grazie!

4. Scusi, lei **sapa** .... dove si trova la stazione? Ho perso l'indirizzo.

5. Quanti motorini! Agli italiani **piacciono** .... gli scooter e le moto!

6. E agli italiani **piace** .... anche quando gli stranieri **dino** .... qualche parola in italiano! Però io sicuramente **dico** .... molte cose sbagliate!

G Usi del presente. Affermare il presente: *Luigi è in ufficio.*

Usiamo il presente per **affermare cose che rappresentiamo come sicure e vere**.
Il presente serve a esprimere:

qualità delle cose o delle persone

- *È un quartiere periferico però **offre** molti servizi.*
- *Questo cappotto **è** più elegante e **ha** un taglio più moderno.*

Guarda, quel gatto è nel bidone!

È Romeo, il gatto di mia zia.

situazioni usuali

- Di solito **pranzo** tra l'una e le due.
- **Vai** ancora in palestra tutti i giorni?

eventi che si verificano nel momento in cui si parla

- Luigi **è** in ufficio adesso.
- Lucilla **dorme**, puoi chiamare dopo?
- **È** ancora aperto il supermercato?

Quando non siamo completamente sicuri dell'informazione, usiamo il futuro:

- Non lo so. **Saranno** le sette.

→ **29. Futuro**

---

9 **Cosa sappiamo con certezza?**

A2

→ Claudio è **tifoso** della Juventus.
1. Le chiavi **sono** nella borsa di Romina.
2. Ho conosciuto il cugino di Gina. **Avrà** 35 anni.
3. Rosa è una cantante eccezionale.
4. Gerardo e Luisa? Si sono sposati tanto tempo fa. **Avranno** già dei figli.
5. Martina **ha** il raffreddore.

È vero adesso?		È vero	Non lo sappiamo
→	A Claudio **piace** la Juventus.	✓	....
1.	Romina **ha** le chiavi.	....	....
2.	Il cugino di Gina **ha** 35 anni.	....	....
3.	Rosa **canta** molto bene.	....	....
4.	Gerardo e Luisa **sono** genitori.	....	....
5.	Martina **sta** male.	....	....

H Usi del presente. Affermare il futuro: *Arianna arriva domani.*

Usiamo il presente anche per **riferirci al futuro**, cioè a un momento successivo a quello in cui stiamo parlando. Rispetto a eventi **futuri**, con il presente possiamo esprimere:

informazioni sicure

- Arianna **arriva** <u>domani</u>.
- <u>Martedì</u> **c'è** l'inaugurazione della nuovo centro culturale.
- <u>Il giorno 23</u> **è** il compleanno di Samuele. **Compie** un anno.
- Cosa **facciamo** <u>domani sera</u>? **Usciamo**?

istruzioni

- Allora, **prendi** quella via, **giri** a sinistra e **prosegui** fino alla fine.
- Prima **spengo** la TV e dopo **premo** il bottone, no?

Per fare una previsione, usiamo il futuro:
- Alle quattro **sarò** da te.

Vieni a studiare da me domani pomeriggio?

Va bene. Alle quattro sono da te.

→ **29. Futuro**

129

10 Completa con la forma adeguata del presente dei seguenti verbi.

A2

| prendere ✓ | andare | avere | essere | avere | avere | essere | ritornare |

Devo trovare il tempo per pitturare le pareti di casa... ma sarà difficile. Vediamo: martedì
→ ...*prendo*... un aperitivo con Marzia.
Mercoledì non .... niente da fare, però i miei genitori .... giovedì dalle isole Tremiti e devo andare a prenderli all'aeroporto, e venerdì Cristiano .... una festa. Poi, la settimana dopo, lunedì .... una visita medica. L'11 .... al cinema con Vincenzo, e il giorno dopo .... al mare all'appartamento di Remo, che è libero quel giorno. Però martedì 9 e mercoledì 10 non .... nessun impegno particolare.

11 Certosino è molto sicuro di sé e vuole sempre esprimere certezza sui suoi programmi della prossima settimana. Invece, Insicuro non vuole sbilanciarsi troppo. Completa le loro frasi usando i verbi della lista.

A2

| andare | suonare | fare | giocare | guardare | studiare |

Certosino

→ Lunedì ...*vado*... a lavorare e poi ...*esco*... con Raffaella.
1. Martedì .... la spesa.
2. Mercoledì .... a golf con i miei amici.
3. Giovedì .... la chitarra.
4. Venerdì .... spagnolo.
5. Sabato .... a pranzo dai miei genitori.
6. Domenica .... la partita in televisione.

Insicuro

→ Lunedì ...*andrò*... a lavorare e poi ...*uscirò*... con Raffaella.
1. Martedì .... la spesa.
2. Mercoledì .... a golf con i miei amici.
3. Giovedì .... la chitarra.
4. Venerdì .... spagnolo.
5. Sabato .... a pranzo dai miei genitori.
6. Domenica .... la partita in televisione.

I Usi del presente. Affermare in generale: *Gli uomini sono così.*

Usiamo il presente anche **per parlare di cose in generale**, che presentiamo come dati di fatto.

- *Gli uccelli **volano**.*
- *Roma è una città.*
- *Cinque per quattro **fa** venti.*

12 Scegli il verbo adeguato, completa il testo e imparerai qualcosa sul gatto Bengala. Usa il dizionario se necessario.

★★ **B1**

> essere ✓ avere pesare potere potere
> aiutare a   misurare

Il gatto Bengala → ....è..... un felino selvaggio,
proveniente dall'Asia, però .... vivere anche
come gatto domestico. Le madri .... da 2 a
4 cuccioli dopo un periodo di gestazione di circa 65
giorni. A volte il padre .... allevare i cuccioli. .....
vivere dai 12 ai 15 anni. .... normalmente 60
cm, anche se alcuni autori dicono fino a un metro,
più la coda che raggiunge i 45 cm. .... tra
i 3 e gli 8 kg.

> nuotare   mantenere
> aver bisogno alimentare amare piacere

Si .... di mammiferi di piccole e medie
dimensioni, rettili, pesci e uccelli. È di abitudini notturne,

si .... attivo dal tramonto all'alba. Nonostante
sia un animale selvaggio, è di carattere nobile,
.... la vita famigliare e .... di coccole.
Il fatto forse più curioso è che gli .... l'acqua
e .... con grande agilità.

13 Di che momento parliamo con queste forme del presente?

★★ **B1**

Momento presente (P)	Momento futuro (F)	In generale (G)

→ I triangoli **hanno** tre lati. (....G.....)
1. Ricorda che **siamo** in una chiesa. (............)
2. Non ti preoccupare. **Sono** a casa tua alle sei in punto. (............)
3. Penso che il cibo si stia bruciando. **Vado** subito a controllare. (............)

4. Mi **fa** male la testa. **Hai** un'aspirina? (............)
5. Gli elefanti non **volano**, figlio mio. (............)
6. **Vai**, le **dai** un bacio e **vieni** via di corsa. Va bene? (............)
7. Ascolta, se continui a insistere mi **alzo** e me ne **vado**. (............)
8. Chi **ha** pazienza, **ha** gloria. (............)
9. A che ora **inizia** la partita? (............)

14 Ecco le definizioni di diversi tipi di persone. Completale con i verbi del riquadro e collegale con le frasi corrispondenti.

★★ **B1**

→ Una persona molto metodica... ——————— → .....fa...... sempre le cose nello stesso modo.
1. Una persona egoista...
2. Una persona sensibile...
3. Una persona avara...
4. Una persona con senso dell'umorismo...
5. Una persona pessimista...

a. .... le emozioni molto intensamente.
b. .... di tutto e anche di se stessa.
c. .... molto a se stessa e poco agli altri.
d. .... tutto nero.
e. .... molto e .... poco.

> fare
> spendere
> vedere
> ridere
> pensare
> risparmiare
> sentire

22. Essere e avere

A Essere e avere: *sono italiano, ho una vespa rossa...*

Quando usiamo il verbo *essere* il centro dell'attenzione è focalizzato sul **soggetto**:

Quando usiamo il verbo *avere* il centro dell'attenzione passa **dal soggetto all'oggetto**:

- *Tommaso è **simpatico** e **intelligente**.*

- *Tommaso **ha una vespa rossa**.*

I principali usi del verbo *essere* sono:

Usiamo il verbo *avere* principalmente per:

descrivere e definire un soggetto

- *Tommaso è simpatico e intelligente.* [Com'è?]
- *Tommaso è un ragazzo italiano.* [Cos'è?]
- *La vespa è un motorino.*

identificare e localizzare un soggetto

- *Tommaso è il fratello di Marina.* [Chi è?]
- *Tommaso è in biblioteca.* [Dov'è?]

esprimere possesso concreto o astratto

- *Tommaso **ha** una vespa rossa.*
- *Tommaso **ha** una sorella.*
- *Tommaso **ha** i capelli ricci.*
- *Tommaso **ha** fame.*
- *Tommaso **ha** 30 anni.*

Possiamo usare il verbo *essere* per parlare di:

identità	• *Questo è <u>Tommaso</u>.* • *Tommaso è <u>italiano</u>.*
caratteristiche	• *Tommaso è <u>socievole</u>.*
professione	• *Tommaso è <u>traduttore</u>.*
stato fisico	• *Tommaso è <u>stanco</u>.*

Possiamo usare il verbo *avere* per parlare di:

cose possedute	• *Tommaso **ha** <u>una vespa</u>.*
possesso di caratteristiche fisiche e intellettuali	• *Tommaso **ha** <u>una bella voce</u>* • *Tommaso **ha** <u>tanta immaginazione</u>.* • *Tommaso **ha** <u>i capelli ricci</u>.*
sensazioni fisiche	• *Tommaso **ha** <u>caldo</u>.*

→ **21. Indicativo presente**

1 Identifica se nelle seguenti frasi è presente una descrizione oppure esprimiamo il possesso di qualcosa.

A1

→ Noi **siamo** giapponesi. (....D....)

→ Noi **abbiamo** una casa in campagna. (....P....)

1. Filippa è triste. (............).

2. Eleonora **ha** cinque figli. (............).

3. **Sono** stanco oggi. (............).

4. Claudio e Renata **sono** sposati (............) e **hanno** un gatto di nome Silvestro (............).

5. Astrid e Klaus **sono** nervosi (............): oggi **hanno** l'esame d'italiano (............).

6. Roma è una città antica (............) e **ha** molti monumenti (............).

7. Ingrid è una studentessa di italiano (............). **Ha** un manuale e una grammatica (............).

8. Voi **avete** un lavoro interessante (............). **Siete** felici (............).

2 Abbina le frasi di sinistra al significato corrispondente nella colonna di destra.

A1

A2

→ Enrico è uno studente di italiano.

→ Enrico **ha** uno studente di italiano.

a. Enrico insegna italiano.

b. Enrico studia italiano.

1. a. **Sono** un gatto di nome Silvestro.

   b. **Ho** un gatto di nome Silvestro.

a. Dico "miao" e mi piacciono i topi.

b. Lo accarezzo e lui mi fa le fusa.

2. a. **Sono** una persona molto intelligente.

   b. **Ho** una persona molto intelligente.

a. L'ho assunta pochi giorni fa.

b. Mi sono laureato a pieni voti.

3. a. **Sono** un boss molto comprensivo.

   b. **Ho** un boss molto comprensivo.

a. Ascolto sempre i miei dipendenti.

b. Ascolta sempre i suoi dipendenti.

4. a. **Sono** un'attrice impegnata e versatile.

   b. **Ho** un'attrice impegnata e versatile.

a. Sono un regista fortunato.

b. Ho studiato per molti anni per diventare brava.

5. a. **Ho** un burattino di legno.

   b. **Sono** un burattino di legno.

a. Sono Geppetto.

b. Sono Pinocchio.

3 Completa con *essere* o con *avere* coniugando alla persona indicata tra parentesi.

A1

→ ......ho...... fame (io)

→ ......siete...... gentili (voi)

1. .... freddo (tu)

2. .... tedesco (lui)

3. .... 25 anni (loro)

4. .... sonno (io)

5. .... in biblioteca (noi)

6. .... infermiera (lei)

7. .... i capelli biondi (lui)

8. .... paura (noi)

9. .... timide (loro)

10. .... una bella casa (voi)

4 Leggi le schede di Gianmarco e Alexandra e scrivi una breve presentazione utilizzando *essere* e *avere*.

A1

A2

Gianmarco
italiano
25 anni
capelli neri e occhi azzurri
Facoltà Architettura
2 cani
1 bicicletta

Gianmarco è italiano,
È studente di Architettura,
....
....
....
....

Alexandra
austriaca
23 anni
capelli biondi e occhi verdi
Facoltà Belle Arti
1 gatto
1 moto

....
....
....
....
....
....

B Usi di essere: è, c'è...

Usiamo il verbo *essere* per localizzare oggetti e persone di cui si hanno già delle informazioni.

- *Marcella è <u>in palestra</u> adesso.*   [abbiamo già parlato di Marcella con l'interlocutore]

- *La farmacia è <u>vicino</u>?*   [la farmacia è nota]
- *Sì, la farmacia è <u>accanto</u> alla gioielleria.*

Usiamo il verbo *essere* unito alla particella *ci* per parlare dell'esistenza di qualcosa e per localizzare oggetti e persone di cui il parlante o l'interlocutore non ha informazioni.

- *Scusi, c'è una farmacia?*   [il parlante non sa se c'è una farmacia]
- ***Ci sono** due farmacie <u>in via Roma</u>.*   [l'interlocutore non sa dell'esistenza di due farmacie]

- *Vedi questo grande edificio?*
  *Beh, prima **c'era** un parco bellissimo.*   [il parlante informa sull'esistenza di un parco nel passato]

👁 La particella *ci* rimane invariata e il verbo *essere* concorda con il soggetto (singolare e plurale) e si coniuga al tempo e al modo necessario.

C'è un palazzo antico. [singolare]	*C'era un bel parco prima.* [riferimento al passato]
Ci sono <u>dei palazzi</u> antichi. [plurale]	*Ci saranno dei negozi nuovi in questa zona.*
	[riferimento al futuro]

5 Umberto con l'aiuto di un telescopio ha scoperto due nuovi pianeti: Minerva e Cerere. Adesso sta scrivendo una relazione su quello che c'è sui due pianeti. Però deve parlare dei seguenti argomenti. Aiutalo!

★ ★
★ **A1**
★ ★

→ Animali (mucche, cavalli): *Su Minerva ci sono mucche. Su Cerere non ci sono mucche, però ci sono cavalli.*

1. Vegetazione (piante, alberi): ....

....

2. Geografia (fiumi, montagne, laghi): ....

3. Edifici (case, grattacieli): ....

....

4. Abitanti (molti, pochi, bambini, anziani): ....

....

6 **Scegli la forma di essere (*c'è* o *ci sono*) corretta e abbina le frasi delle due colonne per formare dei dialoghi.**

★★★
★ **A1** ★
★★★

→ ● Scusi, sa se ....*c'è*.... una banca qui vicino?

1. ● Mi dispiace ma non .... più minestrone.

2. ● In Sardegna .... spiagge incontaminate.

3. ● In questo paesino .... gente molto disponibile. Vedrai.

4. ● Ragazzi, non .... patate fritte. Volete delle verdure grigliate?

5. ● A scuola .... due studenti nuovi.

6. ● Se parti adesso fai attenzione che .... molta nebbia.

a. ■ Sì, qui all'angolo c'è una filiale della Banca Fideuram.

b. ■ No. Non ci piacciono.

c. ■ Sì, sono meravigliose!

d. ■ Sì, sono tutti molto cortesi con i turisti.

e. ■ Ah sì? Da dove vengono?

f. ■ Avete qualche altra minestra o zuppa?

g. ■ Va bene. Starò attento, andrò piano.

C Verbi intransitivi e transitivi: *vado al cinema e compro i pop-corn...*

I **verbi intransitivi** esprimono uno stato e un'azione che si esauriscono nel soggetto, infatti **non hanno mai un oggetto diretto**. Per questa caratteristica assomigliano al verbo *essere*, che dà informazioni sul soggetto e non sull'oggetto.

- *Oggi **torno** tardi.* [attenzione sul soggetto]
- *Francesca **viene** da noi a cena.* [attenzione sul soggetto]

E come *essere*, usano l'ausiliare *essere* nei tempi composti.

- *Ieri **siamo andati** a vedere lo spettacolo di Roberto Benigni. **È stato** fantastico!*
- ***Eravamo** già **andati** a trovare i suoi genitori quando ci hai chiamato.*

SOGGETTO

- *Tommaso **è arrivato**.*

135

I **verbi transitivi** mettono in evidenza l'azione svolta e l'oggetto su cui si svolge, infatti **possono avere un complemento diretto**. Per questa caratteristica assomigliano al verbo *avere*, che focalizza l'attenzione sull'oggetto.

- *Che fame!* **Preparo** <u>la cena</u>. [attenzione sull'oggetto]
- **Parcheggiano** <u>la macchina</u> e ci raggiungono. [attenzione sull'oggetto]

E come *avere*, usano l'ausiliare *avere* nei **tempi composti**.

- **Ho venduto** la mia vecchia moto. Non la usavo più.
- **Avevamo** già **fatto** la spesa quando ci **hai chiesto** di comprare il latte.

SOGGETTO

OGGETTO

- *Tommaso* **ha comprato** *una vespa.*

I verbi servili (*potere*, *volere* e *dovere*) nei tempi composti richiedono l'ausiliare del verbo principale:

con un verbo intransitivo	con un verbo transitivo
• **Sono potuto andare** al concerto di Andrea Bocelli. È stato fantastico! • Roberta **è voluta andare** a casa. Non si sentiva bene.	• Con i soldi che mi avevi dato **ho potuto comprare** tre gelati. • Per arrivare in tempo **ho dovuto prendere** il treno delle 7:30.

---

7 Cosa descriviamo nelle seguenti frasi? Raggruppa le frasi nel quadro azzurro secondo le informazioni che esprimono.

★ ★
★ **A2**
★ ★

→ Elisabetta **parte** in fretta.

1. Michele **va** in biblioteca.
2. Mia madre **esce** con le amiche.
3. Luciana **prende** il tram.
4. Marta **arriva** in aereo.
5. Samuele **viene** dopo.
6. Edoardo **mette** i vestiti a lavare.
7. Elena **fa** la spesa.
8. Mio padre **compra** pane fresco ogni giorno.
9. Jacopo **va** all'università anche il sabato.
10. Rodolfo **parte** con i suoi genitori per un lungo viaggio.

VERBI INTRANSITIVI		VERBI TRANSITIVI	
Dove?	Come? *Elisabetta parte in fretta*	Cosa?	....
....	....	....	....
Con chi?	Con che mezzo?	....	....
....	....	....	....
....	Quando?	....	....
....	....	....	....

D Essere e avere nei tempi composti: *ho mangiato, sono uscita*

Il verbo *essere* e il verbo *avere* seguiti dal participio passato sono usati per costruire i tempi composti. Quando usiamo il verbo *essere* il participio passato si concorda con il soggetto.

- *Quando **hai chiamato**, Luca **era** appena **andato** via.*
  [passato prossimo con *avere*] [trapassato prossimo con *essere*]

- ***Avevo*** già ***cenato*** *quando **sei arrivata**.*
  [trapassato prossimo con *avere*] [passato prossimo con *essere*]

- *Sono le sette, Pietro e Barbara **saranno** già **arrivati**.*
  [futuro composto con *essere*]

- ***Avrai*** già ***visto*** *la nuova biblioteca, immagino.*
  [futuro composto con *avere*]

Quando usiamo l'ausiliare *essere*, **il participio passato si accorda con il soggetto** per genere (maschile o femminile) e numero (singolare o plurale). Con l'ausiliare *avere*, il participio **non si** accorda mai con il soggetto.

- *L'estate scorsa Salvatore **è andato** in vacanza in Francia, invece Simona **è andata** in Sardegna.*

- *Greta e Stefania **sono arrivate**. Possiamo cominciare!*

- *Salvatore **ha comprato** una bottiglia di vino e Simona **ha comprato** dei pasticcini.*

- *Greta e Stefania **hanno studiato** molto e **hanno preso** un bel voto all'esame.*

Quando usiamo *avere* e il participio passato è preceduto dal complemento oggetto, l'accordo con il complemento oggetto è facoltativo. Ma quando il complemento oggetto sono i pronomi sono *lo, la, li, le* e la particella *ne*, l'accordo è obbligatorio.

- ***Ci** hanno **invitato/i** a casa loro. Che gentili!*

- *Ciao ragazze! **Vi** abbiamo **visto/e** ieri sera ma non **ci** avete **salutato/i**.*

- ***Li** abbiamo **accompagnati** a casa noi. Non avevano la macchina.*

- *Ieri sera siamo usciti con Giada e Claudia. **Le** abbiamo **incontrate** al Bar dello Sport.*

---

8 Mary sta studiando italiano e ha qualche difficoltà con i tempi composti. Non ricorda mai di accordare il participio passato con il soggetto. Aiutala tu.

★ A1
★ A2

→ Sono **arrivato** ....*arrivata*.... in Italia da due giorni e parlo già benissimo!!!

1. Ho **preso** ......✓........ l'autobus per arrivare alla pensione Legionari.

2. Ho **comprato** .... il biglietto e sono **salito** ....sull'autobus numero 11.

3. Sono **arrivato** .... alla pensione in 10 minuti.

4. Ho **fatto** .... subito una bella doccia e sono **andato** .... a mangiare qualcosa in una rosticceria sotto la pensione.

5. Non ero mai **stato** .... a Roma, quindi ho **deciso** .... di fare un bel giro in centro per vedere i Fori Imperiali e il Colosseo.

6. Ho **camminato** .... per venti minuti e sono **arrivato** .... in centro. Roma è stupenda!

7. Ho **fatto** .... tante foto ai monumenti e ho anche **conosciuto** .... un ragazzo italiano, Gianni.

8. Lui è **stato** .... molto dolce con me.

9. Ma poi è **arrivato** .... Johnny e lui si è **arrabbiato** .... tantissimo quando ha **visto** che stavo parlando con Gianni.

9 Mary pensa alla bella giornata passata a Roma e scrive sul suo diario le sue impressioni. Aiutala a completare il participio passato e i pronomi di oggetti diretto.

★ ★
★ **A2**
★ ★
★ ★
★ **B1**
★ ★

→ Oggi è stata la mia prima giornata a Roma e l'ho passat..*a*... benissimo!

1. Sono arrivata a Roma alla pensione Legionari. L'ho trovat...... senza problemi.

2. L'autobus **mi** ha portat...... proprio davanti all'entrata.

3. Il personale della pensione **mi** ha accolt...... con grande gentilezza.

4. **Mi** hanno dat...... una guida turistica e una cartina di Roma.

5. **Mi** hanno accompagnat...... in camera mia.

6. Dopo un riposino ho deciso di andare al Vaticano per visitare la Basilica di San Pietro. L'ho visitat...... tutta! È bellissima!

7. Ho portato con me la macchina fotografica perché volevo fare delle foto, ma alla fine **le** ho fatt...... con il telefono.

8. Volevo visitare la Cappella Sistina e i Musei Vaticani ma non **li** ho vist...... perché non ho avuto tempo.

9. A cena finalmente ho mangiato i saltimbocca alla romana. **Li** ho sognat...... per mesi!

E Verbi inergativi

I **verbi inergativi** hanno caratteristiche simili a *essere* (non possono avere un oggetto diretto), ma usano l'ausiliare *avere* nei tempi composti, come i verbi transitivi:

- *Laura **ha nuotato** per un'ora.*
- *Abbiamo camminato per il parco.*

Alcuni dei verbi inergativi più comuni sono:

lavorare	ho lavorato	dormire	ho dormito	russare	ho russato
camminare	ho camminato	parlare	ho parlato	respirare	ho respirato
passeggiare	ho passeggiato	viaggiare	ho viaggiato	piangere	ho pianto
ballare	ho ballato	tremare	ho tremato	ridere	ho riso
brindare	ho brindato	sospirare	ho sospirato		

10 Mary studia italiano ma non è ancora sicura nell'uso del passato prossimo. Aiutala a completare correttamente le seguenti frasi.

★ ★
★ **A1**
★ ★
★ ★
★ **A2**
★ ★

→ Dopo il giro in centro sono tornata alla pensione e (fare) ...*ho fatto*... un bel riposino.

1. (Dormire) .... una mezzora e poi, (leggere) .... una guida turistica che era nella mia camera.

2. (Parlare) .... con il personale alla reception e (sapere) .... che la Città del Vaticano non era tanto lontano.

3. Allora (decidere) .... di andare a visitarla prima di cena.

4. Sono scesa e (prendere) .... una cartina di Roma.

5. (Camminare) .... fino a via della Conciliazione.

6. (Passeggiare) .... per via della Conciliazione e sono arrivata in piazza San Pietro.

7. (Fare) .... tante foto con il mio cellulare.

8. (Visitare) .... la Basilica, ma non (avere) .... tempo per vedere la Cappella Sistina e i Musei Vaticani.

9. Dopo la visita sono tornata alla pensione a piedi e (mangiare) .... Avevo una fame!!!

23. Passato prossimo

A Significato e forma: *ho parlato, ho ricevuto, sono andato, sono caduto...*

Il passato prossimo si forma con il presente indicativo dell'ausiliare (**avere** o **essere**) + il participio passato corrispondente al fatto <u>terminato</u>.

avere	participio passato		essere	participio passato
ho hai ha abbiamo avete hanno	parlato ricevuto dormito		sono sei è siamo siete sono	andato/a andati/e

Ecocomi, **sono arrivato!**

Con il passato prossimo affermiamo un fatto **terminato** in uno **spazio attuale** [QUA].
In buona parte dell'Italia centro-nord il passato prossimo si usa anche per esprimere fatti terminati in uno spazio non attuale [LÀ]. Questo uso è piuttosto diffuso anche nell'italiano standard.

Ho comprato questa casa dieci anni fa.

Nell'italiano scritto, se presentiamo un fatto senza relazione con lo spazio attuale, usiamo il passato remoto.

● *Mazzini* **fondò** *la Giovine Italia.*

→ 20. Forme indefinite

→ 24. Passato remoto

→ 25. Passato prossimo o passato remoto?

---

1 La festa a sorpresa per il compleanno di Sofia è pronta. Chi ha fatto queste cose?

★☆★
☆**A1**☆
★☆★

io	tutti noi ✓	il suo ragazzo	i suoi fratelli	tu	tu e Alessandro

→ Abbiamo raccolto i soldi per comprare le cose. (...*tutti noi*...)

1. Ho decorato la casa con dei palloncini colorati. (...................)

2. Hanno avvisato tutti gli invitati. (...................)

3. Siete andati a prendere la torta. (...................)

4. Ha portato molti CD di Jovanotti. (...................)

5. Sei venuta ad aiutarmi con i preparativi. (...................)

---

2 Completa con il verbo al passato prossimo e collega ogni frase con un'immagine.

★☆★
☆**A1**☆
★☆★

vincere	arrivare	entrare	bere	uscire	fare	accendere	avere

→ *Avete fatto* i compiti per casa? (...E...)

1. .... la stufa perché ho freddo. (...........)

2. Rebecca, ... in acqua da sola? (...........)

3. Che fortuna .... questa ragazza! (...........)

4. Sei un egoista. Lo .... tutto! (...........)

5. .... ! Siamo i migliori! (...........)

6. Meno male! .... il sole. (...........)

7. Signore e signori, ...
   all'aeroporto di Napoli. (...........)

A

B

C

D

E

F

G

H

139

B Il passato del presente: *Ha piovuto molto. Quest'estate ha piovuto molto.*

Usiamo il passato prossimo quando un fatto terminato non ci interessa come fatto in sé ma come parte della situazione attuale, come risultato:

- *Hai vinto il concorso?*
- *Sì, **ho studiato** molto.*   [Sono molto preparato/a]

- *Hai le chiavi?*
- *No, le **ho perse**.*   [Non ho le chiavi]

- *Come sta Enzo?*
- *Beh, è **ingrassato** abbastanza.*   [È molto diverso]

Situazione attuale:
È molto grande.

Quest'albero
è cresciuto molto.

3 Collega le seguenti frasi per completare questi dialoghi.

★★ A1
★★
★★ A2
★★

→ Bene, possiamo partire.

1. Dov'è **andato** Rolando?
2. Perché **hai spento** la TV?
3. Accidenti il caffè **si è rovesciato!**
4. Tua figlia **si è** già **addormentata?**
5. Hai visto il mio cellulare? Non lo trovo.
6. Siete già qui?

a. Perché nessuna la sta guardando.
b. Sì, **siamo arrivati** alle quattro, più o meno.
c. Sicuro? **Hai chiuso** bene la porta? **Hai spento** le luci?
d. Se non sbaglio lo **hai messo** sul tavolino del salotto.
e. Non so. lo l'**ho visto** in mensa.
f. Sì, **si è svegliata** molto presto oggi ed era molto stanca.
g. Tranquilla, adesso pulisco.

4 Cosa è successo? Scegli le frasi corrispondenti per completare questi dialoghi coniugando i verbi al passato prossimo.

★★ A1
★★
★★
★★ A2
★★

| lavorare troppo   seguire una dieta ✓   vincere la lotteria   camminare molto |
| prendere il sole   essere in televisione molte volte |

→ È molto più magro di prima. *Ha seguito una dieta* ....
1. Sono stanchi. ....
2. A Giulio fa male la testa. ....
3. Vive in una casa lussuosa. ....
4. Sono abbronzatissimi. ....
5. Adesso è molto famosa. ....

Ho passato una bellissima serata.

Oh!

Ma non è stata questa...

Usiamo il passato prossimo quando vogliamo collocare un fatto terminato in **uno spazio ancora attuale**:

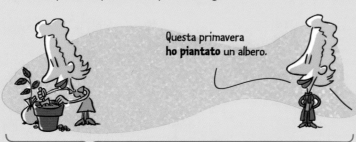

Questa primavera **ho piantato** un albero.

oggi, stamattina, stasera, ...
questo fine settimana, questo mese, quest'estate, ...
sempre, mai, qualche volta, ultimamente, fino adesso, ...

Finora **ho piantato** un albero.

SPAZIO ATTUALE: **oggi, questa settimana, quest'anno, finora, ecc.**

Il passato prossimo, in buona parte d'Italia e soprattutto nel linguaggio orale, si usa anche per esprimere fatti terminati in uno **spazio non attuale** (LÀ). Nell'italiano scritto, in Toscana e in alcune regioni del sud anche nella lingua orale, se presentiamo un fatto senza relazione con lo spazio attuale, usiamo il passato remoto.

Tanti anni fa **ho piantato** un albero.

due giorni fa, due mesi fa, due anni fa molto tempo fa, tanti anni fa, da piccolo/ giovane...

SPAZIO NON ATTUALE: tempo fa

→ **24. Passato remoto**

5

★ ★
★ **A2**
★ ★

**Allegra è molto fortunata, invece la sua amica Addolorata è molto sfortunata.
Riesci a capire cosa è successo a ciascuna delle due amiche?**

→ Allegra ....*ha avuto molto successo*........ con i ragazzi nella sua vita.
   Addolorata ....*è stata sola*........ quasi sempre.

a. avere pochi ragazzi.
b. avere molti ragazzi.

1. Allegra finora ....
   Addolorata molte volte ....

a. trovare buoni lavori
b. avere lavori poco buoni

2. Allegra quest'anno ....
   Addolorata pochissime volte ....

a. vincere al Lotto
b. vincere qualcosa

3. Allegra finora ....
   Addolorata questo mese ....

a. ammalarsi quattro volte
b. godere di ottima salute

4. Allegra questa settimana ....
   Addolorata questo fine settimana ....

a. conoscere un ragazzo bello e ricco
b. incontrare un tipo noioso e bruttino

5. Allegra stamattina ....
   Addolorata ....

a. perdere 50 €
b. trovare 50 €

C Il passato del futuro: *Alle cinque ho finito.*

Usiamo il passato prossimo anche per affermare qualcosa su **eventi futuri anteriori a un altro momento futuro**, quando prendiamo un punto di riferimento specifico nel futuro e vogliamo riferirci a qualcosa che è terminato prima di questo punto:

Per le cinque **sono arrivata** a casa.

- *Come va?*
- *Bene. Tra due ore **abbiamo finito**.*

- *Mamma mia che disordine!*
- *Non preoccuparti, quando torni, tutto **è ordinato** e pulito.*

Per esprimere la stessa cosa ma senza esprimere sicurezza o controllo della situazione, usiamo il futuro anteriore:

- *Quando torno a casa il pacco **sarà arrivato**.*

→ **30. Futuro anteriore**

6 Di che tempo parlano: del passato o del futuro?

B1

→ Tu credi che per cena **siamo arrivati**? Voglio avvisare mia madre ... (......*Futuro*......)

→ Se sei tanto sicuro che **sono** già **arrivati**, perché non ti sbrighi? (.....*Passato*.....)

1. **Ho pulito** il bagno e la cucina. Il salone e le camere li fai tu, ok? (...................)

2. Quando vedete una casa rossa, **siete arrivati** in paese. (...................)

3. **Hai acceso** il riscaldamento? Fa molto freddo. (...................)

4. Luca, **hanno suonato** alla porta. Perché non apri? (...................)

5. Questo treno è molto veloce. Tra mezzora **siamo arrivati** a Perugia. (...................)

6. Mi **sono dimenticato** di scongelare la cena! (...................)

7. Dai, forza! Per le sette **abbiamo finito** i compiti e possiamo uscire un po'. (...................)

8. Cos'**hai detto**? Sono le sette? Dobbiamo andare via subito! (...................)

7 Nella colonna di sinistra trovi delle previsioni. Nella colonna di destra, invece, trovi quello che è successo veramente. Le previsioni sono corrette?

B1

→ Non ti preoccupare: alle sette l'**ho finito** di sicuro.   Ha finito alle 6:30. (.....*sì*.....)

→ Adesso non posso, però alle sette lo **finisco**, non ti preoccupare.   (.....*NO*.....)

1. Ti dico che per Natale Luigino è **nato**.	È nato in novembre.	(...........)
2. Secondo me Luigino **nasce** a Natale, vedrai.		(...........)

3. Il suo aereo **atterra** alle 11:15 all'aeroporto di Palermo.	È **atterrato** alle 11:05.	(...........)
4. Alle 11:15 è sicuro che l'aereo è **atterrato**.		(...........)

5. ● Sabato abbiamo gente a cena e il forno non funziona...	Ha riparato il forno venerdì.	(...........)
■ Per sabato il forno è **aggiustato**, non preoccuparti.		
6. ● Sabato abbiamo gente a cena e il forno non funziona...		(...........)
■ Il fine settimana lo **aggiusto**.		

24. Passato remoto

A Significato e forme regolari: *parlai, vendetti, finii...*

Il passato remoto esprime un fatto terminato e senza relazione con lo spazio attuale.

> Con il passato remoto esponiamo fatti avvenuti e terminati nello spazio passato.

Quel giorno **piovve** molto.

Per formare il passato remoto regolare sostituiamo la desinenza dell'infinito con le seguenti desinenze:

	-are	-ere	-ire
io	parlai	credetti/-ei	partii
tu	parlasti	credesti	partisti
lui, lei, Lei	parlò	credette/-é	partì
noi	parlammo	credemmo	partimmo
voi	parlaste	credeste	partiste
loro	parlarono	credettero/-erono	partirono

1 Prima identifica tutti i verbi coniugati al passato remoto. Poi, metti il resto nella forma corrispondente del passato remoto, come nell'esempio.

★ ★
★ **B1**
★ ★
★

comprarono	→ ....✓..........	ho deciso	9.	ha letto	19. ....
chiamo	→ .....*chiamai*.....	passò	10.	vedemmo	20. ....
apri	1.	invitavi	11.	incontrerai	21. ....
chiudevamo	2.	è uscito	12.	entravano	22. ....
balla	3.	mangiavamo	13.	studiò	23. ....
canto	4.	lasciaste	14.	hanno costruito	24. ....
finiste	5.	finiranno	15.	salutai	25. ....
ascoltavi	6.	vivevamo	16.	studiavate	26. ....
parlo	7.	crede	17.	nascondi	27. ....
sono fuggiti	8.	avete bevuto	18.	decideste	28. ....

B Forme irregolari: *ebbi, fui, bevvi, misi...*

I principali verbi irregolari nel passato remoto sono *essere, avere, fare, stare, dare* e *dire*.

	AVERE	ESSERE	FARE	STARE	DARE	DIRE
io	ebbi	fui	feci	stetti	diedi (detti)	dissi
tu	avesti	fosti	facesti	stesti	desti	dicesti
lui, lei, Lei	ebbe	fu	fece	stette	diede (dette)	disse
noi	avemmo	fummo	facemmo	stemmo	demmo	dicemmo
voi	aveste	foste	faceste	steste	deste	diceste
loro	ebbero	furono	fecero	stettero	diedero (dettero)	dissero

La maggioranza dei verbi irregolari presenta **irregolarità nella radice alla prima persona singolare** e alla **terza persona singolare e plurale** (*io, lui/lei/Lei* e *loro*):

	METTERE	VENIRE
io	*misi*	*venni*
tu	*mettesti*	*venisti*
lui, lei, Lei	*mise*	*venne*
noi	*mettemmo*	*venimmo*
voi	*metteste*	*veniste*
loro	*misero*	*vennero*

I verbi della seconda coniugazione, *-ere*, in prevalenza sono irregolari al passato prossimo:

bere → *bevvi/bevetti*	*nascere* → *nacqui*	*scrivere* → *scrissi*
cadere → *caddi*	*perdere* → *persi*	*spegnere* → *spensi*
chiedere → *chiesi*	*prendere* → *presi*	*tenere* → *tenni*
conoscere → *conobbi*	*rispondere* → *risposi*	*vedere* → *vidi*
correre → *corsi*	*rompere* → *ruppi*	*vivere* → *vissi*
decidere → *decisi*	*sapere* → *seppi*	*volere* → *volli*

2 Susan sta imparando l'italiano e ha un po' di problemi con il passato remoto. Aiutala, identificando e correggendo i tre errori che ha fatto (oltre all'esempio).

→ L'anno scorso **andammo** ....✓.... a trovare Marina e i suoi nonni, e per merenda ci **darono** .....*diedero*..... una torta buonissima.

1. Quel giorno noi **tornammo** .... a casa presto perché Luca si sentiva male. **Preparammo** .... una camomilla e **andammo** .... subito a dormire.

2. Molti anni fa **conoscetti** .... un artista famoso.

3. Carducci e Pascoli **nascerono** .... nel XIX secolo.

4. Mio zio in gioventù **fu** .... un grande atleta. **Partecipò** .... alle Olimpiadi di Roma.

5. Giacomo Leopardi **scrivè** .... lo Zibaldone, i Canti e le Operette morali.

3 Scegli il verbo appropriato e completa le frasi con la forma corrispondente del passato remoto.

essere / attraversare   fare / rispondere   correre ✓/avere ✓/vedere ✓ succedere / introdurre / spegnere   studiare / riuscire   chiedere / dire / organizzare

→ Quando .....*vidi*..... il fuoco e il fumo .....*ebbi*..... paura e .....*corsi*..... subito fuori a cercare aiuto.

1. Tempo fa mi .... una cosa molto strana al computer del lavoro: quando .... la password, si .... tutti computer dell'ufficio.

2. L'anno scorso ti .... se volevi venire a fare un viaggio con me. Mi .... che ti sarebbe piaciuto, ma poi non (noi) ....

3. Il viaggio .... bellissimo perché il treno .... tutto il paese.

4. .... tantissimo per quell'esame e alla fine .... a passarlo con un bel voto.

5. Quando il professore gli .... la domanda, Pierino .... subito con una barzelletta.

4 In questa lista di verbi ce ne sono cinque regolari e nove irregolari. Per ognuno scrivi la forma della prima persona singolare e indica se sono regolari o irregolari.

★★
★ **B1**
★★

→ ricevere *ricevetti* (R)

→ vivere *vissi* (IR)

1. perdere ....

2. finire ....

3. cantare ....

4. volere ....

5. rompere ....
....

6. decidere ....

7. cadere ....

8. conoscere ....

9. vendere ....

10. nascere ....
....

11. sentire ....

12. tenere ....

13. scrivere ....

14. bere ....

5 Completa le seguenti frasi con la forma corretta al passato remoto dei verbi *dare*, *essere* e *avere*.

★★
★ **B1**
★★

→ ...*Ebbi*... un'idea meravigliosa, ma nessuno mi appoggiò.

1. I giornalisti .... presi di sorpresa dalla dichiarazione del Presidente.

2. La festa del quarantesimo compleanno di Marianna .... memorabile. Tutti le .... dei bei regali e ci divertimmo un sacco.

3. Gli amici di Marta .... molto simpatici con noi. Ci accolsero molto bene.

4. Il dottor Rossi .... a Mario una medicina miracolosa. Guarì immediatamente!

5. .... un'avventura orribile. Non voglio ricordarla. Per mesi non .... il coraggio di uscire di casa.

C Usi: *L'estate scorsa vidi Valeria.*

Usiamo il passato remoto per **collocare fatti compiuti in uno spazio non più attuale**.
Con il passato remoto diciamo che il fatto è cominciato, si è sviluppato ed è terminato prima del momento in cui ne parliamo.

- *Dieci anni fa **ci trasferimmo** a Trieste.*
- ***Conobbi** mia moglie all'università.*

Tanti anni fa **piantai** un albero.

due anni fa, molto tempo fa, tanti anni fa, da piccolo/giovane...

SPAZIO NON ATTUALE: tempo fa

Il passato remoto è usato principalmente in **Toscana e nell'Italia del Sud**. In buona parte dell'Italia centro-settentrionale, nel parlato, per esprimere fatti terminati in uno spazio non più attuale (LÀ) si usa il passato prossimo. All'opposto, **in alcune regioni del sud, il passato remoto si usa anche per riferirsi ad eventi collocati in uno spazio attuale**, al posto del passato prossimo. Nell'italiano scritto, se presentiamo un fatto senza relazione con lo spazio attuale, usiamo il passato remoto.

6 **Cambia la prospettiva da presente a passato utilizzando lo stesso soggetto.**

B1

Spazio attuale	Spazio non attuale
→ Abbiamo studiato poco, non credi?	→ L'anno scorso ...*studiammo*... molto per gli esami.
1. Ho saputo che Elisa aspetta un bambino.	1. Due anni fa .... che Elisa aspettava un bambino.
2. Stamattina non ho preso il tram, sono venuta a piedi.	2. Quella mattina non .... il tram, ... a piedi.
3. Guardate, è Fulvio! Alla fine è arrivato!	3. Fulvio non arrivava, però alla fine .... alle tre.
4. Avete cambiato casa quest'anno?	4. .... casa quell'anno?

7 **Cambia il modo di rappresentare il passato trasformando questi fatti da processi non terminati a completati.**

B1

Processi non terminati	Fatti completati
→ Mentre lei si faceva la doccia, io pulii la camera.	→ Si ...*fece*... la doccia e poi ce ne andammo.
1. Prima il francese lo parlavi peggio di adesso.	1. .... francese nel tuo soggiorno a Marsiglia?
2. In Sicilia mangiavamo pesce tutti i giorni.	2. In questo ristorante tempo fa .... del pesce squisito.
3. A quel tempo le mie amicizie mi influenzavano molto.	3. Le mie amicizie .... molto la mia decisione.
4. Arianna arrivava sempre tardi.	4. Arianna .... tardi a quella famosa riunione.
5. Bevevamo tantissimi caffè per studiare di notte.	5. A Napoli .... il miglior caffè in assoluto.

25. Passato prossimo o passato remoto?

Con il passato prossimo e il passato remoto possiamo affermare la stessa realtà (fatti passati e terminati) da **due prospettive differenti**:

■ usiamo il **passato remoto** quando vogliamo rappresentare un fatto in sé stesso, **terminato nello spazio passato** nel quale si è prodotto;

■ usiamo il **passato prossimo** quando vogliamo rappresentare questo fatto in relazione con il presente, **in uno spazio attuale** che include lo spazio dove siamo.

A Spazio attuale e non attuale: *Quest'anno è stato orribile / Quell'anno fu orribile*

Alcuni degli indicatori temporali che usiamo o che abbiamo in mente quando parliamo di fatti del passato si possono ricondurre facilmente a uno dei due spazi: quello attuale e quello non attuale.

QUANDO PARLIAMO DI UNO SPAZIO ATTUALE	*oggi, questo* pomeriggio, *questa* settimana, *questo* mese, *quest'anno, questo* secolo, *questo* Natale, *quest'*estate, *questa* volta, *finora, ultimamente, non ancora...*	● *Usiamo il passato prossimo perché parliamo di uno spazio attuale: il giorno, la settimana, il mese, il Natale, l'estate, l'anno, il secolo, ecc. nel quale ci troviamo.*
QUANDO PARLIAMO DI UNO SPAZIO NON ATTUALE	*in quel* momento, *l'ultima* volta, *nel 1987*, due anni fa, *quando vivevo* a Firenze, tempo fa...	● *Usiamo il passato remoto, perché parliamo di uno spazio non attuale: un giorno, una settimana, un mese, un Natale, un'estate, un anno, ecc. in cui non ci troviamo.*

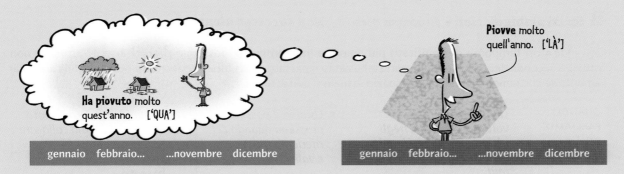

👁 La distinzione tra passato remoto e passato prossimo non si basa solo sulla prospettiva dello spazio attuale e non attuale, ma anche e soprattutto dalla **nostra decisione di rappresentare un evento in uno spazio più o meno vicino**:

- *Ieri* **abbiamo fatto** un bel giro in bici.
- *La scorsa settimana* **ho incontrato** Raffaele.
- *Due anni fa* **andammo** in Francia.
- *L'uomo* **è comparso** sulla Terra *milioni di anni fa*.

1 Di cosa o di che periodo stanno parlando? Sottolinea l'opzione più probabile.

→ Hai visto i miei occhiali da sole?
  a. Vent'anni fa.
  b. <u>Oggi.</u>

1. Qualcuno **ha danneggiato** la statua.
  a. Tempo fa.
  b. Di recente.

2. Nessuno **ballò.**
  a. A una festa di anni fa.
  b. Alla festa di ieri.

3. **Ho conosciuto** un ragazzo meraviglioso.
  a. La settimana scorsa.
  b. L'estate del 2000.

4. **Comprammo** una Mercedes.
  a. Negli anni '90
  b. La settimana scorsa.

5. **Fu** molto importante per l'umanità.
  b. La scoperta del fuoco.
  a. L'era dell'informatica.

6. Non **ha detto** nemmeno una parola.
  a. Il giorno del suo ultimo compleanno.
  b. Da questa mattina fino adesso.

7. **Preparaste** voi tutti i piatti?
  a. Per la cena di oggi.
  b. Per la cena dello scorso Natale.

2 Sottolinea la forma più adeguata in ogni contesto.

→ Sai se Giulia verrà al cinema con noi?
  Era tardi e non l'<u>ho vista</u>/la vidi, però stamattina l'<u>ho chiamata</u>/la chiamai e mi <u>ha detto</u>/disse di sì.

1. **Hai riparato/riparasti** il rubinetto?

2. Questo fine settimana **siamo stati/stemmo** molto bene con voi, mentre con gli amici di Valeria, l'anno scorso **abbiamo passato/passammo** dei giorni noiosissimi.

3. Paolo, quest'anno non **sei andato/andasti** a vedere nessun concerto dei Nomadi?

4. ● No, l'ultima volta li **ho visti/vidi** nel 2009.

5. ■ Cosa **hai fatto/facesti** oggi?

6. ● Niente di interessante. **Sono rimasto/rimasi** a casa e **ho pulito/pulii** un po' il terrazzo. Poi **sono andato/andai** in centro a prendere un aperitivo.

B Spazi ambigui: *Non è successo niente / Non successe niente*

Con indicatori temporali di significato più ampio e indeterminato, possiamo riferirci a spazi attuali o non attuali, a seconda del contesto. In questi casi usiamo il passato prossimo o il passato remoto per indicare chiaramente se ci stiamo riferendo a uno spazio attuale o non attuale:

QUANDO PARLIAMO DI...	*sempre, mai, qualche volta, varie volte, negli ultimi giorni/mesi/anni/ tempi, alla fine, in vita mia*	● *Usiamo il passato prossimo quando ci riferiamo a qualcosa che è valido fino ad ora.*	● *Usiamo il passato remoto quando vogliamo collocare l'evento e i suoi effetti interamente in un tempo passato.*

3 Qual è la prospettiva di chi parla, attuale o non attuale? Indicalo per ciascuna frase.

★ ★
★ **B1**
★ ★

→ Non mi pentii mai della mia decisione. ..*non attuale*..

1. Non ho mai conosciuto i miei nonni. ....

2. Negli ultimi mesi avete lavorato tantissimo. ....

3. Andai a Milano varie volte. ....

4. Qualche volta Lucio è venuto da noi al mare. ....

5. Alla fine comprammo la casa vicino al parco. ....

6. Qualche volta visitai la regione. ....

7. Negli ultimi tempi cambiò idea. ....

8. Varie volte ci chiesero aiuto. ....

9. Hai sempre fatto di testa tua. ....

10. Alla fine ho deciso di rimanere. ....

11. In vita mia non gli dissi niente. ....

4 Completa con la forma corrispondente del passato prossimo o del passato remoto, scegliendo il verbo adeguato.

★ ★
★ **B1**
★ ★

stare andare stare	→	● ..*Sei*.. mai ..*stato*.. a Gardaland? ■ Io sì, da piccolo ci ..*andai*.. tre volte. ● Io non ci ..*sono*.. mai ..*stato*..

passare passare sposarsi	3.	I miei bisnonni e anche i loro genitori .... la maggior parte della loro vita in Argentina. Però mia mamma .... molti anni fa con un italiano. Per questo io sono nato in Italia e .... tutta la mia vita a Bologna.

dare funzionare	1.	● Come va la tua moto nuova? ■ Male. Mi dà spesso problemi. ● La mia finora .... molto bene. ■ Sono contenta per te. Io rimpiango quella che avevo prima. Quella non mi .... mai nessun problema.

avere vedere dire	4.	● Come va la tua storia con Giulietta? ■ Non bene. In questo ultimo mese .... molti problemi. Questa mattina l'................... e mi .... che vuole lasciarmi.

dire	2.	● Ti .... mille volte che è brutto mettersi le dita nel naso. ■ Mille volte no. Oggi me lo .... una volta sola.

arrabbiarsi cambiare	5.	● Perché la zia Enrichetta si .... quando morì lo zio Augusto? ■ Perché prima di morire lo zio Augusto .... il suo testamento a favore del suo gatto.

149

26. Indicativo imperfetto

A Significato dell'imperfetto

Il presente rappresenta fatti **non terminati nel momento attuale**:

- *Il lavoro è molto interessante e mi pagano bene. Sono soddisfatto!*

L'imperfetto trasporta questa prospettiva **a un momento del passato**:

- *Il lavoro era molto interessante e mi pagavano bene. Ero soddisfatto!*

Con l'imperfetto descriviamo un fatto NON TERMINATO **in un momento del passato**.

Come **piove**!

Pioveva molto quel giorno...

La mia fidanzata **è** una ragazza affascinante.

La mia prima fidanzata **era** una ragazza affascinante.

Studio un'ora tutte le sere.

Prima **studiavo** un'ora tutte le sere. Adesso no.

È un po' nervoso. È l'ora di mangiare.

La sera **era** un po' nervoso. **Era** l'ora di mangiare.

---

1 Renato si è sposato ed è cambiato molto. Scopri i suoi cambiamenti riscrivendo queste informazioni nella colonna corrispondente.

★ ★
★ **A2**
★ ★

→ Non leggeva mai romanzi. ✓
a. Non gli piaceva andare al ristorante.
b. Si vestiva in modo elegante.
c. Non mangia mai a casa.
d. Ha tre cani.
e. Esce tutte le sere con i suoi amici.
f. Non aveva amici.
g. Adora leggere. ✓
h. Si veste in modo casual.
i. Voleva avere tanti figli.

Renato **prima** di sposarsi:
→ *Non leggeva mai romanzi* ....
1. ....
2. ....
3. ....
4. ....

Renato **adesso**:
→ *Adora leggere* ....
....
....
....
....

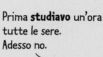

B Forme regolari: *parlava, scriveva, dormiva...*

Per formare *l'imperfetto* sostituiamo la desinenza dell'infinito con le seguenti:

	- are	-ere	-ire	PARLARE	SCRIVERE	DORMIRE
io	-avo	-evo	-ivo	parl*a*vo	scri*ve*vo	dorm*i*vo
tu	-avi	-evi	-ivi	parl*a*vi	scri*ve*vi	dorm*i*vi
lui, lei, Lei	-ava	-eva	-iva	parl*a*va	scri*ve*va	dorm*i*va
noi	-avamo	-evamo	-ivamo	parl*a*vamo	scrive*va*mo	dormi*va*mo
voi	-avate	-evate	-ivate	parla*va*te	scrive*va*te	dormi*va*te
loro	-avano	-evano	-ivano	parl*a*vano	scri*ve*vano	dorm*i*vano

L'accento è sempre sulla penultima sillaba, tranne alla terza persona plurale (*loro*), che ha l'accento sulla terzultima sillaba, come mostrato dalla sottolineatura.

2 Alla festa di Biagio, è cambiato tutto rapidamente: i suoi genitori stanno rientrando. Descrivi la prima scena
ricordando queste informazioni.

A1

A2

Sono le 23:45

Biagio e Silvia **stanno** ballando
abbracciati. Cristiano, il ragazzo
di Silvia, non **smette** di guardare
Biagio. Ci sono molte bottiglie di
birra sul tavolo e il portacenere è
pieno di mozziconi di sigaretta.
La musica è a tutto volume e tutti
ridono. La sorella di Silvia e il fratello
di Biagio **dormono** sul divano, mano
nella mano. La foto dei genitori di
Biagio **ha** tre gomme da masticare
attaccate. In cucina, quattro ragazzi
si divertono tirandosi le olive.

Sono le 23:47.
Cosa stava succedendo alle 23:45?

Quando i genitori di Biagio hanno suonato
alla porta, Biagio e Silvia → .....*stavano*.....
ballando abbracciati. Cristiano, il ragazzo di
Silvia, non (1) .... di guardare Biagio.
C'erano molte bottiglie di birra sulla tavola
e il portacenere era pieno di mozziconi di
sigaretta. La musica (2) .... a tutto
volume e tutti (3) .... di gusto.
La sorella di Silvia e il fratello di Biagio
(4) .... sul divano, mano nella
mano. La foto dei genitori di Biagio (5) ....
tre gomme da masticare attaccate. In cucina,
quattro ragazzi si (6) .... tirandosi le
olive.

3 Completa le seguenti frasi coniugando i verbi tra parentesi.

A2

→ Scusi, cosa ....*desiderava*.... (desiderare) Signora Della Valle?

1. .... (dovere, io) andare dal parrucchiere, ma ho fatto tardi.

2. Noi prima .... (vivere) in quella casa, vedi?

3. L'anno scorso .... (studiare, voi) di più!

4. Da piccola .... (giocare, io) a tennis, ma adesso preferisco il paddle.

5. L'ultimo treno .... (partire) alle 18:00, per fortuna adesso parte alle 19:30.

6. I miei nonni .... (avere) un pony, lo .... (adorare, io)!

7. Giulio e Damiano .... (dormire) tantissimo da piccoli.

C Verbi irregolari: *ero, bevevo, dicevo, facevo...*

	ESSERE	BERE	DIRE	FARE
io	*ero*	*bevevo*	*dicevo*	*facevo*
tu	*eri*	*bevevi*	*dicevi*	*facevi*
lui, lei, Lei	*era*	*beveva*	*diceva*	*faceva*
noi	*eravamo*	*bevevamo*	*dicevamo*	*facevamo*
voi	*eravate*	*bevevate*	*dicevate*	*facevate*
loro	*erano*	*bevevano*	*dicevano*	*facevano*

● *Quando beveva troppo caffè, Giovanni diceva e faceva cose strane. Era molto buffo!*

4 **Completa con la forma adeguata dell'imperfetto.**

A2

→ Ogni giorno <u>fai</u> i compiti solo se ti obbligo, mentre prima li ....*facevi*.... volentieri.

1. Dopo che Roberta lo ha lasciato, Gabriele <u>è</u> sempre triste. Invece prima .... una persona ottimista.

2. I miei genitori non <u>sono</u> più tanto severi con me. Prima lo .... molto di più.

3. Dove viviamo <u>fa</u> sempre freddo quindi l'estate scorsa siamo stati in vacanza in California. Lì .... molto caldo!

4. <u>Siamo</u> cambiati tanto. Quando .... giovani, ... molto più attivi.

5. Da piccolo .... sempre molte bugie ma adesso <u>dici</u> sempre la verità.

6. <u>Siete</u> molto antipatici con me. Prima .... molto più simpatici.

7. Da piccolo quando mangiavo la pizza .... sempre una bibita. Adesso <u>bevo</u> la birra.

Quando usiamo il presente siamo dentro a una scena attuale, stiamo descrivendo quello che succede in questo momento. Con l'imperfetto trasportiamo questo punto di vista al passato: **ci posizioniamo dentro a una scena passata e descriviamo quello che succedeva in quel momento.** Per questo, gli usi dell'imperfetto sono gli stessi del presente, però trasportati a un momento del passato.

D Usi dell'imperfetto. Descrivere qualità: *Era una ragazza molto bella.*

Usiamo il **presente** per descrivere come sono attualmente le persone e le cose:

Usiamo l'**imperfetto** per fare la stessa cosa ricordando persone o cose del passato:

È un computer molto buono. **Ha** un hard disk di 2Gb e il processore **va** a 348 MHz. **Puoi** farci un sacco di cose.

Il mio primo computer non **era** buono. **Aveva** solo 2Gb di hard disk e il processore **andava** lentissimo. Non **potevi** farci quasi niente.

5 Marisa ricorda le seguenti persone e cose e descrive com'erano. Completa le descrizioni con i verbi indicati.

A2

1. La casa dove viveva da piccola

2. Un ragazzo conosciuto a una festa in maschera

3. Il suo primo capo

4. La macchina che aveva il suo capo

| essere | esserci |
| avere | essere |

indossare essere
fare uscire

sembrare piacere
sapere chiamarsi

arrivare essere
sentire correre

→ ....*Era*.... in un quartiere residenziale. .... un bel giardino e vicino c'........ un parco. .... molto luminosa e accogliente.

Davide .... il fratello di una mia amica, però non .... mai con noi. A quella festa .... un vestito da gallina e .... il simpatico con tutte le ragazze.

.... Giuseppe. .... sempre arrabbiato. Gli .... molto comandare e .... che tutti avevamo paura di lui.

.... un'auto sportiva rossa molto bella. .... molto: .... a 200 km/h. Si .... il rumore del motore da lontano.

E Usi dell'imperfetto. Descrivere situazioni abituali: *Prima dormivo molto.*

Usiamo il **presente** per descrivere situazioni e fatti che si sviluppano abitualmente o regolarmente nell'attualità:

Usiamo l'**imperfetto** per fare la stessa cosa ricordando fatti che presentiamo come abituali o regolari in una situazione passata:

Adoro fare il bagno. Mia mamma mi **porta** in piscina ogni settimana. A volte ci **andiamo** con i miei amici. La mamma **sta** quasi sempre con me, però a volte **nuoto** da sola con il mio salvagente.

Quando **ero** piccola **adoravo** fare il bagno. Mia madre mi **portava** in piscina ogni settimana. A volte ci **andavamo** con i miei amici. Mia madre **stava** quasi sempre con me, però a volte **nuotavo** da sola con il mio salvagente.

---

6 Paola e Giacomo hanno vinto alla lotteria e raccontano com'è cambiata la loro vita. Completa il testo coniugando i verbi tra parentesi, al presente o all'imperfetto dell'indicativo.

A2
B1

→ Prima ....*vivevamo*.... (vivere) in un quartiere senza negozi. Adesso ....*viviamo*.... (vivere) in centro e ....*abbiamo*.... (avere) un supermercato sotto casa.

1. Prima .... (comprare) solo cibi economici. Adesso .... (andare) nei migliori ristoranti.

2. Prima non .... (avere) una televisione. Adesso ne .... (avere) una in ogni camera.

3. Prima in casa non .... (esserci) il riscaldamento e in inverno .... (fare) molto freddo. Adesso .... (avere) il riscaldamento e .... (stare) al calduccio.

4. Prima .... (guidare) una macchina vecchia e scassata. Adesso .... (guidare) una Ferrari.

F Usi dell'imperfetto. Descrivere situazioni momentanee: *Alle due stavo dormendo.*

Usiamo il **presente** nella perifrasi **stare + gerundio** per rappresentare un'azione nel suo svolgimento, dopo l'inizio e prima della sua fine:

Mi dispiace ma non credo di poter venire alla festa. **Sono** molto stanca, **sto** ancora **lavorando** e poi **sta** anche **piovendo**.

Usiamo l'**imperfetto** nella perifrasi **stare + gerundio** per rappresentare un'azione nel suo svolgimento, dopo l'inizio e prima della fine, in un momento del passato:

Mi ha chiamato Giada e ha detto che **era** molto stanca, che **stava** ancora **lavorando** e che **stava** anche **piovendo**. Probabilmente non viene alla festa.

7 Ieri ci sono stati cinque crimini in città. Dov'eri tu in quei momenti? Completa questo piccolo rapporto per la polizia.

8:40	11:05	14:20	16:00	21:45
Al Bar X a fare colazione con due amici.	In ufficio a parlare con il capo.	In casa a mangiare da solo.	Ai grandi magazzini a comprare dei vestiti.	In auto a baciare una ragazza.

Dov'eri?   Cosa facevi in quel momento?

→ Alle 8:40 *Ero al bar X* ....   *Stavo facendo colazione con due amici* ......

1. Alle 11:05 ....

2. Alle 14:20 ....

3. Alle 16:00 ....

4. Alle 21:45 ....

8 Valerio s'innamora facilmente, ma non ha molta fortuna. Completa i suoi racconti con il verbo adeguato all'imperfetto o all'imperfetto + gerundio.

Io → .....*ero*..... seduto su una panchina del parco. (1) .... le cinque di pomeriggio. (2) .... primavera. (3) .... un sole splendido. Nel parco (4) .... un meraviglioso profumo di erba fresca e fiori. Su un albero, un uccellino (5) .... il nido. La gente (6) ...., i bambini (7) .... da una parte all'altra. Lei (8) .... un libro su una panchina di fronte a me, e ogni tanto mi (9) ....
Ad un tratto arrivò un uomo con un bambino e le diede una bacio sulla guancia.

preparare	essere
correre	esserci
essere ✓	guardare
esserci	passeggiare
essere	leggere

Quella notte io ero con alcuni amici in una discoteca. Lei (10) .... qualcosa
con un'amica, mi (11).................... una ragazza molto attraente. Mentre io (12)
................, lei mi (13) ...., e nemmeno io (14) .... a smettere di guardare
lei. (15) .... già molto tardi, e io (16) .... stanco e (17) ....
andarmene a casa, però mi (18) .... quel gioco di sguardi. Ad un tratto lei tirò
fuori dalla borsa degli occhiali da vista, se li mise e andò via di corsa.

bere	piacere
ballare	volere
sembrare	essere
essere	guardava
riuscire	

G **Usi dell'imperfetto. Fare una richiesta gentile:** *Volevo un chilo di carne.*

Per fare una richiesta possiamo usare **l'imperfetto**, in questo modo **la richiesta risulta più educata e gentile**.
In questi casi **il presente è un po' troppo diretto** e l'effetto è quello di una richiesta poco gentile.

👁 Con il **condizionale** possiamo ottenere un effetto simile a quello dell'imperfetto:

● *Buongiorno,* **vorrei** *mezzo chilo di parmigiano.*

→ **31. Condizionale semplice**

9 **Di che momento parliamo con queste forme di imperfetto? Momento passato (PA) o momento presente (PR)?**

⋆⋆
⋆ **A2**
⋆⋆

→ **Volevo** sempre tutti i giocattoli che **vedevo** e mia mamma non me li **comprava**. Mi **arrabbiavo** tantissimo! (....*PA*....)

1. Il figlio di Alfredo **era** biondo da piccolo. (............)

2. ● Cosa le do oggi, signor Rossi?
   ■ **Volevo** una bistecca e due etti di prosciutto. Grazie! (............)

3. ● E i tuoi amici? Non sono venuti con te alla partita?
   ■ **Volevano** venire ma poi si è rotta la macchina di Luigi e hanno cambiato idea. (............)

4. ● Buongiorno. Posso servirla?
   ■ **Cercavo** una gonna blu da mettere per andare al lavoro. Ah ecco! Questa mi sembra carina. (............)

5. **Cercavo** i miei occhiali quando mi sono reso conto di averli in testa! Che scemo! (............)

6. ● Signora, **pensava** a qualcosa di elegante o di sportivo? (............)
   ■ **Pensavo** a qualcosa di comodo e di economico. Non voglio spendere troppo. (............)

155

27. Imperfetto, passato prossimo (o passato remoto)?

Imperfetto per **descrivere il passato**

Con l'imperfetto ci collochiamo "dentro" a un fatto passato e descriviamo un processo non terminato "LÀ":

Quel giorno **pioveva** molto.

non terminato "LÀ"

Passato prossimo per **raccontare il passato**

Con il passato prossimo ci collochiamo "dopo" un fatto passato e raccontiamo un atto o un processo terminato "LÀ":

Quel giorno **ha piovuto** molto.

terminato "LÀ"

A Raccontare fatti non compiuti (imperfetto) o compiuti (passato prossimo)

Con l'imperfetto presentiamo un fatto come non ancora terminato in un momento specifico del passato.

Descriviamo una **situazione momentanea**:

Con il passato prossimo presentiamo questo processo come **già terminato in quel momento**.

Raccontiamo un **fatto completo**:

- *Quando **scendevo** le scale, ho trovato una valigia.* [proprio in quel momento, durante]

- *Quando **ho sceso** le scale, ho trovato una valigia.* [alla fine del processo]

156

1 Indica quale forma verbale corrisponde a ogni interpretazione, come nell'esempio.

A2
B1

Quando **attraversavo** la strada, ho sentito una voce che mi chiamava...

Francesco!

Quando **ho attraversato** la strada, ho sentito una voce che mi chiamava...

Francesco!

→ Ieri andavo in farmacia e quando **attraversavo/ho attraversato** la strada ho sentito una voce che mi chiamava...

Forma verbale:	Interpretazione:
(_ho attraversato_)	Ero dall'altra parte della strada.
(_attraversavo_)	Non avevo finito di attraversare.

1. Quando **ritornavamo/siamo ritornati** a casa abbiamo trovato una valigetta piena di gioielli...

   a. (.............) La valigetta era in casa.
   b. (.............) La valigetta era in strada.

2. Quando la **portavamo/abbiamo portata** all'ospedale, disse che si sentiva bene e ritornammo a casa...

   a. (.............) Sono arrivati all'ospedale.
   b. (.............) Non sono arrivati all'ospedale.

3. La povera Maria era molto triste e io ero molto nervoso. Non **sapevo/ho saputo** cosa dirle...

   a. (.............) Non le ha detto niente.
   b. (.............) Non sappiamo se gli ha detto qualcosa.

4. L'altro giorno sono andato a vedere "Terminator 25". Il film mi **sembrava/mi è sembrato** molto interessante...

   a. (.............) Alla fine il film gli è piaciuto.
   b. (.............) Non sappiamo se alla fine gli è piaciuto.

5. Quando i ladri **nascondevano/hanno nascosto** il denaro, arrivò la polizia...

   a. (.............) La polizia ha visto dove lo hanno nascosto.
   b. (.............) La polizia non ha visto il denaro

B Processi completi (passato prossimo) e parti di un processo (imperfetto)

Possiamo parlare di processi brevi (*mangiare un panino*) o più lunghi (*studiare medicina per cinque anni*). La durata non importa:

PROCESSI BREVI	PROCESSI LUNGHI

PROCESSO COMPLETO: ci posizioniamo "DOPO" questo processo e usiamo il passato prossimo.

***Ho** mangiato un panino in cinque minuti.*

*Vincenzo **ha** studiato medicina cinque anni.*

····1:06····1:07····1:08···· ········1995·····1996·····1997·····1998·····1999···

PARTE DI UN PROCESSO: ci posizioniamo "DENTRO" a questo processo e usiamo l'imperfetto.

All'1:07 stavo mangiando un panino.

Nel 1998 studiava medicina.

Per questo motivo, quando ci riferiamo alla **durata totale** di un processo (*in un'ora, per tre anni, tutta la sera, due giorni, fino alle 7, tre volte, molto tempo, ecc.),* usiamo **il passato prossimo** e non l'**imperfetto:**

- Ieri **ho lavorato** tutto il giorno.   [Ieri ~~lavoravo~~ tutto il giorno.]
- Ieri sera **abbiamo giocato** fino a tardi.   [Ieri sera ~~giocavamo~~ fino a tardi.]
- **Sono stato** in ospedale tre mesi.   [~~Stavo~~ in ospedale tre mesi.]

2 Parliamo di una parte del processo o del processo completo? Fai attenzione all'esempio e scegli la forma adeguata del verbo in base al contesto.

★ **A2**
★ **B1**

18:06

18:15

18:38

18:40

→ Quando ci **hai chiamato** al cellulare, io e Mariella ....*stavamo*.... *aspettando*.... Ilaria alla fermata dell'autobus.

    a. stavamo aspettando ✓
    b. abbiamo aspettato

1. .... **per più di mezzora**, finché alla fine ci siamo stancate e ce ne siamo andate.

    a. La stavamo aspettando
    b. L'abbiamo aspettata

2. Sono stanco. Ieri .... **dalle 8 fino** a quasi le 11. E pensa che **alle dieci e mezza** di sera .... ancora .... in ufficio, da solo, come un idiota.

    a. stavo lavorando
    b. ho lavorato
    c. stavo lavorando
    d. ho lavorato

3. 4. Il mio capo .... in Canada **tre mesi** in primavera. Quando abbiamo avuto l'incidente ci ha chiamato da Toronto, perché **in quel momento** .... lì per visitare sua sorella.

    a. stava andando
    b. è andato
    c. era
    d. è stato

4. ● Quando è nata Carmen noi .... a Parigi.
   ■ Ah, sì? E **quanto tempo** (8) .... lì?

    a. vivevamo
    b. abbiamo vissuto
    c. vivevate
    d. avete vissuto

5. ● Senti, ti ho chiamato domenica **alle nove** e non .... in casa.
   ■ Sì, è che **a quell'ora** .... a letto **tutta la mattina.**

    a. eri
    b. sei stato
    c. stavo dormendo
    d. ho dormito
    e. Rimanevo
    f. Sono rimasto

6. Guarda **questa foto**: .... tutti le nozze di Bea. .... e raccontato barzellette **tutta la notte.** È stata una notte magnifica.

    a. stavamo festeggiando
    b. festeggiavamo
    c. Ballavamo
    d. Abbiamo ballato

C Qualità statiche (imperfetto) e qualità dinamiche (passato prossimo)

Quando ci riferiamo alle qualità o caratteristiche statiche di un oggetto, recuperiamo dal passato **un'immagine e descriviamo com'era** quest'oggetto:

QUALITÀ STATICHE: **oggetti**

Una bella ragazza

- *La ragazza che ho conosciuto ieri* **era** *bella.*

[La ragazza che ho conosciuto ieri ~~è stata~~ bella.]

Quando ci riferiamo alle qualità o caratteristiche dinamiche di un processo, recuperiamo dal passato **una sequenza di immagini** dall'inizio alla fine e **raccontiamo com'è stato** questo processo:

QUALITÀ DINAMICHE: **processi**

Una bella festa

- *La festa di sabato* **è stata** *bella.*

[La festa di sabato ~~era~~ bella.]

3 Che forma usi per informarti sulle qualità di queste cose? Decidi tra *Com'era?* o *Com'è stato?* come negli esempi.

★ ★
★ **A2**
★ ★
★ ★
★ **B1**
★ ★

→ la festa di compleanno	● *Com'è stata la tua festa di compleanno?*	■ Stupenda. Ci siamo divertiti un sacco.
→ la tua professoressa d'italiano	● *Com'era la tua professoressa d'italiano?*	■ Bravissima. Aveva una pazienza incredibile!
1. la tua prima casa	●	■ Enorme. Avevamo cinque stanze.
2. la partita di calcio	●	■ Noiosissima. Non hanno segnato nessun gol.
3. il tuo cane	●	■ Piccolo, con il pelo lungo e molto affettuoso.
4. il vestito che indossava Barbara	●	■ Blu, elegante e lungo.
5. il tuo primo giorno di lavoro	●	■ Un po' duro perché era tutto nuovo per me.
6. tua sorella da piccola	●	■ Molto dolce e allegra.
7. il viaggio nel deserto	●	■ Fantastico! Un'esperienza stupenda!
8. la conferenza	●	■ Davvero interessante.
9. l'hotel dove hai dormito	●	■ Bello, ma un po' lontano dal centro.
10. il corso di tedesco	●	■ Difficilissimo e il professore era antipatico.

👁 Se ci riferiamo alla **durata totale** del tempo in cui un soggetto è stato caratterizzato da una certa qualità (un'ora, per due settimane, tutto il giorno, molto tempo...) allora parliamo di un processo completo e **il passato prossimo è l'unica opzione**:

- *Prima **avevo** i capelli lunghi.*
- ***Ho avuto** i capelli lunghi <u>per due o tre anni</u>. Poi, però, mi **sono stancato**.*
  [A̶v̶e̶v̶o̶ i capelli lunghi per due o tre anni.]

4 **Imperfetto o passato prossimo? Completa con i verbi indicati come nell'esempio.**

B1

| essere | → | Quando l'ho conosciuta, Elisa ....*era*.... una brava studentessa. Poi è cambiata molto. |
| | → | ....*è stata*....una brava studentessa per un paio d'anni. Poi è cambiata molto. |

lavorare
1. Quell'estate Mauro .... in un bar sulla spiaggia.
2. Per tutta l'estate Mauro .... in un bar sulla spiaggia.

portare
3. Per molto tempo tu .... gli occhiali.
4. Prima tu .... gli occhiali.

chiamarsi
5. Questo paese .... Sporcaterra per molto tempo, però poi gli cambiarono nome e diventò Pulitino.
6. Anni fa, questo paese .... Sporcaterra, però adesso si chiama Pulitino.

D Descrivere situazioni abituali (imperfetto)

Quando parliamo di fatti che vogliamo rappresentare come regolari in un'epoca del passato, ci posizioniamo "DENTRO" a quell'epoca e descriviamo com'era la situazione "LÀ":

- *Io <u>da piccolo</u> **ero** uno studente modello. **Facevo** i compiti e **leggevo** tutti i giorni...*

Quindi, **usiamo l'imperfetto** per indicare regolarità (*prima, abitualmente, normalmente, frequentemente, di solito, sempre, mai, ogni giorno, a volte, due volte al giorno, una volta alla settimana...*):

- *Prima **facevo** jogging ogni giorno.*
- *L'anno scorso **andavamo** al mercato una volta alla settimana.*
- *Da giovane **vedevi** i tuoi amici tutti i fine settimana.*

[Prima s̶o̶n̶o̶ a̶n̶d̶a̶t̶o̶/̶a̶ a correre ogni giorno.]
[L'anno scorso s̶i̶a̶m̶o̶ a̶n̶d̶a̶t̶i̶ al mercato una volta alla settimana.]
[Da giovane h̶a̶i̶ v̶i̶s̶t̶o̶ i tuoi amici tutti i fine settimana.]

5 Identifica di cosa parliamo in ogni enunciato e cerchia la forma adeguata del verbo in ogni caso.

B1

→ a. Prima (andavo) / sono andato molto al cine Ariston. (*situazione abituale*.)

→ b. Ieri andavo / (sono andato) al cine Ariston. (*fatto completato*.)

1. a. Quando ero piccolo **andavo** / **sono andato** a un parco di divertimenti solo una volta. (........................)

   b. Quando ero piccolo, ogni fine settimana **andavo** / **sono andato** a un parco di divertimenti. (........................)

2. a. Lo scorso fine settimana **facevamo** / **abbiamo fatto** un itinerario in bici nel Parco Nazionale. (........................)

   b. I fine settimana **facevamo** / **abbiamo fatto** dei giri in bici nel Parco Nazionale. (........................)

3. a. Non sapevano che nome scegliere per il gatto e alla fine **chiamavano** / **l'hanno chiamato** Romolo. (........................)

   b. Quel gatto viveva al porto e tutti lo **chiamavano** / **l'hanno chiamato** Poseidone. (........................)

4. a. Giacomo era sempre elegantissimo. **Si metteva** / **si è messo** la cravatta tutti i giorni. (........................)

   b. Era proprio una festa elegante, Giacomo **si metteva** / **si è messo** addirittura la cravatta! (........................)

5. a. Lo spettacolo di ieri **era** / **è stato** bellissimo. (........................)

   b. La programmazione di questo teatro è peggiorata, invece prima gli spettacoli **erano** / **sono stati** bellissimi. (........................)

> | Imperfetto → situazione abituale |
> | Passato prossimo → fatto completo |

E Raccontare storie

Con l'imperfetto fermiamo il tempo di una storia per descrivere una situazione momentanea; **con il passato remoto** (così come con il passato prossimo) indichiamo un'azione che è successa e si è conclusa completamente e **facciamo avanzare il tempo fino a una nuova situazione**:

L'ALTRO GIORNO **uscivamo** DAL CINEMA [in questo punto della storia stanno uscendo] QUANDO, IMPROVVISAMENTE, UN SIGNORE DALL'ASPETTO MOLTO STRANO **si avvicinò** A NOI [in questo punto della storia il signore è vicino a loro] e **cominciò** a cantarci una canzone [in questo punto della storia il signore sta già cantando] IN UNA LINGUA MOLTO STRANA. NOI NON **capivamo** NIENTE E NON **sapevamo** COSA FARE [in questo punto della storia, loro sono sorpresi e sconcertati].

Cantò PER DUE O TRE MINUTI [in questo punto della storia, il signore ha già terminato di cantare], E QUANDO **si stava allontanando** [in questo punto della storia il signore ha già cominciato ad andarsene] **arrivò** UN'AMBULANZA [in questo punto della storia, l'ambulanza è già vicino a loro], E SE LO **portò** VIA [in questo punto della storia, il signore è già nell'ambulanza e l'ambulanza è già partita]...

---

6 Completa questa storia incredibile coniugando i verbi al passato remoto o all'imperfetto. La narrazione è alla prima persona singolare (io).

B1

Ieri **volere** andare a trovare Tristizia al castello e mentre **camminare** tranquillamente nel cimitero, improvvisamente, un uomo lupo **uscire** dalle tombe e **mettersi** di fronte a me, mostrandomi i denti. **Essere** paralizzato dalla paura ma poi **cominciare** a correre e, alla fine, **riuscire** a scappare da lui. **Potere** fare due cose: o ritornare a casa o tentare di arrivare al castello di Tristizia. **Decidere** di proseguire e di andare a trovarla. Quando **entrare** nel castello, lei **essere** distesa sul letto, però **avere** una faccia molto strana, piena di peli. La cosa mi **preoccupare** e per questo, non **svegliarla** e **ritornare** al mio castello correndo. Io sono Franchino, non sono mica un super eroe!

→ *Ieri, volevo andare a trovare Tristizia* ....

....

....

....

F Storie attuali e non attuali

Se il fatto non è terminato nel punto della storia dove siamo, usiamo **l'imperfetto**:

Se il fatto è <u>già terminato e completato</u> nel punto della storia dove siamo, usiamo il **passato prossimo** o il **passato remoto**:

il **passato prossimo** per posizionare la storia in uno **spazio attuale**

il **passato remoto** per posizionare la storia in uno **spazio passato**

| qualità delle cose
fatti regolari
situazioni momentanee | fatti terminati "QUA"
(stamattina, domenica scorsa, tre giorni fa...) | fatti terminati "LÀ"
(quel giorno, tempo fa, dieci anni fa...) |

PARLANDO DI
UNO SPAZIO
ATTUALE

Oggi...

Para:
CC:
Asunto:

Ciao ragazzi,
ieri non sono potuto venire con voi perché ho passato la serata con Sabrina. Quella ragazza così bella e che mi piaceva tanto. Vi ricordate che quando l'ho conosciuta siamo andati qualche volta a prendere un caffè? Lei mi parlava sempre dei suoi corsi di danza, io provavo a parlare di argomenti più personali, ma senza risultati.
Beh, ieri siamo andati al cinema e dopo l'ho invitata a cenare a casa mia. Avevo preparato tutto: una cena perfetta, candele, musica romantica... Però Sabrina è arrivata con un ragazzo. Io non sapevo cosa fare né cosa dire, però lei ha chiarito subito la situazione. Era il suo ragazzo. Insomma è stata una serata un po' difficile, come potete immaginare...

PARLANDO DI
UNO SPAZIO
PASSATO

Quando ero
a Dublino per
l'Erasmus...

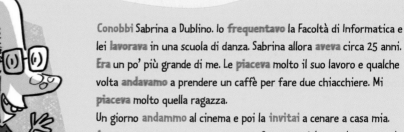

Conobbi Sabrina a Dublino. Io frequentavo la Facoltà di Informatica e lei lavorava in una scuola di danza. Sabrina allora aveva circa 25 anni. Era un po' più grande di me. Le piaceva molto il suo lavoro e qualche volta andavamo a prendere un caffè per fare due chiacchiere. Mi piaceva molto quella ragazza.
Un giorno andammo al cinema e poi la invitai a cenare a casa mia. Avevo preparato tutto: una cena perfetta, candele, musica romantica... Ma lei arrivò a casa con un ragazzo. Io non sapevo cosa fare né cosa dire, e lei chiarì subito la situazione. Era il suo ragazzo. Alla fine fu una cena un po' difficile.

→ 23. Passato prossimo

→ 24. Passato remoto

→ 25. Passato prossimo o passato remoto?

7 Imperfetto o passato remoto? Completa il racconto di Sabrina.

B1 → ..*Conobbi*.. Alfredo a Dublino. Io (1) .... in una scuola di danza e lui (2) .... Informatica.

A quel tempo, io (3) .... 26 anni, e lui 22. Io non (4) .... l'università però spesso

(5) .... al bar degli universitari perché i prezzi (6) .... più economici.

Lui (7) .... di me, però io no. (8) Non .... proprio il mio tipo, e non

(9) .... nemmeno particolarmente brillante. Però mi (10) .... tenerezza, e

io ogni volta (11) .... i suoi inviti. Un giorno mi (12) .... di

andare al cinema e poi mi (13) .... a casa sua a cena. Io non (14) ....

cosa fare per non dirgli direttamente che lui non mi (15) ....

Così (16) .... un mio amico e (17) .... con lui a casa di Alfredo.

Gli (18) .... che (19) .... il mio ragazzo.

Il povero Alfredo (20) .... molto triste.

Alla fine, la cena (21) .... un disastro. Soprattutto il cibo.

→ conoscere ✓	8. essere	16. chiamare
1. lavorare	9. essere	17. andare
2. studiare	10. fare	18. dire
3. avere	11. accettare	19. essere
4. fare	12. dire	20. diventare
5. andare	13. invitare	21. essere
6. essere	14. sapere	
7. innamorarsi	15. piacere	

163

28. Trapassato prossimo

A Significato e forme: *avevo parlato, avevo ricevuto, ero partito*

Il *trapassato prossimo* si forma con l'**imperfetto** dell'ausiliare (*avere* o *essere*) + il **participio passato** corrispondente al fatto <u>terminato</u>.

→ 20. Forme indefinite

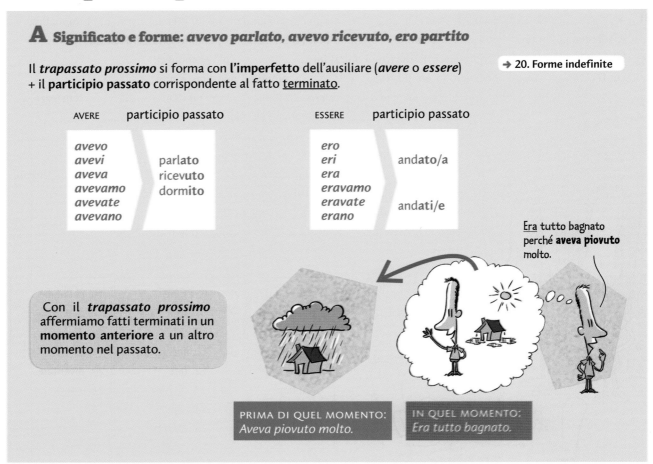

AVERE	participio passato
avevo avevi aveva avevamo avevate avevano	parlato ricevuto dormito

ESSERE	participio passato
ero eri era eravamo eravate erano	andato/a andati/e

<u>Era</u> tutto bagnato perché **aveva piovuto** molto.

Con il ***trapassato prossimo*** affermiamo fatti terminati in un **momento anteriore** a un altro momento nel passato.

PRIMA DI QUEL MOMENTO: *Aveva piovuto molto.*

IN QUEL MOMENTO: *Era tutto bagnato.*

1 Completa la forma del trapassato prossimo con il verbo ausiliare nella persona corrispondente e collega ogni verbo all'immagine corrispondente.

**B1

● Sai che Fido è scappato ieri sera? Adesso ti racconto. Quando è scappato, **tu** → ....*eri uscita (c)*........ con Michele a fare quattro passi. Io (1) ....*andato*.......... al supermercato perché avevamo bisogno di una tisana rilassante per la notte e quando sono tornato mi sono accorto che **tu e Michele** (2) ....*lasciato*.............. la porta aperta, quindi Fido è potuto uscire facilmente. Anche **le finestre** (3) ....*rimaste*.......... aperte, sicuramente noi non le (4) ....*chiuse*......... . **Patrizia** si (5) ....*addormentata*............ e lei, che dorme sempre come un sasso, non (6) ....*sentito*.......... niente. Se poi consideri che **Fido** (7) ....*visto*.......... fuori dalla finestra Milly, la nuova cagnolina dei vicini, si spiega tutto, no?

B Uso: il passato del passato. *Ero andato a fare un giro.*

Dal momento presente, possiamo indicare eventi passati e terminati con il **passato prossimo** o con il **passato remoto**. Però, quando ci posizioniamo in un punto concreto del passato, utilizziamo il **trapassato prossimo** per riferirci a fatti che erano già terminati **prima di quel punto del passato**.

IN QUEL MOMENTO:
Mio padre non c'era.

PRIMA DI QUEL MOMENTO:
Era andato a lavorare.

2 ★★★ B1

Cambia la prospettiva di questi fatti raccontati con il passato prossimo, cambiando la forma del verbo al trapassato prossimo.

Prima di adesso	Prima di quel momento
Sono le sei e non è ancora **arrivato** nessuno.	→ Alle sei non ...*era arrivato*.... ancora nessuno.
Eccomi! Ah bene, **avete** già **sistemato** tutto!	1. Quando sono arrivato, ... già .... tutto.
Il frigo è pieno: **ho fatto** la spesa stamattina.	2. Il frigo è pieno perché .... la spesa.
Ho visto l'annuncio in bacheca e ho chiamato per la stanza.	3. .... l'annuncio in bacheca e quindi ho chiamato per la stanza.
Hai mangiato troppo, per questo hai mal di pancia.	4. Ho avuto mal di pancia perché .... troppo.
Luca è **arrivato** da mezzora.	5. Mi ha detto che Luca .... da mezzora.
Che disastro! Il nostro treno è **partito**. Cosa facciamo adesso?	6. Siamo arrivati puntuali in stazione, però il treno .... già ....

3 ★★★ B1

Cambia la prospettiva di questi fatti raccontati con il passato remoto usando il trapassato prossimo.

In un momento passato	Prima di quel momento
→ **Mi svegliai** alle sette. Subito dopo il postino suonò il campanello.	→ Quando il postino suonò, mi ...*ero*... già ...*svegliato*... .
1. **Abitò** per due anni a Napoli, poi si trasferì a Trieste.	1. Prima di trasferirsi a Trieste .... a Napoli.
2. Tranquilla, **raccontai** tutto a Francesco mesi fa.	2. Mi ha assicurato che .... già .... tutto a Francesco.
3. Possiamo noleggiare una moto: **imparai** a guidare anni fa.	3. Potemmo noleggiare una moto perché .... a guidare anni fa.
4. Quell'anno **studiai** molto e vinsi la borsa di studio.	4. .... molto quell'anno e quindi vinsi la borsa di studio.
5. Vi portiamo noi in giro per la città, ci **abitammo** per dieci anni.	5. Conoscevano bene la città perché ci .... per dieci anni.

Usiamo il **trapassato prossimo** per parlare di **un evento anteriore a un certo momento** (o a un altro evento), entrambi collocati **nel passato**.

| PRIMA DI CHIAMARE | • *Quando hai chiamato, ero già andata al mercato.* |

| PRIMA DI DIRMELO | • *L'altro giorno ho incontrato Valerio. Mi ha detto che aveva trovato lavoro.* |

| PRIMA DI ARRIVARE | • *Sono arrivato al parco ma voi eravate tornati a casa.* |

Se questo punto di riferimento nel passato non è espresso in modo chiaro, non usiamo il *trapassato prossimo* ma il *passato prossimo* o il *passato remoto*:

• *Ieri sono **andato** a teatro.*
• *Ah, sì? E cosa sei andato a vedere?*

Ieri ero andato a teatro.

Eri andato?

Prima di cosa?

---

4 **Interpreta e decidi: la frase così ha senso o abbiamo bisogno di un passato prossimo o di un passato remoto?**

→ La minestra non era buona perché Nando ci **aveva messo** troppo sale. (....✓....)

→ Sabato ~~eravamo andati~~ in un buon ristorante, ma abbiamo mangiato malissimo. (.....*siamo andati*....)

1. Eravamo già in fila, però non siamo potuti entrare al concerto perché Giorgio **aveva dimenticato** i biglietti a casa. (..................)

2. Quest'estate **ero andato** per la prima volta a Roma e, dopo, visitai Firenze e Venezia. (..................)

3. Preparò l'impasto, lo stese con il mattarello, fece dei biscotti e li **aveva cotti** per 40 minuti. (..................)

4. Enrico era un po' grassottello a scuola, però quando lo vidi all'università, **era** già **dimagrito**. (..................)

5. Quando arrivammo al ristorante gli altri **avevamo** già **ordinato** gli antipasti. (..................)

6. Lo scorso fine settimana **eravamo andati** in un agriturismo. (..................)

7. Il programma non funzionava perché non l'**avevi installato** correttamente. (..................)

29. Futuro semplice

A Significato

Come il **presente**, il **futuro** parla di una realtà presente o futura. Però, a differenza del **presente**, (con il quale affermiamo qualcosa di sicuro), con il **futuro anticipiamo o immaginiamo** una realtà della quale non abbiamo ancora un'esperienza completa.

AFFERMAZIONE SUL PRESENTE O SUL FUTURO:

- *Adesso* ha molto lavoro.
  [affermazione su qualcosa del presente.]

- *Domani* finisce il lavoro.
  [affermazione su qualcosa del futuro.]

SUPPOSIZIONE SUL PRESENTE O PREVISIONE DEL FUTURO:

- *Adesso* avrà molto lavoro.
  [supposizione su qualcosa del presente.]

- *Domani* finirà il lavoro.
  [previsione su qualcosa del futuro.]

1 **Di che momento parliamo con queste forme di futuro? Di un momento del presente (P) o del futuro (F).**

⋆⋆
⋆**A1**
⋆⋆

→ Sulla terra **verranno** tredici milioni di astronavi. **Arriverà** una confederazione intergalattica proveniente da Ganimede, dalla costellazione di Orione, da Sirio, da Alfa e da Beta. (....*F*....)

1. Il ragazzo di Carlotta è straniero?
   Beh, Carlotta ha sempre avuto ragazzi stranieri. Anche questo lo **sarà**. (........)
2. Se glielo chiedi come favore, non **dirà** di no. (........)
3. E i tuoi amici? Non li vedo.
   Saranno in banca. Dovevano prelevare dei soldi. (........)
4. Non abbiamo più soldi.
   Andrò in banca, non preoccuparti. (........)
5. Martino **arriverà** tardi. Lo aspettiamo al bar? (........)
6. Martino arriverà per le nove. Di solito prende l'ultimo treno. (........)

B Forme regolari

Per formare il **futuro** regolare sostituiamo alle desinenze dell'infinito con le seguenti:

	- are	-ere	-ire	PARLARE	SCRIVERE	DORMIRE
io	-erò	-erò	-irò	parlerò	scriverò	dormirò
tu	-erai	-erai	-irai	parlerai	scriverai	dormirai
lui, lei, Lei	-erà	-erà	-irà	parlerà	scriverà	dormirà
noi	-eremo	-eremo	-iremo	parleremo	scriveremo	dormiremo
voi	-erete	-erete	-irete	parlerete	scriverete	dormirete
loro	-eranno	-eranno	-iranno	parleranno	scriveranno	dormiranno

L'accento è sempre sulla desinenza, come indicato nella tabella dal sottolineato.

2 Trasforma le seguenti affermazioni in previsioni o supposizioni con la forma corrispondente del futuro.

A1
A2

affermazioni	previsioni o supposizioni
→ Se non studi non **arrivi** da nessuna parte.	→ Se non studi, non ......*arriverai*.... mai da nessuna parte.
Elena **ritorna** alle cinque.	1. Elena .... alle cinque, più o meno.
Non **tradisco** mai gli amici.	2. Non .... mai gli amici!
Non c'è problema. Se piove **mangiamo** dentro.	3. Non so che tempo farà domani, ma se piove .... dentro.
Non può correre molto. Le **fa** male il ginocchio.	4. Non so perché non corre molto. Le .... male il ginocchio.
Usciamo insieme stasera?	5. .... insieme prima o poi?
Se non lo mangi tu, lo **mangio** io.	6. Se non lo mangi tu, lo .... io.
Nicoletta **prepara** una crostata per il pranzo.	7. Nicoletta .... una crostata per il pranzo.
Non si parlano. **Hanno litigato**.	8. Non so. Se non si parlano, ...

C Forme irregolari

	ESSERE	AVERE
io	*sarò*	*avrò*
tu	*sarai*	*avrai*
lui, lei, Lei	*sarà*	*avrà*
noi	*saremo*	*avremo*
voi	*sarete*	*avrete*
loro	*saranno*	*avranno*

Alcuni verbi perdono la vocale dell'infinito nella radice.		
	andare	*andrò*
	dovere	*dovrò*
	potere	*potrò*
	sapere	*saprò*
	vedere	*vedrò*
	vivere	*vivrò*

Alcuni verbi trasformano parte della radice in **rr**.		
	rimanere	*rimarrò*
	tenere	*terrò*
	venire	*verrò*
	volere	*vorrò*
	bere	*berrò*

Mamma, io come **sarò** da grande? **Sarò** bella? **Sarò** famosa?

Presto **saprai** quello che vuoi e **potrai** scegliere la vita che ti piace. **Farai** cose interessanti. Ci **saranno** molte novità nella tua vita. **Andrai** a vivere da sola e magari **vivrai** in un'altra città. **Verrai** a visitarmi qualche volta, spero.

Alcuni verbi mantengono la **a** dell'infinito.		
	dare	*darò*
	fare	*farò*
	stare	*starò*

3 Il piccolo Andrea crede che tutte le forme del futuro siano regolari. Aiutalo a imparare identificando e correggendo i suoi piccoli errori (ce ne sono sette).

A2

→ Io averò ....*avrò*.... una moto come mio papà e sarò ...✓... molto forte, come lui.

1. Se mi porti via questo gioco, glielo **dirò** .... alla mamma, e lei **venirà** .... e te lo **toglierà** .... e mi **darà** .... tanti bacini.

2. Mia nonna **tornerà** .... presto, mi **accenderà** .... la televisione e **vederò** .... i cartoni animati.

3. Dopo pranzo **andarò** .... al parco e **giocherò** .... con i miei amici.

4. L'anno prossimo **comincerò** .... la scuola e così **saperò** .... leggere e **poterò** .... scrivere letterine a Babbo Natale.

5. La Befana mi **porterà** .... tanti dolcetti e li **mettrò** .... in un barattolo e poi li **mangerò** .... E la mamma mi **volerà** .... tanto bene.

4 Completa con la forma adeguata.

→ Se tu non mi **vuoi**, qualcuno mi .....vorrà...... .

1. Se non **hai** pazienza con me, qualcun altro ce l'.................... .
2. Se tu non mi **dici** cose romantiche, qualcuno me le ....
3. Se non **vieni** a cercarmi quando sono triste, qualcun altro ....
4. Se non **esci** con me, qualcun altro .... con me.
5. Se tu non **fai** quello che desidero, un altro lo ....
6. Se tu non **sai** come trattarmi, sicuramente qualcuno lo ....
7. Se tu non mi **ascolti** quando parlo, qualcun altro mi ....
8. Se non **posso** essere felice con te, con altri .... esserlo.
9. Se con te non c'è speranza, con altri ci ....

D Usi. Predire il futuro: *Il mio fidanzato tornerà domani.*

Quando usiamo il **futuro** per parlare di qualcosa che deve ancora accadere, stiamo facendo una previsione. Usiamo il futuro, quindi, per indicare dei fatti la cui realizzazione sarà confermata dal passare del tempo. **Prevediamo** cosa accadrà nel futuro o chiediamo agli altri di farlo:

COME SARÀ IL FUTURO	previsioni	• *Non preoccuparti.* **Arriveremo** *puntuali.* • *Martedì* **splenderà** *il sole sulle regioni del centro e del sud. Al nord* **ci sarà** *qualche nuvola nel pomeriggio.* • *Alla fine non* **accetterà** *la proposta, vedrai.* • *Vengo con te o* **riuscirai** *a fare tutto da solo?*

Vieni a studiare da me domani?

Va bene, **sarò** da te alle quattro.

PRESENTE   FUTURO

→ 21. Indicativo presente

---

5 Collega le frasi della colonna di sinistra con quelle della colonna di destra.

→ Vieni al nostro concessionario e prova le nostre auto.
1. Stai molto bene con questo vestito.
2. Mi presti la pentola a pressione?
3. Ho fatto una crostata squisita!
4. Luigino da grande sarà medico.
5. Se oggi non hai voglia di andare al cinema, non importa.
6. Prenditi una camomilla.
7. Fermo! Mani in alto! Dammi la pistola!
8. Non può vivere senza di me.

a. Al tuo fidanzato piacerà tantissimo.
b. Ci andremo un altro giorno.
c. Non riuscirai a scappare con il denaro della banca!
d. Prima o poi tornerà.
e. Te la restituirò la settimana prossima.
f. Ti passerà il mal di pancia.
g. Vivrai un'esperienza indimenticabile.
h. Te ne lascerò una fetta per colazione.
i. Gioca tutto il giorno con lo stetoscopio.

6 Completa le previsioni di questa veggente con il verbo e la forma adeguati.

A2

→ Presto ...*rimarrai*... calvo.

1. Prima della fine del mese .... una donna bellissima e ti .... di lei.

2. In quel momento la tua vita .... completamente.

| rimanere ✓ |
| innamorare |
| cambiare |
| conoscere |

| morire |
| avere |
| volere |
| vincere |
| abbandonare |

3. Tua moglie ti ....

4. .... 1.000.000 di euro in un concorso alla televisione.

5. Tua moglie .... tornare con te.

6. .... sette figli e quattro cani.

7. E se non mi paghi, ... giovane.

7 Il ristorante di Carlo e Sara non va molto bene. Come finirà? Scegli la conseguenza più adatta e scrivila a destra.

A2

→ C'è poca varietà nel menù.   *Non inventeranno nuove ricette* ....

1. Carlo dimentica di pagare i fornitori. ....

2. Sara ha sempre meno pazienza con i clienti. ....

3. Spendono male i soldi. ....

4. Non pagano bene la persona che pulisce. ....

5. Hanno sempre meno voglia di lavorare. ....

| non inventare nuove ricette ✓ |
| essere sempre più sporco |
| avere problemi economici |
| non avere i prodotti puntualmente |
| chiudere ristorante |
| andare sempre meno gente |

E Usi. Supporre il presente: *Il mio fidanzato sarà a Roma adesso.*

Usiamo il **futuro** per riferirci al presente cronologico quando parliamo di una realtà che non consideriamo sicura. Facciamo una **supposizione** sul presente o chiediamo agli altri cosa immaginano:

COME PUÒ ESSERE IL PRESENTE	supposizioni	• Non devi preoccuparti per il gatto. **Starà** bene con mia sorella. • **Sarà** un albergo in pieno centro, perché è carissimo! • Questa è una bella valigia, ma non credi che l'altra **sarà** più pratica? • Io non mangio tanto, però Simone, che è un ragazzo giovane, **mangerà** di più. • Claudia **uscirà** ancora con quel tipo strano? • Susanna sta male. **Avrà** l'influenza. • **Sarà** ancora aperto il supermercato?

Cosa si **starà muovendo** lì dentro?

Mah, **sarà** un gatto che gioca.

REALTÀ NON CONOSCIUTA COMPLETAMENTE

Se parliamo di fatti attuali, però in modo obiettivo e sicuro, usiamo il presente.

• È un gatto che gioca.

→ **21. Indicativo presente**

8 Trasforma le seguenti supposizioni in previsioni sostituendo la parte in grassetto con il futuro corrispondente.

B1

→ Ho l'impressione che **non le piaccia** stare con noi.   → Non le .....*piacerà*..... stare con noi.

1. Immagino che **abbia** cose più interessanti da fare.   1. .... cose più interessanti da fare.
2. Secondo me **non sa** dove andare.   2. Non .... dove andare.
3. Forse **ha** troppo lavoro.   3. .... troppo lavoro.
4. Suppongo che **non si diverta** alle feste.   4. Non si .... alle feste.
5. **Viene** sicuramente con noi.   5. .... con noi.
6. Forse **è** stanca.   6. .... stanca.
7. A me sembra che **non voglia** uscire stasera.   7. Non .... uscire stasera.
8. Di sicuro **non partecipa** alla riunione.   8. Non .... alla riunione.
9. Magari **deve** lavorare anche domani.   9. .... lavorare anche domani.

9 Abbina le frasi di sinistra con la situazione più probabile a destra.

B1

→ È meglio non dare fastidio a Marco adesso.   a. Ugo sa cosa sta facendo Marco adesso.
    Starà cenando. _____   b. Ugo immagina quello che può fare Marco.

1. Chi suona alla porta?   a. Ugo sta guardando dalla finestra.
   Sarà il postino.   b. Ugo sta cucinando.

2. Di chi è questa penna?   a. Ugo riconosce perfettamente la penna.
   Sarà mia. Lasciala lì.   b. Ugo non ricorda bene se la penna è sua.

3. Ugo, chi va alla cena di Teresa?   a. Senza dubbio Emilio va alla cena.
   Ci **va** Emilio.   b. Forse Emilio va alla cena.

4. Micio non ha mangiato niente.   a. Micio è il gatto di Ugo.
   Non gli **piacerà** il pesce.   b. Micio è il gatto dell'amico di Ugo.

5. Valentina, quanti anni **avrà** Antonio?   a. Valentina conosce bene Antonio.
    b. Valentina non conosce tanto bene Antonio.

6. È cotta la pizza?   a. Ugo ha controllato la pizza.
   Mah, ci **vorrà** ancora un po'.   b. Ugo non ha controllato la pizza però più o meno sa quanto tempo ci vuole ancora.

7. A Rosina fa molto male la testa.   a. Ugo sa cos'ha Rosina però non ha un termometro.
   Ha l'influenza. **Avrà** la febbre alta.   b. Ugo non sa cos'ha Rosina però le ha misurato la febbre.

10 Vai a una festa con un tuo amico. Alla festa ti piace una persona che nessuno dei due conosce. Puoi parlare con questa persona direttamente o parlarne con il tuo amico. Metti i verbi nella forma corretta.

B1

se parli direttamente con la persona:	se ne parli con il tuo amico:
→ Come ti .....*chiami*.....?	→ Come si .....*chiamerà*.....?
1. Quanti anni ....?	1. Quanti anni ....?
2. Di dove ....?	2. Di dove ....?
3. Chi .... a questa festa?	3. Chi .... in questa festa?
4. Ti .... ballare?	4. Le .... ballare?
5. Che profumo ....?	5. Che profumo ....?
6. .... con qualcuno?	6. .... con qualcuno?
7. .... uscire a bere qualcosa?	7. .... uscire a bere qualcosa?
8. Mi .... il tuo numero di telefono?	8. Mi .... il suo numero di telefono?
9. Ti .... se ti chiamo?	9. Le .... se la chiamo?

volere
uscire
essere
avere
dare fastidio
conoscere
piacere
dare
chiamare ✓
usare

171

30. Futuro anteriore

A Significato e forma

Il **futuro anteriore** si forma con: il futuro dell'ausiliare (**avere** o **essere**) + il participio passato corrispondente al fatto terminato.

AVERE	participio passato	ESSERE	participio passato
avrò *avrai* *avrà* *avremo* *avrete* *avranno*	parlato ricevuto dormito	*sarò* *sarai* *sarà* *saremo* *sarete* *saranno*	andato/a andati/e

Perché è tutto bagnato?

Non so. **Avrà piovuto.**

Con il **futuro anteriore** prevediamo o supponiamo fatti terminati prima del momento in cui ci troviamo o prima di un momento futuro.

---

1 Trasforma le seguenti affermazioni in supposizioni con la forma corrispondente del verbo al futuro anteriore.

A2
B1

se lo affermiamo...

→ Questo non funziona. **Abbiamo fatto** male qualcosa.

1. **Ho dormito** molto, però sono ancora stanco.
2. Romina non mi ha salutato. Si **è offesa**?
3. E il latte dov'è? Lo **abbiamo lasciato** all'alimentari?
4. Non mi chiama più. Mi **ha dimenticato**.
5. Non ho detto a Lucio di comprare il pane. Che dici, ci **ha pensato da solo**?
6. Non so dove sia Marilisa, forse **è andata** in palestra.

se lo supponiamo...

→ Questo non funziona. *Avremmo fatto* male qualcosa.

1. .... molto, però sono ancora stanco.
2. Romina non mi ha salutato. Si ....?
3. E il latte dov'è? .... all'alimentari?
4. Non mi chiama più. Mi ....
5. Non ho detto a Lucio di comprare il pane. Che dici, ci ....?
6. Non so dove sia Marilisa, ... in palestra.

B Supporre il passato

→ 23. Passato prossimo

Usiamo il **futuro anteriore negli stessi casi in cui usiamo il passato prossimo**, ma con una differenza:

PASSATO PROSSIMO: parliamo di eventi passati che conosciamo con certezza.
FUTURO ANTERIORE: parliamo di eventi passati dei quali non siamo certi, ma che immaginiamo che siano accaduti.

AFFERMIAMO IL FATTO: CONTROLLIAMO L'INFORMAZIONE	SUPPONIAMO IL FATTO: NON CONTROLLIAMO COMPLETAMENTE L'INFORMAZIONE
• *Perché sei nervoso?* ■ *Ho litigato con Gemma.*	• *Perché Danilo è nervoso?* ■ *Avrà litigato con Gemma.*
• *Dove sono le chiavi?* ■ *Le ho messe sul tavolo.*	• *Dove sono le chiavi?* ■ *Le avrò messe sul tavolo.*
• *Alessia non ha comprato la frutta ieri.* ■ *No, ma stamattina è andata al mercato.*	• *Alessia non ha comprato la frutta ieri.* ■ *No, ma sarà andata al mercato stamattina.*

2 Leggi attentamente cosa racconta Adelina del suo fidanzato e indica cosa sa davvero Adelina e cosa sta solo immaginando.

A2

B1

Per:
CC:
Oggetto:

Ciao Franca,
ti scrivo perché sono molto preoccupata. Stefano
ultimamente è molto strano con me. Non è uscito
con i suoi amici nelle ultime settimane, eppure è
sempre in giro e dice che non ha tempo per niente.
Avrà pensato che sono scema e che non mi rendo
conto di niente. Non mi ha neanche regalato niente
per il mio compleanno. Dice che è colpa della sua
cattiva memoria. Sicuramente lo avrà dimenticato, ma
sono troppe cose…
Avrà conosciuto una ragazza e se ne sarà
innamorato. Questa settimana è stato tutte le sere
con una collega che non mi piace per niente. Lei lo
ha aiutato molte volte, però adesso passano troppo
tempo insieme, non credi?
Dimmi quello che pensi.
Baci, Adelina

→ Il suo fidanzato ultimamente non esce con gli amici. (...Lo sa...)

→ Il suo fidanzato crede che sia scema. (...Lo immagina...)

1. Il suo fidanzato non le ha fatto nessun regalo di compleanno. (...............)

2. Il suo fidanzato ha dimenticato di farle il regalo. (...............)

3. Il suo fidanzato ha conosciuto un'altra ragazza. (...............)

4. Il suo fidanzato si è innamorato di un'altra persona. (...............)

5. Il suo fidanzato questa settimana è stato con una collega. (...............)

6. La collega del suo fidanzato lo ha aiutato molte volte. (...............)

C Usi. Prevedere il passato del futuro: *Domani avrò finito.*

Usiamo il **Futuro anteriore** per indicare **fatti futuri precedenti a un altro momento futuro**: quando ci posizioniamo esplicitamente in **un punto di riferimento determinato** nel futuro e vogliamo indicare che l'azione che stiamo prevedendo sarà terminata in quel preciso momento o prima:

- *Come va con i preparativi?*
- *Bene: tra un paio d'ore **avremo finito** tutto.*

- *Mammamia che disastro la cucina!*
- *Tranquilla, quando ritornerai **avrò lavato** tutti i piatti.*

- *Federica mi detto che arriva da noi verso le otto.*
- *Perfetto, noi **saremo** già **rientrati** a quell'ora.*

Per le cinque **sarò arrivata**.

> Per esprimere lo stesso valore, ma con maggiore sicurezza, usiamo il passato prossimo:
>
> - *Per le cinque il pacco è già arrivato.*

→ 23. Passato prossimo

---

3 A sinistra ci sono le previsioni di Leonardo e a destra ciò che è accaduto realmente: le sue previsoni erano corrette o no?

B1

→ Alle sette **avrò finito**.   Ha finito alle 6:30.   (...Sì...)

→ **Finirò** alle 7.   (...NO...)

1. A marzo **sarà nato** Luigino.   È nato a febbraio.   (...........)

2. A marzo **nascerà** Luigino.   (...........)

3. Il fine settimana **aggiusterò** la finestra.   L'ha aggiustata giovedì.   (...........)

4. Per il fine settimana, **avrò** già **aggiustato** la finestra.   (...........)

5. Il treno **arriverà** alle 16:30 a Termini.   È arrivato alle 16:15.   (...........)

6. Alle 16:30 il treno **sarà arrivato** a Termini.   (...........)

31. Condizionale semplice

A Forme regolari e irregolari: *parlerei, scriverei, dormirei, vorrei...*

Per formare il **condizionale semplice** sostituiamo le **desinenze** dell'infinito con le seguenti:

	-*are* ed -*ere*	-*ire*	PARLARE	SCRIVERE	DORMIRE
io	-*erei*	-*irei*	*parlerei*	*scriverei*	*dormirei*
tu	-*eresti*	-*iresti*	*parleresti*	*scriveresti*	*dormiresti*
lui, lei, Lei	-*erebbe*	-*irebbe*	*parlerebbe*	*scriverebbe*	*dormirebbe*
noi	-*eremmo*	-*iremmo*	*parleremmo*	*scriveremmo*	*dormiremmo*
voi	-*ereste*	-*ireste*	*parlereste*	*scrivereste*	*dormireste*
loro	-*erebbero*	-*irebbero*	*parlerebbero*	*scriverebbero*	*dormirebbero*

L'accento è sempre sulle desinenze, come indicato nella tabella dal sottolineato.

I verbi irregolari al condizionale semplice sono gli stessi che presentano l'irregolarità anche al futuro:

dire → direi	*volere → vorrei*	*sapere → saprei*	*andare → andrei*	*vivere → vivrei*
fare → farei	*avere → avrei*	*essere → sarei*	*vedere → vedrei*	*dovere → dovrei*

- *Tu che **faresti**? **Usciresti** con lei e le **diresti** qualcosa?*
- *A dire la verità, neanch'io **saprei** cosa fare.*

- *Cosa **vorresti** per il tuo compleanno?*

→ 29. Futuro semplice

---

1 Il piccolo Andrea vorrebbe già essere grande per fare tante cose, ma non parla ancora molto bene. Correggi i suoi errori (devi trovarne nove).

★ ★
★ **A2**
★ ★
★ ★

→ Se io fossi grande, **poterei** ....*potrei*.... fare molte cose, per esempio **mangerei** ....✓.... molti gelati tutti i giorni.

1. Poi **anderei** .... in giro dove voglio e non **doveri** .... andare più a scuola.

2. **Uscirei** .... da solo, perché adesso i miei genitori non me lo permettono, e **passeggerei** .... per tutta la città. **Ferei** .... tutto quello che voglio, e mio fratello **venirebbe** .... con me.

3. Se fossi adulto, **esserei** .... ricco e **vivrei** .... in un parco di divertimenti.

4. Io **volerei** .... scrivere un romanzo, però non so ancora scrivere. **Scriverei** .... cose molto interessanti, e il mio libro **esserebbe** .... il migliore del mondo. **Diventerei** .... famoso e **girerei** .... il mondo.

5. E poi **avere** .... tanti cavalli e **poterei** .... cavalcare come un cow-boy!

B Fare dichiarazioni ipotetiche sul presente e sul futuro: *Io non direi niente...*

Possiamo usare il **condizionale semplice** per riferirci a qualcosa nel presente o nel futuro di cui non siamo sicuri. Rappresentiamo **una realtà ipotetica**:

- *Io, <u>al posto tuo</u>, andrei dal medico.*
  [Però io non sono te e non posso andarci al posto tuo.]
- *Ti **aiuterei** molto volentieri, ma <u>devo andare</u>.*
  [Non posso aiutarti.]
- *Sei molto alta. **Saresti** <u>una buona giocatrice di pallacanestro</u>.*
  [Però non giochi a pallacanestro.]
- *<u>Se avessi tempo</u>, **faresti** più sport?*
  [Non fai molto sport.]
- *<u>Secondo i giornali</u>, i colpevoli si **troverebbero** ancora in Italia.*
  [Ma non è sicuro che si trovino in Italia.]

Sì, **sarebbe** molto allegra e accogliente!

Potresti dipingere la tua stanza di giallo.

Grazie a questo senso ipotetico, quindi meno diretto, possiamo usare il **condizionale semplice** anche per fare una richiesta o dare un suggerimento in modo **più cortese** e, appunto, **indiretto**:

PIÙ DIRETTO	PIÙ CORTESEMENTE
• ***Devi** smettere di mangiare tutti quei gelati.*	• ***Dovresti** smettere di mangiate tutti quei gelati.*
• ***Puoi** portare un dolce per il pranzo.*	• ***Potresti** portare un dolce per il pranzo.*
• ***Puoi** aiutarmi a spostare questo mobile?*	• ***Potresti** aiutarmi a spostare questo mobile?*
• *Buongiorno, **voglio** un etto di prosciutto.*	• *Buongiorno, **vorrei** un etto di prosciutto.*
• *Mi **presti** una penna rossa?*	• *Mi **presteresti** una penna rossa?*
• ***Può** chiudere la finestra?*	• ***Potrebbe** chiudere la finestra?*

2 Per ogni frase decidi se le due opzioni presentate sono valide e cancella quella impossibile.

B1

→ (Hai/Avresti) alcune monete da prestarmi?

→ ~~Hai~~/Avresti molti figli se fossi ricco?

1. **Mi piace/Mi piacerebbe** molto la tua camicia. Dove l'hai comprata?

2. Se fossi ricco, cosa **farai/faresti**?

3. Hai appena vinto l'Oscar e devi fare un discorso. Cosa **dirai/diresti**?

4. La mia donna ideale è l'attrice Sofia Loren. Mi **sposerò/sposerei** con lei immediatamente.

5. Non **ordinerò/ordinerei** troppi piatti, siamo solo in tre.

6. Come **sarà/sarebbe** il tuo mondo ideale?

7. Mi **piace/piacerebbe** essere un campione di Formula 1... però non so guidare!

8. **Potete/potreste** abbassare la voce?

9. **Puoi/potresti** accompagnarmi alla stazione domani mattina?

10. È stata molto gentile con noi. Credo che **dobbiamo/dovremmo** regalarle qualcosa.

11. Ultimamente Roberta ci evita. **Potremmo/ Possiamo** parlare con lei per chiarire le cose.

32. Condizionale composto

A Forme: *avrei parlato, sarei andato/a...*

Il condizionale passato si forma con **il condizionale semplice** dell'ausiliare (*avere* o *essere*) e il **participio passato** corrispondente al fatto <u>terminato</u>.

AVERE	participio passato	ESSERE	participio passato
avrei *avresti* *avrebbe* *avremmo* *avreste* *avrebbero*	parlato ricevuto dormito	*sarei* *saresti* *sarebbe* *saremmo* *sareste* *sarebbero*	andato/a andati/e

→ 20. Forme indefinite

1 Completa la forma del condizionale composto nella persona adeguata.

A2
B1

● Ragazzi, cosa avreste fatto se avessimo vinto al Lotto?

■ → Beh, io .....*sarei*..... andato di corsa a ritirare il premio. Poi (1) .... fatto velocemente la valigia e (2) .... preso il primo aereo per le Maldive.

● Noi (3) .... aspettato qualche giorno, per decidere cosa fare. (4) .... considerato varie opzioni.

■ Tu Marcello, (5) .... andato subito in una spa di lusso, vero?

● Come mi conosci bene! E Lucilla (6) .... comprato 50 paia di scarpe!

■ Esatto! Invece Paolo e Stefania (7) .... organizzato subito una megafesta!

B Fare dichiarazioni ipotetiche sul passato: *Io non avrei detto niente...*

Quando usiamo il **condizionale composto** per riferirci al passato (rispetto al momento in cui si parla), ci stiamo riferendo a una **realtà ipotetica**, che non può essere vera, perché la realtà è stata un'altra.

Dichiariamo (o chiediamo) ipoteticamente:

● *Io, <u>al posto tuo</u>, **avrei chiarito** la situazione tempo fa.*
[Però io non sono te e non non ho chiarito la situazione.]

● ***Sarei venuta** con voi molto volentieri, ma <u>avevo già un impegno</u>.*
[Non sono potuta venire.]

● *Sei molto alta. **Saresti stata** <u>un'ottima giocatrice di pallacanestro</u>.*
[Però non hai mai giocato a pallacanestro.]

● *<u>Se avessi avuto l'opportunità</u>, **avresti studiato** all'estero?*
[Non hai avuto questa opportunità.]

→ 41. Unire frasi

2 Giulietto e Romea hanno avuto un incontro molto platonico. Se Romea si fosse comportata diversamente, cosa avrebbe fatto Giulietto? Indica cosa sarebbe successo usando il condizionale composto.

B1

→ Se Romea gli avesse proposto di sposarlo, *Giulietto avrebbe accettato perché è molto innamorato.*

1. Se gli avesse dedicato una canzone, ...

2. Se avesse fatto la timida, ...

3. Se gli avesse detto che amava un altro, ...

4. Se lei avesse avuto freddo, ...

5. Se gli avesse dato un bacio, ...

6. Se gli avesse promesso amore eterno, ...

| prendere l'iniziativa |
| dare il suo mantello |
| scappare via piangendo |

| dare due baci | ballare insieme abbracciati | accettare / molto innamorato ✓ | promettere la stessa cosa |

33. Forme del congiuntivo: *parli, abbia parlato...*

A Forme regolari del congiuntivo presente: *parli, scriva, dorma...*

Per il **congiuntivo presente** sostituiamo le desinenze dell'infinito con le seguenti:

CONGIUNTIVO PRESENTE

	-are	-ere	-ire	PARLARE	SCRIVERE	DORMIRE	FINIRE
io	-i	-a	-a	*parl-i*	*scriv-a*	*dorm-a*	*fin-isc-a*
tu	-i	-a	-a	*parl-i*	*scriv-a*	*dorm-a*	*fin-isc-a*
lui, lei, Lei	-i	-a	-a	*parl-i*	*scriv-a*	*dorm-a*	*fin-isc-a*
noi	-iamo	-iamo	-iamo	*parl-iamo*	*scriv-iamo*	*dorm-iamo*	*fin-iamo*
voi	-iate	-iate	-iate	*parl-iate*	*scriv-iate*	*dorm-iate*	*fin-iate*
loro	-ino	-ano	-ano	*parl-ino*	*scriv-ano*	*dorm-ano*	*fin-isc-ano*

Come nell'**indicativo presente**, anche nel **congiuntivo presente** l'accento cade sulla **radice** del verbo nella prima, seconda, e terza persona singolare e plurale (*io, tu, lui, lei* e *loro*); l'accento cade invece sulla **desinenza** del verbo nella prima e alla seconda persona plurale (*noi* e *voi*).

Utilizziamo il **congiuntivo presente** quando, per parlare del presente e del futuro, **non presentiamo il contenuto del verbo come sicuro.** Seguiamo questa corrispondenza:

se in **indicativo** diciamo:	in **congiuntivo** diciamo:
• *Luca **è** a Venezia.* • *Domani **piove**.*	• *Credo che Luca **sia** a Venezia.* • *Credo che domani **piova**.*
AFFERMIAMO	NON AFFERMIAMO

→ 34. Indicativo o congiuntivo?

---

1 Per ciascun verbo, indica se è coniugato all'indicativo presente o al congiuntivo presente. Poi completa l'altra casella con la forma corrispondente.

A2
B1

		indicativo	congiuntivo
loro cantano	→	✓	*cantino*
voi parliate	1.	....	....
tu scriva	2.	....	....
lui cammina	3.	....	....
lei perdona	4.	....	....
io rompo	5.	....	....
voi viviate	6.	....	....
tu pulisca	7.	....	....
io cucino	8.	....	....
loro finiscano	9.	....	....

		indicativo	congiuntivo
lei cammini	10.	....	....
lei corra	11.	....	....
voi rompete	12.	....	....
voi guardate	13.	....	....
lei perdoni	14.	....	....
voi partiate	15.	....	....
loro bevano	16.	....	....
loro corrono	17.	....	....
io migliori	18.	....	....

2 Completa le suenguenti frasi con la forma verbale adeguata.

guidare	dormire	scrivere ✓	comprare	arrivare	finire

indicativo presente

→ Luigi ....*scrive*.......... dei racconti molto belli.

1. .... alle sette in punto, aspettateci.

2. Tu .... troppo veloce!

3. Voi due .... troppo poco.

4. .... io la frutta.

5. Paola e Martina .... di lavorare alle quattro oggi.

congiuntivo presente

→ Credo che Luigi ....*scriva*.......... dei racconti molto belli.

Non sono sicura che .... alle sette in punto. Però aspettateci.

Penso che tu .... troppo veloce.

Non credo che voi due .... abbastanza.

Vuoi che .... io la frutta?

Non siamo sicuri che Paola e Martina .... di lavorare alle quattro oggi.

B Verbi con la radice irregolare: *tenga, ponga, esca...*

Al congiuntivo presente, alcuni verbi hanno **due radici** diverse: per la prima e la seconda persona plurale (noi e voi) si usa la radice dell'infinito; per tutte le altre persone si usa la radice dell'indicativo presente (io, tu, lui, lei e loro).

	TENERE	VENIRE	USCIRE
io	*teng-a*	*veng-a*	*esc-a*
tu	*teng-a*	*veng-a*	*esc-a*
lui, lei, Lei	*teng-a*	*veng-a*	*esc-a*
noi	*ten-iamo*	*ven-iamo*	*usc-iamo*
voi	*ten-iate*	*ven-iate*	*usc-iate*
loro	*teng-ano*	*veng-ano*	*esc-ano*

Altri verbi che seguono questo comportamento sono:

porre → ponga	*trarre → tragga*	*salire → salga*
scegliere → scelga	*valere → valga*	*sciogliere → sciolga*

E i loro composti:

comporre → componga	*contrarre → contragga*	*risalire → risalga*

3 Individua e correggi gli errori di questi studenti d'italiano.

→ Hai sonno? Vuoi che ti porti ...✓..... un caffè? Che tipo di caffè? Vuoi che s̶c̶e̶l̶g̶o̶ ....*scelga*.... io?

1. ● No, grazie. Preferisco che esciamo .... e andiamo al bar.

   ■ Ok, però aspettiamo che Marie torni .... dalla biblioteca.

2. ● Non trovo lo zucchero. Tu sai dov'è?

   ■ Mah credo che Sam tenga .... lo zucchero lì in alto.

3. ● Avete pensato a cosa fare per la prossima lezione?

   ■ Ancora non lo sappiamo, però dovrà essere originale. Crediamo che Marie e Sam compongono .... una canzone!

4. ● Allora, invitiamo a pranzo gli insegnanti?

   ■ Veramente io preferisco che vengano .... a cena, così abbiamo più tempo per preparare.

5. ● Cosa c'è tra Pierre e Carmen?

   ■ Non lo esattamente, ma mi sembra che escono .... insieme.

C **Verbi completamente irregolari:** *sia, abbia, vada, dica, stia, dia, sappia...*

	ESSERE	AVERE	ANDARE	DIRE	STARE	DARE	SAPERE
io	*sia*	*abbia*	*vada*	*dica*	*stia*	*dia*	*sappia*
tu	*sia*	*abbia*	*vada*	*dica*	*stia*	*dia*	*sappia*
lui, lei, Lei	*sia*	*abbia*	*vada*	*dica*	*stia*	*dia*	*sappia*
noi	*siamo*	*abbiamo*	*andiamo*	*diciamo*	*stiamo*	*diamo*	*sappiamo*
voi	*siate*	*abbiate*	*andiate*	*diciate*	*stiate*	*diate*	*sappiate*
loro	*siano*	*abbiano*	*vadano*	*dicano*	*stiano*	*diano*	*sappiano*

Essere e **avere** sono due verbi ausiliari. Con il congiuntivo presente di **essere** e **avere** formiamo il congiuntivo passato: **sia** andato, **sia** andata, **abbia** parlato ...

---

4 Laura ha ricevuto una strana dichiarazione d'amore. Completa la sua risposta con il congiuntivo presente del verbo adeguato.

Voglio sapere se mi ami.
Voglio dirti frasi d'amore tutto il giorno.
Voglio avere le chiavi di casa tua.
Voglio darti un sacco di baci.
Voglio stare sempre vicino a te, Laura.
Voglio andare in tutti i posti dove vai tu.
Senza di te non c'è luce al mondo.

Trottolino amoroso

Caro Trottolino amoroso,
ti informo che nessuno dei tuoi desideri si realizzerà. Voglio che tu → ....*sappia*.... che non ti amo. Non voglio che tu mi .... frasi d'amore tutto il giorno e se necessario mi trasferirò in un'altra città perché tu non .... mai le chiavi di casa mia e non mi .... un sacco di baci. Chiamerò la Polizia affinché tu non .... sempre vicino a me, e certamente non voglio che tu .... in tutti i posti dove vado io! Infine, ti regalerò una buona lampada perché nella tua vita ci .... abbastanza luce e tu non mi scriva mai più.

Laura

5 I signori Franchenstino e i signori Draculetti sono vicini di casa e stanno discutendo. Coniuga i verbi tra parentesi al congiuntivo presente.

★ ★
★ **B1**
★ ★

→ ● Signori Draculetti, io e mia moglie pensiamo che le vostre feste (essere) ....*siano*.... un po' troppo rumorose.

○ Sì, e che (durare) .... troppo a lungo. Con tutto quel baccano, rimaniamo svegli tutta la notte.

■ Ma via, signori Franchenstino, che fastidio volete che (dare) .... una festa di tanto in tanto?

● Mah, a me sembra che voi (esagerare) ....

■ Cara, credo che i signori Franchenstino non (avere) .... tutti i torti. Dovremmo cercare di essere meno rumorosi.

□ Forse hai ragione. Faremo il possibile. Ma credo che i signori Franchenstino (sapere) .... che noi siamo svegli solo di notte...

● Ma certo! Chiediamo solo che voi (tenere) .... più basso il volume della musica.

■ Beh, credo proprio che questo (essere) .... possibile! A proposito, facciamo una festa stasera, vi andrebbe di venire anche voi?

○ Oh, sarebbe bello! Credo proprio che (valere) .... la pena di partecipare a una delle vostre feste!

□ Certo, vi divertirete! Credo che (venire) .... anche i nostri cugini da Transilvestria, certamente vi farà piacere conoscerli!

D Forme del congiuntivo imperfetto: *parlassi, scrivessi, dormissi...*

Per il **congiuntivo imperfetto** si sostituiscono le desinenze dell'infinito con le seguenti:

	- are	-ere	-ire	PARLARE	SCRIVERE	DORMIRE	FINIRE
io	-assi	-essi	-issi	parl-assi	scriv-essi	dorm-issi	fin-issi
tu	-assi	-essi	-issi	parl-assi	scriv-essi	dorm-issi	fin-issi
lui, lei, Lei	-asse	-esse	-isse	parl-asse	scriv-esse	dorm-isse	fin-isse
noi	-assimo	-essimo	-issimo	parl-assimo	scriv-essimo	dorm-issimo	fin-issimo
voi	-aste	-este	-iste	parl-aste	scriv-este	dorm-iste	fin-iste
loro	-assero	-essero	-issero	parl-assero	scriv-essero	dorm-issero	fin-issero

Verbi irregolari:

	ESSERE	AVERE	STARE	DARE	FARE	DIRE
io	fossi	avessi	stessi	dessi	facessi	dicessi
tu	fossi	avessi	stessi	dessi	facessi	dicessi
lui, lei, Lei	fosse	avesse	stesse	desse	facesse	dicesse
noi	fossimo	avessimo	stessimo	dessimo	facessimo	dicessimo
voi	foste	aveste	steste	deste	faceste	diceste
loro	fossero	avessero	stessero	dessero	facessero	dicessero

Utilizziamo il **congiuntivo imperfetto** quando, per parlare del passato o di un presente o futuro ipotetici, **non presentiamo il contenuto del verbo come sicuro**. Seguiamo questa corrispondenza:

se in **indicativo** diciamo:	in **congiuntivo** diciamo:
• *Luca **era** a Venezia.* • *Ornella e Milo **arrivavano** tardi.*	• *È possibile che Luca **fosse** a Venezia.* • *Credo che Ornella e Milo **arrivassero** tardi.*
AFFERMIAMO	NON AFFERMIAMO

→ 34. Indicativo o congiuntivo?

6 Completa le seguenti frasi coniugando i verbi tra parentesi al congiuntivo imperfetto.

★ ★
★ **B1**
★ ★

→ Sei ancora qui? Credevo che (tu, essere) ....*fossi*.... uscito!

1. Se mi (tu, dare) .... una possibilità, non ti deluderei.

2. Se non ti senti bene, sarebbe meglio che (tu, stare) .. a casa a riposare.

3. Vorrei che (loro, dare) .... ascolto alle mie parole, ogni tanto.

4. Vi ho sentite parlare e mi sembrava che (voi, essere) .... americane.

5. Dove sono le mie scarpe? Credevo che (loro, stare) .... vicino al letto, ma non le trovo!

6. Sarebbe meglio che (voi, dare) .... un po' d'acqua a queste piante, i fiori sono tutti appassiti!

7. Carlo avrebbe più amici se non (lui, essere) .... così presuntuoso.

E Forme del congiuntivo passato: *abbia parlato, sia andato/a...*

Il congiuntivo passato si forma con il **congiuntivo presente dell'ausiliare** (*essere* o *avere*) + il **participio passato** del verbo.

AVERE	participio passato		ESSERE	participio passato
abbia *abbia* *abbia* *abbiamo* *abbiate* *abbiano*	parlato creduto dormito		*sia* *sia* *sia* *siamo* *siate* *siano*	andato/a andati/e

Utilizziamo il **congiuntivo passato** quando, per parlare del passato del presente o del passato del futuro, **non presentiamo il contenuto del verbo come sicuro**. Seguiamo questa corrispondenza:

se in **indicativo** diciamo:	in **congiuntivo** diciamo:
• *Luca **è andato** a Venezia.* • *Stanotte **ha piovuto** tanto.*	• *Credo che Luca **sia andato** a Venezia.* • *Credo che stanotte **abbia piovuto** tanto.*
AFFERMIAMO	NON AFFERMIAMO

→ 20. Forme indefinite   → 34. Indicativo o congiuntivo?

7 Completa i dialoghi con il congiuntivo passato dei verbi evidenziati.

★ ★
★ **B1** →
★ ★

● Dicono che **sono stati** un anno a Oslo.

■ Non credo che ....*siano stati*....... tanto tempo lì.

1. ● **Abbiamo comprato** il Dvd dell'ultimo film di Roberto Benigni.

■ Non è possibile che lo .... , non è ancora uscito!

2. ● Laura **ha chiamato**?

■ Non mi sembra che ....

3. ● Riccardo dice che per le cinque **ha finito** di preparare la presentazione

■ Non credo che .... per quell'ora, ha iniziato da poco.

4. ● Non trovo le chiavi, forse le **ho perse**.

■ Può darsi che tu le .... per strada.

5. ● La squadra di Bruno **ha vinto** la partita!

■ È incredibile che l'........................... ! Gli avversari erano molto più forti.

6. ● Da dove **sono entrati** i ladri?

■ Credo che .... dalla finestra.

7. ● Dov'è **stato** Roberto? È tutto abbronzato!

■ Sì, credo che .... al mare.

F Forme del congiuntivo trapassato: *avessi parlato, fossi andato/a...*

Il congiuntivo trapassato si forma con il **congiuntivo imperfetto dell'ausiliare** (*essere* o *avere*) + il **participio passato** del verbo.

AVERE	participio passato		ESSERE	participio passato
avessi avessi avesse avessimo aveste avessero	parlato ricevuto dormito		fossi fossi fosse fossimo foste fossero	andato/a andati/e

Utilizziamo il **congiuntivo trapassato** quando, per parlare del passato del passato, **non presentiamo il contenuto del verbo come sicuro**. Seguiamo questa corrispondenza:

se in **indicativo** diciamo:	in **congiuntivo** diciamo:
● Giacomo **era andato** al mare.	● Credevo che Giacomo **fosse andato** al mare.
AFFERMIAMO	NON AFFERMIAMO

→ 20. Forme indefinite   → 34. Indicativo o congiuntivo?

---

8 Toccava ad Alessio preparare la cena per i compagni d'appartamento. Ma non l'ha fatto e i suoi amici pensano che quello che dice siano tutte scuse. Completa le loro risposte con le forme corrispondenti del congiuntivo.

★ ★
★ **B1**
★ ★

→ Alessio: Ma non **avevamo deciso** di ordinare le pizze?

Martina: Non penso proprio che ....*avessimo deciso*....... di ordinare le pizze.

1. Alessio: Beh, tutte le pentole **erano sparite** nel nulla.

Filippo: Non è possibile che tutte le pentole ....!

2. Alessio: **Era andata** via la luce, non vedevo niente!

Flavia: Non credo che .... via la luce.

3. Alessio: Ma Flavia **aveva detto** che voleva cucinare...

Martina: Non è vero che Flavia .... di voler cucinare.

4. Alessio: Non potevo perché mi **ero fatto** un brutto taglio al dito!

Filippo: Non pensiamo che ti .... un brutto taglio.

34. Indicativo o congiuntivo?

A Affermare (indicativo) o non affermare (congiuntivo)

Usiamo un verbo all'**indicativo** quando **vogliamo affermare** qualcosa, presentandolo come un dato di fatto. Possiamo dare quest'informazione **direttamente** (in una frase indipendente), **o dopo una frase principale** che introduce un'affermazione (in una frase secondaria):

FRASE PRINCIPALE
(INDICATIVO)

AFFERMIAMO · Alessandra *ha avrà* figli.

FRASE PRINCIPALE

È chiaro
Sappiamo
Io credo
Supponiamo

AFFERMIAMO

che

FRASE SECONDARIA
(INDICATIVO)

Alessandra *ha avrà* figli.

AFFERMIAMO

Oh, un gatto! — È Romeo.

Cosa succede lì? — Sarà un gatto.

Usiamo un verbo al **congiuntivo** quando **non** presentiamo il contenuto del verbo come sicuro ma come **un'idea virtuale**, quindi come **possibile o probabile**.
Un verbo al **congiuntivo** dipende, di norma, da una frase principale con la quale esprimiamo desiderio, rifiuto, possibilità e considerazioni personali.

👁 Non usiamo mai il congiuntivo per esprimere un'opinione direttamente (in una frase indipendente):

FRASE PRINCIPALE

Io credo
Non penso
Supponiamo

AFFERMIAMO

che

FRASE SECONDARIA
(CONGIUNTIVO)

Alessandra **abbia** figli.

NON AFFERMIAMO

Alessandra ~~abbia~~ figli.

È possibile che sia Romeo.

Non credo che sia Romeo, non gli piace giocare con la spazzatura

1 Il famoso ispettore Checco Olmi interroga uno dei detenuti sospettati di aver commesso una grossa rapina.
Il suo aiutante ha preso degli appunti durante la dichiarazione. Sono esatti?

A2

Dichiarazione del detenuto:	Cosa ha scritto l'aiutante:	Sì/No
→ Mi **chiamo** Mario Biondi...	→ Ha dichiarato che si **chiama** Mario Biondi.	Sì
1. <u>So che</u> Paolo Micheli **ha** una parte del denaro.	1. Ha dichiarato che Paolo **ha** una parte del denaro.	....
2. <u>Credo che</u> Alessandro Delle Case si **sia portato** via i gioielli.	2. Ha dichiarato che Alessandro si **è portato** via i gioielli.	....
3. <u>Penso che</u> Gennaro Pirelli si **trovi** già all'estero.	3. Ha dichiarato che Gennaro si **trova** già all'estero.	....
4. <u>È possibile</u> che Mara Carta **sia** ancora in Italia.	4. Ha dichiarato che Mara **è** ancora in Italia.	....
5. <u>È chiaro che</u> io **sono** innocente.	5. Ha dichiarato che lui **è** innocente.	....
6. <u>Sono sicuro</u> che nessuno **ha** confessato il crimine.	6. Ha dichiarato che nessuno **ha** confessato il crimine.	....
7. <u>Non credo che</u> Rosa Rossi **sia** implicata nel furto.	7. Ha dichiarato che Rosa **è** implicata nel furto.	....
8. <u>Voglio che</u> il mio avvocato **venga** subito.	8. Ha dichiarato che il suo avvocato **viene** subito.	....
9. <u>Non penso</u> che Gino Losco **dica** la verità.	9. Ha dichiarato che Gino Losco **dice** la verità.	....

B **Esprimere desideri e obiettivi:** *Voglio che tu venga.*

Quando diciamo di volere qualcosa o ci prefissiamo un obiettivo, questo qualcosa **non è mai un fatto certo**, ci collochiamo nello spazio dell'eventualità. Si tratta di **un'idea virtuale e astratta**: qualcosa che può succedere o no. Quindi non possiamo usare l'indicativo.

OBIETTIVO

- *Voglio che tu e Lorenzo mi **aiutate** a mettere in ordine.*
  [Non sono sicuro che tu e Lorenzo mi aiuterete. È solo un desiderio.]

[NON È UN'AFFERMAZIONE.
È UN'EVENTUALITÀ.]

Voglio...
Spero...
Desidero...

*che Piero e Mila **realizzino** i loro sogni.*

Per questo, con FRASI PRINCIPALI che esprimono desiderio od obiettivo, usiamo un verbo al congiuntivo o all'infinito nella frase secondaria:

(Non) Voglio...
(Non) Desidero...
(Non) Sperano...
Lui (non) preferisce...

[*Quello che segue nella frase secondaria* **non è un'affermazione**: *è solo* **un desiderio**]

che ne **parliate** *insieme.*

(Non) Ti chiedo...
(Non) Ti proibisco...
(Non) Permette...
(Non) Ti consiglio...
(Non) È importante...
(Non) È necessario...

[*Quello che segue nella frase secondaria* **non è un'affermazione**: *è* **un consiglio o una richiesta**.]

2 Distribuisci le frasi principali in base all'uso dell'indicativo o del congiuntivo, secondo il loro significato.

A2

Non pretendo che... ✓	È chiaro che... ✓	Loro credono che... ✓	Hanno affermato che... ✓
Mi permette che...?	Ha giurato che...?	È fondamentale che ...	So che...
Siamo sicuri che...	Mi sembra che...?	Non le puoi chiedere che...	Mi hanno detto che...
Preferite che...?	Non è chiaro che...	Affermano che...	Pensiamo che...

Introduciamo un'affermazione

È chiaro che ....
Hanno affermato che ....
....
....
....
....

...**parla** con lei.
(indicativo)

Introduciamo una supposizione, un desiderio o un obiettivo

Non pretendo che ....
Loro credono che ....
....
....
....
....

...**parli** con lei.
(congiuntivo)

Quando esprimiamo un desiderio o un obiettivo, possiamo coniugare il verbo della frase secondaria al congiuntivo (introdotto da **che** o da **se**) o usare l'infinito:

	usiamo **l'infinito**	usiamo il **congiuntivo**
Con FRASI PRINCIPALI come queste...	Se il soggetto del verbo principale e quello del verbo della frase secondaria coincidono:	Se il soggetto del verbo principale e quello del verbo della frase secondaria sono differenti:
Volere..., Desiderare..., Chiedere..., Preferire..., Avere voglia di/che...	*Voglio uscire.* (io) = (io)	*Voglio* **che** *esca / escano...* (io) ⟷ (tu) (loro)
Con FRASI PRINCIPALI come queste...	per generalizzare:	per identificare la persona a cui ci si riferisce:
È importante/ necessario/meglio... Bisogna...	*È necessario* <u>*finire*</u> *il lavoro stasera* (in generale) = (**tu, io, noi...**)	*È necessario* **che** <u>*finiate*</u> *il lavoro stasera* (in generale) ⟷ (**voi, in concreto**)

3 Riesci a identificare il soggetto dei verbi in neretto?

A2

→ Aspetta, Michela, Eleonora vuole che le **tagli** i capelli! → *Michela*

→ Aspetteremo. È meglio **prendere** le cose con calma. → *In generale*

1. Il cane è spaventato. Cerchiamo di **tranquillizzarlo**. 1. ....

2. Prova a **tranquillizzarti**, Paolina. L'esame andrà bene. 2. ....

3. Per imparare bene l'italiano è necessario **studiare** con una buona grammatica. 3. ....

4. Se vogliamo **passare** l'esame, dobbiamo studiare molto. 4. ....

5. Ho una gran voglia che **veniate** a trovarmi. 5. ....

6. Vorresti **riposare** un po' prima di proseguire? 6. ....

7. Non mi piace per niente l'idea di mangiare dentro. Preferisco che **mangiamo** qui fuori. 7. ....

4 Angoscia è la miglior amica di Tristizia. Vuole scriverle una lettera, però non sa come usare i verbi che sono in neretto: *di + infinito* o *che + congiuntivo*? Puoi aiutarla?

B1

→ <u>Ho bisogno</u> di (io) **parlare** della mia tristezza. → Ho bisogno di .....*parlare della mia tristezza.*

→ <u>Desidero</u> tu **conoscere** i miei sentimenti. → Desidero ....*che tu conosca i miei sentimenti.*

1. Sono innamorata di Zombi, e <u>ho voglia</u> di (io) **uscire** con lui. 1. Sono innamorata di Zombi e ho voglia di ....

2. Ma <u>non credo</u> (Zombi) **essere** innamorato di me. 2. Ma non credo .... lui .... innamorato di me.

3. Mia sorella <u>non vuole</u> (io) **parlare** al telefono con lui. 3. Mia sorella non vuole .... al telefono con lui.

4. Lei <u>preferisce</u> (io) non **pensare** più a lui. 4. Lei preferisce .... più a lui.

5. Mi <u>proibisce</u> (io) **chiamare** a casa sua. 5. Mi proibisce .... a casa sua.

6. Però io <u>spero</u> (lui) **chiamare** sul cellulare. 6. Spero .... sul cellulare.

7. <u>Ho paura</u> (lui) **uscire** con un'altra ragazza. 7. Ho paura .... con un'altra ragazza.

8. Io <u>voglio</u> (tu) **dirmi** cosa fare. 8. Io voglio .... cosa fare.

9. Mi <u>consigli</u> (io) **confessare** il mio amore? 9. Mi consigli .... il mio amore?

10. Tu <u>credi</u> **essere** meglio aspettare ancora un po'? 10. Tu credi .... meglio aspettare ancora un po'?

11. <u>È</u> molto importante (io) **sapere** la tua opinione. 11. È molto importante .... la tua opinione.

5 Tristizia ha ricevuto la lettera di Angoscia e questi sono i consigli che vuole darle ma anche lei ha problemi con la scelta dei modi verbali. Aiutala a decidere tra infinito, indicativo o congiuntivo.

B1

Cara Angoscia,

secondo me, è chiaro che Zombi non essere innamorato di te. Però dobbiamo fare qualcosa, perché voglio che tu **essere** felice. Credo che la cosa migliore **essere** comportarsi con tranquillità. Innanzitutto, se lui non vuole **parlare** al telefono con te, ti consiglio tu **non insistere** a chiamarlo e tu **cercare** un'altra forma di comunicare con lui. Poi, devi cercare che tua sorella **cambiare** atteggiamento e lei **non dire te** sempre quello che devi fare. Infine, non ti consiglio di confessare ancora il tuo amore. È meglio che tu **aspettare** alcuni mesi, perché io credo che lui **non essere** ancora pronto per capire quest'amore. Però puoi stare tranquilla: tu sai che io spero che tu **stare** bene e che farò il possibile per aiutarti.

La tua amica Tristizia

Angoscia,

secondo me, è chiaro che Zombi ....*non è*.... innamorato di te. Però dobbiamo fare qualcosa,

perché voglio che tu ....*sia*.... felice. Credo che la cosa migliore *sia* comportarsi con tranquillità.

Innanzitutto, se lui non vuole .... (1) al telefono con te, ti consiglio che .... (2)

a chiamarlo e .... (3) un'altra forma di comunicare con lui. Poi, devi cercare che tua

sorella .... (4) atteggiamento e non .... (5) sempre quello che devi fare. Infine,

non ti consiglio di confessare ancora il tuo amore. È meglio che tu .... (6) alcuni mesi,

perché io credo che lui non .... (7) ancora pronto per capire quest'amore. Però puoi stare

tranquilla: tu sai che io spero che tu .... (8) bene e che farò il possibile per aiutarti.

La tua amica Tristezza

C Affermare o discutere informazioni: *So che viene / Credo che venga.*

Nella frase secondaria usiamo:

un verbo all'**indicativo** quando **vogliamo presentare come sicura** l'informazione indicata:

Tutti sanno *È chiaro* *È vero* *...*	**frase secondaria** *che hai un gatto.*

AFFERMIAMO

un verbo al **congiuntivo** quando **non vogliamo (o non possiamo) presentare come sicura** l'informazione indicata:

È possibile *Dubito* *Non credo* *...*	**frase secondaria** *che abbia un gatto.*

NON AFFERMIAMO: È UNA POSSIBILITÀ

Per questo, usiamo **l'indicativo** dopo FRASI PRINCIPALI che introducono **affermazioni sicure, conosciute dal soggetto**. Usiamo, invece, **il congiuntivo** dopo FRASI PRINCIPALI che esprimono **incertezza, dubbi e che, pertanto, possono mettere in discussione l'informazione** contenuta nella secondaria:

FRASI PRINCIPALI che introducono un'affermazione

Sono sicuro che **è** la Terra.

FRASE PRINCIPALE (INDICATIVO)

Io so che... *Mi hanno detto che...* *È chiaro che...* *È vero che...?* *Sono sicuro...*

la Terra **gira** intorno al Sole.

AFFERMIAMO: L'INFORMAZIONE È PRESENTATA COME SICURA

INDICATIVO

FRASI PRINCIPALI che introducono un'opinione

(SUPPORRE)

Loro credono che...
Pensi che...?
Ci sembra che...
Suppongo che...
Mi immagino che...

la Terra **giri** intorno al Sole.

NON AFFERMIAMO:
L'INFORMAZIONE È PRESENTATA
COME UN'OPINIONE SOGGETTIVA

Mi sembra che **sia** la Terra.

FRASI PRINCIPALI che possono mettere in discussione un'informazione

(CONSIDERARE LA POSSIBILITÀ)

È possibile che...
È probabile che...
Può essere che...
Dubito che...

la Terra **giri** intorno al Sole.

NON AFFERMIAMO:
L'INFORMAZIONE È PRESENTATA
COME UN'OPINIONE SOGGETTIVA

È possibile che sia la Terra.

CONGIUNTIVO

Non è sicuro che sia la Terra.

(RIFIUTARE)

Non crediamo che...
Non è sicuro che...
Non è chiaro che...
Non penso che...

la Terra **giri** intorno al Sole.

NON AFFERMIAMO:
L'INFORMAZIONE È PRESENTATA
COME UN'OPINIONE SOGGETTIVA

6 Completa la tabella indicando se le seguenti frasi principali reggono l'indicativo o il congiuntivo secondo il loro significato.

Sappiamo che... ✓	Non penso che... ✓	Può essere che... ✓	Pensiamo che...
Suppongono che...	A loro sembra che... ✓	Non crediamo che...	Dubito che...
Non è sicuro che...	Mi sembra probabile che...	Ti assicuro che...	
È evidente che...	Sospetto che...	È possibile che...	

Introduciamo un'affermazione

Sappiamo che ....

....

....

...è la Terra.
(indicativo)

Introduciamo una supposizione

A loro sembra che ....

....

....

....

...sia la Terra.
(congiuntivo)

Contestiamo un'affermazione

Non penso che ....

....

....

Consideriamo una possibilità

Può essere che ....

....

....

...sia la Terra.
(congiuntivo)

7 La dottoressa Sonia Libera ha tenuto una conferenza sull'uguaglianza di genere. Dopo la conferenza, sei partecipanti commentano le sue dichiarazioni più polemiche. Completa i loro commenti con la forma adeguata (indicativo presente / congiuntivo presente) dei tre verbi in neretto.

...e, come stavo dicendo, bisogna riconoscere che le donne sono chiaramente superiori agli uomini, almeno in tre aspetti: prima di tutto, **imparano** le lingue con molta più facilità; poi, **sono** più abili nel risolvere problemi di logica; infine, è dimostrato che **hanno** un maggior senso estetico...

1. Per me, **è vero che** le donne ...._imparano_.... le lingue facilmente. **È anche certo che** .... più abili nella logica, e **non c'è dubbio che** .... più senso estetico.

2. Mah, io **dubito molto che** imparino le lingue più facilmente. Inoltre, **non è dimostrato che** .... più abili nella logica, e **non credo neanche** che .... più senso estetico.

3. Anche **io credo che** le donne .... una lingua più facilmente, e **mi sembra che** .... anche più abili nella logica. Sul senso estetico non so, però sì, **suppongo che** ne .... più degli uomini.

4. Sì, **può essere che** .... le lingue più facilmente, e ammetto anche **la possibilità che** .... più abili nella logica. Però **non mi sembra per niente probabile che** .... un senso dell'estetica speciale.

5. Sono tutte bugie! **Non è vero che** .... le lingue meglio, **non è vero che** .... migliori con la logica, ed **è anche falso che** .... più senso estetico.

6. Vediamo: **è indubbio che** .... molto meglio le lingue, ed **è perfettamente possibile che** .... più abili con la logica, però **non è assolutamente vero che** .... più senso estetico.

8 Un collega della dottoressa Sonia Libera approfitta dell'intervallo della conferenza per parlare di un argomento che lo appassiona: le lumache. Sei d'accodo con tutto quello che dice?

★★
★ **B1**
★★
★

Io credo che le lumache <u>siano dei mammiferi interessanti</u>. <u>Si portano la loro casa sulle spalle</u>, <u>hanno due antenne</u> bellissime che allungano e ritraggono a piacimento, e <u>possono vedere il cibo a vari chilometri di distanza</u>. Sembrano stupidine, però, in realtà, <u>hanno un'intelligenza molto simile a quella degli esseri umani</u>. Per esempio, <u>pur essendo molto lente</u>, a volte <u>salgono in groppa agli uccelli</u> per viaggiare rapidamente. Inoltre, questi animali <u>sono molto pacifici</u>. Grazie mille per la vostra attenzione.

→ È vero che ...... *le lumache hanno due antenne.* ......

1. Tutto il mondo sa che ....

2. È chiaro che ....

3. Anche a me sembra che ....

→ Non mi sembra proprio che ...... *siano mammiferi.* ......

4. Non mi risulta che ....

5. Non credo che ....

6. Io non penso che ....

D **Dichiarare o non dichiarare: *Prima che arrivi l'inverno...***

Se ciò che esprimiamo nella frase subordinata **non è presentato come un fatto sicuro,** usiamo il **congiuntivo.** Quindi, con queste congiunzioni (o locuzioni congiuntive), di regola, si usa il **congiuntivo:**

	FATTO NON (ANCORA) ACCERTATO:
• Il tecnico alza il volume **affinché** tutti <u>possano</u> sentire.	[tutti possono sentire]
• Veniamo **a condizione che (purché, a patto che)** tu <u>prepari</u> la cena.	[la preparazione della cena]
• **A meno che** non <u>decidiate</u> di partire subito, possiamo mangiare insieme.	[la decisione di partire subito non è stata presa]
• Valeria va a lezione di ballo **senza che** sua sorella lo <u>sappia</u>.	[la sorella non sa che Valeria va a lezione di ballo]
• **Prima che** <u>arrivi</u> l'inverno dobbiamo sistemare il riscaldamento.	[l'inverno non è ancora arrivato]
• **Nel caso che** <u>abbiate comprato</u> quel libro, dovete restituirlo.	[non è sicuro se hanno comprato o meno il libro]

---

9 Decidi se la persona che pronuncia le seguenti frasi vuole presentare il fatto come sicuro e controllato (S), oppure se non lo vuole presentare come sicuro e controllato (NS).

★★
★ **B1**
★★
★

→ Possiamo andare a teatro io e te, **senza che lo sappia** Rachele. .... (NS) ....

→ Andiamo a teatro io e te, Rachele **non lo sa.** .... (S) ....

1. Ti invito a cena, **a patto che tu riesca** a ripararmi la macchina. ....

2. Ti do le chiavi del garage, **affinché tu parcheggi** la macchina al coperto. ....

3. **Dato che il tuo amico non** è interessante, non voglio uscire con lui. ....

4. **Nel caso abbiate studiato** molto, supererete l'esame. ....

5. Vado io a prendere Riccardo a Torino, **a meno che non ci vogliate** andare voi. ....

6. **Siccome cucino** il risotto, cercate di essere puntuali stasera. ....

7. Ci vediamo alle 5, **a condizione che non venga** Roberto. Non mi piace. ....

8. **Vedo che non vuoi** rispondere al telefono. Lo farò io. ....

9. **Ricordo che sei stata** all'isola d'Elba. Ci puoi consigliare un bel campeggio? ....

E Valutare informazioni: *È stupendo che tu venga.*

Ricorda: quando vogliamo **affermare** il contenuto di un verbo, usiamo l'indicativo. Quando vogliamo **metterlo in discussione**, usiamo il congiuntivo:

AFFERMIAMO L'INFORMAZIONE DELLA SECONDARIA	• <u>Io so</u> che Leo **parla** inglese. • <u>È vero</u> che Leo **parla** inglese.	[Vogliamo affermare che Leo parla inglese.]
METTIAMO IN DISCUSSIONE L'INFORMAZIONE DELLA SECONDARIA	• <u>Suppongo</u> che **parli** inglese. • <u>È possibile</u> che **parli** inglese. • <u>Credo</u> che **parli** inglese.	[Non vogliamo affermare che Leo "parla inglese".]

Tuttavia, quando quest'informazione è già stata verificata o accettata e vogliamo solo fare una considerazione a riguardo, esprimere un parere personale o vogliamo manifestare il nostro stato d'animo, usiamo sempre il congiuntivo (o l'infinito):

VALUTIAMO L'INFORMAZIONE SUBORDINATA	<u>Non mi piace...</u> <u>È logico...</u> <u>Non è normale...</u> <u>Non mi interessa...</u> <u>Mi fa piacere che...</u> • che Graham **parli** inglese	[Non vogliamo affermare che Graham "parla inglese": vogliamo solo esprimere quello che sappiamo o pensiamo su questo fatto.]

Così giovane!
<u>*Che peccato*</u>*...*

<u>*Non mi interessa*</u>*...*

Non <u>vi sembra un po' strano</u>...?

<u>*Mi fa tanto piacere*</u>*...*

*...che **sia** incinta...*

*Oddio,
<u>non mi piace</u>...!*

<u>*È logico*</u>*...*

<u>*È una sorpresa*</u>*...*

Beh, <u>è normale</u>...

Tesoro, presto la cicogna ti porterà un fratellino o una sorellina!

*Sono contenta che la mamma **sia** incinta!*

afferma	→	• Sai cosa? <u>Mi hanno detto</u> che Paola **è** incinta, e che **è** una femmina.
mette in discussione	→	• Veramente? <u>Non posso credere</u> che **sia** incinta.
afferma	→	• Sì, davvero! **È andata** dal dottore e le <u>ha confermato</u> che **è** incinta.

commentano

- Mah, mi pare molto strano...
- Cosa ti sembra strano: **che** sia incinta o **che** sia una femmina?
- No, quello che mi sembra strano è **che** sia andata dal dottore. Lei odia **andare** dal dottore...

10 **Distribuisci le frasi principali nel posto corrispondente della tabella, secondo il loro significato.**

B1

È evidente che...✓   Non mi importa che...✓   Sospettiamo che...✓   È stupendo che ...✓

Immagino che...   È veramente strano che...   Mi sembra logico che...   Ho visto che...

Ho sentito che...   Suo marito pensa che...   È difficile che...

Ti dispiace che...   Credi che sia importante che...   Anna ti ha raccontato che...

Introduciamo un'affermazione

È evidente che
....
....
....
....
....

...è incinta.

(indicativo)

Introduciamo una supposizione

Sospettiamo che
....
....
....
....
....

...sia incinta.

(congiuntivo)

Introduciamo una valutazione

È stupendo che
....

Non mi importa che
....
....
....
....

...sia incinta.

(congiuntivo)

11 **Cosa ne pensi? Usa le frasi principali del riquadro ed esprimi delle opinioni su queste notizie, come nell'esempio. Usa la forma del congiuntivo appropriata alla persona e al tempo.**

B1

→ Un'anziana di 80 anni **sopravvive** dopo esser caduta dal sesto piano.

1. La Giamaica **inaugura** il primo campionato di sci.
2. Due ex ladri **aprono** un negozio di casseforti.
3. Più della metà dei ministri del governo italiano **sono** donne.
4. Dal 2017 gli obesi non **potranno** acquistare cibo calorico.
5. Una famosa marca di abbigliamento **inventa** un vestito che fa sembrare magri.
6. I vigili **multano** un uomo perché vestito male.
7. Un cane **attraversa** a nuoto lo stretto di Messina per ritrovare il suo padrone.
8. Il governo **paga** 500 euro al mese per ogni figlio minore di tre anni.

→ *È incredibile che un'anziana sopravviva dopo esser caduta dal sesto piano.*
....
....
....
....
....
....
....
....
....
....
....

Sono felice ...

Mi sembra molto triste...

È incredibile... ✓

È normale...

Mi sembra comico...

È curioso...

Mi sembra giusto...

È una sciocchezza...

È molto bello...

Mi sembra assurdo...

Mi sembra ridicolo...

Mi sembra esagerato...

Penso che sia logico...

Mi sembra preoccupante...

Quando valutiamo delle informazioni, possiamo usare il verbo al **congiuntivo** (introdotto da **che** o da **se**) o l'infinito:

	usiamo l'**infinito**	usiamo il **congiuntivo**
Con FRASI PRINCIPALI come queste...	Se il soggetto del verbo della secondaria coincide col soggetto logico dalla frase principale:	Se il soggetto del verbo della secondaria è diverso dal soggetto logico della frase principale:
(Non) mi piace..., (Non) mi importa, ...	*Gli piace **ballare** alle feste.* (a lui) = (lui)	*Gli piace **che balliate** alle feste.* (a lui) ⟷ (voi)
Con FRASI PRINCIPALI come queste...	per generalizzare:	per identificare la persona a cui ci si riferisce:
È stupendo / strano / assurdo / interessante... Non sembra mi giusto / logico...	*È meraviglioso **essere** innamorati.* (in generale) = (tu, io, noi...)	*È meraviglioso **che tu sia** innamorata.* (in generale) ⟷ (tu)

12 Leggi le frasi e identifica il soggetto dei verbi in grassetto.

B1

Giacomino, non è bello **mettersi** le dita nel naso...

→ A Mauro non piace per niente **guidare** di notte.   *Mauro* ....

→ Hai ragione, Giuseppe: è fantastico **avere** amici come voi.   *in generale* ....

1. Ti ringrazio molto di **aver**mi avvisata. ....

2. Gli è sembrato molto interessante **partecipare** al convegno. ....

3. Signora, scusi, le dispiace **sedersi** a quel tavolo? Questo è riservato. ....

4. Prego, passate pure. Per me non è un problema **aspettare**. ....

5. Sono contento che alla fine **venga** con noi in vacanza. Nadia è un'ottima compagna di viaggio. ....

6. Ho già steso io il bucato. Sei contenta di non **dover** farlo tu, eh? ....

7. Non è bello **far** aspettare le persone. Esci prima di casa la prossima volta. ....

8. Non mi sembra giusto che non **rispettiate** gli altri. Voi due fate sempre quello che volete! ....

F Identificare o non identificare elementi: *Una persona che cucina / Una persona che cucini*

Possiamo dare un'informazione sulle caratteristiche di persone, cose o luoghi con un **aggettivo**, però possiamo farlo anche con una **frase**:

	con un aggettivo:	con una frase:
una persona:	• *è una ragazza* **altruista**...	...*è una ragazza* **che si preoccupa per gli altri.**
una cosa:	• *è un libro* molto **avvincente**...	...*è un libro* **che avvince.**
un luogo:	• *è un locale* **gradevole**...	...*è un locale* **dove si sta bene.**

Quando usiamo una frase di questo tipo, usiamo l'**indicativo** per segnalare che il soggetto del quale parliamo (persona, cosa o luogo) **è identificato, individuato, riconoscibile**, e usiamo il **congiuntivo** per segnalare che **non è** ancora **identificato**:

• *Conosco una ragazza che* **suona** *il violoncello.*	[Una ragazza in particolare: Lea]
• *Conosci una ragazza che* **suoni** *il violoncello?*	[Non importa chi, purché suoni il violoncello]
• *Scegliamo il ristorante che ti* **piace** *di più.*	[Un ristorante in particolare: fusion]
• *Scegliamo il ristorante che più ti* **piaccia.**	[Qualsiasi ristorante tu scelga]
• *Siamo stati in un locale dove* **si balla** *salsa.*	[Un locale in particolare: quello in centro]
• *Conosci un locale dove si* **balli** *salsa?*	[Non importa quale locale, purché vi si possa ballare salsa]

13 Indica qual è l'interpretazione più probabile per ogni affermazione di Jessica.

B1

→ Ciao. Sto cercando una grammatica che **ha** molte illustrazioni. ....*b*....

a. ~~Jessica cerca una grammatica qualsiasi con delle illustrazioni.~~

b. Jessica ha già sentito parlare di questa grammatica.

1. Beh, voglio imparare una lingua che **sia** facile, naturalmente ....

a. Jessica parla italiano.

b. Jessica vuole imparare un'altra lingua e non ha ancora deciso quale.

2. Devo comprare una camicia che **vada** bene con questa gonna. Vieni con me? ....

a. Jessica sa già quale camicia vuole comprare.

b. Jessica chiederà consiglio nel negozio.

3. Devo trovare la chiave che **apre** la porta della terrazza condominiale. ....

a. Jessica aveva la chiave ma non si ricorda dove l'ha messa.

b. Jessica non sa se la chiave apre la terrazza.

4. Compriamo il microonde che ha più potenza o uno che **costi** di meno?. ....

a. Hanno visto molti forni a microonde: sanno qual è il più potente ma non sanno quale sarà il più economico.

b. Stanno cercando il forno a microonde più potente.

Con il modo indicativo ci riferiamo a un elemento già **identificato**. Con il congiuntivo parliamo di persone, cose o luoghi che **non vogliamo o non possiamo individuare o riconoscere**. In questi casi il verbo al congiuntivo può essere preceduto da termini come: *ovunque, chiunque, qualunque, qualsiasi*.

- *Ovunque* **vada**, *incontro sempre qualcuno che conosco.*   [il luogo dove vado non è identificato con precisione]
- *Chiunque* **sia**, *non mi fa certo paura.*   [la persona non è identificata con precisione]
- *Qualsiasi libro* **comprino**, *saranno soddisfatti.*   [il libro non è identificato con precisione]

→ 41. Unire frasi

14 Decidi quale delle due opzioni è la più adeguata, come nell'esempio.

B1

→ Scusa, però nel modo in cui lo **stai** / stia facendo, non funzionerà.

1. Come **dice** / **dica** un amico mio, un problema non è più un problema se trovi la soluzione.
2. Chiunque ti **conosce** / **conosca**, sa che sei una persona correttissima.
3. Non è colpa mia se il computer non funziona. Ho installato il programma come **dicono** / **dicano** le istruzioni.
4. Qualsiasi scelta **fanno** / **facciano**, saranno sicuramente soddisfatti. Ne sono sicuro.
5. Io non ho preferenze per le vacanze. Decidi tu: vado ovunque tu **vuoi** / **voglia**.
6. Tu conosci Enrica? È quella che **porta** / **porti** la minigonna rossa.
7. Ho mal di testa, vado a letto. Per favore non svegliarmi qualsiasi cosa **succede** / **succeda**.

G Corrispondenze temporali

Quando in una frase indipendente affermiamo qualcosa usando il modo indicativo o il condizionale, se vogliamo trasformare la frase utilizzando il congiuntivo, dovremo rispettare la seguente corrispondenza dei tempi verbali:

Se all'indicativo (o condizionale) diciamo...	al **congiuntivo** diremo...
È / Sarà a Palermo.	*È possibile che sia lì.*
È stato / Sarà stato a Palermo.	*È possibile che sia stato lì.*
Era / Fu / Sarebbe a Palermo.	*È possibile che fosse lì.*
Era stato / Sarebbe stato a Palermo.	*È possibile che fosse stato lì.*

15 Completa le frasi della colonna di destra mettendo i verbi in grassetto nella forma adeguata del congiuntivo.

B1

Se affermiamo:

- La bambina **piangeva** quando vedeva Emilio.

- Qui ci sono persone che **hanno** più di 10 anni di esperienza.
- Lucia ha pubblicato delle foto sul Belgio. **Sarà stata** lì.
- Era mezzogiorno e **avevamo** già **mangiato**.

Se non affermiamo:

→ A me non sembrava strano che la bambina *piangesse* quando vedeva Emilio.

1. Cerco qualcuno che .... più di 10 anni di esperienza.
2. È possibile che ci .... la scorsa settimana, sua sorella vive lì ed era il suo compleanno.
3. Era mezzogiorno e gli sembrava strano che noi .... già ....

Se affermiamo:

- Non ha detto niente perché non **ha voluto** dare fastidio.
- Secondo te **avranno previsto** questa possibilità?
- Ti ho già detto che domani **parto**?
- Non ti ha risposto perché a quell'ora **stava dormendo**.
- Io da piccolo **pensavo** di poter volare.

Se non affermiamo:

4. È logico che non .... dare fastidio. Lui è fatto così!
5. Conoscendoli, è possibile che l'....................
6. Sì, però io non voglio che tu ....
7. Hai ragione, è probabile che a quell'ora ....
8. Veramente? Non posso credere che .... questo.

16 Stefano Contrario mette in dubbio tutto quello che dice la dottoressa Sonia Libera. Completa gli appunti che ha preso durante la conferenza mettendo al congiuntivo i verbi in grassetto.

★ B1

→ "La donna è sempre **stata** sottovalutata."
1. "La donna è, in realtà, la base della storia dell'uomo."
2. "La storia **ha nascosto** grandi verità riguardo la donna."
3. "Alcuni documenti storici affermano che Cristoforo Colombo **era** una donna."
4. "Varie fonti indicano che una donna **inventò** la ruota."
5. "Un uomo non **potrà** mai avere una gravidanza."
6. "Mio marito è sempre **stato** d'accordo con le mie idee."
7. "E ora concludo perché qualcuno mi ha rubato l'ultima pagina della conferenza. **Sarà stato** mio marito."

→ Non è del tutto vero che la donna ....*sia stata*.... sempre poco valorizzata.
1. Io non penso che la donna .... la base della storia.
2. Non sono sicuro che la storia .... qualcosa riguardo la donna.
3. Non credo affatto che Colombo .... una donna!
4. A dire la verità, non posso immaginare che una donna .... la ruota.
5. Dubito molto che un uomo .... avere una gravidanza.
6. Francamente, non credo che suo marito .... sempre .... d'accordo con lei.
7. Dubito che .... suo marito, perché sono stato io!

35. Imperativo

A Usi

Usiamo *l'imperativo* per **chiedere direttamente** ad altre persone di realizzare azioni determinate.
Questa "richiesta" può avere sfumature diverse:

dare istruzioni	• ***Prendete*** *la seconda traversa a sinistra e poi **proseguite** dritti fino al semaforo.*
pregare	
comandare, ordinare	• *Dai, per favore, **prestami** il tuo motorino!*
consigliare, esortare	• ***Andate*** *subito a dormire!*
invitare	• ***Mangia*** *più sano, vedrai che starai meglio.*
dare il permesso	• ***Venite*** *a cena da noi domani, così stiamo un po' insieme.*
	• *Avanti, **entra** pure.*

1 In tutti questi enunciati, qualcuno chiede qualcosa a un'altra persona. Che tipo di richiesta stanno facendo?
Usa il dizionario se hai bisogno.

★ ★
★ **A1**
★ ★
★

→ **Mettete** subito in ordine la vostra camera, è un disastro! ....*ordine*....

1. Per favore, **vai** tu al supermercato. ....

2. **Scendete** dall'albero immediatamente! ....

3. **Vai** alla finestra "Strumenti" e clicca "Opzioni". ....

4. • Posso prendere un'altra fetta di crostata?

   ■ Certo, **prendi** pure tutta la crostata che vuoi. ....

5. **Entrate** e **mettetevi** comodi. Fate come a casa vostra. ....

6. • Ultimamente sono ingrassato, guarda che pancia mi è venuta!

   ■ **Mangia** meno porcherie e **fai** sport, ti sentirai subito meglio. ....

preghiera
ordine ✓
invito
dare permesso
ordine
istruzione
consiglio

B Imperativo informale: *mangia, mangiate...*

L'imperativo ha un solo tempo, il presente, e solo due forme: la seconda persona singolare (*tu*) e plurale (*voi*).
Si forma sostituendo le desinenze dell'infinito con le seguenti:

	PARLARE	SCRIVERE	DORMIRE	FINIRE
tu	*parla*	*scrivi*	*dormi*	*finisci*
voi	*parlate*	*scrivete*	*dormite*	*finite*

👁 Verbi come *venire, tenere, uscire* presentano le stesse irregolarità del presente indicativo:

vieni, venite	*tieni, tenete*	*esci, uscite*

• ***Prepara*** *tu gli antipasti, per favore. Lisa è ritardo.*
• ***Scrivi*** *un'e-mail ai nostri clienti per mandare gli auguri.*
• *Domani **dormi** pure fino a quando vuoi. Vado io al mercato.*
• ***Parlate*** *ad alta voce, altrimenti non vi sento.*
• ***Prendete*** *bene gli appunti perché è importante quello che spiego.*
• ***Finite*** *i compiti prima di mettervi a giocare!*

Tenete, questo è per voi.

Per la seconda persona singolare (*tu*) esistono delle forme irregolari:

andare	*vai (o va')*	• *Va'* da tuo fratello e chiedigli scusa!
dare	*dai (o da')*	• *Da'* la penna a Francesca!
dire	*di'*	• *Di'* la verità!
fare	*fai (o fa')*	• *Fa'* la pace con Maurizio.
stare	*stai (o sta')*	• *Sta'* qui e non ti muovere!
sapere	*sappi*	• *Sappi* che io non ho intenzione di venire.

Essere e *avere* presentano irregolarità in entrambe le persone (*tu* e *voi*):

avere	*abbi, abbiate*	• *Abbi* fede! / *Abbiate* fede!
essere	*sii, siate*	• *Sii* paziente, arriveranno presto. / *Siate* pazienti, arriveranno presto.

→ 21. Indicativo presente

→ 16. Posizione e combinazione dei pronomi

2 Il robot AC-69 è stato programmato per fare molte cose. Mettilo alla prova!

A2

→ AC-69 **parla** russo:
........*Parla*........ russo, AC-69!

1. AC-69 **accende** le luci di casa a distanza:
.... la luce! Adesso!

2. AC-69 **racconta** barzellette:
.... delle barzellette, AC-69!

3. AC-69 **pulisce** i vetri:
.... i vetri del salone!

4. AC-69 **prepara** un ottimo caffè:
.... un caffè per tutti!

5. AC-69 **balla** la tarantella:
.... la tarantella!

6. AC-69 **è** educato con la gente quando vuole:
.... educato con me, AC-69!

7. AC-69 **vola**:
.... fino a qui, robottino!

8. AC-69 **stira** le camicie:
.... le camicie di papà!

9. AC-69 **mette** in ordine la casa:
.... in ordine il soggiorno!

10. AC-69 **dice** gli scioglilingua velocemente:
.... uno scioglilingua!

11. AC-69 **fa** i compiti:
.... i compiti di inglese di Luisa!

12. AC-69 **cucina** la pasta:
.... gli spaghetti ai frutti di mare per tutta la famiglia!

13. AC-69 **propone** programmi per il fine settimana: .... qualcosa di interessante per il fine settimana!

3 Giulia è la mamma di Giacomo. Se invece avvesse due bambini, cosa direbbe?

A2

→ **Ascolta** quello che ti dico.
........*Ascoltate*........ quello che vi dico.

1. **Vai** a comprare il latte e il pane.
.... a comprare il latte e il pane.

2. **Prendi** l'autobus al posto della bicicletta.
.... l'autobus al posto della bicicletta.

3. **Sta'** attento agli sconosciuti.
.... attenti agli sconosciuti.

4. **Fai** attenzione a non sporcarti.
.... attenzione a non sporcarvi.

5. **Studia** molto per l'esame.
.... molto per l'esame.

6. **Aiuta** la signora Bianchini con la spesa.
.... la signora Bianchini con la spesa.

7. **Sii** buono con lei. È molto anziana.
.... buoni con lei. È molto anziana.

8. **Finisci** i compiti prima di uscire.
.... i compiti prima di uscire.

9. **Ritorna** a casa prima delle sette.
.... a casa prima delle sette.

C Imperativo informale negativo: *non mangiare, non mangiate...*

Per *l'imperativo informale negativo* usiamo **l'infinito** preceduto dalla negazione *non* per la seconda persona singolare (*tu*); per la seconda persona plurale (*voi*) usiamo la forma dell'imperativo informale affermativo preceduta dalla negazione *non*.

	PARLARE	SCRIVERE	DORMIRE	FINIRE
tu	*non parlare*	*non scrivere*	*non dormire*	*non finire*
voi	*non parlate*	*non scrivete*	*non dormite*	*non finite*

- *Non parlare ad alta voce, per favore!*
- *Non prendere troppo caffè.*
- *Ilaria, non dormire. Partiamo tra poco.*
- *Non parlate così forte. Li disturbate.*
- *Non scrivete sui muri!*
- *Non dormite in classe!*

---

4 **Matteo ha un po' di problemi. Dagli dei buoni consigli come nell'esempio.**

A2
B1

→   ● **Mangio** troppi dolci.
     ■ Beh, *non mangiare* troppi dolci.

1. ● **Fumo** troppo.
     ■ Allora .... tanto.

2. ● **Esco** tutte le sere e **faccio** le ore piccole.
     ■ .... tutte le sere e .... le ore piccole.

3. ● **Bevo** molte bibite gassate e poi mi fa male lo stomaco.
     ■ .... , se no poi ti fa male lo stomaco.

4. ● **Prendo** sempre la macchina e non cammino mai.
     ■ .... sempre la macchina!

5. ● **Penso** sempre negativamente.
     ■ Beh, d'ora in poi, ... negativamente.

6. ● **Ho** paura del colloquio di lavoro.
     ■ .... paura. Andrà bene.

7. ● **Sono sicuro** che nessuno mi vuole bene.
     ■ .... di questo. Molte persone ti vogliono bene.

---

5 **Matteo e il suo fratello gemello Simone, hanno gli stessi problemi. Date loro dei buoni consigli.**

A2
B1

→   ● **Mangiamo** troppi dolci.
     ■ Beh, *non mangiate* troppi dolci.

1. ● **Fumiamo** troppo.
     ■ Allora .... tanto.

2. ● **Usciamo** tutte le sere e **facciamo** le ore piccole.
     ■ .... tutte le sere e .... le ore piccole.

3. ● **Beviamo** molte bibite gassate e poi ci fa male lo stomaco.
     ■ .... , se no poi vi fa male lo stomaco.

4. ● **Prendiamo** sempre la macchina e non cammino mai.
     ■ .... sempre la macchina!

5. ● **Pensiamo** sempre negativamente.
     ■ Beh, d'ora in poi, ... negativamente.

6. ● **Abbiamo** paura del colloquio di lavoro.
     ■ .... paura. Andrà bene.

7. ● **Siamo sicuri** che nessuno ci vuole bene.
     ■ .... sicuri di questo. Molte persone vi vogliono bene.

D Imperativo formale: *mangi, non mangiate...*

Le forme dell'**imperativo formale** sono due: la terza persona singolare (*Lei*) e la terza persona plurale (*Loro*). Le forme sono quelle del congiuntivo presente perché con il congiuntivo non affermiamo, quindi possiamo fare una richiesta meno diretta (più educata e gentile):

	PARLARE	SCRIVERE	DORMIRE	FINIRE
Lei	*(non) parli*	*(non) scriva*	*(non) dorma*	*(non) finisca*
Loro	*(non) parlino*	*(non) scrivano*	*(non) dormano*	*(non) finiscano*

👁 La forma di cortesia *Loro*, nell'italiano moderno, si usa molto raramente e per situazioni molto formali. Normalmente si usa la forma *Voi*.

Tenga, signora, è per Lei.

- *I signori **prendano** pure ciò che desiderano.*
- *Prego signori, **prendete** pure ciò che desiderate.*

- ***Parli** più piano, non capisco bene il portoghese.*
- *La prego professore, mi **scriva** una lettera di raccomandazione.*
- *Vediamo. Mi **dica** dove le fa male.*
- *Non mi **faccia** dire quel che penso di lei.*
- *Prego, si **accomodino**. Porto subito il menù.*

→ 33. Forme del congiuntivo

---

6 Come cambia la forma di queste richieste, se la situazione richiede l'uso di una forma di cortesia.

★ A2

→ Vai dal dottore. Non hai un bel colorito.
......*Vada*...... dal dottore. Non ha un bel colorito.

1. Siediti lì, per favore.
.... lì, per favore.

2. Puoi farmi un favore? **Traduci** questo.
Bianchi, può farmi un favore? .... questo.

3. **Venite** in questa sala.
I signori, ... in questa sala.

4. **Scusa**, è libero questo posto?
.... , è libero questo posto?

5. **Tieni**. Questo è il resto.
.... Questo è il resto.

6. **Senti**, Giulio, me ne posso andare o hai bisogno di me?
.... , signor Ponti, posso andarmene un po' prima?

7. Mi **fai** il favore di stare un po' zitto?
Mi .... il favore di stare un po' zitto? Siamo in un ospedale.

8. **Scrivi** qua il tuo nome e l'indirizzo, e poi te lo mando.
.... qua il suo nome e l'indirizzo, e poi glielo mando.

E Imperativo con pronomi: *Dimmelo / Non dirmelo*

Nelle costruzioni con l'**imperativo formale** (positivo e negativo), il pronome atono segue la regola e deve essere messo **prima** del verbo:

ordine normale (frase non imperativa)	IMPERATIVO AFFERMATIVO	IMPERATIVO NEGATIVO
• *Il professore **mi** <u>guarda</u> attentamente.* • *I clienti **ci** <u>seguono</u>.*	• ***Mi** <u>guardi</u> attentamente.* • *Seguiteci! (**Ci** <u>seguano</u>!)*	• *Non **mi** <u>guardi</u> in quel modo.* • *Non seguiteci! (Non **ci** <u>seguano</u>!)*

Nelle costruzioni con **l'imperativo informale affermativo**, il pronome va **attaccato** alla fine del verbo, mentre nelle costruzioni con **l'imperativo informale negativo**, il pronome può essere collocato **prima** del verbo oppure attaccato:

ordine normale (frase non imperativa)	IMPERATIVO AFFERMATIVO	IMPERATIVO NEGATIVO
• Lorenzo _spegne_ **la luce**. • Voi _guardate_ **la partita**.	• _Spegni_**la**! • _Guarda_**tela**!	• Non _spegner_**la**! o Non **la** _spegnere_! • Non _guarda_**tela**! o Non **la** _guardate_!

→ 16. Posizione e combinazione dei pronomi

---

7 Basandoti sull'esperienza di Mattia, prova a dare consigli a Gennaro.

→ Mattia parla con dolcezza a Romina. ....._Parlale_..... anche tu così.

1. Mattia le scrive poesie e gliele recita. .... poesie anche tu

   e ....

2. Mattia le invia tanti messaggi ogni giorno. .... anche tu.

3. Mattia le dice continuamente che è bellissima. .... anche tu.

4. Mattia la accompagna a fare shopping. .... anche tu.

5. A Mattia non danno fastidio i suoi capricci e glieli perdona.

   .... anche tu.

6. A lei non piace cucinare e Mattia le prepara dei pranzetti deliziosi.

   .... anche tu.

7. Mattia si mette il profumo e si veste bene quando va a trovarla.

   .... il profumo e .... bene anche tu.

Perché Romina è innamorata di Mattia e non di me?

---

8 Completa la tabella con le forme che mancano, secondo l'esempio. Fai attenzione alla posizione dei pronomi!

tu	Dimmelo. Non dirmelo. o Non me lo dire.	Dagliele. Non dargliele. o Non gliele dare.	.... Non .... o Non	.... Non .... o Non	Portacelo. Non .... o Non ....
voi, Voi	Ditemelo. Non me lo dite.	_Dategliele_ Non	Pensateci. Non	.... Non sedetevi.	.... Non ....
Lei	Me lo dica. Non me lo dica.	Gliele dia. Non	.... Non	.... Non	.... Non ....
Loro	Me lo dicano. Non me lo dicano.	Gliele diano. Non	.... Non lo pensino.	Si siedano. Non	.... Non ....

36. Perifrasi verbali

A Stare + gerundio: *Sta dormendo / Dorme*

Con i verbi, solitamente, rappresentiamo **stati** (situazioni che si mantengono nel tempo) o **azioni** (processi che producono un cambiamento dello stato):

stati

- *Sta in piedi.*
- *È sveglio.*
- *È solo.*
- *Sa molte cose.*
- *È simpatico.*
- *Ha fame.*

azioni

- *Porta i pacchetti in macchina.*
- *[I pacchetti hanno cambiato di posto.]*

Invece, con la perifrasi *stare* + GERUNDIO presentiamo lo **stato intermedio di un'azione**. Vediamo un'azione durante il suo svolgimento, dopo l'inizio e prima della fine. Usiamo questa perifrasi, quindi, quando vogliamo riferirci al momento preciso in cui si svolge l'azione:

- ***Sta portando*** *i pacchetti in macchina.*
- *Non fare rumore. I bambini* ***stanno dormendo.***
- ***Sto finendo*** *di leggere il libro che mi hai dato.*
- ***Stavamo guardando*** *la partita tranquillamente quando Luca ci ha chiamati.*
- *Ti ho visto ieri in città.* ***Stavi aspettando*** *l'autobus in via Mazzini.*
- *Non chiamarmi alle 5. Probabilmente* ***starò studiando***

---

1 Cosa stanno facendo queste persone? Completa con i verbi del riquadro usando *Stare + gerundio*. Abbina a ogni frase il disegno corrispondente.

★ ★
★ **A1**
★ ★ ★

fare ✓	parcheggiare	dormire
sorridere		stirare

→ a. ....

b. ....

c. ....

→ • E Riccardo?
   ■ ....*Sta facendo*.......... la spesa. Tornerà presto.

1. Arriviamo tra cinque minuti. ....

2. Dicono che Serena è molto seria, però in questa foto ....

3. Non fare rumore. Il bambino ....

4. • Papà, non trovo la mia maglietta preferita!
   ■ La ....

d. ....

e. ....

Quando ci riferiamo a un momento molto concreto dello svolgimento di un'azione, preferiamo usare *stare* + GERUNDIO invece di un verbo senza perifrasi:

IN GENERALE	SITUAZIONI MOMENTANEE	
• *I gatti non **bevono** birra.*	• *Ehi! La tua gatta **sta bevendo** la mia birra!*	**adesso, in questo preciso momento**
• *Prima mi **preparava** dei pranzetti deliziosi.*	• *Non ti ho risposto al telefono perché **stavo preparando** il pranzo a Marta.*	**in quel preciso momento del passato**

2 **Collega le frasi delle due colonne e scegli la forma, con o senza perifrasi, più adeguata.**

A2

→ C'ero solo io in casa quando è arrivato il pacco.

1. I pianeti non **emettono / stanno emettendo** luce propria.

2. L'acqua **bolle / sta bollendo** a 100 gradi centigradi.

3. L'acqua **sta bollendo / bolle**.

4. Quando chiamò la polizia ero nervosissimo.

5. Prima non **andavamo / stavamo andando** quasi mai al cinema.

a. Butta la pasta.

b. Marisa **lavorava /** **stava lavorando** in quel momento.

c. **Tenevamo / Stavamo tenendo** il denaro in casa.

d. La ricevono dalle stelle.

e. A quella temperatura si trasforma in vapore.

f. Preferivamo andare a teatro.

Usiamo *stare* + GERUNDIO per parlare di **situazioni momentanee** solo con verbi d'azione o attività; non usiamo questa perifrasi con verbi che si riferiscono a uno stato o a una qualità:

SITUAZIONI MOMENTANEE

	stare + GERUNDIO quando il verbo significa "azione"	VERBO SENZA PERIFRASI quando il verbo significa "stato"
parlando del presente	• *I bambini **stanno giocando**.* • ***Stiamo cenando**.* • *Tua sorella **sta riposando**.*	• *Sono contenti.* • *Non possiamo venire.* • *È sdraiata sul divano.*
parlando del passato	• *I bambini **stavano giocando**.* • ***Stavamo cenando**.* • *Tua sorella **stava riposando**.*	• *Erano contenti.* • *Non potevamo venire.* • *Era sdraiata sul divano.*

3 Completa con STARE + gerundio per i verbi che significano "azione o attività" e con il verbo senza perifrasi per i verbi che significano "stato".

B1

| parlando del presente | parlando del passato |

entrare ✓
sembrare

1. Guarda, il mio ragazzo è quello che ...*sta entrando*... adesso. Ti .... bello?

fare (voi)
essere (noi)

2. .... molto rumore. .... stanchi, vogliamo riposare.

vedere (io)
essere

3. Ti richiamo tra poco: .... la fine di un film. .... molto interessante.

vedere (tu) ✓
essere

4. ● E vedevi qualcosa?
   ■ Quasi niente, a quell'ora .... molto buio.

tagliare
essere
portare

5. ● Guarda questa foto. Che ricordi! Qui Renzo .... la torta. .... molto belli il giorno del matrimonio.
   ■ Però lui .... i capelli molto lunghi, no?

essere (tu)
ascoltare (io)
sentire (io)

6. ● Ti ho chiamato un sacco di volte, dove .... ?
   ■ .... la musica con le cuffie. Non .... il cellulare.

B Stare per + infinito: *Sta per piovere.*

Quando ci riferiamo a un'azione che non è ancora cominciata ma che è imminente usiamo la forma **stare per + infinito**, oppure altre forme come *essere in procinto di, essere sul punto di* + infinito:

- *Hai sentito i tuoni? **Sta per piovere**. Prendi l'ombrello.*
- ***Stavo per uscire** quando ho ricevuto la tua telefonata.*
- ***Sto per farmi** la cena, ti chiamo dopo.*
- *Dobbiamo fare presto perché il supermercato **sta per chiudere**.*
- *La valigia è così piena che **è sul punto di scoppiare**.*
- *Monica **è in procinto di partire** per Venezia.*

Guarda che nuvole nere! Sta per piovere, torniamo a casa.

---

4 Cosa succederà? Leggi le situazioni e fai una previsione di cosa accadrà a breve. Usa i verbi nel riquadro a destra.

B1

→ Roberta e Caterina hanno chiamato il cameriere per chiedere il conto.
   Stanno per pagare.

1. Sono appena entrato in un parcheggio.
   ....

2. L'arbitro ha il fischietto in bocca.
   La partita ....

3. Renata si è truccata e si è vestita.
   ....

4. Il cameriere ha portato le pizze e le birre.
   ....

5. Mio fratello tornerà domani dal suo viaggio.
   ....

6. Domani è l'ultima lezione dell'anno.
   Il corso ....

7. Donatella deve discutere la tesi domani.
   ....

8. Mi sono messo il pigiama.
   ....

finire
cominciare
mangiare
pagare ✓
parcheggiare
andare a dormire
laurearsi
tornare
uscire

5
Preposizioni

37. Preposizioni (I): *da, a, in, tra, del, sulla, nei ...*

Le preposizioni si usano per mettere in relazione tra loro degli elementi, nello spazio e nel tempo concreti e astratti.

A Di, a, da, in ... e del, allo, dalle, negli ...

In italiano, le preposizioni semplici sono *di, a, da, in, con, su, per, tra / fra*.

- *Dopo la lezione vado in biblioteca e poi torno a casa.*
- *Claudette è appena arrivata da Parigi con suo marito.*

Le preposizioni semplici *di, a, da, in, su* si combinano con l'articolo che le segue formando un'unica parola. In questi casi si chiamano **preposizioni articolate**.

	IL	LO	LA	L'	I	GLI	LE
A	al	allo	alla	all'	ai	agli	alle
DA	dal	dallo	dalla	dall'	dai	dagli	dalle
SU	sul	sullo	sulla	sull'	sui	sugli	sulle
DI	del	dello	della	dell'	dei	degli	delle
IN	nel	nello	nella	nell'	nei	negli	nelle

Le preposizioni articolate seguono le regole dell'articolo determinativo e quindi è necessario fare attenzione al **genere** (maschile e femminile) e al **numero** (singolare e plurale) della parola che segue la preposizione.

- *I libri e le penne sono nello zaino.* [in + lo zaino]
- *Non ho ancora comprato il biglietto dell'autobus.* [di + l' autobus]
- *Ogni giorno Eleonora telefona ai suoi cugini.* [a + i suoi cugini]
- *Klaus viene dalla Germania.* [da + la Germania]
- *I tuoi occhiali sono sul tavolo vicino alle chiavi.* [su + il tavolo] [a + le chiavi]

→ 5. Articoli

👁 Anche la preposizione *con* può avere alcune forme articolate (*col, coi*).

Mamma mia che freddo! Esco col cappotto e coi guanti [con + il cappotto] [con + i guanti]
Mamma mia che freddo! Esco con il cappotto e con i guanti.

---

1 Gli studenti di un corso d'italiano parlano tra loro, ma sono alle prime lezioni e hanno qualche difficoltà con le preposizioni articolate. Aiutali a unire la preposizione all'articolo.

★★ **A1**

→ Mi presti gli appunti **di la** ...*della*... lezione?

1. Cosa c'è scritto **su la** .... lavagna?

2. **In la** .... lezione di ieri abbiamo parlato **di le** .... preposizioni semplici.

3. Io vengo **da l'** .... Argentina, e voi?

4. Noi veniamo **da gli** .... Stati Uniti.

5. Ho scelto questo corso perché la scuola si trova **in il** .... mio quartiere.

6. Ho ancora qualche dubbio **su l'** .... argomento che abbiamo studiato ieri.

7. Io invece ho un po' di dubbi **su gli** .... articoli.

8. Se non avete capito, chiedi **a l'** .... insegnante.

B *Da, dal, dagli ... e a, allo, alle ...*

→ 5. Articoli

La preposizione *da* indica principalmente il punto di partenza o l'origine:

- **Da** *dove vieni?*
- *Vengo* **da** *Bologna.*

Usiamo la preposizione semplice *da* e le preposizioni articolate *dal, dallo, dall', dalla, dai, dagli, dalle* per indicare:

---

origine fisica e temporale

dall'Italia, da Bologna, da lì, dalla cima...
da tre anni, dal 2007, dall'età di 12 anni...

---

origine di un'azione o di un'idea

- *La Divina Commedia è stata scritta* **da** *Dante Alighieri.* [Dante Alighieri è l'origine]
- *Abbiamo pianto* **dalla** *felicità quando è nata la nostra bambina.* [la felicità ha originato il pianto]
- *Non è giusto giudicare le persone* **dalle** *apparenze.* [le apparenze sono il punto di partenza del giudizio]

---

luogo fisico e temporale

- *Vado* **dal** *dentista. Ci vediamo dopo* **da** *Gianna.*
- **Da** *piccolo mi arrampicavo sempre sugli alberi.*

---

la qualità, la caratteristica

- *Ti ricordi quella mia amica* **dai** *capelli biondi?*
- *Abbiamo comprato una macchina* **da** *20.000 €.*

---

la finalità, la funzione

- *Compra qualcosa* **da** *bere e anche uno spazzolino* **da** *denti, per favore.*
- **Da** *coordinatore, Giulio non può disinteressarsi.*

👁 In generale, con le espressioni *venire da, tornare da, lontano da, diverso da*, la preposizione *da* è **semplice** con i nomi di città o paesi; è invece **articolata** con i nomi di continenti, nazioni e regioni:

> *vengo* **da** *Pisa,* **dal** *Messico,* **dall'***Africa*

La preposizione **a** indica principalmente il punto di arrivo o di riferimento, la direzione:

- *Di solito vado* **a** *scuola in bici.*
- *Stasera andiamo* **a** *teatro?*

Usiamo la preposizione semplice *a* e le preposizioni articolate *al, allo, all', alla, ai, agli, alle* per indicare:

---

un riferimento fisico o astratto

- *Andiamo* **a** *casa?* [luogo]
- *Cristina è* **a** *scuola.* [luogo]
- *Ho spedito l'invito* **a** *Silvana.* [destinatario]
- *Ci vediamo* **alle** *9.* [riferimento temporale]

---

una qualità o caratteristica, un modo o un mezzo

- *Mi piace quella camicia* **a** *quadretti.*
- *Chiara parla sempre* **a** *bassa voce.*
- *Questa camicia è cucita* **a** *macchina.*

La preposizione *a*, preceduta dagli avverbi *fino/sino*, si usa per indicare il momento in cui termina un'azione:

Nicoletta è andata a letto tardi perché ha guardato la tv **fino/sino** **alle** 23.30.
- *Domani lavorerò* **fino/sino** **alle** *13.30.*

👁 La preposizione semplice *a* seguita da una parola che inizia per vocale può cambiare in **ad**.

> *Superiore* **a** */* **ad** *ogni aspettativa.*

👁 In generale, con le espressioni *andare a, venire a, tornare a, vicino a, uguale a* la preposizione *a* è **semplice** con i nomi di città; è invece **articolata** con i nomi comuni preceduti da un articolo.

> *andiamo* **a** *Mantova,* **al** *mare,* **alla** *festa*
> *vicino* **a** *Ferrara,* **alla** *banca*

2 Peter è un archeologo tedesco che lavora in Italia, però fa ancora degli errori quando parla italiano.
La Polizia lo interroga come testimone di un furto. Cerchia gli errori e correggili.

★ ★
★ A2
★ ★
★ ★

→ Vivo a Roma da qualche mese, lavoro **sugli**
scavi archeologici **della** via Appia. (......*negli / ✓*......)

1. Sono uscito **dal** lavoro **a** le cinque
e stavo tornando **a** casa. (............)

2. All'improvviso ho sentito il rumore che
veniva **da** una casa poco più avanti.
(............)

3. Ho visto un uomo che usciva **alla** finestra
di quella casa. (............)

4. L'uomo indossava una giacca **da** quadri e un
cappello nero. (............)

5. L'uomo aveva con sé una grande borsa **a** viaggio. (............)

6. Appena mi ha visto, l'uomo ha cominciato a correre **a** quella parte. (............)

7. Davvero ha rubato un quadro **da** 40mila euro? (............)

8. Domattina verrò **alla** stazione di Polizia per firmare la mia dichiarazione. (............)

3 La ditta *Salumettoni* si dedica alla produzione del prosciutto di Parma. Per saperne di più, completa il testo
con le preposizioni *da* e *a*, semplici o articolate.

★ ★
★ A2
★ ★
★ ★

Cari maiali, grazie!

"Salumettoni" è un'azienda a conduzione familiare che si occupa →....*da*..... 150 anni della produzione di prosciutto. La sua sede centrale è un edificio (1) .... forma di maiale situato in un piccolo paesino dell'Emilia Romagna non lontano (2) ....Parma. I prosciutti sono prodotti (3) ....mano. Dopo la salagione e il classico periodo di riposo, i prosciutti si asciugano (4) .... aria aperta o in grandi locali ventilati. I prosciutti vengono controllati (5) ....operai durante tutto il periodo di asciugatura e stagionatura, che dura almeno 12 mesi. Ogni giorno più di cento camion partono (6) ....azienda per raggiungere città italiane e non. Il motto della ditta è: "Salumettoni, salumi (7) .... gustare".

C *Da... a*

L'uso combinato delle preposizioni semplici *da* e *a*, e delle corrispondenti preposizioni articolate, si riferisce generalmente a uno spazio o a un tempo determinato/delimitato: le due preposizioni *da* e *a* indicano rispettivamente il principio e la fine dello spazio o del tempo in oggetto.

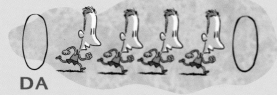

DA   **A**

- *Siamo andati **da** Roma*   *...**a** Mosca in aereo.*
- *Puoi prendere un taxi oppure un autobus per andare **dall**'aeroporto*   *...**alla** stazione dei treni.*
- *Abbiamo studiato italiano **dalle** 9.00*   *...**alle** 13.00.*
- *Gli insegnanti sono in ferie **da** giugno*   *...**a** settembre.*

→ 5. Articoli

---

4   **Indica il significato di ciascuna frase scegliendo l'opzione corretta.**

A1

→ Un viaggio **da** Roma   a. direzione: Roma
   Un viaggio **a** Roma   b. direzione: altra città

1. a. Un taxi **dall**'aeroporto.   a. il taxi si trova in aeroporto e parte per andare in un altro posto.
   b. Un taxi **all**'aeroporto.   b. il taxi si trova in aeroporto.

2. a. Salgo **al** secondo piano.   a. mi trovo al secondo piano e salgo più in alto.
   b. Salgo **dal** secondo piano.   b. sono più in basso e salgo verso il secondo piano.

3. a. Ho scritto una lettera **da** Rita.   a. mentre ero a casa di Rita ho scritto una lettera.
   b. Ho scritto una lettera **a** Rita.   b. ho scritto una lettera destinata a Rita.

4. a. **Da** trent'anni.   a. all'età di trent'anni.
   b. **A** trent'anni.   b. negli ultimi trent'anni.

5. a. Appartamenti **da** 350mila euro.   a. il prezzo degli appartamenti è 350mila euro.
   b. Appartamenti **a** 350mila euro.   b. gli appartamenti costano 350mila euro o più.

6. a. Aspettami **dalle** sei.   a. arriverò alle sei.
   b. Aspettami **alle** sei.   b. arriverò alle sei ma forse anche dopo.

7. a. Una lettera **da** Trieste.   a. la lettera viaggia verso Trieste.
   b. Una lettera **a** Trieste.   b. la lettera viaggia verso un'altra città.

8. a. Un treno **da** Bologna.   a. il treno si trova a Bologna.
   b. Un treno **a** Bologna.   b. il treno ha lasciato Bologna.

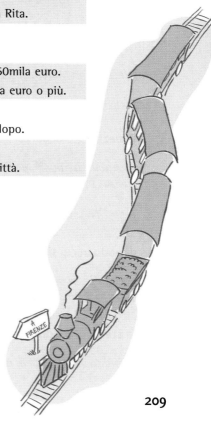

5 **Completa le frasi scegliendo l'opzione corretta.**

→ Povero Luca, sta studiando...
    a. al mese di agosto.
    b. dal mese di agosto.

1. Mia nonna è morta...
    a. all'età di novantatré anni.
    b. dall'età di novantatré anni.

2. Ho fatto molto sport...
    a. da quando ho finito la scuola.
    b. a quando ho finito la scuola.

3. La nave da crociera va da Venezia...
    a. da Malta.
    b. a Malta.

4. Il figlio di Caterina sta piangendo...
    a. a due ore.
    b. da due ore.

5. Possiamo prenotare l'albergo da maggio...
    a. a giugno.
    b. da giugno.

6. Teresa mi ha chiesto di andare con lei...
    a. a Milano.
    b. da Milano.

D In, nel, negli... tra e fra

→ 5. Articoli

La preposizione semplice *in* e le sue corrispondenti preposizioni articolate *nel, nello, nell', nella, nei, negli, nelle* si riferiscono a uno spazio definito o delimitato (un posto, un oggetto, una superficie, un insieme, un periodo di tempo, un'idea, ecc.).

*Irene è **nel** suo ufficio,
ma cosa c'è **nei** suoi pensieri?"*

IN

- *I fiori sono **nel** vaso.*
- *Il vaso non è **nella** posizione corretta.*
- *La poltrona è **nell'**angolo.*
- *Il quadro non è **nella** cornice giusta.*
- *I mobili sono **nella** stanza.*
- *La stanza è **nei** pensieri di Irene.*

La preposizione *in* e le sue corrispondenti preposizioni articolate servono a collocare qualcosa o qualcuno in uno spazio concreto o astratto:

*in Piazza San Marco, in Italia, in vacanza, **nelle** vicinanze di, in fila, in pensione, in vacanza...*

Con la preposizione *in* indichiamo:

il mezzo di trasporto	**un periodo di tempo**
in autobus, in macchina, in metro, in treno, in barca, in aereo, in taxi...	*in inverno, nel 1948, nei mesi estivi, nel pomeriggio, in due ore, nell'ora di punta...*
👁 MA: *a cavallo, a piedi* [~~in cavallo, in piedi~~]	**l'interno di un settore o una disciplina**
il modo in cui si realizza un'azione	*in ingegneria, in medicina, in matematica...*
in generale, in pubblico, in segreto, in contanti, in buona fede, in serie, in poche parole...	**la materia di cui è composto un oggetto**
	in seta, in cuoio, in legno, in marmo...
lo stato, la condizione di qualcuno o qualcosa	
in vendita, in mostra, in affitto, in onore, in miseria...	

👁 In generale, con le espressioni *andare in*, *venire in*, *tornare in*, la preposizione *in* è **semplice** con i nomi di continenti, nazioni e regioni. In alcuni casi particolari può essere **articolata**.

> *Siete mai andati in Cina? E in Giappone?*
> *L'anno scorso Carlotta e Camilla sono andate negli Stati Uniti e nelle Filippine.*

Le preposizioni semplici *tra* e *fra* indicano **i limiti dello spazio** in cui si trova qualcosa/qualcuno o in cui accade qualcosa:

- *Taormina si trova **tra** Catania e Messina.*
- *Sono fuori casa **fra** le 3 e le 5 di pomeriggio.*
- *Questo lavoro deve essere finito **fra** oggi e domani.*
- *Nell'alfabeto italiano, la lettera L sta **tra** la lettera I e la lettera M.*
- *Abbiamo la possibilità di scegliere **tra** quattro o cinque modelli.*

Quando esprimiamo un solo limite intendiamo che l'altro limite è lo spazio attuale o il momento presente:

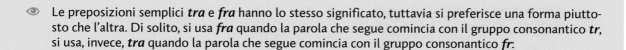

TRA / FRA

- ***Tra** un paio di settimane partirò per un viaggio di lavoro in Brasile.*
  [primo limite: oggi]
- *Sto arrivando, **fra** cinque minuti sono lì.*
  [primo limite: adesso]
- *Siamo quasi arrivati, **tra** un chilometro c'è l'uscita dell'autostrada.*
  [primo limite: qui]

👁 Le preposizioni semplici *tra* e *fra* hanno lo stesso significato, tuttavia si preferisce una forma piuttosto che l'altra. Di solito, si usa *fra* quando la parola che segue comincia con il gruppo consonantico *tr*, si usa, invece, *tra* quando la parola che segue comincia con il gruppo consonantico *fr*:

> *Partiremo fra tre mesi.*
> *Tra fratelli si litiga spesso ma si fa subito pace.*

6 Riccardo e Caterina sono molto attivi e fanno sempre tante cose. Completa il testo con le preposizioni *in* (semplice o articolata) o *tra/fra*.

★ ★ ★
★ A2
★ ★ ★

→ Caterina non si sposta mai né ....*in*.... autobus né ....*in*.... metro. Preferisce andare ....*in*.... bicicletta, così si muove meglio ....*tra*.... le macchine.

1. Riccardo va spesso .... moto, anche se durante il fine settimana preferisce andare .... bicicletta per le vie del centro.

2. Quando non viaggia, Caterina ama passare un po' di tempo passeggiando .... le bancarelle dei mercatini.

3. .... estate, Riccardo e Caterina vanno .... barca a vela e si fanno delle belle nuotate .... i pesci colorati.

4. .... periodo invernale, invece, Riccardo e

Caterina sciano. Vanno .... macchina a Cortina d'Ampezzo, un bellissimo paese .... le montagne del Veneto.

5. .... primavera, Riccardo e Caterina amano fare escursionismo e percorrono a piedi .... i 10 e i 20 chilometri al giorno.

6. Riccardo e Caterina si fermano solo .... Natale e Capodanno, per trascorrere le vacanze con tutta la famiglia.

7 Nella famiglia D'Istratti sono tutti molto disordinati. Completa le frasi di entrambi i riquadri con le preposizioni semplici o articolate adatte, poi collega ciascuna domanda alla risposta adatta.

A2

B1

→ I miei stivali erano .....*nell'*..... armadio e ora non ci sono più. Dove sono?

1. Dov'è il mio vestito elegante di Versace? .... mio armadio non c'è più.

2. Qualcuno ha visto il mio ombrello nero? L'avevo lasciato .... il frigo e la lavastoviglie!

3. Ma dov'è la mia maglietta nuova? Ho cercato .... camera mia ma non c'è!

4. Per caso il mio portafogli è .... tua borsa?

5. Avete visto la mia crema? Ieri l'avevo lasciata .... armadietto, ... il rossetto e il fondotinta.

6. E il mio anello? Per caso è finito .... i vostri gioielli?

→ Rossella li ha presi e li ha messi .....*In*..... quella scatola insieme alle altre scarpe.

a. Ti sembra un posto in cui lasciare un ombrello? L'ho messo .... portaombrelli all'ingresso.

b. Figurati! Sarà .... cassetto della tua scrivania, ... tutti i tuoi documenti.

c. Ma non ti ricordi? L'hai portato .... lavanderia la settimana scorsa!

d. .... mio portagioie non c'è. Prova a cercare .... cucina, ieri te lo sei tolto per lavare i piatti.

e. Guarda .... armadio di Serena, ieri la indossava lei.

f. Ah, scusa! L'ho usata io e poi l'ho lasciata .... soggiorno!

8 Lorenzo sta seguendo una mappa per trovare un tesoro nascosto nel deserto del Sahara. Dove lo troverà? Per saperlo, indica le frasi corrette.

B1

1. Vicino in una tenda.
2. Tra la prima e la seconda duna. ✓
3. Tra uno stagno.
4. In una tenda.
5. In una palma e l'altra.
6. Avvolto in un tappeto.
7. Fra un'oasi.

E *Di, del, degli, della...*

La preposizione semplice *di* e le sue corrispondenti preposizioni articolate *del, dello, dell', della, dei, degli, delle* indicano una relazione di appartenenza tra cose (concrete e astratte) e persone.

- *Quel ragazzo è **di** Milano.*   - *Questa casa è **di** Laura.*   - *Le finestre **della** casa sono chiuse.*

Usiamo la preposizione semplice *di* e le sue corrispondenti preposizioni articolate *del, dello, dell', della, dei, degli, delle* per indicare:

la relazione di qualcuno/qualcosa con un ambito o una categoria	**la relazione tra persone, cose o azioni**
*l'industria **della** moda, una lattina **di** birra, mobili **di** legno, una cravatta **di** lino, un CD **di** musica classica, una cintura **di** sicurezza...*	• *Mio fratello è più vecchio **di** me ma è più giovane **di** nostro cugino.* • *Vivo in una zona meno trafficata **della** tua.* → **40. Paragonare**
la relazione di qualcuno/qualcosa con un riferimento temporale	**una relazione tra una parte e una totalità**
*studio **di** notte, guido **di** giorno, una passeggiata **di** mezzora, una donna **di** mezza età, una ragazza **di** vent'anni, ecc.*	***dello** zucchero, **dei** parenti, **delle** buone idee, **del** buon vino, ecc.*
la relazione di qualcuno/qualcosa con una quantità	
*un gatto **di** nove chili, un giardino **di** più di 500 m², un anello prezioso **di** soli 100 €, quadri **di** gran valore, ecc.*	→ **5. Articoli**

9 (Cerchia) **la preposizione corretta.**

A1

→ Stefano ha sempre (delle / di / della) buone idee.

A2

1. Mia zia ha comprato dei piatti (di / della / dell') ceramica davvero stupendi.

2. I signori Pelati sono (di / del / della) Urbino.

3. Questa non è la borsa (dello / del / di) Chiara, è (di / della / del) sua amica Carlotta.

4. (Di / Del / Della) sera, gli italiani non bevono mai il cappuccino.

5. In inverno, di solito mi metto maglioni (dei / della / di) lana.

6. Buongiorno, mi potrebbe dare una bottiglia (di / dell' / dello) olio per favore?

7. Hai mai letto libri (della / di / del) fantascienza?

8. Domani partiamo per un viaggio (dello / dei / di) un mese.

9. Sara ha una sorella (della / del / di) quindici anni.

10. Virna vive in una zona (di / dell' / della) città più verde (di / della / dei) mia.

10 **Giacinto Salumettoni vince il premio letterario *Bottega* con il suo romanzo *Un uomo tra i salumi*.**
Completa la biografia di Giacinto con la preposizione *di*, semplice o articolata.

A2
B1

→ Giacinto è il figlio (1) ....del.......... fondatore della ditta Salumettoni, ed è a capo (2) .... azienda da più (3) ....dodici anni. Il suo ruolo è gestire tutte le attività (4) .... impresa di famiglia. Giacinto ha due figli (5) .... dodici e sedici anni e vive nelle campagne (6) .... Emilia Romagna. Tutti i giorni, alle sette in punto (7) .... mattina, va al lavoro percorrendo a piedi un percorso (8) .... due chilometri. Giacinto è un appassionato (9) .... caccia e pesca, e solo recentemente si è avvicinato al mondo (10) .... letteratura, con il suo primo libro *Un uomo tra i salumi*, che racconta la storia (11) .... sua famiglia. Il libro è diventato uno (12) .... più grandi casi letterari (13) .... ultimi dieci anni e Giacinto è stato intervistato dalle maggiori televisioni (14) .... paese.

213

11 Completa le frasi con la preposizione *di*, semplice o articolata.

★ ★ A2
★ ★
★ ★ B1

→ I vestiti e le scarpe italiane sono …..*di*….. altissima qualità e l'industria …..*della*….. moda è molto importante in Italia.

1. A scuola stiamo leggendo alcuni brani ………… *Divina Commedia*, l'opera più famosa ………… Dante Alighieri.

2. Antonio fa molto volontariato e si occupa soprattutto ………… persone anziane.

3. Sulle Alpi si può sciare sia ………… inverno che ………… estate.

4. Maurizio è un bravissimo studente ………… diciotto anni che ha appena vinto una borsa ………… studio.

5. Umberto ha regalato alla sua fidanzata un anello ………… diamanti ………… valore ………… mille euro.

6. La ricetta ………… pasta fresca è una ………… ricette più popolari ………… Italia.

7. Ogni mattina faccio una corsa ………… un'ora nei sentieri ………… parco.

8. Trieste è una città ………… mare ed è il capoluogo ………… Friuli Venezia Giulia.

9. Gli studenti ………… questa scuola ………… italiano sono tutti ………… nazionalità diverse.

F *Su, sul, sugli, sulla…*

→ 5. Articoli

La preposizione semplice *su* e le sue corrispondenti preposizioni articolate *sul, sullo, sull', sulla, sui, sugli, sulle* indicano la posizione fisica o virtuale di un oggetto (cosa o persona) in relazione con un altro.

- *Ho lasciato la penna su uno di quei libri.*
- *L'assassino torna sempre sul luogo del delitto.*

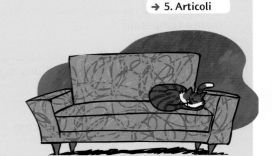

- *Il gatto sta dormendo sul divano.*

In italiano, la preposizione semplice *su* e le sue corrispondenti preposizioni articolate *sul, sullo, sull', sulla, sui, sugli, sulle* vengono inoltre usate:

per indicare un'approssimazione (età - tempo - valore - prezzo - peso - quantità)

un uomo sulla settantina, una donna sui cinquant'anni, sul finire dell'estate, una collana che vale sui due milioni di euro, costa sugli 80 €, peserà sui 50 Kg…

per indicare un modo

un abito su misura, riceve solo su appuntamento, su incarico del presidente…

per indicare un argomento

- *Stiamo facendo una ricerca sulle origini della lingua italiana.*

---

12 Scegli la preposizione adeguata.

★ ★ A1
★ ★
★ ★
★ ★ A2
★ ★

→ I tuoi guanti sono (su / sul / sui) …..*sul*….. tavolo, mentre i miei sono (sulla / su / sulle) …..*su*….. quella sedia.

1. Sto leggendo un libro (su / sullo / sugli) ………… sbarco (su / sulla / sulle) ………… luna.

2. Stasera arriveremo alla festa (su / sul / sui) ………… tardi.

3. Luca ha lasciato le chiavi (su / sulle / sulla) ………… mensole della libreria.

4. Quando da piccolo andavo (su / sulle / sui) ………… Dolomiti, mi piaceva correre a piedi nudi (su / sui /

sugli) ………… prati.

5. Vorrei un paio di scarpe (su / sulla / sui) ………… misura.

6. Io e le mie sorelle discutiamo sempre (su / sullo / sulla) ………… ogni piccola cosa.

7. Siamo andati all'Arena di Verona e ci siamo seduti (su / sulle / sui) ………… gradinate per vedere *La Traviata*.

8. Anna è una ragazza (su / sui / sugli) ………… vent'anni.

13 Hiroko è una studentessa giapponese che vive in Italia e frequenta un corso di italiano. Ha scritto un testo per descrivere le sue giornate, ma sta ancora pensando a come completare alcune frasi. Aiutala inserendo la preposizione *su*, semplice o articolata.

★ ★
★ **A2**
★ ★
★ ★
★ **B1**
★ ★

→ Abbiamo giocato ....*sulla*.... terra bagnata e quando siamo entrati in casa abbiamo lasciato le impronte ....*sul*.... pavimento.

1. La settimana scorsa abbiamo fatto una bella passeggiata .... colline intorno a Bologna.

2. A scuola stiamo leggendo un libro .... Leonardo da Vinci e dobbiamo scrivere un breve tema .... sue opere.

3. Il mio amico Riccardo è molto alto e piuttosto robusto. Pesa .... cento chili e deve sempre comprare vestiti .... misura.

4. Con la scuola siamo andati a vedere uno spettacolo teatrale. È durato .... due ore, e mi sono divertita moltissimo!

5. Io e la mia amica Donatella siamo d'accordo .... molti argomenti, ma .... amore abbiamo vedute completamente diverse.

6. Il professore d'italiano ci ha detto che la famiglia reale dei Savoia ha regnato .... Italia per molti anni.

7. Abito vicino a un negozio dove preparano torte speciali .... richiesta.

8. La maglietta che ho comprato ieri costa .... venti euro, ma .... bancarelle del mercato la puoi trovare per meno.

9. .... balconi e .... terrazze delle case italiane ci sono sempre molti fiori.

G Per

La preposizione semplice *per* indica principalmente:

il **luogo** (concreto o astratto) o il **tempo** verso cui qualcosa/qualcuno si dirige o si muove (destinazione).

- *Domani mattina partiamo **per** Praga.*
- *È questo l'autobus **per** l'aeroporto?*
- *Sto uscendo, ma sarò di ritorno **per** le 11.00.*
- *Marco, potresti distribuire una fotocopia **per** ogni studente?*

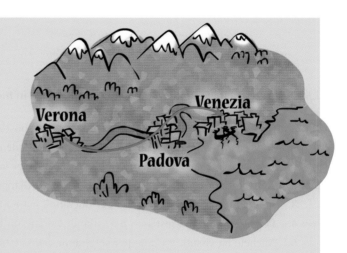

- *Passiamo **per** Padova.*

Il **luogo** (concreto o astratto) o il tempo che viene attraversato da qualcosa /qualcuno (durata).

- *Sono passato **per** Orvieto ma purtroppo non mi sono fermato.*
- *Abbiamo girato **per** tutto il paese ma non abbiamo trovato la pizzeria di cui parlavi.*
- *Andiamo in montagna **per** le vacanze natalizie.*
- *Ho fatto l'impiegato **per** quindici anni.*
- *La Torre degli Asinelli a Bologna si innalza **per** più di 90 metri.*

Inoltre, la preposizione *per* indica:

un mezzo

*per telefono, **per** posta, **per** eliminazione, ecc.*

una causa

*per malattia, **per** orgoglio, **per** lo sciopero, ecc.*

una sostituzione o uno scambio

- *Mirella parla **per** il marito.*
- *Ti avevo scambiata **per** un'altra.*
- *Ho venduto la mia vecchia bicicletta **per** 20 euro.*

14 Identifica il valore della preposizione *per* nelle seguenti frasi.

A1 → È stata eletta la nuova presidentessa. L'hanno detto **per** radio.

1. È così grande che non passa **per** la porta.
2. Mi ha venduto la sua Fiat **per** pochissimi soldi.
3. Antonio ha costruito un mobile **per** il soggiorno.
4. Il museo è stato chiuso **per** ordine del Questore.
5. Al settantesimo minuto della partita contro la Germania è entrato Pirlo **per** Totti.
6. Sono due ore che camminiamo **per** il centro. Fermiamoci a prendere un caffè.
7. I Romani hanno dominato il Mediterraneo **per** molti secoli.
8. Fiorella è stata ricoverata in ospedale **per** un problema a un piede.
9. Fallo tu **per** me, per favore. Io adesso non posso.
10. Se mandi il pacco **per** posta arriva tra due settimane.
11. Danno la partita **per** televisione?

LUOGO O TEMPO	MEZZO	CAUSA	SCAMBIO/SOSTITU-ZIONE
....	*per radio*	....	....
....	....	....	....
....	....	....	....
....	....	....	....

15 Indica le frasi in cui la preposizione *per* è usata in modo scorretto e scrivi quella corretta.

A2 → Ieri ho telefonato **per** Mirella, ma non mi ha risposto. ...*a*.........
→ È davvero molto piacevole passeggiare **per** le strade di questa città. ....✓........

1. Ho perso le chiavi di casa, perciò sono passato **per** la finestra. ....
2. Appena finirà l'università, Serena partirà **per** il Giappone. ....
3. Frequento un corso di italiano **per** due anni, ma ho ancora qualche problema ad esprimermi. ....
4. Perché stasera non restiamo **per** casa a guardare un film? ....
5. Michele ha vissuto a Udine **per** sette anni, poi si è trasferito a Bologna. ....
6. Percorri questa strada **per** due chilometri, poi troverai le indicazioni **per** Genova. ....
7. **Per** quanti anni vivi in questa città? ....
8. La settimana scorsa abbiamo preso il treno **per** Firenze. ....
9. Sono arrivato **per** Milano solo la settimana scorsa, ma comincio già a orientarmi in città. ....

16 L'archeologo tedesco Peter è stato testimone di un furto ed è andato ai Carabinieri per raccontare cosa ha visto. Purtroppo Peter fa ancora degli errori in italiano e alcune frasi del verbale sono scorrette.

B1 Correggi gli errori dove è necessario.

→ Mi chiamo Peter Haneke, vengo **per** Berlino. ...*da*.....

1. Mi trovo qui a Roma per lavoro e ieri sera stavo tornando a casa. ....
2. Stavo camminando a strada quando ho sentito un rumore di vetri rotti. ....
3. Mi sono girato e ho visto un uomo che usciva da una casa passando per una finestra. ....
4. Ho paura di non potervi aiutare molto perché non ho visto l'uomo per faccia. ....

5. Ho preso il mio cellulare da telefonare immediatamente alla Polizia, ma l'uomo è salito su un'auto ed è sparito in un attimo. ....
6. Per fortuna ho segnato il numero di targa. ....
7. Per strada ho trovato dei gioielli. Il ladro deve averli fatti cadere tra la fretta. ....
8. Spero che si riesca a trovare il colpevole per il mio aiuto. ....

H Con e senza

La preposizione *con* indica unione e associazione. Si usa per indicare che un oggetto (persona o cosa) si accompagna a un altro oggetto, oppure che ne è una componente o uno strumento.

- *Irene è **con** il marito.*

Quando la preposizione *con* ha un valore di unione e associazione, il suo contrario è la preposizione secondaria *senza*.

- *Irene è **senza** il marito.*

CON

SENZA

Ad entrambi piace:

- *La pizza **con** molto pomodoro e molta mozzarella...*
- *Dormire **con** il pigiama...*
- *Stare **con** gli amici...*
- *Mangiare **con** le posate d'argento...*

La preposizione *con* indica anche il modo in cui si compie un'azione.

- *Leggere **con** attenzione, trattare **con** gentilezza...*

Ad entrambi piace:

- *... e il caffè **senza** zucchero.*
- *Non possono vivere l'uno **senza** l'altra!*
- *... e **senza** calzini.*
- *... e passeggiare **senza** fretta.*
- *... ma **senza** la tovaglia.*

---

17 Completa le frasi con la preposizione *con* o con il suo contrario *senza*.

A2

→ Il caffè ti piace amaro o .....*con*..... lo zucchero?

1. Non mi piace andare a correre da solo, preferisco fare sport .... un amico.

2. Il mio ambiente di lavoro non è molto formale, posso andare in ufficio .... cravatta.

3. Per me è molto difficile passeggiare in centro .... fare acquisti.

4. Preferisco guardare i film in lingua originale .... i sottotitoli perché non sempre riesco a capire tutto.

5. Di solito l'insegnante corregge gli errori .... una penna rossa.

6. Lidia e Giacomo sono molto felici di partire e hanno organizzato il viaggio .... grande entusiasmo.

7. Mio marito ha comprato un'auto nuova .... dirmi nulla.

8. Quel coltello non taglia bene? Prova .... questo, è molto affilato.

9. L'esame di Giuliano non è andato bene perché ha studiato .... molto impegno.

10. Preferirei una bibita .... zuccheri, ieri ho cominciato una dieta per dimagrire.

38. Preposizioni (II): *davanti a, a fianco di...*

A *Lontano da, vicino a, di fronte a, intorno a...*

Per indicare la posizione di un oggetto (persona o cosa) rispetto a un altro, in italiano si usano le preposizioni secondarie o le locuzioni prepositive *sopra a* (o *di*), *sotto a* (o *di*), *dietro a* (o *di*), *davanti a, di fronte a, a fianco di* (o *a*), *accanto a, vicino a, lontano da, a destra di, a sinistra di, intorno a*:

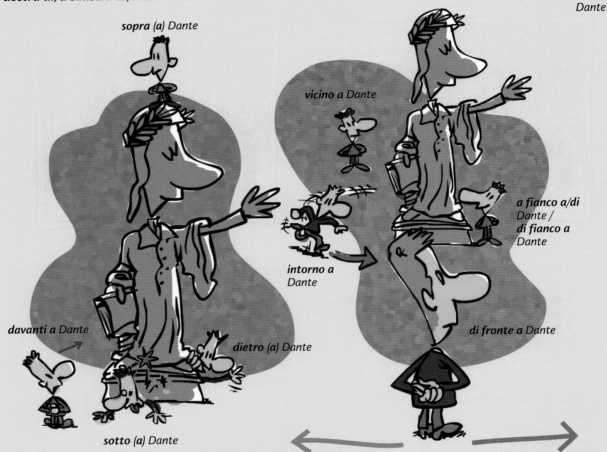

sopra (a) Dante

lontano da Dante

vicino a Dante

a fianco a/di Dante / di fianco a Dante

intorno a Dante

davanti a Dante

dietro (a) Dante

di fronte a Dante

sotto (a) Dante

A destra di Dante
A sinistra del ragazzo

A sinistra di Dante
A destra del ragazzo

👁 *Sopra, sotto* e *dietro* sono comunemente usati senza le preposizioni *a* e *di*.

- *Ho messo le chiavi **sopra** il tavolo **dietro** il divano.*
- *Il gatto si è nascosto **sotto** il letto.*

Sopra di, sotto di e ***dietro di*** sono usati esclusivamente con i pronomi tonici *me, te, lui, lei, noi, voi, loro*.

- *Quando andiamo in piscina, mia figlia sale sempre **sopra di me** per tuffarsi.*
- *La vista dall'ultimo piano di questo grattacielo è fantastica! Abbiamo tutta la città **sotto di noi**.*
- *Mentre stavo camminando sentivo che c'era qualcuno **dietro di me**.*

Le locuzioni prepositive possono essere usate senza le preposizioni *di* o *a* se nella frase non si nomina l'oggetto di riferimento perché è già chiaro dal contesto.

- *Mi passi i miei occhiali? Sono **di fianco al** libro.* [Il punto di riferimento viene nominato.]
- ■ ***Di fianco?** Non li vedo...* [Il punto di riferimento non viene nominato perché è già stato individuato: il libro.]

- *Hanno piantato molti alberi **di fronte al** museo.* [Il punto di riferimento viene nominato.]
- ■ ***Di fronte?** Ma non c'è spazio!* [Il punto di riferimento non viene nominato perché è già stato individuato: il museo.]

1 Alberto e Luisa sono sposati da trent'anni. Non vanno mai d'accordo: l'uno dice sempre il contrario dell'altra.

A1

→ • Tesoro, siediti qui a sinistra.
  ■ No, è meglio se mi siedo
  ...*a destra*... .

1. • Parcheggia l'auto dietro
   l'autobus.
   ■ Non c'è abbastanza spazio,
   meglio se parcheggio ....

2. • Appendiamo il ritratto di mia
   madre davanti ai libri?
   ■ Io preferisco ....

3. • Metti gli asciugamani sopra
   le lenzuola, per favore?
   ■ È meglio se li metto
   ....

4. • La televisione è troppo vicina
   al tavolo.
   ■ Invece secondo me
   è troppo ....

5. • Metti i barattoli sopra
   i cartoni del latte.
   ■ No, li metto ....

2 Un forte vento ha messo in disordine le cose dell'ordinatissimo Meticolo Precisini. Completa il testo, osservando i disegni e facendo attenzione alle preposizioni articolate. In alcuni casi c'è più di una risposta corretta.

B1

Quella sera, come tutte le sere, Meticolo si assicurò che tutto fosse al suo posto. Il letto si trovava esattamente
→ ...*di fronte / davanti*... allo specchio e la sedia era
(1) .... allo specchio. Le scarpe eleganti erano
(2) .... il letto; la sveglia, come al solito, era
(3) .... il comodino. I vestiti del giorno dopo erano in ordine: la camicia stirata e i calzini puliti erano
(4) .... la sedia, insieme ai pantaloni. Aveva appoggiato l'orologio da polso (5) .... alla sveglia e poi aveva dato un bacio alla foto di sua moglie. Controllò che la torcia che stava (6) .... scaffale avesse le batterie. Infine, guardò dalla finestra. "È probabile che domani piova", pensò.

All'improvviso, Meticolo sentì un forte rumore alla finestra. Gli sembrò che la porta si spalancasse. Quando si alzò, vide che le scarpe non erano più
(7) .... al letto ma (8) .... al comodino.
(9) .... il letto c'erano dei libri e la foto di sua moglie. Non c'era più nulla (10) .... il comodino. La camicia era finita a terra; i due orologi ora erano
(11) .... la camicia. Inoltre c'era un calzino (12)
.... il lampadario e i pantaloni erano (13)
.... la porta. Meticolo si mise
(14) .... allo specchio e si guardò con aria interrogativa.

B Davanti a, dietro a o di fronte a?

Usiamo *davanti a* per localizzare qualcosa/qualcuno nello spazio anteriore di un oggetto.
Usiamo *dietro a* per localizzare qualcosa/qualcuno nello spazio posteriore di un oggetto.

• *La macchina azzurra è **davanti a** quella gialla. Quella di colore giallo è **dietro a** quella azzurra e **davanti a** quella verde. Quella verde è **dietro a** tutte. La macchina azzurra è **davanti** e quella verde è **dietro**.*

Usiamo inoltre *davanti a* o *dietro a* per collocare qualcosa o qualcuno in una posizione anteriore (*davanti a*) o posteriore (*dietro a*) nella nostra linea di osservazione.

• *Le macchine sono **davanti all**'autobus. L'autobus è **dietro alle** macchine. L'autobus è **dietro le** macchine.*

Usiamo **di fronte a** quando gli oggetti (persone o cose) che localizziamo si trovano "faccia a faccia".

- *La macchina rossa è **di fronte al** furgone azzurro, la macchina arancione è **di fronte alla** macchina viola, e il furgone è **di fronte alla** macchina rossa.*

3 Esercizio di logica. Completa il testo.

A1

→ Se Ivan si trova di fronte a Maria, Maria si trova ....*di fronte a Ivan*... .

1. Se Bianca si trova davanti a Riccardo, Riccardo si trova ....

2. Se la banca si trova di fronte al cinema, il cinema si trova ....

3. Se avete una macchina rossa davanti a voi, voi vi trovate ....

4. Se al cinema sei seduto dietro una persona molto alta, hai una persona molto alta .... a te.

5. Se stai guardando la faccia di una statua, ti trovi ....

6. Se il vaso si trova davanti ai libri, i libri si trovano ....

7. Se da casa mia vedo l'ingresso della biblioteca, io abito ....

8. Se Marisa è davanti al tavolo, allora il tavolo ....

C All'inizio di, alla fine di, dentro a, in mezzo a...

Altre locuzioni che si usano per localizzare qualcuno o qualcosa sono: ***all'inizio di, alla fine di, in fondo a, in mezzo a, al/nel centro di, all'altro lato di, dentro a** (o **di**)**, fuori da, prima di, dopo** (**di**):

*Un hotel **alla fine della** strada.*

*Una statua **al/nel centro della** piazza.*

*Un museo **prima della** piazza.* [Se ci muoviamo verso la piazza, prima troviamo il museo e dopo la piazza.]

*Una scuola **dopo le strisce** pedonali.* [Se ci muoviamo verso la piazza, prima troviamo le strisce pedonali e dopo la scuola.]

*Alcuni alberi **in fondo al** parco.*

*Un parco **all'altro lato della** piazza.*

*Un'anatra **dentro allo stagno** e una **fuori**.*

*Le strisce pedonali **all'inizio della** strada.*

Queste locuzioni possono essere usate senza le preposizioni *di* o *a* se nella frase non si nomina il punto di riferimento perché è già chiaro dal contesto.

- *Segui questa strada. La banca è **alla fine**.*
  [Il punto di riferimento non viene nominato perché è già stato individuato: la strada.]
- *Vede quella piazza laggiù? L'ufficio postale si trova un po' prima.*
  [Il punto di riferimento non viene nominato perché è già stato individuato: la piazza.]
- 👁 ***Dopo*** è comunemente usato senza la preposizione *di*. ***Dopo di*** è usato esclusivamente con i pronomi tonici *me, te, lui, lei, noi, voi, loro*.

  > *Ho parcheggiato la macchina **dopo** il supermercato.*
  > ***Dopo di** te non ho amato più nessuna!*

- 👁 ***Dentro*** può essere usato indifferentemente con la preposizione *a* oppure senza.

  > *Ho messo il maglione **dentro all**'armadio.*
  > *Tengo le penne **dentro** un cassetto.*

Dentro di è usato esclusivamente con i pronomi tonici *me*, **te**, *lui, lei, noi, voi, loro*.

- ***Dentro di me*** *sentivo che il nostro amore stava finendo.*

4 L'archeologo Peter sta cercando un tesoro nel centro di una città italiana. Per trovarlo, deve seguire queste istruzioni, che purtroppo sono incomplete. Osserva la mappa e completa il testo con le espressioni del riquadro.

B1

all'inizio (di) ✓	dopo (di)
dentro (a)	alla fine (di)
dentro (a)	alla fine (di)
dentro (a)	al centro (di)
dall'altro	in mezzo (a)
lato (di)	prima (di)

Andate → ....all'inizio di.... Corso Italia, al numero 1. Continuate per questa strada fino alla terza via a destra. (1) .... quella strada troverete una piazza. Entrateci e, (2) .... della piazza, in un angolo, vedrete una statua. Attraversate la piazza in direzione della statua, però (3) .... arrivare alla statua prendete la strada che c'è sulla destra e subito vedrete una piazza con una fontana (4) ....

Immediatamente (5) .... la piazza, sulla sinistra, c'è una strada. Imboccatela e (6) .... , troverete un parco. Entrateci. Troverete un piccolo tempio, il tesoro si trova proprio lì (7) .... , in uno scrigno. Per aprire lo scrigno, serve una chiave che è nascosta (8) .... labirinto. Percorrete il labirinto e, (9) .... , troverete una statua. La chiave è (10) .... l'occhio destro della statua.

D Contro, verso

Contro serve a indicare che un elemento si oppone a un altro.

Verso indica un punto, spaziale o temporale, nella cui direzione si muove o si orienta qualcuno o qualcosa.

CONTRO

VERSO

- *Abbiamo sbattuto **contro** la vetrina.*
- *Hanno votato **contro** la nostra proposta.*
- ***Contro** chi gioca la vostra squadra?*
- *Maria corre **contro** vento.*

- *Il meteorite si dirige **verso** la Terra.*
- *Guarda **verso** destra e dimmi cosa vedi.*
- *Cominciamo a correre **verso** le tre.*
- *Se proseguiamo **verso** nord, arriviamo in Svizzera.*

Contro di è usato esclusivamente con i pronomi tonici **me, te, lui, lei, noi, voi, loro**.

- *Sono tutti **contro di lei**, non è giusto!*

Verso di è usato esclusivamente con i pronomi tonici **me, te, lui, lei, noi, voi, loro**.

- *Quei ragazzi stanno venendo **verso di** noi.*

5 Esmeralda è un'ecologista e sta componendo una canzone di protesta.
Completa la canzone inserendo *contro* o *verso*.

★ ★
★ **A2**
★ ★

→ .....*Contro*..... il consumo
.....*verso*..... la libertà
Basta smog e fumo
Viva la natura e la felicità.
1. Basta deforestazioni
Basta contaminazioni
.... l'inquinamento
e il buco dell'ozono
.... un ambiente puro
e un mondo pulito e buono.

2. .... il veleno
.... la purificazione
Insieme lotteremo
Per una splendente e ricca vegetazione.
3. Allora, ... quale futuro andremo?
Forse tu ti chiederai
Andremo .... l'arcobaleno
In un cielo più azzurro che mai.

4. .... un verde futuro
.... una vita migliore
.... un mondo sicuro
.... un mondo pieno d'amore.
5. .... un'aria fresca e pulita
Con tutti i profumi che offre la vita
.... l'effetto serra
Uniti vinceremo questa guerra.

6

Frasi

Vorrei donare il tuo sorriso alla luna perché
di notte chi la guarda possa pensare a te
per ricordarti che il mio amore è importante
che non importa ciò che dice la gente

Tesoro! Perché non vai
a fare un giro?
Sto guardando un film.

39. Domandare ed esclamare

A Domande sì/no: *Facciamo un giro?*

In italiano, le domande a cui si risponde con un *sì/no* non presentano una struttura particolare e si distinguono solo grazie all'intonazione. Mentre le frasi enunciative sono caratterizzate da un'intonazione discendente, **le domande presentano un'intonazione ascendente verso la fine:**

Stasera facciamo un giro.   *Sono le undici.*

Stasera facciamo un giro?   *Sono le undici?*

Possiamo fare una domanda per proporre delle opzioni:

- *Andiamo a piedi o prendiamo un taxi?*
- *Mah... andiamo a piedi.*

- *Ceniamo fuori o a casa?*
- *Preferisco andare a casa.*

Tu non sei di qua, **vero?**

Con le domande-coda **no?**, **vero?** chiediamo conferma di qualcosa detto precedentemente:

- *Hai comprato tu il pane, **no?***
- *Sì, nella panetteria biologica.*

- *Hai richiamato Valentina, **vero?***
- *Sì, prima di cena.*

1 Questa è la trascrizione di un interrogatorio in un commissariato di Polizia. Pronuncia le frasi e indica l'intonazione: A (ascendente) o D (discendente).

A1

→ Poliziotto   Lei si chiama Paolo Conti, no? ....*A*....

Paolo   Sì. ....

Poliziotto   Lei lavora all'Università degli studi di Milano, no? ....

Paolo   Sì. ....

Poliziotto   E' evidente che Lei conoscesse la defunta Maria Ippolito. Eravate amici o qualcosa di più? ....

Paolo   Eravamo semplicemente amici. ....

Poliziotto   Lei sapeva che Maria usciva con un altro uomo? ....

Paolo   Non ne avevo idea ma non ha importanza. ....

Poliziotto   Lei era a casa di Maria venerdì, 28 gennaio verso le 22.30? ....

Paolo   Devo risponderle? La mia vita privata non la riguarda. ....

Poliziotto   Le conviene collaborare. ....

Paolo   D'accordo. Ero a giocare a carte con un amico. Se vuole può telefonargli. ....

B Luogo, tempo e modo: *Dove? Quando? Come?*

Usiamo *dove*, *quando* e *come* per domandare luogo, tempo e modo di qualcosa.

LUOGO	→	*dove*
TEMPO	→	*quando*
MODO	→	*come*

- *Dove andate domani?*
- *Quando arriva Tiziana?*
- *Come andiamo a Roma? In treno o in macchina?*

Dove, *quando* e *come* sono elementi interrogativi e vanno all'inizio della domanda. Gli altri elementi della frase vanno dopo il verbo, eccetto i pronomi complemento e altre particelle atone (prive di accento), che spesso vanno obbligatoriamente prima del verbo.

- *Dove lo appendiamo il quadro?*
- *Quando ci vediamo?*
- *Come le volete le pizze?*

Come ti chiami?
Dove vivi?
Quando ci vediamo?

Gli elementi interrogativi possono essere usati da soli quando dal contesto si capisce di cosa si sta parlando:

- *Abbiamo incontrato Simone.*
- *Quando?* [Quando avete parlato con Simone?]

- *Ho cucinato la zucca.*
- *Come?* [Come hai cucinato la zucca?]

- *Ci vediamo tra due ore.*
- *D'accordo. Dove?* [Dove ci vediamo?]

2
Completa le domande di questo quiz sull'Italia con *dove*, *quando* o *come* e poi collega ogni domanda alla risposta esatta.

A1

→ ...*Dove*... è piazza San Marco?   a. a Venezia

1. .... si chiama il fiume che passa per Roma?   b. nel 1849

2. .... è finita la prima Guerra di Indipendenza italiana?   c. tarantella

3. .... si chiama un tipico ballo del Sud Italia?   d. a Firenze

4. .... è la Festa della Repubblica?   e. Tevere

5. .... è nato Dante?   f. il 2 giugno

3
Scrivi le domande adeguate per le seguenti risposte.

A2

→ *Come prepari il ragù?*
....
Con la carne di manzo macinata.

1. .... ?
La fermata del 18 è proprio di fronte al tabaccaio.

2. .... ?
In macchina. E possiamo parcheggiare proprio davanti allo stadio.

3. .... ?
Giovedì sera o sabato mattina. A te va bene o hai impegni?

4. .... ?
Dal fruttivendolo in piazza.

5. .... ?
La mattina presto. Mi piace correre quando c'è poca gente in giro.

C Quantità: *Quanto...?*

Per domandare una quantità, usiamo:

> **Quanto** (invariabile) + VERBO

- **Quanto** <u>costano</u> questi stivali?
- **Quanto** <u>dura</u> lo spettacolo?

> **Quanto/a** (singolare) + SOSTANTIVO NON NUMERABILE

- **Quanto** <u>zucchero</u> vuoi nel caffè?
- **Quanta** <u>farina</u> serve per la torta?

> **Quanti/e** (plurale) + SOSTANTIVO NUMERABILE (plurale)

- **Quanti** <u>anni</u> hai?
- **Quante** <u>pizze</u> prendiamo?

Scusi, **quanto** costa l'autobus?

Cinque euro.

Beh, allora lo compro. Scendete tutti!

👁 **Quanto/a/i/e** e l'elemento a cui si riferiscono (un sostantivo o un verbo) vanno all'inizio della frase. Gli altri elementi della frase vanno dopo il verbo. Possono fare eccezione le particelle atone (cioè prive di accento, come i pronomi complemento ne, ci, ecc.).

- Quanto tempo <u>ci</u> mette il treno?
- Quanti <u>ne</u> compriamo di pasticcini?

Quanto/a/i/e possono essere usati senza sostantivo quando dal contesto è chiaro ciò di cui stiamo parlando.

- *Ho comprato i biscotti questo pomeriggio e sono già finiti.*
- *Davvero? Quanti te ne sei mangiati?* [Quanti biscotti]

---

4 Ecco la seconda parte del quiz sull'Italia. Completa le domande con quanto/a/i/e e poi abbinale alla risposta corretta.

⭐ **A1**

→ ....*Quanti*........ abitanti ha Milano?

1. .... dura il viaggio in aereo da Palermo a Venezia?

2. .... regioni ci sono in Italia?

3. .... gente parla italiano nel mondo?

4. .... tempo durò il Fascismo?

5. .... è alto il Monte Bianco?

6. .... persone vivono a Napoli?

7. .... stati confinano con l'Italia?

a. 1milione 350mila.

b. 4.810 m.

c. Sei. Austria, Slovenia, San Marino, Città del Vaticano, Francia e Svizzera.

d. 63milioni di persone.

e. Vent'anni.

f. Quasi un milione di persone.

g. Un'ora e mezza.

h. Venti.

5 Completa le seguenti domande con quanto/a/i/e.

⭐ **A1**

→ • ....*Quante*........ camere ha casa tua?
  ■ Due camere da letto e uno studio.

1. • .... tempo ci vuole per cucinare il ragù?
   ■ Almeno due/tre ore.

2. • .... peperoncino hai messo nella pasta?
   ■ Mah, non tanto. Ti sembra tanto piccante?

3. • Avete delle olive verdi dolci?
   ■ Sì. .... ne vuole?

4. • .... croccantini devo dare al gatto?
   ■ Pochi perché è grasso.

5. • .... vernice prendiamo per il salone?
   ■ Almeno due secchi.

6. • Ci servono delle pizzette per l'aperitivo di domani.
   ■ .... ?

D Causa: *Perché?*

Per domandare la causa di qualcosa, usiamo *perché*:

- *Perché Edoardo ha venduto la moto?*
- *Perché non sei venuto alla mia festa?*
- 👁 *Perché si usa anche nelle risposte:*

  > - *Perché Nadia non è venuta in palestra, oggi?*
  > - *Perché non si sentiva bene.*

Per proporre un'attività a qualcuno, spesso si usa la formula *perché non...?*:

- *Perché non ceniamo fuori stasera?*
- *Perché non ceniamo a casa e usciamo dopo, invece?*

Per rispondere affermativamente a una proposta, spesso si usa l'espressione **perché no?**:

- *Facciamo un giro in bici?*
- *Perché no?*

Nella lingua parlata, **perché** è spesso sostituito dall'espressione *come mai*, solo nelle domande. In questi casi si esprime una certa sorpresa, il tono non è neutro come con *perché*.

- *Come mai sei tornato a casa prima?*
- *Come mai Luca non ti ha telefonato?*

Papà, **perché** la luna è bianca?
Perché le stelle non cadono?
Perché l'erba è verde?

→ 41. Unire frasi

---

6 Completa i dialoghi con perché, perché non, perché no.

A1
A2

→
- ....*Perché*.... hai spento l'aria condizionata?
- ....*Perché*.... fa freddo!
- Allora ....*perché non*.... accendiamo un po' il ventilatore?

1. - .... non mi aiuti a sistemare i libri?
   - .... sto preparando la cena.

2. - .... non prendi l'insalata?
   - .... ci sono i peperoni che non mi piacciono.

3. - .... hai litigato con tua sorella?
   - .... lei prende sempre le mie cose.

4. - Ti va di venire a cena da me domani?
   - .... ?

5. - .... andiamo in vacanza quest'anno?
   - .... ? Stiamo così bene qui!

6. - .... sei tornato prima a casa?
   - .... sono uscito prima dal lavoro.
   Approfittiamo per andare a cena fuori?
   - .... ?

7. - Sono stanchissima, non ce la faccio più!
   - .... ti riposi un po'? Stasera cucino io.

---

7 Completa con dove?, come?, quanto?, quando?, perché? o perché no?

A2

→
- Mia sorella non viene a cena.
  - ....*Perché?*....

1. - Vado a una degustazione di vini stasera.
   - Ah, sì? ....
   - All'enoteca Bacco.

2. - Facciamo il percorso intorno alle mura?
   - ....
   - In bici, le affittano qui vicino.

3. - Mi vedo con Bea, prendiamo un aperitivo. Vieni?
   - ....
   - Verso le sette.

4. - Mi presti un po' di soldi? Non ho il protafoglio.
   - Certo, ...
   - Venti euro vanno benissimo.

5. - Vado al cinema, vuoi venire?
   - Sì, ... Mi va proprio di vedere un film.

227

6. ● Quest'anno non vado in vacanza.

    ■ ....

    ● Devo finire un lavoro per la prima settimana di settembre.

7. ● Sai che Giacomo si è rotto un braccio?

■ Davvero? ....

● Sciando sulle Dolomiti.

8. ● Ho preso un appuntamento dal dentista.

    ■ ....

    ● Lunedì prossimo.

E Cose: *Che cosa compriamo? Cosa compriamo? Che disco compriamo? Quale compriamo?*

Per fare domande relative a cose, l'italiano ha a disposizione tre possibilità, tutte con lo stesso significato: **che?, che cosa?, cosa?**:

Cosa regaliamo a Martina?
[**Che** le regaliamo?]
[**Che cosa** le regaliamo?]

Potremmo regalarle una macchina fotografica

Usiamo *che* + SOSTANTIVO quando vogliamo riferirci a un gruppo di oggetti:

Che macchina fotografica le compriamo?

Una reflex. È un po' cara ma è la scelta migliore.

Usiamo *quale/i* quando ci riferiamo a uno o a più elementi di un gruppo o di una classe di oggetti. Davanti a un verbo che inizia per vocale *quale* diventa *qual*:

Ok, una reflex.
Qual è la migliore?

La Kinon. È fantastica.

👁 ***Quale*** è singolare, ***quali*** è plurale:
  ● *Ti regalo <u>uno di questi quadri</u>.* ***Quale*** *ti piace?*
  ● *Ti regalo <u>due di questi quadri</u>.* ***Quali*** *ti piacciono?*

228

8 Completa le frasi con *che, cosa, che cosa, quale, qual* o *quali*. A volte sono possibili più risposte.

A2
→
B1

● ...*Cosa (Che cosa/Che)*... vuoi mangiare?

■ Non so. ...*Cosa (Che cosa/Che)*... c'è in frigorifero?

1. ● In .... ristorante andiamo?
   ■ Proviamo il nuovo ristorante giapponese.
   ● .... , quello in via Messina?

2. ● .... regaliamo a tuo padre?
   ■ Prendiamo due di queste bottiglie di vino.
   ● .... ? Ce ne sono tantissime.
   ■ Secondo te .... sono le migliori?

3. ● Mi passi la mia borsa?
   ■ .... è?
   ● Quella nera, accanto al tavolo.

4. ● .... serve per questa ricetta?
   ■ Uova, burro, farina e un po' di latte.

5. ● .... hai fatto ieri pomeriggio?
   ■ Sono andato in un nuovo negozio di design.
   ● .... ? Quello in centro?
   ■ Sì. Ho fatto un po' di acquisti.
   ● .... hai comprato?
   ■ Una caffettiera di design.
   ● E a .... ti serve? Ne hai già tante!

6. ● Sono un po' preoccupato per il test.
   ■ .... ?
   ● Quello di storia moderna.
   ■ .... ti preoccupa?
   ● Ci sono così tanti argomenti... non riesco proprio a immaginare .... saranno le domande!

F **Persone: *Chi? Che ragazzo? Quale?***

Usiamo *chi* quando facciamo domande relative a persone:

Chi mi ha chiamato?

La zia Maria e una ragazza.

Usiamo *che* + SOSTANTIVO quando ci riferiamo al gruppo a cui appartiene la persona di cui stiamo domandando:

Che ragazza?

Non so, ha detto che era una tua amica.

Usiamo anche *chi* o *quale/i* quando facciamo domande su una persona o varie persone che appartengono a un insieme ben preciso, o perché lo abbiamo identificato in precedenza o perché risulta chiaro dal contesto:

Una mia amica? **Chi?**

Eh, ma **quale?**

Non ricordo il nome. Credo una compagna dell'università.

● Davanti a un verbo che inizia per vocale *quale* diventa *qual*:

● *Qual è tua sorella?*

● *Quale* è singolare, *quali* è plurale:

● *Quale amico mi ha telefonato?*
● *Quali sono i tuoi genitori?*

229

9 Completa le seguenti frasi con *chi, che, quale, quali* o *qual*. A volte sono possibili più risposte.

A2

→ ● È arrivato il pacco.
  ■ Pacco? ......*Quale*...... pacco?

1. ● .... ciclista italiano ha vinto il Tour de France del 2014?
   ■ Vincenzo Nibali.

2. ● .... dei tuoi colleghi è il più disponibile?
   ■ Michele.

3. ● Bambini, ... ha rotto il vaso?
   ■ È stato il gatto, mamma.

4. ● Di tutti i tuoi amici, ... sono i più stretti?
   ■ Barbara e Vittorio. Li conosco da sempre.

5. ● .... è la scuola di tua figlia?
   ■ La De Amicis, è molto buona.

6. ● Guarda quel ragazzo!
   ■ .... ragazzo?
   ● Quello con la maglietta nera. Bello, no?

7. ● .... era al telefono?
   ■ Era Alessandro.
   ● .... Alessandro? Tuo cugino o il tuo collega?

8. ● Specchio, specchio delle mie brame: .... è la più bella del reame?
   ■ Biancaneve, mia signora.

9. ● Ieri mi sono iscritta in palestra.
   ■ .... palestra?
   ● Quella vicino alla scuola.

10 Completa le domande scegliendo una delle parole dal riquadro. Poi collega le domande alle risposte.

A2
B1

cosa ✓
quali
che
chi
chi
quale
qual
cosa

→ ......*Cosa*...... fai?

1. .... fai domenica?
2. .... prepari per pranzo?
3. .... viene stasera?
4. .... musica metto?
5. Non so cosa mettermi. .... dei due mi consigli?
6. Tra questi film, ... andranno al Festival di Cannes?
7. Secondo te .... è la squadra più forte quest'anno?

a. Un po' di jazz, ti va?
b. La Juventus.
c. Il maglioncino verde ti sta meglio.
d. Tutti: Peppe, Monica, Salvatore e Susi.
e. Sto studiando per domani.
f. Niente, dormirò tutto il giorno!
g. Un'insalata d'orzo.
h. Quello del regista italiano e quello della regista turca.

11 Un giornalista intervista un uomo che ha appena fatto una scoperta un po' particolare. Completa le domande.

B1

→ ● ......*Quando*...... l'ha trovata?
  ■ Ieri sera, dopo cena.

1. ● E .... l'ha trovata?
   ■ In un armadio. Mi sono appena trasferito qui e non ero mai entrato in quella stanza.

2. ● Può dirmi di cosa si tratta? .... è, esattamente?
   ■ Una mummia. Una mummia in perfetto stato.

3. ● Incredibile! .... potrebbe essere?
   ■ È la bisnonna di mia cugina Matilda.

4. ● E .... anni potrebbe avere?
   ■ Avrà duecento anni, più o meno.

5. ● .... era vestita?
   ■ Non aveva abiti, solo bende. Proprio come le mummie egizie.

6. ● Secondo Lei, ... la tenevano nell'armadio?

■ Non saprei. Forse le volevano molto bene e non volevano separarsi da lei.

7. ● E Lei .... sta?
   ■ Un po' sorpreso, a dire la verità.

8. ● .... farà con la mummia?
   ■ La porterò in un museo. È un ritrovamento importante.

9. ● .... museo?
   ■ Quello archeologico. Penso che sia il più adatto.

G *Qual è il capoluogo della Sicilia?/ Cos'è un neurologo?*

Per identificare qualcosa o qualcuno, possiamo usare *quale/i* + *essere* + SOSTANTIVO:

oggetti	persone

- *Quali sono le tue paure?*
  [Tra i difetti, individuare i peggiori.]
- *Qual è il segno zodiacale di Maria?*
  [Tra i segni zodiacali, indicare quello di Maria.]
- *Qual è l'offerta più conveniente?*
  [Tra le varie offerte, identificare la più conveniente.]

- *Qual è il professore?*
  [In questo gruppo, identificare il professore.]
- *Qual è tua sorella?*
  [Tra queste persone, identificare la sorella.]
- *Quali sono i tuoi pittori preferiti?*
  [Tra i pittori, identificare i preferiti.]

👁 Quando ci riferiamo a una persona possiamo anche usare *chi*...?

- *Chi è il professore?*
- *Chi è tua sorella?*
- *Chi sono i tuoi pittori preferiti?*

Per chiedere di definire o di classificare qualcosa usiamo *cosa* + *essere* + sostantivo. A volte, davanti a una parola che inizia con vocale o acca (*h*), *cosa* diventa *cos'*.

- *Cosa prendi per colazione?*
  ▪ *Un cappuccino e un cornetto.*

- *Cos'è un dedalo?*
  ▪ *Un labirinto.*

---

12 Abbina le domande di ogni coppia frasi alla risposta corretta. Scoprirai alcune cose, vere o di fantasia, sul cosmo.

⋆ ⋆
⋆ **B1**
⋆ ⋆

→ (I) Cos'è una galassia? ———————————— a. Un immenso agglomerato di stelle, gas e polvere.

(II) Qual è la galassia più vicina alla Via Lattea? ——— b. Andromeda.

1. (I) Chi è Marte? c. Uno dei pianeti del Sistema Solare.
    (II) Cos'è Marte? d. Il dio della guerra.

2. (I) Cosa sono i satelliti? e. Io, Europa e Callisto.
    (II) Quali sono i satelliti più grandi di Giove? f. Corpi celesti che girano intorno a un pianeta.

3. (I) Cosa è Giove? g. Il padre di tutti gli dèi.
    (II) Chi è Giove? h. Un pianeta del Sistema Solare.

4. (I) Cosa è un robot? i. Una macchina che fa cose automaticamente.
    (II) Chi sono i robot che accompagnano j. C-3PO e R2-D2.
    Luke Skywalker nelle sue avventure?

5. (I) Chi era Apollo?

(II) Cosa era Apollo 11?

k. La prima missione spaziale che portò l'uomo sulla Luna.

l. Il dio del sole.

6. (I) Cosa è un pianeta?

(II) Qual è il pianeta da cui viene Luke Skywalker?

m. Un corpo celeste dalla forma sferica che orbita intorno a una stella.

n. Tatooine.

7. (I) Chi è un cavaliere Jedi?

(II) Cos'è un cavaliere Jedi?

o. Un cavaliere che difende la pace e la giustizia con l'aiuto della Forza.

p. Obi-Wan Kenobi.

13 Saresti compatibile con questa persona? Completa le domande di questo test di affinità.

★ B1

→ ....*Qual*.... è il tuo cibo preferito? La parmigiana!

1. .... preferisci? L'estate o l'inverno? L'inverno.

2. .... è il tuo scrittore preferito? Umberto Eco.

3. .... è il tuo colore preferito? Il rosso.

4. In .... paese ti piacerebbe vivere? In Australia.

5. .... preferisci? Dormire al buio o con un po' di luce? Al buio.

6. .... sono le tue manie? Ordine e puntualità.

7. .... tipo di musica preferisci? Il jazz.

H *Di dove? Fino a quando? Per quanto...?*

Quando, dove, quanto/i, chi, quale sono preceduti da una preposizione se l'elemento su cui stiamo facendo una domanda è introdotto da preposizione:

- *Lavoro a Milano <u>da un po'</u>.*
- *Da quando esattamente?*

- *Di dov'è tua moglie?*
- *È <u>di Torino</u>, ma i suoi genitori sono di Genova.*

- *A quanti chilometri corrisponde un miglio?*
- *Un miglio corrisponde <u>a 1609 chilometri</u> circa.*

- *Con chi sei uscito ieri sera?*
- *Non posso dirtelo. È un segreto.*

- *Penso che l'autobus passi <u>da lì</u>.*
- *Da dove?*

- *Con quanti soldi sei uscita?*
- *Non molti, 30 euro.*

- *Siamo <u>in un hotel</u>.*
- *In quale?*

- *Per quanto tempo starai a Roma?*
- *Per un mese.*

---

14 Sei al telefono con Manuela, ma la linea è disturbata e non riesci a sentire tutto quello che dice. Completa le domande per chiederle di ripetere quello che non hai sentito.

★ B1

→ Ho scritto un messaggio a [...] e mi ha risposto subito.

....*A chi*.... hai scritto un messaggio?

1. Avevo prestato il motorino a [...] e ha avuto un piccolo incidente.

.... l'avevi prestato?

2. Adesso sto usando il motorino di [...] .

.... è il motorino che stai usando?

3. Posso usare il motorino di mio fratello fino a quando lui non torna da [...] .

.... torna tuo fratello?

4. Ho portato il mio motorino da [...], forse lui può ripararlo.

.... hai portato il tuo motorino?

5. Sono andata dal meccanico con [...], lui ne capisce di più.

.... sei andata dal meccanico?

6. Il meccanico ha detto che ha bisogno di [...] giorni di tempo.

.... giorni ha bisogno il meccanico?

7. Forse ci vorrà anche più tempo, perché i pezzi di ricambio devono arrivare da [...] .

.... devono arrivare i pezzi di ricambio?

15 In queste notizie mancano alcuni dati. Quali domande faresti per ottenerli?

★★
B1
★★

ANSA. Alle 19.30 di oggi, un aereo della compagnia Zigzagair partito da → *** e diretto a Roma, è atterrato a Firenze. I passeggeri rimarranno a Firenze per (1) ***.

NOVA. Il tenore italiano Andrea Bocelli soggiornerà nella nostra città fino al (2) ***. La settimana successiva partirà per (3) ***, dove si esibirà in un recital.

AGI. La Banca d'Italia ha comprato la compagnia Intergas per (4) *** milioni di dollari. Intergas apparteneva all'impresario Riccardo de Paperoni dal (5) ***.

→ *Da dove è partito l'aereo?*
   ....

1. ....
2. ....

3. ....
4. ....
5. ....

I Domande indirette: *Non so se ti conosco. Non so come ti chiami.*

Le espressioni *che, che cosa, chi, quale/i, dove, quando, quanto/a/i/e, come, perché* possono essere usate all'interno di altre frasi quando ci riferiamo indirettamente a una domanda o al suo contenuto:

- *Patrizio non sa **chi** ha/abbia mangiato il tiramisù.*
- *I bambini domandano **dove** vai.*
- *Non ho capito **quando** arriva Adriana.*
- *Tu hai capito **come** funziona la lavatrice?*
- *I genitori vogliono sapere **quanto** tempo durerà la gita.*

Una domanda a risposta chiusa all'interno di un'altra frase viene introdotta da *se*:

- *Silvia vuole sapere **se** la lavatrice funziona bene.*
- *Non so **se** Adriana arriva stasera.*
- *I genitori non sanno **se** i bambini dovranno andare a scuola domani.*
- *Mi sono chiesta **se** domani andrai alla festa.*

Chi ha mangiato il tiramisù?

La lavatrice funziona bene?

16 Giovanna e Francesco hanno un appuntamento al buio. Completa i loro pensieri scegliendo la parola adatta dai riquadri.

★★
B1
★★

come ✓	qual	come	quanti
dove	che	se	quali cosa

se	qual	quanti	che
chi	quante	come	cosa

Non so...
→ *Come* sono i suoi occhi.
1. .... lavoro fa.
2. .... amici ha.
3. .... film gli piacciono.
4. .... è il suo cibo preferito.
5. .... gli piace fare.
6. .... vive.
7. .... passa il suo tempo libero.
8. .... vive con i suoi genitori.

Non so...
9. .... anni ha.
10. .... bacia.
11. .... profumo usa.
12. .... le ha dato il mio numero di telefono.
13. .... vive nel mio quartiere.
14. .... è il suo sport preferito.
15. .... le piace leggere.
16. .... cose abbiamo in comune.

L Esclamare: *Ha nevicato stanotte! Che strano!*

Qualsiasi enunciato può essere esclamativo. Nella lingua scritta, per indicare una frase esclamativa si mette il punto esclamativo (**!**) alla fine dell'enunciato. Nella lingua parlata, la frase esclamativa si riconosce grazie all'**intonazione, ascendente all'inizio e discendente verso la fine**:

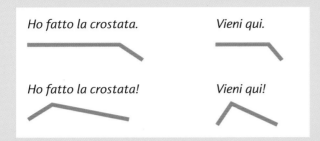

Che, *quanto/a/i/e*, *come* possono esprimere una valutazione per sottolineare l'**intensità**, la **quantità** o il **modo**:

- *Che pioggia!* [valutazione sull'intensità]
- *Quanta birra ha bevuto!* [valutazione sulla quantità]
- *Come soffia il vento!* [valutazione sul modo in cui si svolge un'azione]

Come balla **Roberto**!

Che carina che è **Carolina**!

Che può riferirsi a un aggettivo, a un avverbio o a un sostantivo:

- *Che <u>begli</u> occhi ha Giulia!*
- *Che <u>libro</u> interessante!*
- *Che <u>tardi</u>!*

Quanto si riferisce a un verbo:

- *Quanto <u>fuma</u> Luisa!*
- *Quanto <u>mangia</u> tuo figlio!*

Quanto/a (con sostantivi non numerabili) *quanti/e* (con sostantivi numerabili) si riferiscono a un sostantivo, con cui concordano nel genere e nel numero:

- *Quanta gente c'è in fila!*
- *Quanti libri hai in casa!*
- *Quante scarpe hai!*

Come si riferisce a un verbo:

- *Come passa il tempo!*
- *Come balli bene!*
- *Come scrivi male!*

In questo tipo di costruzioni, l'elemento esclamativo *che, quanto/a/i/e, come* di solito va all'inizio della frase.

- *Come piange <u>quel bambino</u>!*
- *Che bello <u>quel ragazzo</u>!*

Il **soggetto** della frase, quando è necessario esprimerlo, va alla fine della frase.

Quando dal contesto si capisce di cosa si sta parlando, non è necessario esprimere il soggetto:

- *Ho comprato un vestito nuovo. Ti piace?*
- *Che bello!* [il vestito]

17 Leggi il seguente testo su Alfonso Bianchi e formula alcune esclamazioni possibili utilizzando *che, quanto/a/i/e,* o *come.* Prendi spunto dalle informazioni evidenziate.

B1

Alfonso → si è sposato cinque volte e ha 12 figli. Prima pesava 110 kg, ora invece è molto magro. È ancora a dieta, mangia insalate a colazione, pranzo e cena. Gli piace molto la musica e ha più di 500 dischi. Canta anche molto bene e quando lo fa, tutti si fermano per ascoltarlo. Alfonso è molto gentile e aiuta sempre i suoi vicini di casa quando hanno bisogno di una mano. Ieri, per esempio, ha aiutato la signorina Poletti, del terzo piano, a portare a casa 15 buste della spesa. Insomma, Alfonso è proprio un vicino di casa perfetto. Il suo unico difetto? È molto vanitoso: passa ore a guardarsi allo specchio.

→ *Quante volte si è sposato Alfonso!*

1. ....
2. ....
3. ....
4. ....

5. ....
6. ....
7. ....
8. ....

18 Rimetti in ordine gli elementi di questa frase per formare delle esclamazioni.

A2

→ interessante / libro / Francesca / sta leggendo/ che/ !
Che libro interessante sta leggendo Francesca!

1. mi piace / quanto / ! / di De Gregori / questa canzone
....

2. di Paolo / il fratello/ è antipatico / ! / come
....

3. brutta giornata / che / oggi / ho avuto / !
....

4. parla / ! / quanto / tuo cugino
....

5. ha / quanti / Susanna / amici / !
....

6. questo film / come / ! / è strano / di fantascienza
....

19 La madre di Alfonso va a fargli visita e ci sono alcune cose che la stupiscono. È tanto sorpresa che sbaglia alcune frasi. Individua le frasi sbagliate e correggile. In alcuni casi ci sono più possibilità.

B1

→ Che sei dimagrito! *Come sei dimagrito!* ....

1. Che è cresciuta mia nipote Clara! ....

2. Che disordine, in questa cucina! ....

3. Guarda questo tappeto, come sporco! ....

4. Come specchi, in questa casa! ....

5. Che musica assordante! ....

6. Che dischi! Sono proprio tanti! ....

7. Che casa poco accogliente! Non ci torno più! ....

40. Paragonare

A Più o meno?

Per paragonare due elementi (persone, oggetti, idee) usiamo:

| VERBO **più** | AGGETTIVO AVVERBIO SOSTANTIVO | **di** | | VERBO **meno** | AGGETTIVO AVVERBIO SOSTANTIVO | **di** |

- La città è **più rumorosa della** campagna.
- Il contadino si sveglia **più presto dell'**impiegato.

- La città ha **meno alberi della** campagna.
- La campagna è **meno affollata della** città.

Usiamo la struttura **più** + **avverbio/aggettivo/ sostantivo** + **di** per esprimere l'idea di maggioranza:

- Luciano è **più paziente di** Carla.
- Maurizio oggi è arrivato in ufficio **più tardi di ieri**.

👁 Si possono anche fare paragoni con i numeri:

- Abbiamo speso **più/meno di** $300.
- Il dollaro vale **più/meno dell'**euro.

Usiamo la struttura **meno** + **avverbio/aggettivo/ sostantivo** + **di** per esprimere l'idea di minoranza:

- Vittorio è **meno disponibile di** Alessia.
- Marisa legge **meno attentamente di** Luigi.

Con un verbo coniugato si usa **più/meno** + **aggettivo** + **di quel che/di quanto**:

- Alessandro è **più moderato di quanto** pensassimo.
- Studio **più di quel che** credi.

La struttura **più/meno** + **verbo/aggettivo/sostantivo** + **che** si usa:

per paragonare due **verbi all'infinito**

- Leggere è **più interessante che** guardare la televisione.

quando il paragone è tra due aggettivi relativi alla **stessa cosa o alla stessa persona**

- Questo utensile è **più appariscente che** utile.

quando i termini di paragone sono preceduti da una **preposizione**

- In città c'è **più rumore che** in campagna.
- A New York ci sono **meno piazze che** a Roma.
- Vado **più spesso in palestra che** in piscina.

👁 Quando i termini del paragone sono avverbi di luogo o di tempo si possono usare sia **che** sia **di**:

Qui fa più freddo **che/di** lì.
Oggi fa più freddo **che/di** ieri.

Per essere più precisi nel paragone, usiamo quantificatori come *un po'*, *abbastanza* o *molto* prima di *più/meno*.

- *Roma è molto **più** grande di Parigi.*
- *Leonardo è abbastanza **meno** professionale di Vito.*
- *Andare in aereo è molto **più** rapido che andare in nave.*

→ 11. Quantificatori

Quando dal contesto si capisce ciò di cui stiamo parlando, non è necessario menzionare il secondo elemento del paragone:

- *Mario è più ricco di me, anche se io lavoro **di più**. [di Mario]*
- *La nuova caldaia è **più** grande però riscalda **di meno**. [di quella vecchia]*

→ 13. Pronomi soggetto

→ 14. Pronomi con preposizione

1 Ecco alcuni dati su Omega 999 e Beta-beta X, abitanti di due pianeti diversi. Completa le frasi per fare dei paragoni.

★ A1
★ A2

	Omega 999	Beta-beta X	PIÙ/MENO
n. antenne	6	1	→ Gli Omega 999 hanno *più antenne dei Beta-beta X.*
n. occhi	2	6	1. Gli Omega 999 hanno ....
altezza media	220 cm	150 cm	2. Gli Omega 999 sono ....
quoziente intellettivo	170	60	3. I Beta-beta X sono ....
ora a cui si svegliano	tra le 10 e le 11 di mattina	tra le 6 e le 7 di mattina	4. I Beta-beta X si svegliano ....
ora a cui vanno a dormire	19.00	22.00	5. Gli Omega 999 vanno a dormire ....
consumo di acqua per abitante	420 litri	1 litro	6. I Beta-beta X consumano ....
vita media	123 anni	67 anni	7. Gli Omega 999 vivono ....

2 Completa le seguenti frasi facendo attenzione al tipo di paragone.

★ A2
★ B1

→ Teresa è meno giovane ...*di*... me.

→ Teresa è più furba ...*che*... intelligente.

1. Michela è più simpatica .... Lucia.
2. Il film è stato meno noioso .... quello che mi aspettassi.
3. Uscire con gli amici è più divertente .... studiare.
4. Questo libro è più istruttivo .... appassionante.
5. Preferisco andare in montagna più .... al mare.
6. Vittoria è molto meno vanitosa .... Serena.
7. Secondo me sai più .... quello che dici.
8. Camilla arriva al lavoro più presto .... me.
9. Questa macchina costa più .... 30.000, che esagerazione!

B *(Così)...come / (tanto)...quanto*

Per dire che due cose sono **equivalenti**, usiamo:

(così)	AGGETTIVO	*come*
(tanto)	AVVERBIO	*quanto*

- *Paolo è (**così/tanto**) bello **come/quanto** Mario.* [aggettivo]

- *Paolo balla (**così/tanto**) bene **come/quanto** Mario.* [avverbio]

👁 Si può anche dire:

- *Paolo e Mario sono belli tutti e due.*
- *Paolo e Mario ballano bene tutti e due.*

CON VERBI

...	*tanto quanto*	...
	come	

(tanto) quanto
[QUANTITÀ/INTENSITÀ EQUIVALENTE]

- *Mia figlia dorme (**tanto**) **quanto** mio marito.*
  [stessa quantità di ore]
- *Mia figlia russa (**tanto**) **quanto** mio marito.*
  [stessa intensità]

come
[STESSA MANIERA]

- *Mia figlia <u>dorme</u> **come** mio marito.*
  [nella stessa maniera, a pancia in su]
- *Mia figlia <u>russa</u> **come** mio marito.*
  [nella stessa maniera, fischiando]

👁 Si può anche dire:

- *Mio marito e mia figlia dormono nello stesso modo.*
- *Mio marito e mia figlia russano uguali.*

CON SOSTANTIVI

IDENTITÀ E QUANTITÀ		NOMI	
lo stesso			*di*
la stessa			
gli stessi			
le stesse			
tanto			*quanto*
tanta			*quanta*
tanti			*quanti*
tante			*quanti*

<table>
<tr><td>

IDENTITÀ FRA DUE COSE O PERSONE /
APPARTENENZA ALLA STESSA CATEGORIA

- *Paola ha **le stesse** amiche di Mario.*
  [proprio quelle persone]
- *Viviamo **nella stessa** zona.*
  [proprio quella zona]
- *Daniele ha **lo stesso** cellulare di Marcello.*
  [un cellulare dello stesso tipo]
- *A me e a mio marito piacciono **gli stessi** libri.*
  [lo stesso genere di libri]

</td><td>

STESSA QUANTITÀ

- *Francesca ha **tanti** cappelli **quante** scarpe.*
- *Mangio **tanta** pasta **quanto** riso.*
- *In questa casa ci sono **tante** stanze **quanti** bagni.*

</td></tr>
</table>

Io prenso il 14, e tu?

BUS

Che combinazione, io prendo lo stesso autobus!

---

3 Alessia Valle e Caterina Fiore sono due attrici famose che si somigliano molto ma non sono identiche.
Osserva i dati della tabella e poi indica quali delle seguenti affermazioni sono vere.

★★
★ A2
★★

	Alessia Valle	Caterina Fiore
età	28	28
altezza	178 cm	178 cm
peso	57 kg	52 kg
ore di sport al giorno	2	6
numero di fan	circa un milione	circa 8 milioni
guadagno	due milioni di euro all'anno	10 milioni di euro all'anno

→ Caterina è giovane come Alessia. .... ✓

1. Caterina e Alessia sono alte tutte e due 178 cm ....

2. Caterina è magra quanto Alessia. ....

3. Caterina non fa tanto sport come Alessia. ....

4. Caterina e Alessia hanno lo stesso numero di fan. ....

5. Caterina non guadagna come Caterina. ....

---

4 Pino e Pina si sono appena conosciuti e hanno già scoperto che sono fatti l'uno per l'altra.
Completa con *lo stesso, la stessa, gli stessi, le stesse*.

★★
★ A2
★★

→ Vanno preferiscono ....*gli stessi*.... ristoranti, sono entrambi vegetariani.

1. Vedono .... film: d'azione.
2. Comprano .... rose: rosse.
3. Hanno .... dottore: l'omeopata.
4. Gli piace .... vino: il Pinot grigio.

5. Hanno .... orari: vanno a letto presto.
6. Ascoltano .... musica: il jazz.
7. Prendono .... autobus: il 109.
8. Leggono .... libri: i romanzi storici.
9. Comprano .... latte: scremato.
10. Hanno .... sogno: girare il mondo.

5 Alcune delle seguenti frasi contengono un errore. Individuale e correggile. Ci sono varie possibilità.

★★
★A2
★★
★B1
★★

→ Luisa è così intelligente quanto Andrea.
   Luisa è intelligente quanto Andrea (Luisa è intelligente come Andrea / Luisa è tanto intelligente quanto Andrea)
....

1. Mi piace sciare tanto pattinare. ....

2. Mia sorella è golosa come me. ....

3. Rosaria cucina bene così Graziella. ....

4. Nell'astuccio ho tanto matite quanto penne. ....

5. Sono stanca quanto te. ....

6. I miei cugini sono alti tanto me. ....

7. Caterina è studiosa quanto tanto Cecilia. ....

8. Silvia non è paziente quanto suo fratello. ....

6 Ecco altri dati su Alessia Valle e Caterina Fiore. Osserva e scrivi dei paragoni quando c'è equivalenza.

★★
★B1
★★

→ Alessia ha avuto ...... *tanti mariti quanti ne ha avuti Caterina.*

1. Alessia prende ....
   ....

2. Alessia e Caterina bevono ....
   ....

3. Alessia e Caterina hanno ....
   ....

4. Alessia ha ....
   ....

5. Alessia ha ....
   ....

6. Alessia beve ....
   ....

7. Alessia usa ....
   ....

		Alessia	Caterina
→	mariti	4	4
1.	pillole per dormire	3	6
2.	acqua minerale	frizzante	frizzante
3.	yacht	3	3
4.	parrucchiera personale	Patty	Susie
5.	personal trainer	Mario Forte	Mario Forte
6.	caffè al giorno	5	5
7.	profumo	Superbia	Superbia

C Superlativo relativo: *L'uomo più alto del mondo.*

Quando vogliamo paragonare un elemento a una categoria o a un insieme, usiamo:

ARTICOLO → SOSTANTIVO → **più / meno** → AGGETTIVO → *di* + SOSTANTIVO / *che* + FRASE

- *Il grattacielo blu è l'edificio più alto della città.*
- *Il grattacielo blu è l'edificio più alto che ho/abbia mai visto.*

Il superlativo può essere di maggioranza (**più**) e di minoranza (**meno**):

- *Quello è l'attore più famoso del festival.*
- *È l'uomo meno simpatico che abbia mai conosciuto.*

Quando risulta chiaro dal contesto, non è necessario nominare l'insieme di riferimento:

- *Mi hai detto chi è la più simpatica delle tue amiche, ma non mi hai detto chi è **la più bella**.*
  [la più bella delle tue amiche.]

7 **Unisci gli elementi delle tre colonne.**

A2

→ Il mio ragazzo è
1. I Promessi Sposi è
2. Il Freccia Rossa è
3. Sofia è
4. I due Poli sono
5. Questa estate è stata
6. La sua stanza è
7. La Pietà è
8. Il lunedì è

a. la bambina più piccola
b. il treno più rapido
c. l'uomo più bello
d. il libro più emozionante
e. la scultura più famosa
f. la camera più tranquilla
g. il giorno peggiore
h. la stagione più calda
i. le zone più fredde

a. che conosca.
b. della sua classe.
c. che abbia mai letto.
d. d'Italia.
e. degli ultimi cinque anni.
f. del pianeta.
g. della settimana.
h. della casa.
i. di Michelangelo.

D Superlativo assoluto: *Una donna bellissima.*

Quando la qualità di qualcuno o qualcosa è espressa al suo grado più alto, senza nessun confronto con altri elementi, usiamo:

AGGETTIVO
AVVERBIO ⟩ *-issimo/a/i/e*

- *Questo grattacielo è altissimo.*
- *Le borse sono belle, ma questa è carissima.*
- *Devo scappare, è tardissimo!*
- *È una donna coraggiosissima.*

👁 Con aggettivi che esprimono già una grande intensità (come **orribile, magnifico, stupendo, meraviglioso, delizioso**) non è necessario usare **-issimo**.

Negli avverbi che terminano in **-mente** si aggiunge **-issima** all'interno della parola, prima del suffisso **-mente**.

rapidamente → rapidissimamente
lentamente → lentissimamente

Per formare il superlativo assoluto si può anche far precedere l'aggettivo o l'avverbio da alcuni **intensificatori** come **molto, tanto, assai, estremamente, oltremodo, sommamente**.

*Mio figlio è **estremamente** timido.*
*Il libro che ti ho consigliato è **molto** interessante.*

Un altro modo per formare il superlativo assoluto è premettere all'aggettivo i prefissi **arci-, stra-, super-, extra-, iper-, sovra-, ultra-**.

*timido → **super**timido*
*bravo → **ultra**bravo*
*flessibile → **extra**flessibile*

241

Alcuni aggettivi non formano il superlativo assoluto con l'aggiunta di -*issimo*, ma piuttosto con -*errimo*. A volte la forma dell'aggettivo si modifica leggermente.

FORMA BASE	SUPERLATIVO ASSOLUTO
misero	*miserrimo*
integro	*integerrimo*
celebre	*celeberrimo*
salubre	*saluberrimo* (molto raro)
acre	*acerrimo*

👁 *Acerrimo* e *integerrimo*, nati come superlativi, col tempo hanno sviluppato dei significati diversi: *acerrimo* oggi, piuttosto che come superlativo di *acre*, è usato con il significato di "accanito, irriducibile": *un acerrimo nemico*. *Integerrimo* si usa esclusivamente in senso morale: una persona *integerrima* è una persona di saldi valori morali.

8 **Forma il superlativo assoluto dei seguenti aggettivi utilizzando le forme -*issimo/a/i/e* e mantenendo la concordanza di genere e numero.**

★ ★
★ **A2**
★ ★

→ poche ....*pochissime*..........   4. giovane *(f.)* ....   8. interessanti ....

1. simpatico ....   5. amabili ....   9. facili ....

2. antipatico ....   6. piacevole *(f.)* ....   10. divertente *(m.)* ....

3. felice *(m.)* ....   7. salato ....   11. alto ....

9 **Scrivi gli aggettivi corrispondenti alle seguenti forme del superlativo**

★ ★
★ **A2**
★ ★

→ fortissimi ....*forti*...........   3. fragilissimo ....   6. stupidissimo ....

1. giovanissime ....   4. grandissima ....   7. felicissimo ....

2. amabilissimo ....   5. bianchissimo ....   8. piacevolissimo ....

10 **Forma il superlativo assoluto dei seguenti avverbi utilizzando la forma -*issimo* o -*issima*. Fai attenzione alle terminazioni degli avverbi.**

★ ★
★ **B1**
★ ★

→ presto ....*prestissimo*..........   3. bene ....   6. profondamente ....

1. lontano ....   4. velocemente ....   7. poco ....

2. rapidamente ....   5. male ....   8. tanto ....

11 **Completa le seguenti frasi formulando il superlativo assoluto in modo diverso.**

★ ★
★ **B1**
★ ★

→ ● Il professore è molto simpatico, no?
    ■ Sì, è *simpaticissimo*

1. ● Preferisco non comprare questo vino, è carissimo!
    ■ Hai ragione, è ....

2. ● Non sono riuscita a vedere tutto il film: era estremamente noioso.
    ■ Neanch'io, era ....

3. ● Che ne pensi di questo quadro? A me sembra molto brutto.
    ■ Anche secondo me è ....

4. ● Maria Callas è stata una cantante lirica molto famosa.
    ■ Sì, è stata un'artista ....

5. ● Michele ha raccontato un sacco di bugie e quando è stato scoperto ha fatto una figura molto misera.
    ■ Sì, proprio una figura ....

6. ● Hai conosciuto Claudia? È tanto simpatica!
    ■ Sì, la conosco, è ....

7. ● Salvatore è un bambino molto intelligente.
    ■ È vero, è ....

12 Vanessa e Isabella stanno parlando della festa di compleanno del loro amico Jacopo. Esagerano così tanto che sbagliano alcuni superlativi. Trova gli errori e correggili.

★ ★
★ **B1**
★ ★

Vanessa: Tu stavi benissimo (......................) e il vestito che indossavi era bellissimo (......................)!

Isabella: Grazie, cara. Anche il tuo vestito era magnificissimo (......................)!

Vanessa: Senti, ma l'hai vista Angela, con quei capelli bionderrimi (......................)?

Isabella: Sì, era orribilissima (......................)!

Vanessa: Sai chi stava proprio malissimo (......................) ? Jacopo! Con quella barba lunghissima (......................)!

Isabella: È vero! E poi, con quei jeans molto vecchissimi (......................) , e quella camicia fuori moda!

Vanessa: E invece, di Alessandro, che ne pensi?

Isabella: Ah, Alessandro è sempre superstupendo (......................)! È sempre estremamente elegante (......................), e poi è gentilissimo (......................)

Vanessa: Hai ragione! Ed è anche estremamente affascinantissimo (......................)! Ma perché è andato via prestissimo (......................)?

Isabella: Non so... forse si stava annoiando. La festa era noiosissima (......................).

E *Migliore, peggiore, meglio, peggio, ottimo...*

Gli aggettivi *buono, cattivo, grande, piccolo* hanno **forme speciali** quando sono usati in paragoni per esprimere l'idea di maggioranza e minoranza. Spesso è possibile usare entrambe le forme.

| più buono → *migliore* |

- *L'olio d'oliva è **migliore** della margarina.*
- *L'olio d'oliva è **più buono** della margarina.*

| più cattivo → *peggiore* |

- *Questo ristorante è **peggiore** di quello dove siamo stati ieri.*
- *Questo ristorante è **più cattivo** di quello dove siamo stati ieri.*

| più grande → *maggiore* |

- *Occupiamoci prima dei problemi **maggiori**.*
- *Occupiamoci prima dei problemi **più grandi**.*

| più piccolo → *minore* |

- *Nadia è la sorella **minore**.*
- *Nadia è la sorella **più piccola**.*
- 👁 Se ci riferiamo alle **dimensioni** di qualcosa, si usano le forme *più grande di/più piccolo di*:

  - *La casa di Serena è maggiore della mia.*
  - *La casa di Serena è **più grande** della mia.*

Se invece ci riferiamo all'**importanza**, al **valore** o all'**età** di qualcuno o qualcosa, si possono usare indifferentemente le forme *più grande di/più piccolo di* o *maggiore/minore*.

- *Questo mi sembra un problema **minore**.*
- *Questo mi sembra un problema **più piccolo**.*

Anche gli avverbi **bene** e **male** hanno forme speciali quando sono usati in paragoni che esprimono l'idea di maggioranza e minoranza.

> **meglio**

- Mio marito guida **meglio** di te.
- Mio marito guida ~~più bene~~ di te.

- Mia sorella cucina **peggio** di me.
- Mia sorella cucina ~~più male~~ di me.

Gli aggettivi **buono**, **cattivo**, **grande** e **piccolo** hanno **forme speciali** quando sono espressi al **massimo grado** e senza alcun paragone con altri elementi. È possibile usare entrambe le forme.

> buonissimo → **ottimo**

- Questo risotto è **ottimo**.
- Questo risotto è **buonissimo/molto buono**.

> cattivissimo → **pessimo**

- La qualità di questa maglietta è **pessima**.
- La qualità di questa maglietta è **cattivissima/molto cattiva**.

> grandissimo → **massimo**

- Laura mette **massimo** impegno nel suo lavoro.
- Laura mette **grandissimo** impegno nel suo lavoro.

> piccolissimo → **minimo**

- Basta un **minimo** sforzo per finire questo lavoro.
- Basta un **piccolissimo** sforzo per finire questo lavoro.

👁 Se ci riferiamo alle **dimensioni** di qualcosa, si usano le forme **grandissimo/piccolissimo**:

- Giorgio ha comprato una macchina **grandissima**.
- Giorgio ha comprato una macchina ~~massima~~.

Se invece ci riferiamo al **valore**, all'**intensità** o alla **qualità** di qualcosa, si possono usare indifferentemente le forme **grandissimo/piccolissimo** o **massimo/minimo**.

- Questo documentario è di **massimo** interesse.
- Questo documentario è di **grandissimo** interesse.

13 Completa le seguenti frasi con **migliore, peggiore, maggiore, minore**. Fai attenzione alla concordanza di genere e numero.

★ **A2**

→ Vado sempre al mercato a fare la spesa. La qualità dei prodotti è ...*migliore*... che nei supermercati.

1. L'hotel era .... di quello dell'anno scorso. Le stanze erano piccole e sporche.
2. Nel mio paese, gli autobus sono .... : più puntuali e più comodi.
3. Ho due fratelli, il .... si chiama Andrea, e il .... si chiama Antonio.
4. Prima non mi piaceva la matematica. Adesso la studio con .... interesse di prima.
5. La mia .... amica si chiama Chiara. Ci conosciamo da moltissimi anni.

14 Leggi questo post del blog di Shirley, una studentessa americana che vive in Italia, e aiutala a scegliere tra le forme migliore/peggiore e meglio/peggio.

★ ★
★ B1
★ ★

Shirley @shirley

La mia **migliore / meglio** amica italiana si chiama Lucia e usciamo sempre insieme. Ieri sera, per fare qualcosa di diverso, siamo andate in discoteca, ma solo dopo ci siamo accorte che era la **peggiore / peggio** discoteca di Firenze. Era affollata e quasi non si poteva respirare... non sono mai stata in un posto **peggiore / peggio**! E la musica? Era la **peggiore / peggio** che abbia mai sentito! Dopo mezz'ora abbiamo capito che era **migliore / meglio** andarcene, e siamo andate in un locale più tranquillo, dove l'atmosfera era decisamente **migliore / meglio**. Siamo andate a letto con un gran mal di testa, ma stamattina per fortuna mi sento **migliore / meglio**. La prossima volta sceglieremo **migliore / meglio** il locale dove andare!

15 Completa le seguenti frasi usando le forme speciali per fare i paragoni. Attenzione, non sempre è possibile.

★ ★
★ B1
★ ★

→ Andiamo in questo ristorante, il cibo è (più buono) ..... *migliore* ..... .

1. Stiamo cercando una casa (più grande) ....
2. Non hai un'idea (più buona) .... ?
3. Questo vino è (più cattivo) .... di quello che abbiamo bevuto ieri.
4. Ti presento Amelia, la mia sorella (più piccola) ....
5. Puoi prestarmi una borsa (più piccola) .... ?
6. La mia (più grande) .... soddisfazione è stata vincere quel torneo di tennis.
7. Secondo te, in campeggio dovrei portare uno zaino (più grande) .... ?

16 Completa queste frasi usando le forme speciali del superlativo assoluto. Attenzione, non sempre è possibile.

★ ★
★ B1
★ ★

→ Prova il salmone, è (buonissimo) ..... *ottimo* ..... .

1. Questa è davvero un'idea (molto cattiva) ....
2. Questo lavoro va svolto con (grandissima) .... attenzione.
3. Non mi sta bene questa maglietta: è (grandissima) ....
4. Siamo quasi arrivati. Ancora un (piccolissimo) .... sforzo e arriveremo in cima alla montagna.
5. La qualità di questa camicia è (molto buona) ....
6. Vorrei una fetta di torta (molto piccola) ....
7. Questo è uno scherzo di (cattivissimo) .... gusto.

41 Unire frasi: *e, o, però, perché, quando, se, che...*

A E, o, né

Con *e* uniamo un elemento a un altro elemento:

- *Domani pranzo con Mauro **e** Antonio.*
- *Facciamo un giro in centro **e** prendiamo un aperitivo.*
- *Ho fatto dei biscotti **e** una torta di mele.*

Quando vogliamo unire più di due elementi mettiamo la *e*, prima dell'ultimo:

- *Per la ricetta ci servono zucchine, pomodori, gamberetti **e** aglio.*
- *La mattina mi faccio la doccia, mi vesto **e** prendo il caffè.*
- 👁 Generalmente, la congiunzione *e* diventa *ed* davanti a una parola che comincia con la stessa vocale. L'aggiunta della *d* è facoltativa davanti alle altre vocali:

- *Marco **ed** Elena ci hanno invitati a cena.*
- *Hai visto bruno **e(d)** Alessandra?*

Usiamo *o* per segnalare un'alternativa tra due o più elementi:

- *Con questo sugo possiamo fare i fusilli **o** i maccheroni.*
- *Facciamo una pausa? Possiamo prendere un caffè **o** un tè.*
- *Per la festa mi metto la gonna **o** i pantaloni?*

O si può usare tra un elemento e l'altro o ripetere davanti a tutti gli elementi che mettiamo in relazione, eccetto che nelle domande:

- *Parto giovedì **o** venerdì, non lo so ancora.*
- *Parto **o** giovedì **o** venerdì, non lo so ancora.*
- 👁 È possibile trovare anche la forma *od*, davanti a parola che comincia con *o*:

- *Preferisci Gallipoli **od** Otranto?*
- 👁 Invece di *o* si può usare *oppure*, che ha esattamente lo stesso significato:

- *Stasera possiamo andare in pizzeria **oppure** al ristorante messicano.*

Usiamo *né* per unire un elemento negativo a un altro elemento negativo:

- *Non mi piace giocare a calcio **né** a tennis.*
- *Non voglio tè **né** caffè adesso, grazie.*

Per dare maggiore enfasi alla frase possiamo anteporre *né* a tutti gli elementi che uniamo:

- ***Né** ha ringraziato, **né** ha salutato e **né** ha dato una mano a mettere in ordine.*

1 Collega gli elementi delle due colonne per creare delle frasi.

A1

→ Ho visto Clara e   a. tre ore.

1. È venuta tua madre e   b. in Germania?

2. Franco parla molto bene il francese e   c. preferisci un succo di frutta?

3. Vuoi un caffè o   d. ti ha lasciato un pacchetto.

4. Laura è andata in Austria o   e. le sue amiche all'università.

5. Oggi pomeriggio vado in centro e   f. mi vedo con Anna.

6. Il viaggio in nave dura due o   g. l'inglese.

2 Veronica e sua madre comprano dei regali per la famiglia. Quanti regali faranno a ciascuna persona?

A1

→ Per Adelina, un profumo e una borsa.   *2*

1. A Lucilla, né giocattoli né caramelle: prenderemo un libro.

2. Per Antonio, o un libro o un disco.

3. Per la nonna, prenderemo una sciarpa oppure una spilla.

4. Per Vanessa, né una borsa né uno zaino. Non prenderemo niente.

5. A Mara non regaleremo né libri né dischi. O una collana o un bracciale.

6. A Stefano non so mai cosa regalare. Una maglietta e una felpa andranno bene.

3 Alcuni amici cercano di organizzarsi per il fine settimana. Completa con *e, né* oppure *o*.

A1

Carla: Sabato → ...*o*... domenica mattina possiamo andare al mercatino .... dopo andare a passeggiare sulla spiaggia.

Giorgio: Non abbiamo tempo per tutte e due le cose .... andiamo al mercatino .... andiamo in spiaggia.

Lisa: A me non va di andare .... al mercatino .... in spiaggia. Perché non passiamo la giornata a casa di Tommaso che ha un bel giardino?

Carla: A casa di Tommaso .... a casa di Luigi? La casa di Luigi è più grande e ha una bella terrazza.

Giorgio: Ma .... Luigi .... Tommaso sono in città! Potremmo andare al Museo della Scienza .... a pranzare in osteria.

Lisa: Va bene. Allora la mattina andiamo al Museo della Scienza .... il pomeriggio facciamo una passeggiata.

4 Osserva l'illustrazione e completa la descrizione con *e* o con *né*. Riesci a indovinare chi è il marito di Cristina?

Il tipo di uomo ideale di Cristina:

→ Non ha ...*né*... la barba ...*né*... i baffi.

1. Ha i capelli corti .... lisci.

2. Porta la giacca .... la cravatta.

3. Non è .... molto alto .... molto magro.

4. Non ha gli occhi azzurri .... i capelli biondi.

Il marito di Cristina:

1. Ha la barba .... i baffi.

2. Non ha i capelli .... corti .... lisci.

3. Non porta .... giacca .... cravatta.

4. Non è .... molto basso .... molto grasso.

5. Ha gli occhi azzurri .... i capelli biondi.

B Ma, però, tuttavia, anzi, eppure, mentre, invece, anche se

Ma, però, tuttavia, anzi, eppure, mentre, invece, anche se introducono un'idea che contrasta o limita quella espressa in precedenza.

- *Ho una piscina in casa **ma** non so nuotare.*
- *Conosco Lorenzo dai tempi della scuola, **tuttavia** non siamo amici.*
- *Quel vestito è molto bello, **però** è troppo costoso.*
- *Dario non è antipatico, **anzi**, è molto spiritoso.*

- *L'esame non è andato bene, **eppure** avevo studiato molto.*
- *Fa molto freddo **anche se** c'è il sole.*
- *Lucia lavora tutto il giorno **mentre** tu non fai niente.*
- *Sembra sincero, **invece** è un ipocrita.*

5 (Cerchia) l'opzione corretta.

★★★
★ **A1**
★★★
★★ **A2**
★★

→ Sono stanchissima, (però) / e / né vengo con voi al cinema.

1. Alessandra si è impegnata molto o / **tuttavia** / né non ha avuto una promozione.

2. Sono andato all'appuntamento né / o / **ma** non c'era nessuno.

3. Il viaggio in treno è lungo, o / né / **invece** in aereo si arriva in poco tempo.

4. Questo libro non mi piace o / **eppure** / né devo leggerlo per l'esame.

5. Ho preso un taxi, **anche se** / e / né c'erano molti autobus.

6. La conferenza non è stata noiosa, o / e / **anzi** è stata molto interessante.

7. Ho telefonato a Martina **però** / o / né non l'ho trovata a casa.

8. I miei figli sono molto diversi: Giulia ama lo sport, o / **mentre** / né Francesco è pigrissimo.

9. Non piove, **anzi** / e / né è uscito il sole.

C Cioè, ovvero, ossia, vale a dire, infatti

Cioè, ossia, vale a dire introducono una parola, o una frase, che spiega o precisano ciò che è stato detto in precedenza. Si possono usare indifferentemente:

- *Questo libro si può usare per tutto il biennio, **cioè** per due anni.*
- *Sara è mia nipote, **ovvero** la figlia di mio fratello.*
- *La domenica, **vale a dire** l'unico giorno in cui non lavoro, mi rilasso.*

Infatti si usa per rafforzare un'affermazione precedente:

- *Rispetto la vita degli animali, **infatti** sono vegetariano.*
- *Gabriella è arrabbiata con me, **infatti** non mi saluta.*

In un dialogo si può usare *infatti* per confermare enfaticamente ciò che è stato già detto:

- *Che bello domani è festa e possiamo riposarci!*
- *Infatti!*

6 Completa le seguenti frasi con *cioè* o *infatti*. A volte ci sono più possibilità.

★★★
★ **A2**
★★★
★★ **B1**
★★

→ Non mi sento molto bene ......*infatti*...... sono rimasta a casa tutto il giorno.

1. Ieri Andrea ha cucinato la sua specialità .... la pasta con il ragù.

2. Grazia è la madre di mia cugina, ... mia zia.

3. Il libro che mi hai prestato mi è piaciuto molto, ... l'ho finito in tre giorni.

4. Abbiamo assaggiato la pastiera, ... un dolce tipico di Napoli.

5. Ieri è nata la figlia di mio fratello, ... mia nipote.

6. ● Dev'essere stata una bellissima vacanza!
   ■ .... ! Ci siamo divertiti moltissimo!

D Dunque, quindi, perciò, pertanto, allora...

Dunque, *quindi*, *ebbene*, *perciò*, *pertanto*, *allora* introducono una **conseguenza**:

- *Giancarlo è molto grasso, **dunque** deve mettersi a dieta.*
- *La pizzeria è chiusa, **allora** andiamo alla piadineria.*
- *Non ci siamo comportati bene, **pertanto** chiediamo scusa.*

- *Alice non ha voglia di uscire, **quindi** rimane a casa.*
- *Ho la batteria scarica, **perciò** non ti ho chiamato.*

---

7 Collega gli elementi delle due colonne per formare delle frasi.

A1
→   Mario non è venuto alla festa,

A2
1.   Oggi è una bella giornata,
2.   Giuseppe non è ancora tornato,
3.   Non ho studiato abbastanza,
4.   Lucia non sta bene,
5.   Ho dimenticato il sugo sul fuoco,
6.   Per lo spettacolo delle 20:00 non c'erano biglietti,
7.   Il ventilatore non funzionava,

a.   dunque il compito è andato male.
b.   perciò si è bruciato.
c.   allora vado a fare una passeggiata.
d.   perciò non l'ho visto.
e.   quindi andrò a trovarla a casa.
f.   pertanto l'ho restituito al negozio.
g.   quindi sono un po' preoccupata.
h.   allora li ho presi per quello delle 22:00. h

E Perché, siccome, poiché, giacché, dato che

Con *perché* spieghiamo la causa di qualcosa:

Devo andare a casa **perché** mia figlia sta male.

Oh, che cos'ha?

[Gianni spiega la causa per cui deve andare a casa: sua figlia sta male.]

La causa introdotta con *perché* si pone dopo l'effetto o la conseguenza.

- *Non posso andare a casa di Clara **perché** parto per Roma.*

→ **39. Domandare ed esclamare**

Siccome e *poiché* indicano un fatto che dobbiamo tener presente per capire una conseguenza:

Siccome piove, sarà meglio rimanere a casa, no?

Sì, hai ragione.

[Se il ragazzo tiene presente la pioggia, comprenderà la proposta della ragazza.]

La causa introdotta da *poiché* si può esprimere prima o dopo l'effetto; quella introdotta da *siccome* di norma va prima:

- *Siccome lavora molto, Irene non ha tempo per la sua famiglia.*
- *Ti ho lasciato un messaggio poiché non pensavo di incontrarti.*

Poiché e *siccome* possono essere sostituite da *visto che, dato che, dal momento che, in quanto, giacché*.

8 Completa le frasi con *siccome/poiché* o *perché*.

→ .... non posso ancora pagarti *perché* non ho soldi.

1. .... ha rotto alcune finestre .... Piero è stato denunciato.

2. .... non aveva la macchina .... Maria non è andata alla festa.

3. .... non posso rinunciare al lavoro .... ho bisogno di soldi.

4. .... piove .... non posso uscire stasera.

5. .... devo studiare .... domani ho un'interrogazione.

6. .... ho fame .... mi preparo un panino.

7. .... mi metto la sciarpa .... fa freddo.

8. .... soffro il mal di mare .... non vado mai in crociera.

F Che, dove, come, quando...

Per collegare più informazioni su oggetti, persone e luoghi possiamo usare delle frasi introdotte da *che, dove, come, quando*. Usiamo *che* per parlare di oggetti o persone e *dove* per riferirci a luoghi.

- Il <u>cane</u> si chiama Fido.

- Il <u>cane</u> **che** Bea tiene in braccio si chiama Fido.

  [Il cane si chiama Fido. Bea tiene il cane in braccio.]

- Il <u>libro</u> è bellissimo.

- Il <u>libro</u> **che** mi hai regalato è bellissimo.

  [Il libro è bellissimo. Tu mi hai regalato il libro]

- L'<u>hotel</u> è sulla spiaggia.

- L'<u>hotel</u> **dove** lavora Enrico è sulla spiaggia.

  [L'hotel è sulla spiaggia. Enrico lavora in quell'hotel.]

👁 Al posto di **dove** possiamo anche usare il relativo *cui* preceduto dalle preposizioni *a* e *in*:

- L'hotel **in cui** lavora Enrico è sulla spiaggia.
- L'hotel **a cui** andiamo è sulla spiaggia.

9 Antonella ha scritto una lettera a Babbo Natale ma la sua scrittura non è molto chiara e alcune parole non si leggono bene. Aiuta Babbo Natale a ricostruire la lettera scegliendo l'espressione adatta tra quelle proposte.

A2

B1

che ha la mia amica ✓
che canta
che viene
che è sempre tanto buona
che cammina
che ho guardato ieri
che le serve
che si innamora
che ha vinto

Caro Babbo Natale,
quest'anno vorrei il libro degli animali come quello *che ha la mia amica*
Sandra; poi vorrei la bambola Camilla .... da sola e
.... le canzoni e il Dvd del cartone animato ....
con i miei genitori. Non mi ricordo il titolo, ma so che
parlava di una principessa indiana .... di un
marinaio .... da molto lontano. Infine vorrei anche il disco
del cantante .... il festival di Sanremo quest'anno. Per mia
sorella Loredana, ..., ti chiedo la bicicletta
.... per andare a scuola.

10 Michael, un ragazzo americano che studia l'italiano, sta scrivendo una descrizione della sua famiglia, ma ha qualche problema a collegare le frasi. Aiutalo a farlo usando *che*.

A2

B1

→ Mio zio Richard ha una casa bellissima. La casa di mio zio è sulla spiaggia.
Mio zio Richard ha una casa bellissima che sta sulla spiaggia.

1. Mio cugino è sposato con una ragazza giapponese. La ragazza giapponese si chiama Kuniko.
....
....

2. Mia madre fa la segretaria in un'azienda. L'azienda si occupa di traduzioni.
....
....

3. Mia sorella Rachel scrive romanzi. I romanzi di mia sorella hanno molto successo.
....
....

4. Mio fratello Bernard è un fotografo. Mio fratello si occupa di reportage.
....
....

5. In Italia ho trovato un lavoro. Il mio lavoro mi piace.
....
....

11 Michael ha scritto un testo per parlare dei suoi amici italiani. Continua ad aiutarlo a collegare le frasi usando *dove*.

B1

→ Filippo lavora in un casinò. Non sono mai stato in quel casinò.
Filippo lavora in un casinò dove non sono mai stato.

1. Cinzia fa la programmatrice in un'azienda. Nella sua azienda, Cinzia guadagna molto.
....
....

2. Chiara lavora in una casa editrice. Anch'io ho lavorato in quella casa editrice.
....
....

3. Pietro fa il portiere in un albergo. Nell'albergo non possono entrare animali.
....
....

4. Michele si è trasferito sulle Dolomiti. Sulle Dolomiti ci sono molti paesini pittoreschi.
....
....

5. Barbara fa l'insegnante in una scuola. Nella scuola di Barbara ci sono solo venti studenti.
....
....

Che può introdurre anche delle frasi che rispondono alla domanda *che cosa?*. Queste frasi servono a completare il senso della frase precedente, che altrimenti sarebbe incompleto.

- *Tua sorella mi ha detto **che viene questo fine settimana**.*   [che cosa mi ha detto?]
- *Ho visto **che hai comprato una macchina nuova**.*   [che cosa ho visto?]
- *Il datore di lavoro vuole **che lavoriamo il sabato**.*   [che cosa vuole?]
- *Non mi piace **che i miei figli guardino troppa televisione**.*   [che cosa non mi piace?]

👁 Non usiamo *che* quando il verbo della seconda frase è un **infinito** e il soggetto è lo stesso:

- *Mirella non vuole **lavorare** il sabato.*   [il soggetto è sempre Mirella]
- *Mi piace **giocare** con il mio amico Giorgio.*   [il soggetto è sempre *io*]

→ **20. Forme indefinite**

→ **34. Indicativo o congiuntivo?**

12 Indica in quali frasi è necessario usare *che* e indica la posizione in cui va inserito con una freccia ↓.

*B1

→   Non sopporto le scarpe con i tacchi alti. Mi fanno male ai piedi. (....✓....)

→   Michele ha detto ↓ prenderà il treno. (....*che*....)

1.   Mia sorella vuole .... le presti la mia macchina. (...........)
2.   È necessario .... mi metta la cravatta? (...........)
3.   Al mio gatto piace .... essere accarezzato. (...........)
4.   Non voglio andare al mare. .... Ho paura degli squali. (...........)
5.   Abbiamo capito .... non ti piace uscire con noi. (...........)
6.   Ieri mi sono accorta .... il telefono non funzionava. (...........)
7.   Domani voglio .... andare al mare con mio marito. (...........)
8.   Paola ha deciso .... comincerà un corso di tango. (...........)
9.   Ai miei figli piace .... giocare nel parco. (.........)

Usiamo *come* per introdurre una frase che si riferisce al **modo** in cui si compie un'azione:

- *Il film è finito proprio **come mi immaginavo**.*
- *Farò la crostata **come mi hai suggerito**.*
- *Organizza questo lavoro **come preferisci**.*

Usiamo *quando* per introdurre una frase che si riferisce al **tempo** in cui si compie un'azione:

- *Io e Federica giocavamo insieme **quando eravamo bambine**.*
- *Verrò a trovarti **quando avrò un po' di tempo**.*

13 Collega gli elementi delle due colonne scegliendo, per ciascuna frase, *dove*, *come* o *quando*.

★ ★
★ **A2**
★ ★
★ **B1**
★ ★

→ Ho appeso il quadro

dove	mi hai detto, con due chiodi piccoli.
come	mi hai detto, vicino allo specchio.
quando	non c'era nessuno in casa.

1. Margherita ha fatto una cena

dove	solo lei sa farla: deliziosa!
come	è tornata dalle vacanze.
quando	dove abita ora, a casa dei suoi genitori.

2. Oggi ho mangiato

dove	ho finito di fare delle commissioni.
come	sempre, di fretta.
quando	mangia Carlo, in un ristorante buonissimo.

3. Camilla suonava il piano

dove	le aveva detto l'insegnante.
come	era una bambina.
quando	nessuno poteva sentirla, in cantina.

4. Ho comprato un vestito

dove	quello che aveva ieri tua madre.
come	mi hai consigliato tu, da Zazà.
quando	sono cominciati i saldi.

14 Serena e Alessio sono adolescenti ed evitano sempre di rispondere direttamente alle domande dei loro genitori. Per ciascuna domanda, indica la risposta adatta e completala con *come*, *dove* o *quando*.

★ ★
★ **B1**
★ ★

→ Dove vai in campeggio?
1. Quando pensate di ritornare?
2. Dove andrete a dormire?
3. Come andate, in macchina?
4. Quando fai gli esami?
5. Come pensi di essere promosso, se non studi?

→ Quando conosceremo il tuo ragazzo?
6. Come si chiama?
7. E dove vive questo Davide?
8. Come vi siete conosciuti?
9. Quando ha cominciato a lavorare?

(→) *Dove* .... andiamo sempre, al mare.

a. ( ) .... possiamo, non lo so, magari in autobus.

b. ( ) .... troviamo un posto, in campeggio o in albergo.

c. ( ) .... ci stancheremo, tra un paio di giorni.

d. ( ) .... sempre. Studierò all'ultimo momento.

e. ( ) .... finisco il corso, alla fine di giugno.

(→) *Quando* .... sarà liberò, studia e lavora.

f. ( ) .... abitava la zia Luisa, da quelle parti.

g. ( ) .... quando me l'hai chiesto l'ultima volta, mamma: Davide.

h. ( ) .... ha trovato un lavoro, come tutti.

i. ( ) .... si conoscono i ragazzi di solito: a scuola o sull'autobus.

253

G *Quando, finché, (non) appena, mentre, prima che, dopo che...*

Quando si usa per esprimere che due eventi sono temporalmente connessi. Questi due eventi possono essere **simultanei** o **consecutivi** l'uno all'altro:

quando	azioni simultanee

un'azione prima, l'altra dopo

- *Gennaro canta l'opera **quando** si fa la doccia.*
  [Canta e si fa la doccia nello stesso momento.]
- *Marcella ascoltava sempre la musica **quando** studiava.* [Studiava e ascoltava la musica nello stesso momento.]

- ***Quando** il film è finito, siamo andati a dormire.*
  [Prima è finito il film, poi siamo andati a letto.]

- *Fabiana si alza di malumore **quando** dorme poco.* [Prima dorme poco, poi si alza di malumore.]

15 Queste sono le abitudini di Carolina. Per ciascuna frase, metti in ordine le azioni.

A2 → Si alza quando suona la sveglia. ...*Prima suona la sveglia, poi si alza*......

B1 → Quando va al lavoro, ascolta la musica. ...*Va al lavoro e ascolta la musica*......

1. Quando esce, chiude le finestre. ....
2. Quando si è vestita, si trucca. ....
3. Quando si trucca, ascolta la radio. ....
4. Si fa la doccia quando si sveglia. ....
5. Quando ha fatto colazione, esce. ....
6. Quando fa colazione, legge il giornale. ....
7. Quando arriva al lavoro, apre la finestra. ....

Per connettere temporalmente due o più eventi possiamo usare anche: *(non) appena, da quando, finché, ogni qual volta che, ogni volta che, mentre, prima che, dopo che*:

→ 34. Indicativo o congiuntivo?

(non) appena	un fatto immediatamente successivo a un altro.

- *Gli studenti escono dall'aula **(non) appena** suona la campanella.*
- ***(Non) appena** ha saputo che sua nonna era malata, ha preso l'aereo ed è partito.*
- *Dimmelo **(non) appena** lo sai: sono curiosissima!*

- ***(Non) appena** suona la sveglia, mi alzo.*

254

| **da quando / finché non / fino a quando non** | **un evento è il limite temporale dell'altro.** |

- Non ho mangiato niente **da quando** ho fatto colazione stamattina.
  [Il limite temporale è la colazione: da quel momento, non ho mangiato niente.]
- Aspetterò **finché non /fino a quando non** avrai finito il tuo lavoro, poi usciremo insieme.
  [Il limite temporale è la fine del lavoro: aspetterò per tutto il tempo in cui lavori, poi usciremo.]
- Non usciremo **finché non / fino a quando non** pioverà così forte.
  [Il limite temporale è la fine della pioggia: staremo in casa per tutto il tempo per cui dura la pioggia, poi usciremo.]

- La mattina non mi alzo **fino a quando non /finché non** suona la sveglia.

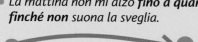

👁 **Finché** e **fino a quando** indicano che le due azioni si svolgono contemporaneamente:

- Lo spettacolo fu molto noioso **finché** Giorgio è stato sul palco.
  [Lo spettacolo è stato noioso per tutto il tempo in cui c'è stato Giorgio.]

Finché non e **fino a quando non** indicano che un'azione determina la fine dell'altra.

- Lo spettacolo fu molto noioso **finché** Giorgio non fu sul palco.
  [Lo spettacolo è stato noioso fino all'arrivo di Giorgio.]

| **ogni qual volta, ogniqualvolta, ogni volta che, tutte le volte che...** | **quando si verifica un evento, si verifica anche l'altro.** |

- Questo libro mi fa piangere **ogni volta che/tutte le volte che/ogniqualvolta** lo leggo.
- **Ogni volta che/tutte le volte che/ogniqualvolta** incontro Sara, mi invita a casa sua.

- **Ogni volta che** passeggio, ascolto la radio.

| **mentre** | **due eventi accadono allo stesso tempo.** |

- **Mentre** Rita guardava la televisione, noi giocavamo a carte.
- Stamattina, **mentre** andavo a scuola, sono inciampata.

- **Mentre** guido, canto.

👁 La durata dei due eventi può coincidere, oppure uno dei due eventi può essere momentaneo rispetto all'altro.

- **Mentre** andavo al supermercato ho incontrato Teresa. [L'incontro con Teresa è momentaneo rispetto all'azione di andare al supermercato.]

- **Mentre** studio ascolto la musica. [La durata dei due eventi coincide.]

255

16 **Il piccolo Antonio non sa ancora parlare bene. Aiutalo a scegliere l'espressione più adatta.**

★ **B1**

→ Gioco con i miei amici nel parco (finché non) / **tutte le volte che** arriva mia madre per riportarmi a casa.

1. Non posso andare al parco **tutte le volte che / fino a quando** voglio.

2. **Mentre / fino a quando** torniamo a casa, mia madre mi compra un gelato.

3. **Mentre / ogni volta che** mi comporto bene, i miei genitori mi comprano un fumetto.

4. **Appena / Finché** torniamo a casa, faccio merenda e guardo i cartoni animati.

5. **Da quando / fino a quando** è nato il mio fratellino, in casa c'è molta più confusione.

6. **Ogni volta che / finché** ero figlio unico, stavo molto meglio.

7. Il mio fratellino piange e strilla **finché non / ogni volta che** ha fame o sonno.

8. **Fino a quando non / da quando** si addormenta il mio fratellino, in casa non c'è un attimo di pace.

---

prima che / dopo (che)	**un fatto è anteriore o posteriore a un altro.**

- *Vorrei pulire la casa **prima che** arrivino gli invitati.*
- ***Dopo che** gli invitati saranno andati via, metterò tutto in ordine.*
- ***Prima che** tu te ne vada, vorrei che mi aiutassi a lavare i piatti.*
- ***Dopo che** avrò finito questo lavoro, mi riposerò.*

- *Mangerò **dopo che** avrò finito di cenare ed uscirò **prima che** siano le dieci.*

👁 Quando i verbi introdotti sono all'**infinito**, si usano **prima di** e **dopo**:

- *Farò una passeggiata **prima di** <u>tornare</u> a casa.*
- ***Dopo** <u>aver finito</u> i compiti, Giacomo uscì con i suoi amici.*
👁 **Prima che** è seguito da un verbo al congiuntivo:

- *Partiremo **prima che** <u>cominci</u> a piovere.*
- *Dovremmo tornare a casa **prima che** <u>rientrino</u> i miei genitori.*

---

17 **Completa le seguenti frasi con *prima che*, *prima di*, *dopo che*, o *dopo*.**

★ **B1**

→ Vorrei finire questa relazione ...*prima di*... uscire.

1. Devo finire di leggere questo libro .... finisca la scuola.

2. .... aver litigato con i suoi genitori, Giulia uscì di casa.

3. La prossima volta, rifletti .... parlare.

4. Di solito la cantante riceveva dei fiori .... lo spettacolo era finito.

5. .... organizzare un viaggio, cerco sempre informazioni su internet.

6. Preferisco dirtelo io .... te lo dica qualcun altro.

7. Sonia andò al lavoro .... era stata in palestra.

8. Andremo in montagna .... essere stati al mare.

9. .... saranno arrivati gli invitati, serviremo l'aperitivo.

H Esprimere condizioni con *se*: *Se hai tempo, chiamami.*

Usiamo *se* per esprimere una condizione:

Se ti sposi con me, tutto questo sarà tuo, amore.

- *Se ti va, possiamo andare a cena fuori stasera.*
- *Se ti compri il tablet, me lo presterai qualche volta?*
- *Vieni per Natale, se trovi un biglietto a buon prezzo?*
- *Se fossi stato più attento, non avrei perso il cellulare.*

Quando pensiamo che la condizione si possa realizzare (nel presente o nel futuro), usiamo l'**indicativo presente** o **futuro**, nella frase introdotta da *se*:

- *Se mi <u>danno</u> un aumento, faremo una festa.*
- *Se <u>hai</u> qualche problema, chiamami.*
- *Se <u>avremo</u> un po' di tempo, verremo a trovarvi.*

[Le condizioni sono tutte molto probabili, si possono realizzare]

Nella seconda parte della frase, quella non introdotta da *se*, possiamo usare il **presente**, il **futuro**, l'**imperativo**, il **condizionale** o anche il **congiuntivo presente**, dipende da ciò che vogliamo dire: una richiesta, un'affermazione, un suggerimento, ecc.

- *Se fa caldo, domani **andiamo** al mare.*
- *Se fa caldo, domani **andremo** al mare.*
- *Se fa caldo, domani **andrei** volentieri al mare.*
- *Se fa caldo, che **vada** al mare a rinfrescarsi.*

Quando crediamo che la condizione abbia poche probabilità di realizzarsi o che non possa realizzarsi, usiamo l'**imperfetto del congiuntivo** nella frase introdotta da *se*:

- *Se <u>smettesse</u> di piovere, uscirei volentieri.*
  [È possibile ma poco probabile che smetta di piovere.]

Se un giorno divorziassi da tua moglie, magari potresti sposarti con me.

- *Se <u>dovessi</u> avere dei problemi con la caldaia, chiamami al cellulare.*
  [È possibile ma poco probabile che smetta di piovere.]

- *Se i maiali <u>avessero</u> le ali, volerebbero.*
  [I maiali non hanno le ali, quindi non possono volare.]

- *Se <u>nascessi</u> un'altra volta, prenderei delle scelte diverse.*
  [Non posso nascere un'altra volta, quindi non posso prendere scelte diverse.]

257

Nella seconda parte della frase, quella non introdotta da *se*, possiamo usare il **presente**, il **condizionale semplice** e l'**imperativo**, dipende da ciò che vogliamo dire: un suggerimento, una richiesta, un'affermazione, ecc.

- *Se andassi a Napoli, **potresti** visitare Castel dell'Ovo.*
- *Se andassi a Napoli, **visita** Castel dell'Ovo.*
- *Se andassi a Napoli, **puoi** visitare Castel dell'Ovo.*

Quando crediamo che la condizione non si possa realizzare, che sia impossibile perché ci riferiamo al passato e quindi non può più succedere un'altra cosa, usiamo **il congiuntivo trapassato** nella frase introdotta da *se*:

- **Se** <u>fossimo arrivati</u> *prima, non avremmo perso il treno.*
  [Però siamo arrivati tardi e abbiamo perso il treno.]

- **Se** *Emiliano* <u>avesse studiato</u> *Legge, farebbe l'avvocato.*
  [Però Emiliano ha studiato un'altra cosa e non fa l'avvocato.]

Nella seconda parte della frase, quella non introdotta da *se*, usiamo il **condizionale semplice o composto**.

- *Se avessimo vinto alla lotteria, **avremmo comprato** una casa con piscina e giardino.*
- *Se avessimo vinto alla lotteria, **compreremmo** una casa con piscina e giardino.*

→ **31. Condizionale**

→ **32. Condizionale composto**

→ **33. Forme del congiuntivo**

---

18 Nelle seguenti frasi, segnala ↓ dove va inserito *se* e poi indica chi si sta rivolgendo all'impiegato Fiorentino Guidotti: il suo capo (D), sua moglie (M) o sua figlia (F)?

A2

→ ↓Non mi dai soldi non posso andare a fare la spesa. ......*M*......

1. Vai in vacanza, portami un ricordino. ....
2. Non ti aspetterò, farai tardi anche stasera. ....
3. Mi chiami, ha qualche problema al lavoro. ....
4. Esco con i compagni di scuola, mi vieni a prendere? ....
5. Finisci presto di lavorare, passa in banca a ritirare i soldi. ....
6. Posso andare in vacanza con i miei amici vengo promossa a scuola? ....
7. Si impegna di più riceverà una promozione. ....

19 Flavio Bugatti, un anziano multimilionario, ha fatto testamento. Scopri quali sono le condizioni da rispettare scegliendo l'alternativa corretta..

B1

Mio figlio maggiore Riccardo sarà direttore dell'azienda se **terminerà / terminerebbe** i suoi studi in Legge. A mia figlia Marta lascio le case di Capri e di Ischia se **fosse ritornata / ritorna** con il suo fidanzato Mauro. Mia moglie avrà 200 mila € ogni anno solo se non **si risposerà / si risposerebbe** e non **ha / avrà** più figli. A mio cugino Luigi lascio la direzione della casa editrice Eurol se **smette / smetta** di bere. A mio nipote Paolo lascio la casa sull'isola se **avesse lasciato / lascerà** la sua amante e **tornerà / tornasse** con sua moglie.

20 Completa le seguenti frasi coniugando il verbo tra parentesi al congiuntivo imperfetto o trapassato. Poi indica se la condizione è possibile (P) o impossibile (I).

★★ B1
★★

→ Se (finire) ....*avessi finito*........ l'università, adesso sarei un medico. (...*I*...)

1. Se stasera Mimmo (tornare) .... prima dal lavoro, potremmo andare insieme al cinema. (............)

2. Riuscirei a concentrarmi, se tu (smettere) .... di urlare. (............)

3. Se (riflettere) .... di più, non faresti tanti errori. (............)

4. Lascerei il mio lavoro, se (vincere) .... la lotteria. (............)

5. Se (sapere) .... che ti piace Tiziano Ferro, ti avrei regalato un biglietto per il suo concerto di ieri. (............)

6. Se Carlotta non (essere) .... così scortese, Giulia non si sarebbe offesa. (............)

7. Potresti ancora superare l'esame, se (cominciare) .... a studiare seriamente. (............)

21 Leggi la seguente storia. Poi completa le frasi con il verbo coniugato nel modo opportuno.

★★ B1
★★

> Era una giornata d'estate. Mio padre aveva perso l'autobus per andare al lavoro e perciò aveva preso un taxi. Faceva molto caldo e aprì il finestrino. Entrò un'ape e lo punse. Mio padre era allergico alle punture d'ape e si sentì male. Il tassista lo portò in ospedale. Mio padre si innamorò della dottoressa che lo curò e si sposarono. Io sono nato dopo nove mesi. Per questo adesso sono qui e posso raccontarvi questa storia.

→ Se mio padre non .....*avesse perso*..... l'autobus, non avrebbe preso un taxi.

1. Mio padre non avrebbe aperto il finestrino, se non .... tanto caldo.

2. Se mio padre non .... il finestrino, l'ape non sarebbe entrata.

3. Mio padre non si sarebbe sentito male, se .... allergico alle punture d'ape.

4. Se mio padre non .... in ospedale, non avrebbe conosciuto la dottoressa.

5. Mio padre non avrebbe sposato la dottoressa, se non si .... innamorato di lei.

6. Se non .... , non sarei qui a raccontarvi questa storia.

22 Cerchia l'alternativa corretta.

★★ B1
★★

→ Se continui ad allenarti così, di sicuro **vincerai** / **vinceresti** il torneo di tennis.

1. Se venissero ospiti a cena, **cucinerei** / **cucino** qualcosa di speciale.

2. Ci **saremmo divertiti** / **divertiremmo** di più, se anche tuo fratello venisse in campeggio con noi.

3. Se prendi dei buoni voti, ti prometto che ti **avrei comprato** / **comprerò** il motorino.

4. Ora non ti **troveresti** / **saresti trovato** in questa situazione, se fossi stato più sincero.

5. Se andassi in Francia, **imparerò** / **imparerei** il francese più velocemente.

6. Se fossi venuto alla festa, ti **avrei presentato** / **presenterei** mia sorella.

7. **Viaggeremmo** / **avremmo viaggiato** di più, se avessimo più soldi.

8. Se mi avessi detto che eri a Roma, ti **inviterò** / **avrei invitato** a cena.

7

Fonetica e ortografia

42. Lettere e suoni

L'alfabeto italiano è composto di ventuno lettere: 5 vocali e 16 consonanti. Le cinque lettere tra parentesi non fanno parte dell'alfabeto italiano, ma sono spesso usate per scrivere parole straniere che sono entrate nella lingua italiana.

A a *a*	**B b** *bi*	**C c** *ci*	**D d** *di*	**E e** *e*	**F f** *effe*	**G g** *gi*
H h *acca*	**I i** *i*	**(J j)** *i lunga*	**(K k)** *cappa*	**L l** *elle*	**M m** *emme*	**N n** *enne*
O o *o*	**P p** *pi*	**Q q** *qu*	**R r** *erre*	**S s** *esse*	**T t** *ti*	**U u** *u*
V v *vu / vi*	**(W w)** *doppia vu / doppia vi*	**(X x)** *ics*	**(Y y)** *ipsilon*	**Z z** *zeta*		

I nomi delle lettere dell'alfabeto sono di genere femminile:

● *Qui ci vuole* **una** *i, non* **una** *ipsilon.*

👁 La lettera **h** non si pronuncia, quindi non corrisponde a nessun suono.

A Lettere a cui corrisponde un solo suono

a	[a]	*alto, casa, amore*
b	[b]	*buono, abitare, banca*
d	[d]	*due, destra, padrone*
f	[f]	*filo, festa, farfalla*
i	[i]	*dieci, figlio, mio*
l	[l]	*lupo, luce, letto*
m	[m]	*mare, mela, timone*
n	[n]	*naso, lezione, informatica*
p	[p]	*primo, porta, capelli*
q	[k]	*quello, quadro, squalo*
r	[r]	*rosa, caro, rosso, pratico*
t	[t]	*topo, matita, tosse*
u	[u]	*uva, uso, due*
v	[v]	*vaso, vero, tavolo*

B Gruppi di lettere che rappresentano un solo suono

ch + *i* o *e*	*chiesa, chiave, perché, amiche*	[k]
ci + vocale	*ciao, ciuffo, cielo, ciondolo*	[tʃ]
gh + *i* o *e*	*ghiro, ghetto, ghepardo, ghigno*	[g]
gi + vocale	*giacca, giaciglio, giallo, gioco*	[dʒ]
gl (i) seguita solo da *i* e consonante o alla fine della parola	*figli, gigli*	[ʎ]
gli + vocale (non *i*) + consonante o alla fine della parola	*aglio, famiglia*	[ʎ]
gl in alcune parole di origine straniera o provenienti dalle lingue classiche	*glicerina, glicine, glicemia, geroglifici*	/gl/
gn + vocale	*gnocchi, agnolotti*	[ɲ]
gn in alcune parole di origine straniera o provenienti dalle lingue classiche	*gnoseologia*	[gn]
sci o *sce* + consonante *sca, sco* e *scu* *sci* + vocale	*scivolo, scena* *scatola, Scozia, scudo* *sciame, scienza, uscio, sciupato*	[ʃi] e [ʃe] [ska], [sko], [sku] [ʃa], [ʃe], [ʃo], [ʃu]

C Lettere che possono rappresentare suoni diversi

c + a, o, u	*casa, amico, cucina*	[k]
c + e, i	*cenare, felice, circo, amici, Francia, cioccolato*	[tʃ]
g + a, o, u	*gatto, gotico, gusto*	[g]
g + e, i	*geometra, girare, gioco, giacca*	[dʒ]
s + vocale all'inizio di parola s + consonante sorda s dopo una consonante s + s	*sale, sole, Sicilia* *vespa, scatola, spumante, agosto* *corsa, psicologo, falso* *grosso, mosso, gesso*	[s]
s tra due vocali s + consonante sonora	*casa, cosa, esempio* *svegliare, sbagliare*	[z]
z + i + vocale z + vocale l + z z + z nei suffissi in -**anza**, -**enza**	*zia, negozio, grazie* *zampa, zecca, zitto, zoccolo, zucchero* *alzare, valzer, balzo* *grandezza, bellezza, imbarazzo* *usanza, credenza, violenza*	[ts]
z iniziale e seguita da due vocali z tra due vocali nei suffissi –**izzare**, -**izzatore**, -**izzazione** z + vocale	*zaino* *azalea, ozono* *organizzare, civilizzatore, organizzazione* *zebra, zanzara*	[dz]

👁 In alcuni dialetti dell'Italia centrale e meridionale la *s* si pronuncia sorda se si trova fra due vocali [s]: *casa, naso, peso, cinese, piemontese, goloso, bisognoso.*

263

1 GuglH725 è un robot che può riprodurre i suoni dell'alfabeto italiano. Per il momento può pronunciare solo parole che contengono lettere che corrispondono a un unico suono. Individua le parole che GuglH725 può pronunciare.

A1

(nonna)	mano	chiasso	tutto	ghiro	pollo	chitarra
fame	schianto	scendere	dado	voto	fango	carciofo
lato	tragedia	scudo	laterale	quando	circo	povero
viaggio	foto	maschile	scatola	dormire	vaghi	mamma

2 Adesso aiuta GuglH725 a classificare le seguenti parole in base al loro suono.

A1

a. Sottolinea le parole con il suono [k] e cerchia quelle con il suono [tʃ].

chiave	ciao	crostata	circo	casa	chiodo	cena
(cielo)	chiesa	cima	cinque	ciambella	chitarra	comando

b. Sottolinea le parole con il suono [g] e cerchia quelle con il suono [dʒ].

(gioco)	viaggio	ghetto	gabbia	sagra	psicologi	tragedia
ghepardo	gelato	geometra	grasso	gotico	gemelli	agire

c. Sottolinea le parole con il suono [s] e cerchia quelle con il suono [z].

sera	masso	sfumare	corso	orso	snocciolare	astice
(sbucciare)	sgusciare	trentesimo	paralisi	sognare	alpinismo	fisso

d. Sottolinea le parole con il suono [ts] e cerchia quelle con il suono [dz].

pazzo	calzare	negozio	pozione	Mozambico	azoto	zucchero
(mezzo)	esperienza	azzerare	padronanza	valorizzare	immondizia	ringraziare

D Lettere di origine straniera

j (i lunga)	*jazz, jeep, jeans, jogging*	[dʒ]
k (cappa)	*killer, krapfen, kimono, koala*	[k]
w (doppia vu/doppia vi/vu doppia)	*watt, weekend, whiskey, würstel*	[v] o [w]
x (ics)	*xenofobia, xilofono, xerografia*	[ks]
y (ipsilon)	*yogurt, yoga, yen*	[i] o [j]

3 Cerca nel quadro le parole che corrispondono alle definizioni. Le parole possono essere scritte in orizzontale, verticale, diagonale, dall'alto verso il basso, dal basso verso l'altro.

A1

→ Attività fisica e di meditazione.

1. La musica suonata da Miles Davis.
2. Sono pantaloni e di solito sono blu.
3. Corsa lenta.
4. Animale originario dell'Australia.
5. Persona che uccide.
6. Il fine settimana.
7. Capo di abbigliamento giapponese.
8. Un tipo di salsiccia.
9. È una barca da turismo.
10. L'odio verso gli stranieri
11. Si può mangiare a colazione o come spuntino.

J	E	A	N	S	B	K	D	N
L	G	Y	O	G	U	R	T	K
D	N	E	K	E	E	W	L	R
A	I	B	O	F	O	N	E	X
W	G	H	A	L	Z	L	T	T
X	G	G	L	Z	L	E	S	H
A	O	J	A	I	Y	V	R	C
Y	J	J	K	B	P	O	Ü	A
K	I	M	O	N	O	L	W	Y

43. Accenti

A L'accento della parola

Le parole sono formate da sillabe. Una sillaba è un gruppo di lettere pronunciato con una sola emissione di voce. In italiano ci sono parole formate da:

UNA SILLABA	DUE SILLABE	TRE O PIÙ SILLABE
tre, no, sì, tè	*di-to, se-ra, lu-ce*	*ca-mi-no, pi-ra-ta, go-mi-to-lo*

Tutte le parole hanno un **accento tonico**. La sillaba che porta l'accento tonico, chiamata **sillaba tonica**, è pronunciata con **maggiore intensità**:

sì *per-ché* *an-dò* *cit-tà*	*ma-ti-ta* *cu-sci-no* *di-men-ti-ca-re*	*ta-vo-lo* *sa-ba-to* *an-ti-pa-ti-co* *can-ta-no*	*man-da-me-lo* *par-la-me-ne* *di-se-gna-me-lo*	*re-ci-ta-me-lo* *li-be-ra-te-ne*

In italiano, la maggior parte delle parole ha l'accento tonico sulla penultima sillaba: ⋯ ▪ ▪ ▪ ▪

👁 Nei verbi regolari l'accento tonico cade sulla radice:

- nelle persone singolari e nella terza persona plurale del presente indicativo e congiuntivo (*parlano, parlino*);
- nella seconda persona singolare dell'imperativo (*mangia, scrivi, dormi*);
- in alcuni infiniti della seconda coniugazione (*abitano, leggere*).

→ **19. Coniugazione: elementi di base**

In italiano, l'accento tonico all'**interno della parola** non è segnalato graficamente. Solo in caso di **ambiguità** (cioè se due parole si scrivono nello stesso modo ma si pronunciano in modi diversi) si può scegliere di usare un accento grafico.

pèrdono [dal verbo perdere] / *perdóno* [atto di perdonare]
nòcciolo [seme all'interno del frutto] / *nocciòlo* [l'albero]
prìncipi [plurale di principe] / *princìpi* [plurale di principio]

Nelle parole in cui l'accento tonico cade sull'**ultima sillaba**, invece, è **obbligatorio** usare l'accento grafico:

carità, virtù, però, salirò

👁 Non bisogna confondere l'accento (che indica l'intensità con cui si pronuncia una sillaba) con l'apostrofo (che indica un'elisione o un troncamento):

dormirò [accento tonico]
l'amico [elisione]
un po' [troncamento]

1 Il robot GuglH725 adesso sa leggere le parole, ma sbaglia ancora gli accenti tonici. Aiutalo sottolineando la sillaba che deve essere pronunciata con più intensità.

A1

di-to	ve-ri-tà	gior-na-le	com-pra-lo	di-te-lo	ca-vo-lo
pri-mo	scri-ve-re	sa-ba-to	cit-tà	la-dro	don-do-la-no
po-li-ti-co	a-bi-ta-no	gio-va-ne	gio-ca-re	so-rel-la	ac-cu-sa-re

B Accento grave e accento acuto

In italiano ci sono due tipi di accento grafico:

ACCENTO ACUTO (´)	ACCENTO GRAVE (`)
indica che le vocali *e/o* devono essere pronunciate chiuse *réte, mése, cómpito, giórno*	indica che le vocali *e/o* devono essere pronunciate aperte: *chièsa, còsa, bène, fuòri*

👁 All'interno delle parole, l'accento grafico viene usato solo se è indispensabile per risolvere eventuali ambiguità di pronuncia e si trova solo in alcuni libri (fra cui dizionari e manuali di pronuncia):

légge   [La legge è uguale per tutti.]
lègge   [Mario legge il libro.]

L'accento grafico si usa anche per segnalare l'accento tonico sull'ultima sillaba di una parola:

> **sulla *e***

- si usa l'accento acuto per segnalare una pronuncia chiusa: *perché, macché, sé*
- si usa l'accento grave per segnale una pronuncia aperta: *è, tè, caffè*

> **sulle vocali *a/i/o/u***

- si usa sempre l'accento grave: *pietà, colibrì, però, più*

👁 La pronuncia della *e* è chiusa, e dunque l'accento è acuto:

- in tutte le congiunzioni che terminano con *-che*: *benché, affinché, giacché*
- nei composti di *tre* (che invece si scrive senza accento): *ventitré, quarantatré*
- nella terza persona singolare del passato remoto di alcuni verbi in *-ere*: *ripeté, temé*

2 Il robot GuglH725 adesso si sta esercitando con gli accenti, però ne ha sbagliato qualcuno. Ci sono altri tre errori: individuali e correggili.

★★
★ **A1**
★★

→ Preferisci un té o un caffè? ......*tè* / ✓......

1. Tré per tré fa nove. ....

2. Oggi è proprio una bella giornata! ....

3. Roma é una città fantastica! ....

4. Sì, peró c'è troppo traffico! ....

5. Ceniamo fuòri stasera? ....

3 Nella scuola Academya Lingue c'è una gara di accenti. Vuoi partecipare? Fai attenzione alla distinzione tra accento grave e accento acuto.

★★
★ **A2**
★★

→ In questa scuola si impara molto bene l'italiano perché gli insegnanti sono bravissimi.

1. Nella mia scuola ci sono ventitre studenti.

2. Vorrei un caffe, tu cosa prendi?

3. Quando arrivero a Roma andro subito a vedere la Pieta di Michelangelo, cioe la sua scultura piu famosa.

4. Hai voglia di prendere un te con me?

5. L'anno prossimo Giulia si trasferira un un'altra citta.

6. Ho studiato piu di tutti, eppure ho preso un brutto voto. Ma perche?

7. "Trentatre trentini entrarono a Trento..." hai gia sentito questo scioglilingua? E molto conosciuto!

C Dittonghi

Quando in una parola ci sono **due vocali consecutive**, queste ultime possono formare **due sillabe distinte** (iato) o **una sola sillaba** (dittongo).

Si forma uno iato quando si combinano insieme le vocali *a*, *e*, *o*:

> *a-e-re-o o-ce-a-no po-e-ta bo-a-to*

Si forma un dittongo quando le vocali *a*, *e*, *o* si uniscono a *i* e *u*, o quando si uniscono *i* e *u* tra loro.
In entrambi i casi, la *i* e la *u* non sono accentate:

> *zai-no fa-rei au-men-to Eu-ro-pa spiag-gia guiz-zo*

- 👁 Nei dittonghi una delle due vocali è sempre o una *i* o una *u*.

- 👁 Quando una delle due vocali è una *i* o una *u* tonica, si forma uno iato:

> *or-to-gra-fì-a, pa-ù-ra*

---

4 Il robot GuglH725 sta studiando i dittonghi. Aiutalo a identificarli e sottolineali.

⭐ **B1**

odio	oceano	duo	piano	piombo	ruota	fiore
leone	seguente	caimano	ingenuo	teorico	paese	causa
uguale	uovo	sei	piede	causa	chiodo	poi
lui	aula	maestra	canoa	uomo	fiume	croato

D Distinguere il significato delle parole grazie agli accenti:

Alcune parole con una sola sillaba si pronunciano allo stesso modo, però hanno un significato diverso. Per questa ragione, quando le scriviamo, le distinguiamo grazie all'accento:

con accento		senza accento	
dà	[verbo *dare*]	*da*	[preposizione: *Arriva da Genova.*]
è	[verbo *essere*]	*e*	[congiunzione: *Martina e Claudia sono amiche.*]
là	[avverbio di luogo]	*la*	[articolo: *La mia casa è qui*; pronome: *La vedo oggi.*]
lì	[avverbio di luogo]	*li*	[pronome: *Li ho visti.*]
né	[congiunzione]	*ne*	[avverbio: *Ne ho tanti*; pronome: *Se ne andò.*]
sé	[pronome]	*se*	[congiunzione: *Se vuoi ci vado.*]
sì	[avverbio affermativo]	*si*	[pronome: *Si sveglia sempre tardi.*]
tè	[sostantivo]	*te*	[pronome: *Vengo con te.*]

5 Il robot GuglH725 continua ad avere problemi con gli accenti. Ha fatto 8 errori (oltre all'esempio). Trovali e correggili.

A1

→ ● Ho preparato il te (....*tè*....) al limone. Ne (...✓..) vuoi un po'?

■ Si (............) grazie! Ma poi usciamo!

● Va bene. Andiamo al centro commerciale?

■ Si (............), andiamo la (............). E (............) più comodo.

● E (............) poi se (............) vuoi passiamo da (............) Laura.

■ Non so, mi sembra che abbia molto da (............) fare oggi.

● Va bene. Allora andiamo a prendere la (............) borsa che volevi.

■ Si (............)! Andiamo da (............) Gucci!

● No, non andiamo ne (............) da Gucci ne (............) da Armani. Sono troppo cari!

■ Ma quella che piace a me la (............) vendono solo li (............).

● Ok, va bene. Allora te la (............) prendo per Natale.

44. Intonazione

Quando parliamo, la nostra voce può avere differenti melodie e toni. Nell'italiano standard ci sono **tre modulazioni di base** per distinguere quando **affermiamo** qualcosa, quando **esclamiamo** qualcosa o quando **domandiamo** qualcosa.

Quando affermiamo, la nostra voce segue questo andamento:

Stasera facciamo un giro.   *Sono le undici.*

[intonazione discendente verso la fine]

Nelle escalmazioni, la linea melodica è la seguente:

Ho fatto la crostata!   *Vieni qui!*

[intonazione ascendente all'inizio e discendente verso la fine]

Se facciamo una domanda, l'andamento della voce è:

Facciamo un giro stasera?   *Sono le undici?*

[intonazione ascendente verso la fine]

1 Qual è l'intonazione di queste frasi? Inseriscile accanto al grafico corretto.

A1

| Andiamo in moto? | Aspettatemi, vengo anch'io! | Puoi prestarmi la macchina? |

| Grazie, ma non posso. | Abbiamo vinto al Lotto! | Domani che fai? | Vado a un festival di cinema. |

| Domani posso passare verso le cinque. | A fare i compiti! |

1.
→ ....*Andiamo in moto?*.......
....
....

2.
....
....
....

3.
....
....
....

Tavole verbali

A Verbi regolari

PARLARE Come *parlare* si coniugano tutti i verbi regolari con infinito in *-are*.

INDICATIVO

Presente	Imperfetto	Passato remoto	Futuro semplice
parlo	parlavo	parlai	parlerò
parli	parlavi	parlasti	parlerai
parla	parlava	parlò	parlerà
parliamo	parlavamo	parlammo	parleremo
parlate	parlavate	parlaste	parlerete
parlano	parlavano	parlarono	parleranno

Passato prossimo	Trapassato prossimo	Trapassato remoto	Futuro anteriore
ho parlato	avevo parlato	ebbi parlato	avrò parlato
hai parlato	avevi parlato	avesti parlato	avrai parlato
ha parlato	aveva parlato	ebbe parlato	avrà parlato
abbiamo parlato	avevamo parlato	avemmo parlato	avremo parlato
avete parlato	avevate parlato	aveste parlato	avrete parlato
hanno parlato	avevano parlato	ebbero parlato	avranno parlato

CONGIUNTIVO

Presente	Imperfetto
parli	parlassi
parli	parlassi
parli	parlasse
parliamo	parlassimo
parliate	parlaste
parlino	parlassero

Passato	Trapassato
abbia parlato	avessi parlato
abbia parlato	avessi parlato
abbia parlato	avesse parlato
abbiamo parlato	avessimo parlato
abbiate parlato	aveste parlato
abbiano parlato	avessero parlato

CONDIZIONALE

Presente	Composto
parlerei	avrei parlato
parleresti	avresti parlato
parlerebbe	avrebbe parlato
parleremmo	avremmo parlato
parlereste	avreste parlato
parlerebbero	avrebbero parlato

IMPERATIVO

Affermativo	Negativo
—	—
parla	non parlare
parli	non parli
parliamo	non parliamo
parlate	non parlate
parlino	non parlino

	Presente	Passato
INFINITO	parlare	avere parlato
GERUNDIO	parlando	avendo parlato
PARTICIPIO	parlante	parlato

CREDERE Come *credere* si coniugano tutti i verbi regolari con infinito in *-ere*.

INDICATIVO

Presente	Imperfetto	Passato remoto	Futuro semplice
credo	credevo	credetti/ei	crederò
credi	credevi	credesti	crederai
crede	credeva	credette/è	crederà
crediamo	credevamo	credemmo	crederemo
credete	credevate	credeste	crederete
credono	credevano	credettero, crederono	crederanno

Passato prossimo	Trapassato prossimo	Trapassato remoto	Futuro anteriore
ho creduto	avevo creduto	ebbi creduto	avrò creduto
hai creduto	avevi creduto	avesti creduto	avrai creduto
ha creduto	aveva creduto	ebbe creduto	avrà creduto
abbiamo creduto	avevamo creduto	avemmo creduto	avremo creduto
avete creduto	avevate creduto	aveste creduto	avrete creduto
hanno creduto	avevano creduto	ebbero creduto	avranno creduto

CONGIUNTIVO

Presente	Imperfetto
creda	credessi
creda	credessi
creda	credesse
crediamo	credessimo
crediate	credeste
credano	credessero

Passato	Trapassato
abbia creduto	avessi creduto
abbia creduto	avessi creduto
abbia creduto	avesse creduto
abbiamo creduto	avessimo creduto
abbiate creduto	aveste creduto
abbiano creduto	avessero creduto

CONDIZIONALE

Presente	Composto
crederei	avrei creduto
crederesti	avresti creduto
crederebbe	avrebbe creduto
crederemmo	avremmo creduto
credereste	avreste creduto
crederebbero	avrebbero creduto

IMPERATIVO

Affermativo	Negativo
—	—
credi	non credere
creda	non creda
crediamo	non crediamo
credete	non credete
credano	non credano

	Presente	Passato
INFINITO	credere	avere creduto
GERUNDIO	credendo	avendo creduto
PARTICIPIO	credente	creduto

I verbi che all'infinito non terminano in nessuna delle tre coniugazioni, rientrano nella seconda coniugazione, ad esempio *tradurre, comporre*, ecc.

SENTIRE Come *sentire* si coniugano tutti i verbi regolari con infinito in *-ire*.

INDICATIVO

Presente	Imperfetto	Passato remoto	Futuro semplice
sento	sentivo	sentii	sentirò
senti	sentivi	sentisti	sentirai
sente	sentiva	sentì	sentirà
sentiamo	sentivamo	sentimmo	sentiremo
sentite	sentivate	sentiste	sentirete
sentono	sentivano	sentirono	sentiranno

Passato prossimo	Trapassato prossimo	Trapassato remoto	Futuro anteriore
ho sentito	avevo sentito	ebbi sentito	avrò sentito
hai sentito	avevi sentito	avesti sentito	avrai sentito
ha sentito	aveva sentito	ebbe sentito	avrà sentito
abbiamo sentito	avevamo sentito	avemmo sentito	avremo sentito
avete sentito	avevate sentito	aveste sentito	avrete sentito
hanno sentito	avevano sentito	ebbero sentito	avranno sentito

CONGIUNTIVO

Presente	Imperfetto
senta	sentissi
senta	sentissi
senta	sentisse
sentiamo	sentissimo
sentiate	sentiste
sentano	sentissero

Passato	Trapassato
abbia sentito	avessi sentito
abbia sentito	avessi sentito
abbia sentito	avesse sentito
abbiamo sentito	avessimo sentito
abbiate sentito	aveste sentito
abbiano sentito	avessero sentito

CONDIZIONALE

Presente	Composto
sentirei	avrei sentito
sentiresti	avresti sentito
sentirebbe	avrebbe sentito
sentiremmo	avremmo sentito
sentireste	avreste sentito
sentirebbero	avrebbero sentito

IMPERATIVO

Affermativo	Negativo
—	—
senti	non sentire
senta	non senta
sentiamo	non sentiamo
sentite	non sentite
sentano	non sentano

INFINITO — Presente: sentire — Passato: avere sentito

GERUNDIO — Presente: sentendo — Passato: avendo sentito

PARTICIPIO — Presente: sentente, senziente — Passato: sentito

Il participio presente regolare di sentire **sentente** è poco usato, si preferisce la forma irregolare **senziente**.

CAPIRE Verbi in **–ire** con introduzione del grup 2ª e 3ª persona singolare e nella 3ª persona plurale dell'indicativo presente, del congiuntivo presente e dell'imperativo.
Si coniugano come **capire: finire, preferire, costruire, pulire, gestire, spedire, fallire, ferire...**

INDICATIVO

Presente	Imperfetto	Passato remoto	Futuro semplice
capisco	capivo	capii	capirò
capisci	capivi	capisti	capirai
capisce	capiva	capì	capirà
capiamo	capivamo	capimmo	capiremo
capite	capivate	capiste	capirete
capiscono	capivano	capirono	capiranno

Passato prossimo	Trapassato prossimo	Trapassato remoto	Futuro anteriore
ho capito	avevo capito	ebbi capito	avrò capito
hai capito	avevi capito	avesti capito	avrai capito
ha capito	aveva capito	ebbe capito	avrà capito
abbiamo capito	avevamo capito	avemmo capito	avremo capito
avete capito	avevate capito	aveste capito	avrete capito
hanno capito	avevano capito	ebbero capito	avranno capito

CONGIUNTIVO

Presente	Imperfetto
capisca	capissi
capisca	capissi
capisca	capisse
capiamo	capissimo
capiate	capiste
capiscano	capissero

Passato	Trapassato
abbia capito	avessi capito
abbia capito	avessi capito
abbia capito	avesse capito
abbiamo capito	avessimo capito
abbiate capito	aveste capito
abbiano capito	avessero capito

CONDIZIONALE

Presente	Composto
capirei	avrei capito
capiresti	avresti capito
capirebbe	avrebbe capito
capiremmo	avremmo capito
capireste	avreste capito
capirebbero	avrebbero capito

IMPERATIVO

Affermativo	Negativo
—	—
capisci	non capire
capisca	non capisca
capiamo	non capiamo
capite	non capite
capiscano	non capiscano

INFINITO — Presente: capire — Passato: avere capito

GERUNDIO — Presente: capendo — Passato: avendo capito

PARTICIPIO — Presente: capente — Passato: capito

B Verbi irregolari

ESSERE

INDICATIVO

Presente	Imperfetto	Passato remoto	Futuro semplice
sono	ero	fui	sarò
sei	eri	fosti	sarai
è	era	fu	sarà
siamo	eravamo	fummo	saremo
siete	eravate	foste	sarete
sono	erano	furono	saranno

Passato prossimo	Trapassato prossimo	Trapassato remoto	Futuro anteriore
sono stato	ero stato	fui stato	sarò stato
sei stato	eri stato	fosti stato	sarai stato
è stato	era stato	fu stato	sarà stato
siamo stati	eravamo stati	fummo stati	saremo stati
siete stati	eravate stati	foste stati	sarete stati
sono stati	erano stati	fossero stati	saranno stati

CONGIUNTIVO

Presente	Imperfetto
sia	fossi
sia	fossi
sia	fosse
siamo	fossimo
siate	foste
siano	fossero

Passato	Trapassato
sia stato	fossi stato
sia stato	fossi stato
sia stato	fosse stato
siamo stati	fossimo stati
siate stati	foste stati
siano stati	fossero stati

CONDIZIONALE

Presente	Composto
sarei	sarei stato
saresti	saresti stato
sarebbe	sarebbe stato
saremmo	saremmo stati
sareste	sareste stati
sarebbero	sarebbero stati

IMPERATIVO

Affermativo	Negativo
—	—
sii	non essere
sia	non sia
siamo	non siamo
siate	non siate
siano	non siano

INFINITO	Presente	Passato
	essere	essere stato

GERUNDIO	Presente	Passato
	essendo	essendo stato

PARTICIPIO	Presente	Passato
	essente	stato

AVERE

INDICATIVO

Presente	Imperfetto	Passato remoto	Futuro semplice
ho	avevo	ebbi	avrò
hai	avevi	avesti	avrai
ha	aveva	ebbe	avrà
abbiamo	avevamo	avemmo	avremo
avete	avevate	aveste	avrete
hanno	avevano	ebbero	avranno

Passato prossimo	Trapassato prossimo	Trapassato remoto	Futuro anteriore
ho avuto	avevo avuto	ebbi avuto	avrò avuto
hai avuto	avevi avuto	avesti avuto	avrai avuto
ha avuto	aveva avuto	ebbe avuto	avrà avuto
abbiamo avuto	avevamo avuto	avemmo avuto	avremo avuto
avete avuto	avevate avuto	aveste avuto	avrete avuto
hanno avuto	avevano avuto	ebbero avuto	avranno avuto

CONGIUNTIVO

Presente	Imperfetto
abbia	avessi
abbia	avessi
abbia	avesse
abbiamo	avessimo
abbiate	aveste
abbiano	avessero

Passato	Trapassato
abbia avuto	avessi avuto
abbia avuto	avessi avuto
abbia avuto	avesse avuto
abbiamo avuto	avessimo avuto
abbiate avuto	aveste avuto
abbiano avuto	avessero avuto

CONDIZIONALE

Presente	Composto
avrei	avrei avuto
avresti	avresti avuto
avrebbe	avrebbe avuto
avremmo	avremmo avuto
avreste	avreste avuto
avrebbero	avrebbero avuto

IMPERATIVO

Affermativo	Negativo
—	—
abbi	non avere
abbia	non abbia
abbiamo	non abbiamo
abbiate	non abbiate
abbiano	non abbiano

INFINITO	Presente	Passato
	avere	avere avuto

GERUNDIO	Presente	Passato
	avendo	avendo avuto

PARTICIPIO	Presente	Passato
	avente	avuto

STARE

INDICATIVO

Presente	Imperfetto	Passato remoto	Futuro semplice
sto	stavo	stetti	starò
stai	stavi	stesti	starai
sta	stava	stette	starà
stiamo	stavamo	stemmo	staremo
state	stavate	steste	starete
stanno	stavano	stettero	staranno

Passato prossimo	Trapassato prossimo	Trapassato remoto	Futuro anteriore
sono stato	ero stato	fui stato	sarò stato
sei stato	eri stato	fosti stato	sarai stato
è stato	era stato	fu stato	sarà stato
siamo stati	eravamo stati	fummo stati	saremo stati
siete stati	eravate stati	foste stati	sarete stati
sono stati	erano stati	fossero stati	saranno stati

CONGIUNTIVO

Presente	Imperfetto
stia	stessi
stia	stessi
stia	stesse
stiamo	stessimo
stiate	steste
stiano	stessero

Passato	Trapassato
sia stato	fossi stato
sia stato	fossi stato
sia stato	fosse stato
siamo stati	fossimo stati
siate stati	foste stati
siano stati	fossero stati

CONDIZIONALE

Presente	Composto
starei	sarei stato
staresti	saresti stato
starebbe	sarebbe stato
staremmo	saremmo stati
stareste	sareste stati
starebbero	sarebbero stati

IMPERATIVO

Affermativo	Negativo
—	—
stai/sta'	non stare
stia	non stia
stiamo	non stiamo
state	non state
stiano	non stiano

INFINITO	Presente	Passato
	stare	essere stato

GERUNDIO	Presente	Passato
	stando	essendo stato

PARTICIPIO	Presente	Passato
	stante	stato

DARE

INDICATIVO

Presente	Imperfetto	Passato remoto	Futuro semplice
do	davo	detti/diedi	darò
dai	davi	desti	darai
dà	dava	dette/diede	darà
diamo	davamo	demmo	daremo
date	davate	deste	darete
danno	davano	dettero/diedero	daranno

Passato prossimo	Trapassato prossimo	Trapassato remoto	Futuro anteriore
ho dato	avevo dato	ebbi dato	avrò dato
hai dato	avevi dato	avesti dato	avrai dato
ha dato	aveva dato	ebbe dato	avrà dato
abbiamo dato	avevamo dato	avemmo dato	avremo dato
avete dato	avevate dato	aveste dato	avrete dato
hanno dato	avevano dato	ebbero dato	avranno dato

CONGIUNTIVO

Presente	Imperfetto
dia	dessi
dia	dessi
dia	desse
diamo	dessimo
diate	deste
diano	dessero

Passato	Trapassato
abbia dato	avessi dato
abbia dato	avessi dato
abbia dato	avesse dato
abbiamo dato	avessimo dato
abbiate dato	aveste dato
abbiano dato	avessero dato

CONDIZIONALE

Presente	Composto
darei	avrei dato
daresti	avresti dato
darebbe	avrebbe dato
daremmo	avremmo dato
dareste	avreste dato
darebbero	avrebbero dato

IMPERATIVO

Affermativo	Negativo
—	—
dai/da'	non dare
dia	non dia
diamo	non diamo
date	non date
diano	non diano

INFINITO	Presente	Passato
	dare	avere dato

GERUNDIO	Presente	Passato
	dando	avendo dato

PARTICIPIO	Presente	Passato
	dante	dato

273

FARE

INDICATIVO

Presente	Imperfetto	Passato remoto	Futuro semplice
faccio	facevo	feci	farò
fai	facevi	facesti	farai
fa	faceva	fece	farà
facciamo	facevamo	facemmo	faremo
fate	facevate	faceste	farete
fanno	facevano	fecero	faranno

Passato prossimo	Trapassato prossimo	Trapassato remoto	Futuro anteriore
ho fatto	avevo fatto	ebbi fatto	avrò fatto
hai fatto	avevi fatto	avesti fatto	avrai fatto
ha fatto	aveva fatto	ebbe fatto	avrà fatto
abbiamo fatto	avevamo fatto	avemmo fatto	avremo fatto
avete fatto	avevate fatto	aveste fatto	avrete fatto
hanno fatto	avevano fatto	ebbero fatto	avranno fatto

CONGIUNTIVO

Presente	Imperfetto
faccia	facessi
faccia	facessi
faccia	facesse
facciamo	facessimo
facciate	faceste
facciano	facessero

Passato	Trapassato
abbia fatto	avessi fatto
abbia fatto	avessi fatto
abbia fatto	avesse fatto
abbiamo fatto	avessimo fatto
abbiate fatto	aveste fatto
abbiano fatto	avessero fatto

CONDIZIONALE

Presente	Composto
farei	avrei fatto
faresti	avresti fatto
farebbe	avrebbe fatto
faremmo	avremmo fatto
fareste	avreste fatto
farebbero	avrebbero fatto

IMPERATIVO

Affermativo	Negativo
—	—
fai/fa'	non fare
faccia	non faccia
facciamo	non facciamo
fate	non fate
facciano	non facciano

	Presente	Passato
INFINITO	fare	avere fatto
GERUNDIO	facendo	avendo fatto
PARTICIPIO	facente	fatto

DIRE   Si coniugano come **dire** i verbi: **contraddire, indire, predire, benedire, disdire…**

INDICATIVO

Presente	Imperfetto	Passato remoto	Futuro semplice
dico	dicevo	dissi	dirò
dici	dicevi	dicesti	dirai
dice	diceva	disse	dirà
diciamo	dicevamo	dicemmo	diremo
dite	dicevate	diceste	direte
dicono	dicevano	dissero	diranno

Passato prossimo	Trapassato prossimo	Trapassato remoto	Futuro anteriore
ho detto	avevo detto	ebbi detto	avrò detto
hai detto	avevi detto	avesti detto	avrai detto
ha detto	aveva detto	ebbe detto	avrà detto
abbiamo detto	avevamo detto	avemmo detto	avremo detto
avete detto	avevate detto	aveste detto	avrete detto
hanno detto	avevano detto	ebbero detto	avranno detto

CONGIUNTIVO

Presente	Imperfetto
dica	dicessi
dica	dicessi
dica	dicesse
diciamo	dicessimo
diciate	diceste
dicano	dicessero

Passato	Trapassato
abbia detto	avessi detto
abbia detto	avessi detto
abbia detto	avesse detto
abbiamo detto	avessimo detto
abbiate detto	aveste detto
abbiano detto	avessero detto

CONDIZIONALE

Presente	Composto
direi	sarei andato
diresti	saresti andato
direbbe	sarebbe andato
diremmo	saremmo andati
direste	sareste andati
direbbero	sarebbero andati

IMPERATIVO

Affermativo	Negativo
—	—
di'	non dire
dica	non dica
diciamo	non diciamo
dite	non dite
dicano	non dicano

	Presente	Passato
INFINITO	dire	avere detto
GERUNDIO	dicendo	avendo detto
PARTICIPIO	dicente	detto

SAPERE

INDICATIVO

Presente	Imperfetto	Passato remoto	Futuro semplice
so	sapevo	seppi	saprò
sai	sapevi	sapesti	saprai
sa	sapeva	seppe	saprà
sappiamo	sapevamo	sapemmo	sapremo
sapete	sapevate	sapeste	saprete
sanno	sapevano	seppero	sapranno

Passato prossimo	Trapassato prossimo	Trapassato remoto	Futuro anteriore
ho saputo	avevo saputo	ebbi saputo	avrò saputo
hai saputo	avevi saputo	avesti saputo	avrai saputo
ha saputo	aveva saputo	ebbe saputo	avrà saputo
abbiamo saputo	avevamo saputo	avemmo saputo	avremo saputo
avete saputo	avevate saputo	aveste saputo	avrete saputo
hanno saputo	avevano saputo	ebbero saputo	avranno saputo

CONGIUNTIVO

Presente	Imperfetto
sappia	sapessi
sappia	sapessi
sappia	sapesse
sappiamo	sapessimo
sappiate	sapeste
sappiano	sapessero

Passato	Trapassato
abbia saputo	avessi saputo
abbia saputo	avessi saputo
abbia saputo	avesse saputo
abbiamo saputo	avessimo saputo
abbiate saputo	aveste saputo
abbiano saputo	avessero saputo

CONDIZIONALE

Presente	Composto
saprei	avrei saputo
sapresti	avresti saputo
saprebbe	avrebbe saputo
sapremmo	avremmo saputo
sapreste	avreste saputo
saprebbero	avrebbero saputo

IMPERATIVO

Affermativo	Negativo
—	
sappi	non sapere
sappia	non sappia
sappiamo	non sappiamo
sappiate	non sappiate
sappiano	non sappiano

INFINITO	Presente	Passato
	sapere	avere saputo

GERUNDIO	Presente	Passato
	sapendo	avendo saputo

PARTICIPIO	Presente	Passato
	—	saputo

POTERE

INDICATIVO

Presente	Imperfetto	Passato remoto	Futuro semplice
posso	potevo	potei/potetti	potrò
puoi	potevi	potesti	potrai
può	poteva	poté/potette	potrà
possiamo	potevamo	potemmo	potremo
potete	potevate	poteste	potrete
possono	potevano	poterono/potettero	potranno

Passato prossimo	Trapassato prossimo	Trapassato remoto	Futuro anteriore
ho potuto	avevo potuto	ebbi potuto	avrò potuto
hai potuto	avevi potuto	avesti potuto	avrai potuto
ha potuto	aveva potuto	ebbe potuto	avrà potuto
abbiamo potuto	avevamo potuto	avemmo potuto	avremo potuto
avete potuto	avevate potuto	aveste potuto	avrete potuto
hanno potuto	avevano potuto	ebbero potuto	avranno potuto

CONGIUNTIVO

Presente	Imperfetto
possa	potessi
possa	potessi
possa	potesse
possiamo	potessimo
possiate	poteste
possano	potessero

Passato	Trapassato
abbia potuto	avessi potuto
abbia potuto	avessi potuto
abbia potuto	avesse potuto
abbiamo potuto	avessimo potuto
abbiate potuto	aveste potuto
abbiano potuto	avessero potuto

CONDIZIONALE

Presente	Composto
potrei	avrei potuto
potresti	avresti potuto
potrebbe	avrebbe potuto
potremmo	avremmo potuto
potreste	avreste potuto
potrebbero	avrebbero potuto

IMPERATIVO

Affermativo	Negativo
—	—

INFINITO	Presente	Passato
	potere	avere potuto

GERUNDIO	Presente	Passato
	potendo	avendo potuto

PARTICIPIO	Presente	Passato
	potente	potuto

275

VOLERE

INDICATIVO

Presente	Imperfetto	Passato remoto	Futuro semplice
voglio	volevo	volli	vorrò
vuoi	volevi	volesti	vorrai
vuole	voleva	volle	vorrà
vogliamo	volevamo	volemmo	vorremo
volete	volevate	voleste	vorrete
vogliono	volevano	vollero	vorranno

Passato prossimo	Trapassato prossimo	Trapassato remoto	Futuro anteriore
ho voluto	avevo voluto	ebbi voluto	avrò voluto
hai voluto	avevi voluto	avesti voluto	avrai voluto
ha voluto	aveva voluto	ebbe voluto	avrà voluto
abbiamo voluto	avevamo voluto	avemmo voluto	avremo voluto
avete voluto	avevate voluto	aveste voluto	avrete voluto
hanno voluto	avevano voluto	ebbero voluto	avranno voluto

CONGIUNTIVO

Presente	Imperfetto
voglia	volessi
voglia	volessi
voglia	volesse
vogliamo	volessimo
vogliate	voleste
vogliano	volessero

Passato	Trapassato
abbia voluto	avessi voluto
abbia voluto	avessi voluto
abbia voluto	avesse voluto
abbiamo voluto	avessimo voluto
abbiate voluto	aveste voluo
abbiano voluto	avessero voluto

CONDIZIONALE

Presente	Composto
vorrei	avrei voluto
vorresti	avresti voluto
vorrebbe	avrebbe voluto
vorremmo	avremmo voluto
vorreste	avreste voluto
vorrebbero	avrebbero voluto

IMPERATIVO

Affermativo	Negativo
---	---
vuoi	non volere
voglia	non voglia
vogliamo	non vogliamo
vogliate	non vogliate
vogliano	non vogliano

INFINITO	Presente	Passato
	volere	avere voluto

GERUNDIO	Presente	Passato
	volendo	avendo voluto

PARTICIPIO	Presente	Passato
	volente	voluto

ANDARE

INDICATIVO

Presente	Imperfetto	Passato remoto	Futuro semplice
vado	andavo	andai	andrò
vai	andavi	andasti	andrai
va	andava	andò	andrà
andiamo	andavamo	noi andammo	andremo
andate	andavate	voi andaste	andrete
vanno	andavano	essi andarono	andranno

Passato prossimo	Trapassato prossimo	Trapassato remoto	Futuro anteriore
sono andato	ero andato	fui andato	sarò andato
sei andato	eri andato	fosti andato	sarai andato
è andato	era andato	fu andato	sarà andato
siamo andati	eravamo andati	fummo andati	saremo andati
siete andati	eravate andati	foste andati	sarete andati
sono andati	erano andati	furono andati	saranno andati

CONGIUNTIVO

Presente	Imperfetto
vada	andassi
vada	andassi
vada	andasse
andiamo	andassimo
andiate	andaste
vadano	andassero

Passato	Trapassato
sia andato	fossi andato
sia andato	fossi andato
sia andato	fosse andato
siamo andati	fossimo andati
siate andati	foste andati
siano andati	fossero andati

CONDIZIONALE

Presente	Composto
andrei	sarei andato
andresti	saresti andato
andrebbe	sarebbe andato
andremmo	saremmo andati
andreste	sareste andati
andrebbero	sarebbero andati

IMPERATIVO

Affermativo	Negativo
---	---
vai/va'	non andare
vada	non vada
andiamo	non andiamo
andate	non andate
vadano	non vadano

INFINITO	Presente	Passato
	andare	essere andato

GERUNDIO	Presente	Passato
	andando	essendo andato

PARTICIPIO	Presente	Passato
	andante	andato

USCIRE

INDICATIVO

Presente	Imperfetto	Passato remoto	Futuro semplice
esco	uscivo	uscii	uscirò
esci	uscivi	uscisti	uscirai
esce	usciva	uscì	uscirà
usciamo	uscivamo	uscimmo	usciremo
uscite	uscivate	usciste	uscirete
escono	uscivano	uscirono	usciranno

Passato prossimo	Trapassato prossimo	Trapassato remoto	Futuro anteriore
sono uscito	ero uscito	fui uscito	sarò uscito
sei uscito	eri uscito	fosti uscito	sarai uscito
è uscito	era uscito	fu uscito	sarà uscito
siamo usciti	eravamo usciti	fummo usciti	saremo usciti
siete usciti	eravate usciti	foste usciti	sarete usciti
sono usciti	erano usciti	furono usciti	saranno usciti

CONGIUNTIVO

Presente	Imperfetto
esca	uscissi
esca	uscissi
esca	uscisse
usciamo	uscissimo
usciate	usciste
escano	uscissero

Passato	Trapassato
sia uscito	fossi uscito
sia uscito	fossi uscito
sia uscito	fosse uscito
siamo usciti	fossimo usciti
siate usciti	foste usciti
siano usciti	fossero usciti

CONDIZIONALE

Presente	Composto
uscirei	sarei uscito
usciresti	saresti uscito
uscirebbe	sarebbe uscito
usciremmo	saremmo usciti
uscireste	sareste usciti
uscirebbero	sarebbero usciti

IMPERATIVO

Affermativo	Negativo
—	—
esci	non uscire
esca	non esca
usciamo	non usciamo
uscite	non uscite
escano	non escano

INFINITO	Presente	Passato
	uscire	essere uscito

GERUNDIO	Presente	Passato
	uscendo	essendo uscito

PARTICIPIO	Presente	Passato
	uscente	uscito

BERE

INDICATIVO

Presente	Imperfetto	Passato remoto	Futuro semplice
bevo	bevevo	bevvi	berrò
bevi	bevevi	bevesti	berrai
beve	beveva	bevve	berrà
beviamo	bevevamo	bevemmo	berremo
bevete	bevevate	beveste	berrete
bevono	bevevano	bevvero	berranno

Passato prossimo	Trapassato prossimo	Trapassato remoto	Futuro anteriore
ho bevuto	avevo bevuto	ebbi bevuto	avrò bevuto
hai bevuto	avevi bevuto	avesti bevuto	avrai bevuto
ha bevuto	aveva bevuto	ebbe bevuto	avrà bevuto
abbiamo bevuto	avevamo bevuto	avemmo bevuto	avremo bevuto
avete bevuto	avevate bevuto	aveste bevuto	avrete bevuto
hanno bevuto	avevano bevuto	ebbero bevuto	avranno bevuto

CONGIUNTIVO

Presente	Imperfetto
beva	bevessi
beva	bevessi
beva	bevesse
beviamo	bevessimo
beviate	beveste
bevano	bevessero

Passato	Trapassato
abbia bevuto	avessi bevuto
abbia bevuto	avessi bevuto
abbia bevuto	avesse bevuto
abbiamo bevuto	avessimo bevuto
abbiate bevuto	aveste bevuto
abbiano bevuto	avessero bevuto

CONDIZIONALE

Presente	Composto
berrei	avrei bevuto
berresti	avresti bevuto
berrebbe	avrebbe bevuto
berremmo	avremmo bevuto
berreste	avreste bevuto
berrebbero	avrebbero bevuto

IMPERATIVO

Affermativo	Negativo
—	—
bevi	non bere
beva	non beva
beviamo	non beviamo
bevete	non bevete
bevano	non bevano

INFINITO	Presente	Passato
	bere	avere bevuto

GERUNDIO	Presente	Passato
	bevendo	avendo bevuto

PARTICIPIO	Presente	Passato
	bevente	bevuto

CERCARE Verbi in –**care** che per mantenere il suono [k] una -**h**- davanti a -*e*- o -*i*-.

INDICATIVO

Presente	Imperfetto	Passato remoto	Futuro semplice
cerco	cercavo	cercai	cercherò
cerchi	cercavi	cercasti	cercherai
cerca	cercava	cercò	cercherà
cerchiamo	cercavamo	cercammo	cercheremo
cercate	cercavate	cercaste	cercherete
cercano	cercavano	cercarono	cercheranno

Passato prossimo	Trapassato prossimo	Trapassato remoto	Futuro anteriore
ho cercato	avevo cercato	ebbi cercato	avrò cercato
hai cercato	avevi cercato	avesti cercato	avrai cercato
ha cercato	aveva cercato	ebbe cercato	avrà cercato
abbiamo cercato	avevamo cercato	avemmo cercato	avremo cercato
avete cercato	avevate cercato	aveste cercato	avrete cercato
hanno cercato	avevano cercato	ebbero cercato	avranno cercato

CONGIUNTIVO

Presente	Imperfetto
cerchi	cercassi
cerchi	cercassi
cerchi	cercasse
cerchiamo	cercassimo
cerchiate	cercaste
cerchino	cercassero

Passato	Trapassato
abbia cercato	avessi cercato
abbia cercato	avessi cercato
abbia cercato	avesse cercato
abbiamo cercato	avessimo cercato
abbiate cercato	aveste cercato
abbia cercato	avessero cercato

CONDIZIONALE

Presente	Composto
cercherei	avrei cercato
cercheresti	avresti cercato
cercherebbe	avrebbe cercato
cercheremmo	avremmo cercato
cerchereste	avreste cercato
cercherebbero	avrebbero cercato

IMPERATIVO

Affermativo	Negativo
—	—
cerca	non cercare
cerchi	non cerchi
cerchiamo	non cerchiamo
cercate	non cercate
cerchino	non cerchino

	Presente	Passato
INFINITO	cercare	avere cercato
GERUNDIO	cercando	avendo cercato
PARTICIPIO	cercante	cercato

PAGARE Verbi in –**gare** che per mantenere il suono [g] introducono una -**h**- davanti a -*e*- o -*i*-.

INDICATIVO

Presente	Imperfetto	Passato remoto	Futuro semplice
pago	pagavo	pagai	pagherò
paghi	pagavi	pagasti	pagherai
paga	pagava	pagò	pagherà
paghiamo	pagavamo	pagammo	pagheremo
pagate	pagavate	pagaste	pagherete
pagano	pagavano	pagarono	pagheranno

Passato prossimo	Trapassato prossimo	Trapassato remoto	Futuro anteriore
ho pagato	avevo pagato	ebbi pagato	avrò pagato
hai pagato	avevi pagato	avesti pagato	avrai pagato
ha pagato	aveva pagato	ebbe pagato	avrà pagato
abbiamo pagato	avevamo pagato	avemmo pagato	avremo pagato
avete pagato	avevate pagato	aveste pagato	avrete pagato
hanno pagato	avevano pagato	ebbero pagato	avranno pagato

CONGIUNTIVO

Presente	Imperfetto
paghi	pagassi
paghi	pagassi
paghi	pagasse
paghiamo	pagassimo
paghiate	pagaste
paghino	pagassero

Passato	Trapassato
abbia pagato	avessi pagato
abbia pagato	avessi pagato
abbia pagato	avesse pagato
abbiamo pagato	avessimo pagato
abbiate pagato	aveste pagato
abbia pagato	avessero pagato

CONDIZIONALE

Presente	Composto
pagherei	avrei pagato
pagheresti	avresti pagato
pagherebbe	avrebbe pagato
pagheremmo	avremmo pagato
paghereste	avreste pagato
pagherebbero	avrebbero pagato

IMPERATIVO

Affermativo	Negativo
—	—
paga	non pagare
paghi	non paghi
paghiamo	non paghiamo
pagate	non pagate
paghino	non paghino

	Presente	Passato
INFINITO	pagare	avere pagato
GERUNDIO	pagando	avendo pagato
PARTICIPIO	pagante	pagato

COMINCIARE
I verbi che terminano in *-ciare*, *-giare* e *-sciare*, nella grafia perdono la *i* della radice davanti alle desinenze che cominciano per *i* e per *e*.

INDICATIVO

Presente	Imperfetto	Passato remoto	Futuro semplice
comincio	cominciavo	cominciai	comincerò
cominci	cominciavi	cominciasti	comincerai
comincia	cominciava	cominciò	comincerà
cominciamo	cominciavamo	cominciammo	cominceremo
cominciate	cominciavate	cominciaste	comincerete
cominciano	cominciavano	cominciarono	cominceranno

Passato prossimo	Trapassato prossimo	Trapassato remoto	Futuro anteriore
ho cominciato	avevo cominciato	ebbi cominciato	avrò cominciato
hai cominciato	avevi cominciato	avesti cominciato	avrai cominciato
ha cominciato	aveva cominciato	ebbe cominciato	avrà cominciato
abbiamo cominciato	avevamo cominciato	avemmo cominciato	avremo cominciato
avete cominciato	avevate cominciato	aveste cominciato	avrete cominciato
hanno cominciato	avevano cominciato	ebbero cominciato	avranno cominciato

CONGIUNTIVO

Presente	Imperfetto
cominci	cominciassi
cominci	cominciassi
cominci	cominciasse
cominciamo	cominciassimo
cominciate	cominciaste
comincino	cominciassero

Passato	Trapassato
abbia cominciato	avessi cominciato
abbia cominciato	avessi cominciato
abbia cominciato	avesse cominciato
abbiamo cominciato	avessimo cominciato
abbiate cominciato	aveste cominciato
abbiano cominciato	avessero cominciato

CONDIZIONALE

Presente	Composto
comincerei	avrei cominciato
cominceresti	avresti cominciato
comincerebbe	avrebbe cominciato
cominceremmo	avremmo cominciato
comincereste	avreste cominciato
comincerebbero	avrebbero cominciato

IMPERATIVO

Affermativo	Negativo
—	—
comincia	non cominciare
cominci	non cominci
cominciamo	non cominciamo
cominciate	non cominciate
comincino	non comincino

	Presente	Passato
INFINITO	cominciare	avere cominciato
GERUNDIO	cominciando	avendo cominciato
PARTICIPIO	cominciante	cominciato

MANGIARE
I verbi che terminano in *-ciare*, *-giare* e *-sciare*, nella grafia perdono la *i* della radice davanti alle desinenze che cominciano per *i* e per *e*.

INDICATIVO

Presente	Imperfetto	Passato remoto	Futuro semplice
mangio	mangiavo	mangiai	mangerò
mangi	mangiavi	mangiasti	mangerai
mangia	mangiava	mangiò	mangerà
mangiamo	mangiavamo	mangiammo	mangeremo
mangiate	mangiavate	mangiaste	mangerete
mangiano	mangiavano	mangiarono	mangeranno

Passato prossimo	Trapassato prossimo	Trapassato remoto	Futuro anteriore
ho mangiato	avevo mangiato	ebbi mangiato	avrò mangiato
hai mangiato	avevi mangiato	avesti mangiato	avrai mangiato
ha mangiato	aveva mangiato	ebbe mangiato	avrà mangiato
abbiamo mangiato	avevamo mangiato	avemmo mangiato	avremo mangiato
avete mangiato	avevate mangiato	aveste mangiato	avrete mangiato
hanno mangiato	avevano mangiato	ebbero mangiato	avranno mangiato

CONGIUNTIVO

Presente	Imperfetto
mangi	mangiassi
mangi	mangiassi
mangi	mangiasse
mangiamo	mangiassimo
mangiate	mangiaste
mangino	mangiassero

Passato	Trapassato
abbia mangiato	avessi mangiato
abbia mangiato	avessi mangiato
abbia mangiato	avesse mangiato
abbiamo mangiato	avessimo mangiato
abbiate mangiato	aveste mangiato
abbiano mangiato	avessero mangiato

CONDIZIONALE

Presente	Composto
mangerei	avrei mangiato
mangeresti	avresti mangiato
mangerebbe	avrebbe mangiato
mangeremmo	avremmo mangiato
mangereste	avreste mangiato
mangerebbero	avrebbero mangiato

IMPERATIVO

Affermativo	Negativo
—	—
mangia	non mangiare
mangi	non mangi
mangiamo	non mangiamo
mangiate	non mangiate
mangino	non mangino

	Presente	Passato
INFINITO	mangiare	avere mangiato
GERUNDIO	mangiando	avendo mangiato
PARTICIPIO	mangiante	mangiato

RIMANERE Si coniugano come **rimanere** i verbi: tenere, valere, trattenere...

INDICATIVO

Presente	Imperfetto	Passato remoto	Futuro semplice
rimango	rimanevo	**rimasi**	rimarrò
rimani	rimanevi	rimanesti	rimarrai
rimane	rimaneva	**rimase**	rimarrà
rimaniamo	rimanevamo	rimanemmo	rimarremo
rimanete	rimanevate	rimaneste	rimarrete
rimangono	rimanevano	**rimasero**	rimarranno

Passato prossimo	Trapassato prossimo	Trapassato remoto	Futuro anteriore
sono rimasto	ero rimasto	fui rimasto	sarò rimasto
sei rimasto	eri rimasto	fosti rimasto	sarai rimasto
è rimasto	era rimasto	fu rimasto	sarà rimasto
siamo rimasto	eravamo rimasti	fummo rimasti	saremo rimasti
siete rimasto	eravate rimasti	foste rimasti	sarete rimasti
sono rimasto	erano rimasti	furono rimasti	saranno rimasti

CONGIUNTIVO

Presente	Imperfetto
rimanga	rimanessi
rimanga	rimanessi
rimanga	rimanesse
rimaniamo	rimanessimo
rimaniate	rimaneste
rimangano	rimanessero

Passato	Trapassato
sia rimasto	fossi rimasto
sia rimasto	fossi rimasto
sia rimasto	fosse rimasto
siamo rimasti	fossimo rimasti
siate rimasti	foste rimasti
siano rimasti	fossero rimasti

CONDIZIONALE

Presente	Composto
rimarrei	sarei rimasto
rimarresti	saresti rimasto
rimarrebbe	sarebbe rimasto
rimarremmo	saremmo rimasti
rimarreste	sareste rimasti
rimarrebbero	sarebbero rimasti

IMPERATIVO

Affermativo	Negativo
—	—
rimani	non rimanere
rimanga	non **rimanga**
rimaniamo	non rimaniamo
rimaniate	non rimaniate
rimangano	non **rimangano**

INFINITO	Presente	Passato
	rimanere	essere rimasto
GERUNDIO	Presente	Passato
	rimanendo	essendo rimasto
PARTICIPIO	Presente	Passato
	rimanente	rimasto

VENIRE

INDICATIVO

Presente	Imperfetto	Passato remoto	Futuro semplice
vengo	venivo	**venni**	verrò
vieni	venivi	venisti	verrai
viene	veniva	**venne**	verrà
veniamo	venivamo	venimmo	verremo
venite	venivate	veniste	verrete
vengono	venivano	**vennero**	verranno

Passato prossimo	Trapassato prossimo	Trapassato remoto	Futuro anteriore
sono venuto	ero venuto	fui venuto	sarò venuto
sei venuto	eri venuto	fosti venuto	sarai venuto
è venuto	era venuto	fu venuto	sarà venuto
siamo venuti	eravamo venuti	fummo venuti	saremo venuti
siete venuti	eravate venuti	foste venuti	sarete venuti
sono venuti	erano venuti	furono venuti	saranno venuti

CONGIUNTIVO

Presente	Imperfetto
venga	venissi
venga	venissi
venga	venisse
veniamo	venissimo
veniate	veniste
vengano	venissero

Passato	Trapassato
sia venuto	fossi venuto
sia venuto	fossi venuto
sia venuto	fosse venuto
siamo venuti	fossimo venuti
siate venuti	foste venuti
siano venuti	fossero venuti

CONDIZIONALE

Presente	Composto
verrei	sarei venuto
verresti	saresti venuto
verrebbe	sarebbe venuto
verremmo	saremmo venuti
verreste	sareste venuti
verrebbero	sarebbero venuti

IMPERATIVO

Affermativo	Negativo
—	—
vieni	non venire
venga	non **venga**
veniamo	non veniamo
venite	non venite
vengano	non **vengano**

INFINITO	Presente	Passato
	venire	essere venuto
GERUNDIO	Presente	Passato
	venendo	essendo venuto
PARTICIPIO	Presente	Passato
	venente	venuto

Soluzioni degli esercizi

1. Sostantivo: genere delle cose

pagina 14

1   1. penna / matita 2. camera / studio
3. quaderno 4. famiglia

pagina 15

2   **MASCHILE**: pane, sangue, latte, sole, microonde, amore, terrore, sapone, caviale, fucile, giornale, ristorante, maglione.
FEMMINILE: sorte, fame, chiave, morte, commissione, informazione, elezione, serie, solitudine, situazione, attrice, canzone, stazione, notte.

pagina 16

3   1. chiesa 2. Monte Bianco 3. Australia
4. semaforo 5. Berlino 6. stazione 7. yogurt

4   1. **parola** è l'unico sostantivo femminile.
2. **mappa** è l'unico sostantivo femminile.
3. **casa** è l'unico sostantivo femminile.
4. **libro** è l'unico sostantivo maschille.
5. **pianeta** è l'unico sostantivo maschile.

pagina 17

5   **Andrea:** la / il / la / al
Anna: alla / un / il
Edoardo: al / la / nel / il / il / Un
Paola: la / il / il
Mario: al / un
Giorgio: al / la / della
Ilaria: alla / la / un'
Bruno: una / lo / un

6   1. il 2. la 3. la 4. il 5. il 6. il 7. il 8. l' 9. il 10. il
11. il 12. il 13. la 14. il 15. la 16. la 17. il 18. la
19. la 20. l'

2. Sostantivo: genere di persone e animali

pagina 18

1   1. F (la, straodinaria) 2. M (bravissimo) 3. F (la, educata) 4. M (il, maleducato) 5. M (il, specializzato)
6. F (la, bravissima) 7. F (la, pettegola)

2   1. nonna 2. infermiere 3. cameriera 4. sorella
5. ragazza 6. bambina

pagina 19

3   1. marito / nonna 2. mamma / padre 3. donna / moglie 4. sorella / madre 5. figlia 6. fratello / padre 7. padre / moglie 8. madre / marito
9. figlio 10. moglie / figlia 11. marito / figlio

pagina 20

4   1. violinista 2. pianista 3. poliziotto 4. medico
5. professore 6. scrittrice 7. architetto 8. stilista
9. attore 12. veterinario 10. calciatore

pagina 21

5   **MASCHILE E FEMMINILE**: orso / orsa; cavallo / cavalla
PAROLA DIVERSA PER CIASCUN SESSO: toro / vacca; gallo / gallina
FEMMINILE INVARIABILE: giraffa; tartaruga; tigre; volpe; formica; lumaca; pantera; iena; cicogna
MASCHILE INVARIABILE: coccodrillo; pellicano

6   1. un canguro maschio o un canguro femmina
2. un topo maschio o un topo femmina
3. un camaleonte maschio o un camaleonte femmina
4. un'anatra maschio o un'anatra femmina
5. un serpente maschio o un serpente femmina
6. un gufo o una gufa

3. Sostantivo: numero

pagina 22

1

	SINGOLARE	PLURALE
MASCHILE	dentista / problema / numero / poeta / paese / libro / esame	zaini / aerei / quaderni / teoremi / ristoranti / gatti
FEMMINILE	giraffa / stazione / penna	case / canzoni / bambine

pagina 23

2   1. torta 2. limone 3. maglione 4. lampadina
5. canzone

pagina 24

3   1. pesche 2. colleghe 3. colleghi
4. patriarchi 5. valanghe 6. panche 7. botteghe

4   1. parchi 2. antibiotici 3. laghi
4. antropologi 5. chirurghi 6. portici 7. alberghi
8. orologi 9. addii

5   **HA IL PLURALE IN -CE :** salsiccia / arancia
HA IL PLURALE IN –GE: frangia
HA I PLURALE IN – CIE: camicia / bilancia
HA I PLURALE IN –GIE: valigia / magia / antologia

pagina 25

6   1. il braccio / le braccia 2. la gamba / le gambe 3. la testa / le teste 4. il ginocchio / le ginocchia
5. il piede / i piedi 6. la mano / le mani

pagina 26

7   1. pane 2. sale 3. carne 4. birra 5. pesce

8   1. c 2. e 3. d 4. b

9   1. Due orologi da polso
2. Due apribottiglie
3. Due asciugamani
4. Due computer
5. Due lenzuola

pagina 27

1

MARCO È....	LEI DEVE ESSERE...
1. affettuoso	affettuosa
2. bello	bella
3. superficiale	superficiale
4. gentile	gentile
5. egoista	egoista

STEFANIA È...	LUI DEVE ESSERE...
6. ecologista	ecologista
7. timida	timido
8. allegra	allegro
9. curiosa	curioso
10. indipendente	indipendente
11. fragile	fragile

NANDO È...	LEI DEVE ESSERE...
12. nervoso	nervosa
13. forte	forte
14. ottimista	ottimista
15. intelligente	intelligente
16. brutto	brutta
17. entusiasta	entisiasta

pagina 28

2 1. **cinese** è l'unico aggettivo di genere invariabile.
2. **allegro** è l'unico aggettivo di genere variabile.
3. **vasta** è l'unico aggettivo di genere variabile.
4. **simpatica** è l'unico aggettivo di genere variabile.

3 1. due bambine felici
2. due persone allegre
3. due bambini entusiasti
4. due abiti bianchi
5. due donne interessanti
6. due asciugamani azzurri

pagina 29

4 1. verde bottiglia 2. ✓ 3. marrone 4. azzurro
5. ✓ 6. ✓ 7. viola 8. ✓ 9. amaranto

pagina 30

5 1. il computer è statunitense
2. le scarpe sono italiane
3. il caffè è colombiano
4. i tappeti sono turchi
5. i sigari sono cubani
6. la macchina fotografica è giapponese
7. il whisky è scozzese
8. il cacao è senegalese
9. gli orologi sono svizzeri
10. la sauna è finlandese
11. l'olio è spagnolo
12. i profumi sono francesi
13. la porcellana è cinese

pagina 30

6 **Carlotta indossa sempre vestiti cari**
1. economici 2. grande e lussuosa
3. piccola e accogliente 4. sportiva e veloce
5. piccola e vecchia 6. costosi 7. avventurosi

pagina 30

7 1. è molto creativa ma è disorganizzata 2. sono
buoni e affettuosi 3. sono molto gentili però sono
un po' noiose 4. è più ecologica e più sana della
moto 5. sono illustrati 6. sono ecologici

pagina 31

8 1. - / aperta 2. - / vuota 3. antico / - 4. - / blu
5. - / rotondo 6. - / grande 7. - / puliti 8. - / sportive 9. -/ rossa

pagina 32

9 a. mettere in risalto b. distinguere c. distinguere
d. mettere in risalto e. mettere in risalto
f. distinguere g. mettere in risalto h. distinguere

10 1. l'architetto giapponese
2. un oggetto rotondo
3. la macchina ufficiale
4. un edificio nuovo
5. una strada di montagna stretta

pagina 33

11 1. secondo marito
2. sabbie mobili
3. terzo marito
4. incidente mortale
5. quarto marito
6. attore comico
7. l'ultimo episodio
8. attuale marito
9. grande uomo

pagina 34

12 **bel:** racconto, quartiere
bello: zaino, studente
bell': auto, amica, albero
bella: vacanza, storia, bicicletta
bei: programmi, quadri, libri

begli: spettacoli, amici, uomini
belle: case, donne, amiche
buono: zaino, studente, psicologo
buon: racconto, vino, quartiere
buone: case, donne, amiche
buona: vacanza, storia, auto, bicicletta, amica
buoni: spettacoli, amici, uomini, programmi, libri

13 1. bello 2. buona 3. bell' 4. buoni 5. belle
6. begli 7. bell' 8. buona

5. Articoli

pagina 37

1 1. Una / un 2. Un / delle 3. Una / un 4. Un / uno
5. Un / un' / della 6. Delle / un 7. Un / una 8. Uno / un

2 1. Le 2. Il 3. Il / uno / lo 4. Un' / un / uno 5. Una
6. L' 7. Lo 8. I/ lo 9. Le / un' 10. Gli / la

pagina 39

3 1. a-b / b-a 2. a-b / b-a 3. a-a / b-b 4. a-b / b-a
5. a-b / b-a

4 1. Il / un' / una 2. Una 3. Una 4. Degli / i 5. Il / un / il

pagina 40

5 1. V 2. F 3. F 4. F 5. F 6. V 7. F

pagina 41

6 1. Le; a 2. f 3. c 4. Il; e 5. Un; b 6. Il; g 7. l 8. Un; j
9. i 10. k 11. h

7 (1) il ragù / (2) una mozzarella / (3) il sedano /
(4) acqua / (5) vino / (6) l'aspirina

pagina 42

8 1. a III / b II / c I
2. a I / b III / c II
3. a III / b II / c I
4. a I / b III / c II
5. a II / b III / c I
6. a III / b II / c I
7. a III / b I / c II

pagina 43

9 (1) L'aperitivo / (2) La moka – la macchina / (3) una
marmellata – zucchero / (4) I gelati / (5) Le formiche
/ (6) il mare – la montagna / (7) dei libri /
(8) Il carrello / (9) acqua

10 1. **la** gola / **il** succo
2. **I** mostri / **i** pipistrelli e **i** lupi / **gli** esseri umani / **gli**
animali / **il** loro spirito
3. **I** mostri / **il** cielo grigio / **il** vecchio Vampiro / **l'**organo
4. Per **i** mostri / **la** paura / **il** cimitero / **le** tombe
5. **I** mostri / **la** danza con **i** morti / **la** luna piena
6. **le** notti / **gli** scheletri / **le** loro tombe/ **la** grande

festa/ **l** mostri
7. **I** vampiri / **gli** specchi / **le** vampire
8. **I** vampiri e **gli** scheletri / **i** concerti dark e **i** film
horror
9. Tutti **i** mostri / bene l'italiano / tutti **i** giorni /
fanno **i** compiti / con **i** mostri italiani

pagina 44

11 1. una 2. alcuni / alcuni 3. alcune 4. uno 5. uno

12 (1) **Una** al giorno / (2) **uno** al tonno e **uno** ai funghi /
(3) **Uno** alla crema, grazie / (4) **Una** qualsiasi? / (5) È
proprio **uno** dei tanti / (6) **una** vale l'altra / (7) **uno**
era stato rubato nel 1996 e **uno** nel 1993. / (8) **uno**
con il cronometro

6. Dimostrativi

pagina 46

1 (1) queste / (2) questi / (3) questa
(1) quella / (2) quei / (3) quel / (4) quelle

2 1. B 2. D 3. C

3 1. Questi 2. Quelle 3. quel 4. quella 5. questi

pagina 47

4 1. f 2. d 3. a 4. c 5. b

pagina 48

5 1. uomini 2. penna 3. libro 4. bottiglia 5. soldi

6 1. vestita come James Bond 2. i guanti lunghi 3. bandana gialla a pois 4. porta la parrucca 5. magro
6. sta cantando 7. elegantissima

pagina 49

7 (1) questa / (2) questi / (3) quelle / (4) quei / (5) quelli

pagina 50

8 1. f 2. c 3. g 4. b 5. d 6. e

9 (1) Quello / (2) quello / (3) questo / (4) quella /
(5) questo

pagina 51

10 1. quello 2. questo 3. queste lettere 4. quelle
5. quel signore 6. quella ragazza 7. Questi/Quelli 8.
Questo tavolino/Questo 9. Quello

pagina 52

11 1. ai bambini
2. alle sue parole
3. al supermercato
4. nell'amore eterno
5. alla mostra internazionale
6. a prenotare l'albergo
7. quel vaso di cristallo
8. in Comune

12 M. ne / R. c'è / M. ne / R. ne / M. ci / R. ci / M. Ne / R. ci

7. Possessivi

pagina 53

1
1. mia	4. loro	7. suo
2. tua	5. vostre	8. loro
3. nostro	6. sua	9. tuo

pagina 54

2 1. i **nostri** meravigliosi hotel / la **nostra** incredibile offerta di destinazioni / le **nostre** fantastiche escursioni / i **nostri** prezzi imbattibili
2. la **tua** musica preferita / sul **tuo** ragazzo / **tua** ragazza / sui **tuoi** amici / le **tue** amiche.
3. la **mia** deliziosa pasta / le **mie** specialità delle cucine regionali / **miei** dolci al cioccolato / la **mia** esperienza in ristoranti di lusso / i **miei** studi nelle migliori scuole
4. del **vostro** giardino / i **vostri** fiori / le **vostre** rose
5. della **tua** casa / sul **tuo** appartamento / sulla **tua** villa / sulla **tua** posta / le **tue** vacanze

3 (1) i miei / (2) la tua / (3) i tuoi / (4) il mio / (5) il tuo / (6) il mio / (7) il mio / (8) la mia / (9) il tuo / (10) la tua / (11) i miei / (12) le mie / (13) i tuoi / (14) le tue / (15) il tuo / (16) le nostre.

pagina 56

4 1. mio 2. suo 3. mia 4. Mio / mia / i miei 5. i miei 6. mia 7. La mia

5 (1) mio / (2) I miei / (3) la tua / (4) La mia / (5) mia / (6) la sua / (7) i miei / (8) il loro / (9) tua / (10) il mio / (11) Mia / (12) la tua / (13) tuo

pagina 57

6 1. f (suoi) 2. e (mio) 3. c (mie) 4. d (suoi) 5. b (tua)

7 1. Vogliamo un tuo autografo
2. È quello il vostro professore?
3. Si può sapere cosa ci fa una tua camicia nella macchina di Lucia?
4. Hanno esposto un mio quadro al Museo d'Arte Moderna di Lucca.

8 1. c 2. f 3. g 4. i 5. l 6. n 7. p

pagina 58

9 1. Tesoro mio 2. fatti nostri 3. testa tua! 4. casa vostra? 5. merito mio

pagina 59

10 1. Il mio parrucchiere è bravo, ma preferisco il vostro.
2. Il mio tablet è completamente scarico. Mi presti il tuo?
3. Questi sono i miei jeans. I tuoi sono già in valigia.

4. Il mio appartamento è molto spazioso, però il suo è molto più luminoso.
5. I nostri vicini sono persone gradevoli ed educate, ma i vostri sono davvero carini e simpatici!
6. Le tue piante sono belle, ma le mie sono spettacolari.
7. Tra la macchina di Luigi e la nostra preferisco quella di Luigi: è più spaziosa.
8. Io e Marcello frequentiamo la stessa università, però la sua sta in un altro edificio.
9. Il tuo tiramisú è molto più buono, nel loro c'è troppo mascarpone.

11 (1) nostro / (2) suo / (3) mio / (4) sue / (5) mie / (6) mio / (7) mio / (8) vostra / (9) nostra / (10) mia / (11) nostre / (12) mie / (13) vostre / (14) nostri / (15) nostro / (16) nostri / (17) nostra

pagina 60

12 (1) il / (2) le / (3) la / (4) i / (5) le / (6) gli / (7) le / (8) la / (9) la
b. 3 c. 1 d. 2

pagina 61

13 1. nostro 2. tua 3. vostre 4. loro 5. sua 6. loro

14 1. Quel suo 2. Molti miei 3. quella tua 4. Tutte le sue 5. questa tua 6. Alcune mie 7. Questo tuo 8. qualche sua 9. Molte nostre

8. Indefiniti

pagina 63

1 1. Sì, alcune; No, nessuna; Quasi tutte.
2. Solamente alcuni; Mmmm nessuno; Tutti.
3. Alcuni sì; No, nessuno; Sì, tutti.
4. Sì, alcuni; Nessuno credo; Certo, tutti.
5. Sì, alcuni; Nessuno, temo; Tutti, direi.
6. Solo alcune; No, nessuna; Tutte.
7. Alcuni; Eh no, nessuno; Praticamente tutti.
8. Forse alcune; Nessuna; Tutte.

2 1. alcune 2. alcuni 3. tutti / nessuno 4. nessun 5. qualche 6. nessuna 7. tutte / alcune 8. tutte 9. nessuna

3 1. alcuni - nessuno 2. Alcune 3. alcune 4. tutti 5. Alcuni 6. Nessuno 7. alcune 8. nessuna 9. tutti

pagina 64

4 1. qualcosa 2. Nessuno 3. qualcosa 4. niente/nulla 5. tutto 6. nessuno 7. qualcuno 8. qualcosa 9. niente/nulla 10. qualcuno 11. niente/nulla 12. tutto 13. qualcosa 14. tutto

5 1. perfetto 2. squisito 3. buono 4. rosso 5. comodo

pagina 65

6 1. qualcosa – niente/nulla – qualcuno - tutto
2. qualcosa – niente/nulla - niente/nulla – qualcosa
3. qualcosa – alcune
4. qualche – niente/nulla
5. qualcuno – qualche
6. qualcosa – nessuna – qualche – niente/nulla
7. qualcosa – alcuni – qualche
8. tutti – qualcuno – tutti - qualche

7 2. Sei un'irresponsabile: non ti preoccupi di niente.
4. Dovevano esserci le stelle cadenti ieri notte, però io non ho visto nulla.
5. Ho mille borse e borsette, ma non ho nessuno zaino.

pagina 66

8 1. c; altro 2. a; altra 3. d; altri 4. b; altre

pagina 67

9 1. un'altra 2. altri tre 3. un'altra 4. altre due
5. altri due 6. un'altra

10 un'altra volta / in un appartamento / L'altro / l'altra figlia / altri due figli / un altro ragazzo

11 1. gli altri / le altre 2. le altre 3. L'altra volta
4. un altro

9. Numerali cardinali

pagina 68

1 1. due 2. otto 3. sei 4. due 5. dodici 6. otto
7. quattro

2 1. due – uno 2. uno – tre 3. Una 4. un – un'
5. Tre – due – uno 6. due – una – uno

pagina 69

3 undici - sei = cinque
cinque + tredici = diciotto
otto + tre = undici
dieci + nove = diciannove
quattordici - sette = sette
quattro + undici = quindici
dodici + cinque = diciassette
sette + dieci = diciassette

pagina 70

4 1. trentatré 2. cinquantaquattro 3. venti
4. sessantuno 5. sessantanove 6. ventisette
7. quattordici

5 1. cinquanta candele
2. ottantaquattro piatti
3. centododici bicchieri
4. sessantacinque sedie
5. sedici bottiglie
6. cinque torte

7. cinquantotto panini
8. quarantacinque pizzette

6 1. sedici 2. settantanove 3. ventotto 4. quarantuno
5. dodici 6. ottantatré 7. novantasei 8. diciannove
9. trentotto

pagina 71

7 1. c 2. b 3. g 4. e 5. a 6. h 7. d 8. f

8 DJ: 165 € centosessantacinque
Catering: 415 € quattrocentoquindici
Decorazione: 93 € novantatré
Pasticceria: 226 € duecentoventisei
Animazione bambini: 78 € settantotto

pagina 72

9 1. novemilacinquecentoquattordici = 9.514
2. sessantaseimilacentocinquantotto = 66.558
3. milletrecentocinque = 1.305
4. quarantasettemilacentosedici = 47.116
5. undicimilanovecentotredici = 11.913
6. cinquantatremilaquattrocentosettantadue = 53.472

10 1. duemilasedici
2. centocinquantamila
3. trecentonovantanovemilanovecentoottanta
4. quattrocentoottantatremila
5. ottocentocinquantaduemila
6. seicentosessantaseimila
7. millesettecentocinquanta
8. milleuno
9. settecentosettantasettemilasettecentosettantasette
10. novecentomila

pagina 73

11 1. cinque milioni ottocentosessantanovemilatrecentoquattordici
2. cinque milioni ottantanovemilatrecentottantasei
3. quattro milioni quattrocentoquarantanovemilasettantadue
4. cinque milioni ottocentoottantaseimilacentocinquantasei
5. un milione duecentoventottomilacentosei
6. tre milioni settecentoquarantottomila ottocentottantatre
7. quattro milioni ottantaquattromilaottocentocinquanta
8. un milione seicentosessantunomilacinquecentoventi
9. quattro milioni quattrocentoventiseimilaottocento

12 1. cinquecentosessantacinquemila
2. ottocentoquarantanovemila
3. trecento
4. mila
5. quattromilacinquanta
6. quattrocento
7. novemila
8. trentacinque

10. Numerali ordinali

pagina 75

1 1. quindicesimo
2. terzo
3. diciannovesimo
4. ottavo
5. ventiduesimo
6. nono
7. trentaduesimo
8. quinto

2 1. Secondo 2. Nono 3. Ottavo 4. Terzo 5. Prima
6. Terza 7. Primo

3 **Terzo:** aggiungere il pomodoro tagliato a dadini con
il basilico.
Primo: tagliare e abbrustolire il pane.
Quarto: condire con olio extravergine di oliva.
Secondo: spalmare l'aglio sulle fette.

pagina 76

4 terzo; secondo; secondo; primo; secondo; terzo;
terzo; quarto.

5

1. 16	5. 67	9. 10
2. 56	6. 80	10. 38
3. 18	7. 71	11. 92
4. 48	8. 23	

6 1. cinquantesimo 2. quindicesima
3. ventiduesimo 4. trentaquattresima

11. Quantificatori

pagina 78

1 1. C'è molta acqua e ci sono pochi cubetti di giaccio.
2. C'è abbastanza acqua e ci sono abbastanza cubetti
di ghiaccio.
3. Non c'è acqua e ci sono troppi cubetti di ghiaccio.
4. C'è troppa acqua e non c'è nessun cubetto di
ghiaccio.

2 1. nessuno 2. nessuna 3. Niente; niente 4. nessuna
5. niente; nessuna; nessun 6. nessuno

3 1. troppo 2. abbastanza 3. poco 4. abbastanza
5. troppi

pagina 80

4 1. Addolorata 2. Addolorata 3. Felice 4. Felice
5. Addolorata 6. Addolorata 7. Felice

5 1. un po' di 2. poco 3. un po' di 4. poca 5. un po' di
6. poco 7. un po' di 8. un po' di 9. poco

6 1. delle 2. dello 3. dell' 4. degli 5. dei 6. della 7. del

pagina 81

7 1. troppo 2. abbastanza 3. poco 4. molto
5. troppo 6. troppo 7. poco 8. Troppo 9. Troppo
10. abbastanza

12. Pronomi personali: introduzione

pagina 85

1b 1. Romina 2. Matteo 3. Antonella 4. Emma 5. Luca
6. Claudia 7. la casa

1b 9. Le piante 10. La colazione 11. Fa la spesa 12. I
piccoli 13. I vestiti 14. I vestiti 15. La cena

1b 16. A tutti 17. Ai piccoli 18. Ai suoi fratellini

2 Il segretario annota sempre tutti gli appuntamenti.
(CD)
Il segretario telefona sempre ai clienti. (CI)
Il professore insegna geografia ai bambini. (CI)
Il professore insegna storia. (CD)
Il nipote lava e stira i vestiti al padre. (CI)
La lavatrice lava e asciuga in tre ore i vestiti. (CD)
Paolo scrive poesie. (CD)
Paolo manda una lettera a Marta. (CI)

pagina 86

3

1. a - a	b - b Riflessiva
2. a - b Riflessiva	b - a
3. a - b Riflessiva	b - a

4

1. a. pochi soldi	b. Alessia
2. a. L'Astronomia	b. Gli studenti
3. a. La situazione	b. Anna
4. a. Tua madre	b. i bambini
5. a. Valentino	b. il volume
6. a. sale	b. Il sugo
7. a. una chitarra	b. Noi

13. Pronomi soggetto: *io, tu, lui, lei, noi, voi, loro*

pagina 87

1 1. loro 2. noi 3. noi 4. tu 5. loro 6. voi 7. lui
8. voi 9. lei

pagina 88

2 1. h; tu 2. b; tu 3. c; Lei 4. a; Lei 5. g; tu 6. e; Lei
7. f; tu

3 1. a; b 2. a; b 3. b; a 4. b; a 5. a;b

Soluzioni degli esercizi

14. Pronomi con preposizione: *a me, per te, con lui*

pagina 89

1 1. te; b.; me
2. lei; a.; me
3. noi; f; noi
4. voi; d; noi
5. me; voi; e.; voi

pagina 90

2 1. con me
2. con te
3. per me
4. a te
5. tra te e me
6. da me
7. di te
8. su di te
9. per loro

15. Pronomi complemento: *mi, ti , ci, vi, lo, la, le, gli, loro*

pagina 91

1 1. mi 2. Ci 3. Ci 4. vi 5. ti 6. vi 7. vi 8. vi; vi

pagina 92

2 1. Lo; CD
2. gli; CI
3. Gli; CI
4. le; CD
5. la; CD
6. li; CD
7. Le; CD
8. Le; CI
9. Le; CD

pagina 93

3 1. Le 2. Li 3. Le 4. L' 5. Li 6. La 7. La

4 1. Gli
2. gli; li
3. Le
4. gli; lo
5. Le; la

pagina 94

5 1. N; b.
2. M; b.
3. M; a.
4. M; a.
5. M; b.
6. M; a.

16. Posizione e combinazione dei pronomi complemento

pagina 95

1 1. Le prenoto un tavolo nel miglior ristorante?
2. Le preparo una tisana?
3. Ti porto a fare un giro?
4. Ti abbasso il finestrino?
5. Ti allaccio la cintura di sicurezza?
6. Vi lavate le mani?
7. Vi svegliate presto?
8. Vi fanno regali per il vostro compleanno?
9. Ci hanno applaudito con entusiasmo.
10. Ci hanno chiesto molti autografi.
11. Ci hanno fatto moltissime foto.
a. III; b. IV; c. II; d. I

pagina 96

2 1. Ha preso l'antenna della macchina e l'ha rotta. (CD)
2. Ha preso un cuscino e l'ha messo nel microonde. (CD)
3. Ha visto mia zia Eugenia e le ha fatto paura. (CI)
4. Si è mangiato la mia cravatta e l'ha vomitata . (CD)
5. Ha preso un portaombrelli e l'ha dato ai miei genitori. (CD)
6. Ha trovato dell'aceto e l'ha versato sulle piante di mia nonna. (CD)
7. È andato a prendere i bambini a scuola e gli ha comprato dieci gelati. (CI)
8. Ha litigato con il nonno e gli ha risposto male. (CD)
9. Si è innamorato di mia nonna e le ha comprato dei fiori. (CI)
10. Ha preso i dischi di mio padre e li ha buttati nella piscina. (CD)
11. Non sopporta le mie cugine. L'altro giorno non le ha salutate. (CD)

3 1. li 2. l' 4. lo 5. ve li 6. me lo 6. te lo

pagina 97

4 1. Sì, me l'ha fatta usare tante volte.
2. Sì, me li ha prestati tante volte.
3. Sì, ce l'ha preparata molte volte
4. Sì, me l'ha dato molte volte.
5. Sì, ce l'ha prestata molte volte.
6. Si, ce le ha fatte leggere molte volte.
7. Sì, me li ha dati molte volte.

5 1. No, non gliel'ho fatto, è un gatto!
2. Sì, amore l'abbiamo comprata ieri, non ti ricordi?
3. Sì, gliele ho pulite io.
4. Va bene. Glieli ho dati stamattina.
5. Sì, certo, gliele ho fatte ed è stata molto contenta.

pagina 98

6 1. gliele ho restituite
2. te lo pulisco
3. ve lo metto
4. gliel'ho restituito
5. gliel'ho dato
6. te lo do subito
7. ve la do
8. ce le siamo lavate
9. gliel'ho dato
10. gliel'ho dato

pagina 99

7 1. rompilo
2. tiralo
3. ricostruiscigli
4. dagliele
5. preparagli
6. guardalo
7. dille
8. diglielo
9. Promettile
10. ascoltalo
11. spiegale
12. baciala
13. baciarlo
14. prendilo

8 1. lasciami
2. mi
3. lasciarmi
4. Comprami / dimmi
5. Vi
6. dirci
7. mandagli / dicendogli / chiamala / dirle

288

pagina 100

9 1. e 2. g 3. a 4. h 5. d 6. b 7. f

10 1. metterli
2. metterli
3. Li
4. mangiarlo
5. lo
6. spegnerla
7. la

pagina 101

11 1. gli 2. Me li 3. Gli 4. Le 5. Ce lo 6. se lo 7. mi

17. Costruzioni riflessive e valutative

pagina 102

1 2. Ti svegli
4. si veste
6. Ci trucchiamo
9. vi mettete
11. si svegliano

2 1. a - a / b - b
2. a - a / b - b
3. a - b / b - a
4. a - a / b - b

pagina 104

3 1. si fa
2. si addormentano
3. si mettono
4. si svegliano
5. mi alzo
6. mi vesto
7. si rade
8. si lava
9. si pettina
10. ti alzi

4 1. si / il 2. si / le 3. si / i 4. si / i 5. si / gli 6. si / la
7. si / i

5 1. f 2. g 3. a 4. c 5. h 6. b 7. e
1. c 2. d 3. h 4. b 5. a 6. f 7. e 8 g

pagina 105

6 a. 4; b. 5 (si abbracciano / si baciano); c. 1; d. 2 (si presentano); e. 7 (si sposano); f. 6 (si salutano / si danno); g. 3 (si raccontano / si divertono)

7 1. si è presentato
2. si è innamorato
3. Si sono raccontati
4. Si sono divertiti
5. si sono abbracciati
6. si sono baciati
7. si sono sposati

pagina 106

8 1. si saluta 2. si parla 3. si salta 4. si ascoltano
5. si alza 6. si mettono 7. Si mangia
8. si deve tenere

9 9. Si leggono i tarocchi
10. Si comprano vecchie radio
11. Si fanno fotocopie
12. Si affitta castello
13. Si vendono biglietti della lotteria
14. Si assumono pizzaioli
15. Si regalano gattini
16. Si danno lezioni di canto

pagina 107

10 1. Si cuociono
2. Si unge
3. Si cuociono
4. Si scolano
5. Si dispongono
6. Si versa
7. Si completa
8. Si continua
9. Si mettono
10. Si tolgono

11 1. si cercano
2. si creano
3. Si chiamano
4. si parla
5. Si cerca
6. Si danno
7. si vede
8. si sa / Si pensa
9. si mangia
10. ci si aspettano / si ne ottengono

12 1. Si fa 2. si parla 3. si guida 4. si dà
5. si passeggia 6. si sta

pagina 109

13 1. piacciono 2. piace 3. interessano 4. piace
5. piace 6. interessa 7. piacciono 8. piace

14 1. Mi manca / mi manca 2. mi mancano 3. mi basta
4. le servono 5. mi da fastidio 6. non mi serve 7. Mi sembra stupendo 8. Mi fanno pena 9. Mi sembra
Heather: a volte le mancano lo zucchero e la farina; a volte le mancano le uova; le basta telefonare alla sua amica Maria; Maria ha sempre gli ingredienti che le servono.
Mark: abita molto vicino alla scuola dove studia e quindi non gli serve la macchina; gli sembra stupendo studiare vicino a casa; gli fanno pena le persone che devono studiare tutti i giorni; gli sembra incredibile essere così fortunato.

19. Coniugazione: elementi di base

pagina 112

1a **-are:** ascoltare, entrare, chiamare, imparare, giocare, viaggiare
-ere: mettere, essere, tenere, potere, avere, leggere, chiudere, ripetere
-ire: salire, sentire, dire, partire, dormire

1b **-are:** alzarsi, occuparsi, tagliarsi, avvicinarsi, cambiarsi, lavarsi
-ere: vestirsi, perdersi, mettersi, togliersi
-ire: pulirsi

pagina 113

2 **cambiare:** cambi + are / **aprire:** apr + ire / **terminare:** termin + are / **scrivere:** scriv + ere / **imparare:** impar + are / **mangiare:** mangi + are / **pranzare:** pranz + are / **sognare:** sogn +are / **pensare:** pens + are / **telefonare:** telefon + are / **cantare:** cant + are / **saltare:** salt +are / **fumare:** fum + are /

chiedere: chied + ere / **ricevere:** ricev + ere / **nascere:** nasc + ere / **rompere:** romp + ere / **vivere:** viv + ere
salire: sal + ire / **proibire:** proib + ire / **dormire:** dorm + ire /

pagina 114

3 -are: studiano, cucina, imparano, andate, lavorano, portano, mangiamo, canti
-ere: vivete, scrive, beve, legge, viviamo
-ire: uscite, sentiamo

4
io	credo; sono; bevo
tu	scrivi; dai
lui, lei, Lei	apre
noi	usciamo; cantiamo
voi	avete; comunicate; fate; vendete
loro	chiamano; sono; sognano; vivono

5 1. arriviamo / abbiamo 2. posso / aiuto 3. porti
4. preparo / porta / comprano 5. pensiamo
6. scegliete

20. Forme indefinite: *parlare, parlando, parlato*

pagina 115

1
il ballo	1. ballare
il racconto	2. raccontare
l'entrata	3. entrare
l'uscita	4. uscire
il viaggio	5. viaggiare
la lettura	6. leggere
la scrittura	7. scrivere
l'amore	8. amare
il bacio	9. baciare
la cucina	10. cucinare
il sogno	11. sognare
il pensiero	12. pensare
la parola	13. parlare
il ritorno	14. ritornare

pagina 116

2 1. Andare al cinema. / ~~Andando al cinema.~~ / Un film al cinema.
2. Un po' di silenzio. / Stare in silenzio. / ~~Stando in silenzio.~~
3. ~~Viaggiando.~~ / Un bel viaggio. / Viaggiare.
4. Fare l'esame. / ~~Facendo l'esame.~~ / L'esame.
5. Il traffico. / ~~Trovando traffico.~~ / Trovare traffico.

3 1. Curva pericolosa: non sorpassare. → g. tutti
2. La prof ci ha vietato di usare il cellulare a lezione. → a. noi
3. No, non si può. Guarda: vietato girare a destra. → e. tutti
4. Scalare il Monte Bianco è il sogno di molti alpinisti. → f. loro
5. Per favore, chiamami prima di uscire di casa. → c. tu
6. Ragazze, Giuseppe vi ha invitate a mangiare a casa sua. → b. voi
7. Scusi, per uscire da dove passo? → h. io

4 1. **Lavorare** con Luigi è sempre un piacere. S
2. Non è educato **arrivare** alle 11 di sera. S
3. **Fare** la pizza non è complicato. D
4. **Raccontare** che io e Luca ci siamo lasciati è da pettegoli. F
5. **Uscire** con gli amici mi piace molto. S

pagina 117

5 1. nuotare 2. disegnare 3. fare 4. mangiare

6 1. Dopo aver chiamato Lina, Matteo ha preparato il pranzo.
2. Dopo essere andati a correre, si sono fatti una doccia.
3. Dopo aver finito i compiti, Simone è andato a giocare con gli amici
4. Dopo aver controllato il file, Daniela ha inviato un'e-mail
5. Dopo aver fatto un corso d'inglese, sono andato in Inghilterra (io)

pagina 118

7
1. morire	morendo	9. fare	facendo
2. ripetere	ripetendo	10. scrivere	scrivendo
3. dormire	dormendo	11. seguire	seguendo
4. ballare	ballando	12. produrre	producendo
5. soffrire	soffrendo	13. cantare	cantando
6. sentire	sentendo	14. dire	dicendo
7. bere	bevendo	15. scendere	scendendo
8. andare	andando		

pagina 119

8 1. → a.   4. → c
2. → e.   5. → b.
3. → d.

9 1. ✓   4. fare   7. ✓
2. ✓   5. ✓
3. ✓   6. preparare

pagina 120

10
Chi è	Cosa fa?	infinito
1. l'amante	ama	amare
2. l'agente	gestisce	gestire
3. l'insegnante	insegna	insegnare
4. il dipendente	dipende	dipendere
5. la praticante	pratica	praticare
6. l'abitante	abita	abitare
7. il richiedente	richiede	richiedere
8. lo studente	studia	studiare
9. la dirigente	dirige	dirigere

pagina 121

11 -ARE: parlare / parlato; alzare / alzato; disegnare / disegnato; camminare / camminato; lavorare / lavorato; cenare / cenato; viaggiare / viaggiato; fumare / fumato.

-ERE: vedere / visto; ricevere / ricevuto; vendere / venduto.

-IRE: dormire / dormito; capire / capito; preferire / preferito; partire / partito; pulire / pulito; divertire / divertito; inserire / inserito; servire / servito.

12 1. rimasto   ✓
    2. venito   venuto
    3. visto   ✓
    4. trovato   ✓
    5. scrivuto   scritto
    6. nasciuto   nato
    7. fatto   ✓
    8. aprito   aperto
    9. risposto   ✓
    10. chieduto   chiesto
    11. romputo   rotto
    12. dormito   ✓
    13. perso   ✓
    14. vinto   ✓
    15. prenduto   preso
    16. detto   ✓
    17. scoprutto   scoperto
    18. leggiuto   letto
    19. ascoltato   ✓

13 1. fatta 2. ordinata 3. chiusa 4. rotti
    5. addormentato 6. convinti 7. chiuso
    8. stirate 9. inviate

pagina 122

14 1. Gli scienziati hanno scoperto un nuovo pianeta.
    2. Vanessa mi aveva promesso un regalo originale.
    3. Non hai ancora restituito i libri.
    4. Flavia l'avrà sorpreso con la bella notizia.
    5. Gli economisti avevano previsto una crisi.

pagina 123

15 **rompere**   **1.** rotte **2.** rotta **3.** rotte **4.** rotto
    vedere   **5.** visto **6.** visto **7.** visto **8.** vista
    fare   **9.** fatto **10.** fatto **11.** fatta **12.** fatto

21. Indicativo presente

pagina 124

1 1. Io
    2. Lei / La sorella di Elisa
    3. Tu
    4. Io e un mio amico
    5. Voi tre
    6. Lucia e Riccardo / Io e un mio amico
    7. Lei e suo marito

pagina 125

2 1. ● Scusa se stono, ma non **suono** la chitarra molto bene.
      ■ Beh effettivamente non **suoni** molto bene. Perché non **studi** un'altra cosa?
    2. ● Che cosa **significa** fare le ore piccole?

      ■ Fare le ore piccole **significa** che **rimani** sveglia fino all'una o o le due di notte.
    3. ● Da qui **passa** un autobus ogni cinque minuti.
      ■ Scusa, ma io **devo** andarmene. Mi **aspettano** i miei genitori.
    4. ● Va bene, però prima ci **beviamo** un caffè?
    5. ● Alberto, perché non mi **ascolti**? Io non **significo** niente per te?
    6. ● Tu e Miroslaw **parlate** molto bene l'inglese.
      ■ Mah, noi non lo **parlo** tanto bene, però lo **pratico** molto.
    7. ● Tu e Matilde siete una bella copia. **Vivete** insieme?

3 1. Tu   4. Tu e Serena
    2. Io   5. Tu
    3. Loro   6. Andrea

pagina 126

4 1. è   5. ha
    2. siamo   6. sei / Sono
    3. è / ha   7. abbiamo / Abbiamo
    4. è / È

5 1. do 2. Sto 3. vado 4. faccio 5. andiamo / stiamo
    6. facciamo / diamo 7. stiamo

pagina 127

6 1. ✓ / ~~Poto~~ posso   4. ~~voglie~~ vuole
    2. ~~Volo~~ Voglio / farlo   5. ~~possete~~ potete
    3. ~~voliamo~~ vogliamo

pagina 128

7 1. viene 2. viene 3. saliamo 4. teniamo 5. tiene
    6. pone 7. saliamo

8 1. ~~Usco~~ Esco   4. ~~sapa~~ sa
    2. ✓   5. ✓
    3. ~~bero~~ bevo   6. ✓ / ~~dino~~ dicono / ✓

pagina 129

9

È vero adesso?	È vero	Non lo sappiamo
1. Romina ha le chiavi.	✓	
2. Il cugino di Gina ha 35 anni.		✓
3. Rosa canta molto bene.	✓	
4. Gerardo e Luisa sono genitori.		✓
5. Martina sta male.	✓	

pagina 130

10 1. ho 2. ritornano 3. ha 4. ho 5. vado 6. sono 7. ho

11 **Sicuro:** 1. faccio 2. gioco 3. suono 4. studio 5. vado 6. guardo
    Insicuro: 1. farò 2. giocherò 3. suonerò 4. studierò 5. andrò 6. guarderò

pagina 131

12 1. può   3. aiuta a
    2. hanno   4. Può

5. Misura
6. pesa
7. alimenta
8. mantiene

9. ama
10. ha bisogno
11. piace
12. nuota

7. x / x   8. x   9. x / x

13 1. P 2. F 3. P 4. P 5. G 6. F 7. P 8. G 9. F
14 1. → c. pensa
2. → a. sente
3. → e. risparmia / spende
4. → b. ride
5. → d. vede

22. Essere e avere

pagina 133

1 1. D 2. P 3. D 4. D,P 5. D,P 6. D,P 7. D,P 8. P,D

2 1. a - a / b - b
2. a - b / b - a
3. a - a / b - b
4. a - b /b - a
5. a - a / b - b

3 1. hai 2. è 3. hanno 4. ho 5. siamo 6. è 7. ha 8. abbiamo 9. sono 10. avete

4 Gianmarco è italiano, ha 25 anni, ha i capelli neri e gli occhi azzurri. È studente di architettura, ha 2 cani e una bicicletta.
Alexandra è austriaca, ha 23 anni, ha i capelli biondi e gli occhi verdi. È studentessa dei Belle Arti, ha un gatto e una moto.

pagina 134

5 1. Su Minerva ci sono alberi; su Cerere ci sono piante.
2. Su Minerva c'è un Fiume; su Cerere ci sono due laghi.
3. Su Minerva ci sono case; su Cerere ci sono grattacieli.
4. Su Minerva ci sono bambini, ci sono pochi abitanti; su Cerere ci sono anziani, ci sono molti abitanti.

pagina 135

6 1. c'è - f
2. ci sono - c
3. c'è - d
4. ci sono - b
5. ci sono - e
6. c'è - g

pagina 136

7 **Verbi intransitivi:** Dove? 1; 9
Con chi? 2; 10
Come?
Con che mezzo? 3; 4
Quando? 5
Verbi transitivi: Cosa? 6; 7; 8

pagina 137

8 1. x
2. x / salita
3. arrivata
4. x / andata
5. stata / x
6. x / arrivata

pagina 138

9 1. trovata 2. portata 3. accolto 4. dato
5. accompagnata 6. visitata 7. fatte
8. visti 9. sognati
10 1. ho dormito / ho letto
2. ho parlato / ho saputo
3. ho deciso
4. ho preso
5. ho camminato
6. ho passeggiato
7. ho fatto
8. ho visitato
9. ho avuto
10. ho mangiato

23. Passato prossimo

pagina 139

1 1. io
2. i suoi fratelli
3. tu e Alessandro
4. il suo ragazzo
5. tu

2 1. Ho acceso - f
2. è entrata - h
3. ha avuto - a
4. hai bevuto - b
5. Abbiamo vinto - g
6. è uscito - c
7. siamo arrivati - d

pagina 140

3 1. e 2. a 3. g 4. f 5. d 6. b

4 1. Hanno camminato.
2. Ha lavorato troppo.
3. Ha vinto la lotteria.
4. Hanno preso il sole.
5. È stata in televisione molte volte.

pagina 141 esercizio 5

5 1. Allegra finora ha trovato buoni lavori.
Addolorata molte volte ha avuto lavori poco buoni.
2. Allegra quest'anno ha vinto al Lotto.
Allegra pochissime volte ha vinto qualcosa.
3. Allegra finora ha goduto di ottima salute.
Addolorata questo mese si è ammalata quattro volte.
4. Allegra questa settimana ha conosciuto un ragazzo bello e ricco.
Addolorata questo fine settimana ha conosciuto un ragazzo noioso e bruttino.
5. Allegra stamattina ha trovata 50 euro.
Addolorata ha perso 50 euro.

pagina 142 esercizio 6

6 1. passato   2. futuro

292

3. passato
4. passato
5. futuro

6. passato
7. futuro
8. passato

7 1. sì 2. no 3. no 4. sì 5. sì 6. no

24. Passato remoto

pagina 143

1
1. apristi
2. chiudemmo
3. ballò
4. cantai
5. x
6. ascoltaste
7. parlai
8. fuggirono
9. decisi
10. x
11. invitasti
12. uscì
13. mangiammo
14. x

15. finirono
16. vivemmo
17. credé
18. beveste
19. lesse
20. x
21. incontrasti
22. entrarono
23. x
24. costruirono
25. x
26. studiaste
27. nascondesti
28. x

pagina 144

2
1. x / x / x
2. ~~conoscetti~~ conobbi
3. ~~nascerono~~ nacquero
4. x / x
5. ~~scrivè~~ scrisse

3
1. successe / introdussi / spensero
2. chiesi / dicesti / organizzammo
3. fu / attraversò
4. studiai / riuscii
5. fece / rispose

pagina 145

4
1. persi (IR)
2. finii (R)
3. cantai (R)
4. volli (IR)
5. ruppi (IR)
6. decisi (IR)
7. caddi (R)

8. conobbi (IR)
9. vendei (R)
10. nacqui (IR)
11. sentii (R)
12. tenni (IR)
13. scrissi (IR)
14. bevvi (IR)

5
1. furono
2. fu / diedero (dettero)
3. furono
4. diede (dette)
5. fu / ebbi

pagina 146

6 1. seppi 2. presi / venni 3. arrivò 4. Cambiaste

7 1. Parlasti 2. mangiammo 3. influenzarono
4. arrivò 5. bevemmo

25. Passato prossimo o passato remoto?

pagina 148

1 1. b 2. a 3. a 4. a 5. b 6. b 7. b

2 1. hai riparato 2. siamo stati / abbiamo passato (passammo) 3. sei andato 4. ho visti (vidi) 5. hai fatto
6. sono rimasto / ho pulito / sono andato

pagina 149

3
1. attuale
2. attuale
3. non attuale
4. attuale
5. non attuale
6. non attuale

7. non attuale
8. non attuale
9. attuale
10. attuale
11. non attuale

4
1. ha funzionato / dette
2. ho detto / hai detto
3. passarono / si sposò / ho passato
4. abbiamo avuto / ho vista / ha detto
5. arrabbiò / cambiò

26. Indicativo imperfetto

pagina 150

1 **Renato prima di sposarsi:**
Non gli piaceva andare al ristorante.
Si vestiva in modo elegante.
Non aveva amici.
Voleva avere molti figli.
Renato adesso:
Non mangia mai a casa.
Ha tre cani.
Esce tutte le sere con i suoi amici.
Si veste in modo casual.

pagina 151

2 1. smetteva 2. era 3. ridevano 4. dormivano
5. aveva 6. divertivano

3
1. Dovevo
2. vivevamo
3. studiavate
4. giocavo

5. partiva
6. avevano / adoravo
7. dormivano

pagina 152

4
1. era
2. erano
3. faceva
4. eravamo / eravamo

5. dicevi
6. eravate
7. bevevo

pagina 153

5   1. Aveva / c'era / era
    2. era / usciva / indossava / faceva
    3. Si chiamava / Era / piaceva / sapeva
    4. Era / correva / arrivava / sentiva

6   1. compravamo / andiamo
    2. avevamo / abbiamo
    3. c'era / faceva / abbiamo / stiamo
    4. guidavamo / guidiamo

pagina 154

7   1. Ero in ufficio. / Stavo parlando con il capo.
    2. Ero in casa. / Stavo mangiando da solo.
    3. Ero ai grandi magazzini. / Stavo comprando dei vestiti.
    4. Ero in auto. / Stavo baciando la mia ragazza.

8   1. erano   10. stava bevendo
    2. era   11. sembrava
    3. c'era   12. ballavo
    4. c'era   13. guardava
    5. stava preparando   14. riuscivo
    6. passeggiavano   15. era
    7. correvano   16. ero
    8. stava leggendo   17. volevo
    9. guardava   18. piaceva

pagina 155

9   1. PA 2. PR 3. PA 4. PR 5. PR 6. PR 7. PR

27. Imperfetto, passato prossimo o passato remoto?

pagina 157

1   1. a. siamo ritornati
       b. ritornavamo
    2. a. abbiamo portata
       b. portavamo
    3. a. ho saputo
       b. sapevo
    4. a. mi è sembrato
       b. mi sembrava
    5. a. nascondevano
       b. hanno nascosto

pagina 158

2   1. b 2. b / a / d 3. b / c 4. a / d 5. a / c / f 6. a / d

pagina 159

3   1. Com'era la tua prima casa?
    2. Com'è stata la partita di calcio?
    3. Com'era il tuo cane?
    4. Com'era il vestito che indossava barbara?
    5. Com'è stato il tuo primo giorno di lavoro?
    6. Com'era tua sorella da piccola?
    7. Com'è stato il viaggio nel deserto?
    8. Com'era la conferenza?
    9. Com'era l'hotel dove hai dormito?

10. Com'era il corso di tedesco? (Com'è stato il corso di tedesco?)

pagina 160

4   1. lavorava / ha lavorato
    2. hai portato / portavi
    3. si è chiamato / si chiamava

pagina 161

5   1. a. sono andato (fatto completato)
       b. andavo (situazione abituale)
    2. a. abbiamo fatto (fatto completato)
       b. facevamo (situazione abituale)
    3. a. hanno chiamato (fatto completato)
       b. chiamavano (situazione abituale)
    4. a. si metteva (situazione abituale)
       b. si è messo (fatto completato)
    5. a. è stato (fatto completato)
       b. erano (situazione abituale)

6   Ieri **volevo andare** a trovare Tristizia al castello e mentre **camminavo** tranquillamente nel cimitero, improvvisamente, un uomo lupo **uscì** dalle tombe e **si mise** di fronte a me, mostrandomi i denti. **Ero** paralizzato dalla paura ma poi **cominciai** a correre e, alla fine, **riuscii** a scappare da lui. **Potevo** fare due cose: o ritornare a casa o tentare di arrivare al castello di Tristizia. **Decisi** di proseguire e di andare a trovarla. Quando **entrai** nel castello, lei **era** distesa sul letto, però **aveva** una faccia molto strana, piena di peli. La cosa mi **preoccupò** e per questo, non **la svegliai** e **ritornai** al mio castello correndo. Io sono Franchino, non sono mica un super eroe!

pagina 163

7   1. lavoravo
    2. studiava   12. disse
    3. avevo   13. invitò
    4. facevo   14. sapeva
    5. andavo   15. piaceva
    6. erano   16. chiamai
    7. s'innamorò   17. andai
    8. era   18. dissi
    9. era   19. era
    10. faceva   20. diventò
    11. accettavo   21. fu

28. Trapassato prossimo

pagina 164

1   1. ero andato   5. era addormentata
    2. avevate lasciato   6. aveva sentito
    3. erano rimaste   7. aveva visto
    4. avevamo chiuse

pagina 165

2 1. avevate già sistemato
   2. avevo fatto
   3. avevo visto
   4. avevo mangiato
   5. era arrivato
   6. era già partito

3 1. aveva abitato
   2. aveva già raccontato
   3. avevo imparato
   4. Avevo studiato
   5. avevamo abitato

pagina 166

4 1. ✓ 2. ~~ero andato~~ andai 3. ~~aveva cotti~~ cosse
   4. ✓ 5. ✓ 6. ~~eravamo andati~~ siamo andati 7. ✓

29. Futuro semplice

pagina 167

1 1. P 2. F 3. P 4. F 5. P 6. F

pagina 168

2 1. ritornerà 2. tradirò 3. mangeremo 4. farà
   5. usciremo 6. mangerò 7. preparerà 8. avranno

3 1. ✓/ ~~venirà~~ verrà / ✓/ ✓
   2. ✓/ ✓/ ~~vederò~~ vedrò
   3. ~~andarò~~ andrò / ✓
   4. ✓/ ~~saperò~~ saprò / ~~poterò~~ potrò
   5. ✓/ ~~mettrò~~ metterò / ✓/ ~~volerà~~ vorrà

pagina 169

4 1. avrà 2. dirà 3. verrà 4. uscirà 5. farà
   6. saprà 7. ascolterà 8. potrò 9. sarà

5 1. → a.   3. → h.   5. → b.   7. → c.
   2. → e.   4. → i.   6. → f.   8. → d.

pagina 170

6 1. conoscerai /   4. vincerai
      innamorerai   5. vorrà
   2. cambierà   6. Avrete
   3. abbandonerà   7. morirai

7 1. non avranno i prodotti puntualmente
   2. andrà sempre meno gente
   3. avranno problemi economici
   4. sarà sempre più sporco
   5. chiuderanno il ristorante

pagina 171

8 1. Avrà 2. saprà 3. Avrà 4. divertirà 5. Verrà
   6. Sarà 7. Vorrà 8. parteciperà 9. Dovrà

9 1. → b.   3. → a.   5. → b.   7. → a.
   2. → b.   4. → b.   6. → b.

10 1. hai / avrà   6. esci / uscirà
    2. sei / sarà   7. vuoi / vorrà
    3. conosci / conoscerà 8. dai / darà
    4. piace / piacerà   9. do / darò fastidio
    5. usi / userà

30. Futuro anteriore

pagina 172

1 1. Avrò dormito   4. avrà dimenticato
   2. sarà offesa   5. avrà pensato
   3. L'avremo lasciato   6. sarà andata

pagina 173

2 1. Lo sa 2. Lo sa 3. Lo immagina 4. Lo immagina
   5. Lo sa 6. Lo sa

3 1. Sì 2. No 3. No 4. Sì 5. No 6. Sì

31. Condizionale

pagina 174

1 1. ~~anderei~~ andrei / ~~doverei~~ dovrei
   2. ✓/ ✓/ ~~Ferei~~ Farei / ~~venirebbe~~ verrebbe
   3. ~~esserei~~ sarei / ✓
   4. ~~volerei~~ vorrei /✓/ ~~esserebbe~~ sarebbe / ✓ / ✓
   5. ~~avere~~ avrei / ~~poterei~~ potrei

pagina 175

2 1. Mi piace ✓/ ~~Mi piacerebbe~~
   2. ~~farai~~ / faresti ✓
   3. Cosa dirai ✓/ diresti ✓
   4. ~~sposerò~~ /sposerei ✓
   5. ~~Non ordinerò~~ / ordinerei ✓
   6. ~~Come sarà~~ /sarebbe ✓
   7. ~~Mi piace~~/piacerebbe ✓
   8. Potete ✓/ potreste ✓
   9. Puoi ✓/ potresti ✓
   10. ~~dobbiamo~~ / dovremmo ✓
   11. Potremmo ✓/ Possiamo ✓

32. Condizionale composto

pagina 176

1 1. avrei 2. avrei 3. avremmo 4. Avremmo 5. saresti
   6. avrebbe 7. avrebbero

2 1. Giulietto avrebbe ballato insieme abbracciato a
      lei.
   2. Giulietto avrebbe preso l'iniziativa.
   3. Giulietto sarebbe scappato via piangendo.
   4. Giulietto le avrebbe dato il suo mantello.
   5. Giulietto le avrebbe dato due baci.
   6. Giulietto le avrebbe promesso la stessa cosa.

33. Forme del congiuntivo: *parli, abbia parlato...*

pagina 177

1
1. voi parliate I		10. lei cammini C
2. tu scriva C		11. lei corra C
3. lui cammina I		12. voi rompete I
4. lei perdona I		13. voi guardate I
5. io rompo I		14. lei perdoni C
6. voi viviate C		15. voi partiate C
7. tu pulisca C		16. loro bevano C
8. io cucino I		17. loro corrono I
9. loro finiscano C		18. io migliori C

pagina 178

2 1. arriviamo / arriviamo 2. guidi / guidi
3. dormite / dormiate 4. compro / compri
5. finiscono / finiscano

pagina 179

3 1. ~~esciamo~~ usciamo / ✓
2. ✓
3. ~~compongono~~ compongano
4. ✓
5. ~~escono~~ escano

4 1. mi dica 2. abbia 3. dia 4. stia 5. vada 6. sia

pagina 180

5 ● durino   ■ abbiano   ■ sia
■ dia   ■ sappiano   ● valga
● esageriate   ● teniate   ■ vengano

pagina 181

6 1. dassi 2. stessi 3. dassero 4. foste 5. stessero
6. daste 7. fosse

pagina 182

7 1. abbiano comprato
2. abbia chiamato
3. abbia finito
4. abbia perse
5. abbia vinta
6. siano entrati
7. sia stato

8 1. fossero sparite
2. fosse andata
3. avesse detto
4. fossi fatto

34. Indicativo o cogiuntivo?

pagina 184

1 1. Sì 2. No 3. No 4. No 5. Sì 6. Sì 7. No
8. No 9. No

pagina 185

2 **Introduciamo un'affermazione:** Siamo sicuri che... /
/ Affermano che... / So che... / Mi hanno detto che... /
Ha giurato che **...parla con lei. (indicativo)**
Introduciamo una supposizione, un desiderio o un obiettivo: Mi permette che...? / Preferite che...? / Mi sembra che... / Non è chiaro che... / È fondamentale che ... / Pensiamo che... / Non chiederle che **...parli con lei. (congiuntivo)**

pagina 186

3
1. noi	4. noi	7. noi
2. Paolina	5. voi	
3. generale	6. Tu	

4
1. di uscire con lui	7. che lui esca
2. che lui sia	8. che tu mi dica
3. che io parli	9. di confessare
4. che io non pensi	10. che sia meglio
5. di chiamare	11. che io sappia
6. che lui mi chiami	

pagina 187

5 1. parlare 2. non insistere 3. cercare 4. cambi 5. ti
dica 6. aspetti 7. sia 8. stia

pagina 189

6 **Introduciamo un'affermazione:** Sappiamo che... / È evidente che... / Ti assicuro che **...è la Terra. (indicativo)**
Introduciamo una supposizione: Pensiamo che... / Sospetto che... / Dubito che... / Suppongo che **...sia la Terra. (congiuntivo)**
Contestiamo un'affermazione: Non crediamo che... / Non è sicuro che **...sia la Terra. (congiuntivo)**
Consideriamo una possibilità: È possibile che... / Mi sembra probabile che **...sia la Terra. (congiuntivo)**

7 1. sono / abbiano
2. siano / abbiano
3. imparino / siano / sappiano
4. imparino / siano / abbiano
5. imparano / sono / hanno
6. imparino / siano / hanno

pagina 190

8 1. Tutto il mondo sa che sono molto lente.
2. È chiaro che si portano la loro casa sulle spalle.
3. Anche a me sembra che siano animali molto pacifici.
4. Non mi risulta che abbiano un'intelligenza molto simile a quella degli esseri umani.
5. Non credo che salgano in groppa agli uccelli.
6. Io non penso che possano vedere il cibo a vari chilometri di distanza.

9 1. NS 2. NS 3. S 4. NS 5. NS 6. S 7. NS 8. S 9. S

pagina 192

10 Introduciamo un'affermazione: Ho sentito che... / Anna ti ha raccontato che... / Ho visto che ...**è incinta**. (indicativo)
Introduciamo una supposizione: Suo marito pensa che... / È difficile che ...**sia incinta**. (congiuntivo)
Introduciamo una valutazione: Ti dispiace che... / È strano che... / Credi che sia importante che... / Mi sembra logico che ...**sia incinta**. (congiuntivo)

11 1. Mi sembra assurdo... che la Giamaica **inauguri** il primo campionato di sci alpino.
2. Mi sembra preoccupante... che due ex ladri **aprano** un negozio di casseforti.
3. Mi sembra giusto...che più della metà dei ministri del governo italiano **siano** donne.
4. Mi sembra esagerato... che dal 2017 gli obesi non **possano** acquistare cibo calorico.
5. È curioso... che una famosa marca di abbigliamento **inventi** un vestito che fa sembrare magri.
6. Mi sembra ridicolo... che vigili **multino** un uomo perché vestito molto male.
7. È incredibile... che un cane **attraversi** a nuoto lo stretto di Messina ritrovare il suo padrone.
8. Sono felice ...che il governo **paghi** 500 euro al mese per ogni figlio minore di tre anni.

pagina 193

12 1. tu   4.in generale   7. in generale
2. lui   5. lei   8. voi
3. lei   6. Tu

pagina 194

13 1. → b. 2. → b. 3. → a. 4. → a.

pagina 195

14 1. dice / ~~dica~~
2. ti ~~conosce~~ / conosca
3. dicono / ~~dicano~~
4. ~~fanno~~ / facciano.
5. ~~vuoi~~ / voglia.
6. porta / ~~porti~~
7. ~~succede~~ / succeda.

15 1. abbia
2. sia andata
3. avessimo già mangiato
4. abbia voluto
5. abbiano previsto
6. parta
7. stesse dormendo
8. pensassi

pagina 196

16 1. sia
2. abbia nascosto
3. sia stato
4. abbia inventato
5. possa
6. sia sempre stato
7. sia stato

35. Imperativo

pagina 197

1 1. preghiera 2. ordine 3. istruzione
4. dare permesso 5. invito 6. consiglio

pagina 198

2 1. Accendi   6. Sii   11. Fai
2. Racconta   7. Vola   12. Cucina
3. Pulisci   8. Stira   13. Proponi
4. Prapara   9. Metti
5. Balla   10. Di

3 1. Andate   4. Fate   7. Siate
2. Prendete   5. Studiate   8. Finite
3. State   6. Aiutate   9. RItornate

pagina 199

4 1. non fumare   4. Non prendere
2. Non uscire / non fare   5. Non pensare
3. Non bere   6. Non avere
      7. Non essere sicuro

5 1. Non fumate   4. Non prendete
2. Non uscite / non fate   5. Non pensate
3. Non bevete   6. Non abbiate
      7. Non siate

pagina 200

6 1. Si sieda   5. Tenga.
2. Traduca   6. Senta
3. vengano   7. faccia
4. Scusi   8. Scriva

pagina 201

7 1. Scrivile / recitagliele (Scrivile e recitale poesie anche tu.)
2. Inviaglieli (Inviale tanti messaggi anche tu.)
3. Diglielo (Dille continuamente che è bella anche tu.)
4. Accompagnala (Accompagnala anche tu.)
5. Perdonaglieli (Perdonale i capricci anche tu.)
6. Preparaglieli (Preparale dei pranzetti deliziosi anche tu.)
7. Mettiti / vestiti (Mettiti il profumo e vestiti bene.)

8 **tu:** pensaci, non pensarci (non ci pensare) / siediti, non sederti (non ti sedere) / portacelo (non ce lo portare)
voi: non gliele date / non ci pensate / sedetevi / portatecelo, non portatecelo
Lei: non gliele dia / ci pensi, non ci pensi / si sieda, non si sieda / ce lo porti, non ce lo porti
Loro: non gliele diano / ci pensino / non si siedano / ce lo portino, non ce lo portino

36. Perifrasi verbali

pagina 202

1 1. → e. Stiamo parcheggiando
2. → b. Sta sorridendo
3. → d. Sta dormendo
4. → c. Sto stirando

pagina 203

2 1. non emettono   → d.
    2. bolle   → e.
    3. sta bollendo   → a.
    4. Tenevamo   → c.
    5. non andavamo   → f.

pagina 204

3 1. sembra
    2. State facendo / siamo
    3. Sto vedendo / è
    4. era
    5. stava tagliando / Erano / Portava
    6. Eri / stavo ascoltando / sentivo.

4 1. Sto per parcheggiare
    2. La partita sta per cominciare
    3. Sta per uscire
    4. Stanno per mangiare
    5. Sta per tornare
    6. Il corso sta per finire
    7. Sta per laurearsi
    8. Sto per andare a dormire

37. Preposizioni (I): *da, a, in, tra, del, sulla, nei...*

pagina 206

1 1. sulla 2. Nella / delle 3. dall' 4. dagli 5. nel
    6. sull' 7. sugli 8. all'

pagina 208

2 1. dal ✓ / ~~a le~~ alle   5. ~~a~~ da
    2. All' ✓ / da ✓   6. ~~a~~ da
    3. ~~alla~~ dalla /di ✓   7. da ✓
    4. ~~da~~ a   8. alla ✓

3 1. a 2. da 3. a 4. all' 5. dagli 6. dall' 7. da

pagina 209

4 1. a → a   b → b   5. a → b   b → a
    2. a → b   b → a   6. a → b   b → a
    3. a → a   b → b   7. a → b   b → a
    4. a → b   b → a   8. a → b   b → a

pagina 210

5 1. a 2. a 3. b 4. b 5. a 6. a

pagina 211

6 1. in / in 2. tra 3. In / in / tra 4. Nel / in / tra
    5. In / tra 6. fra

pagina 212

7 1. Nel   →   c. in
    2. tra   →   a. nel
    3. in   →   e. nell'
    4. nella   →   b. nel / tra
    5. nell' / tra →   f. in
    6. tra   →   d. nel / in

8 1. ~~Vicino in una tenda.~~
    2. Tra la prima e la seconda duna.
    3. ~~Tra uno stagno.~~
    4. In una tenda.
    5. ~~In una palma e l'altra.~~
    6. Avvolto in un tappeto.
    7. ~~Fra un'oasi.~~

pagina 213

9 1. di   6. di
    2. di   7. di
    3. di / della   8. di
    4. Di   9. di
    5. di   10. della / della

10 1. del   5. di   9. di   13. degli
    2. dell'   6. dell'   10. della 14. del
    3. di   7. di   11. della
    4. dell'   8. di   12. dei

pagina 214

11 1. della / di   6. della / delle / d'
    2. delle   7. di / del
    3. d' / d'   8. di / del
    4. di /di   9. di / d'/ di
    5. di / del / di

12 1. sullo / sulla 2. sul 3. sulle 4. sulle / sui
    5. su 6. su 7. sulle 8. sui

pagina 215

13 1. sulle 2. su / sulle 3. sui / su 4. sulle 5. su / sull'
    6. sull' 7. su 8. sui/sulle 9. sui / sulle

pagina 216

14 **Luogo o tempo:** per la porta; per il centro; per molti secoli
    Mezzo: per posta; per televisione
    Causa: per il soggiorno; per ordine del Questore; per un problema
    Scambio/sostituzione: per pochissimi soldi; per Totti, per me

15 1. ✓   4. ~~per~~ a   7. ~~per~~ da
    2. ✓   5. ✓   8. ✓
    3. ~~per~~ da   6. ✓   9. ~~per~~ a

16 1. ✓   4. ~~per~~ in   7. ~~tra~~ per
    2. ~~a~~ per   5. ~~da~~ per   8. ~~per~~ con
    3. ✓   6. ✓

17 1. con 2. senza 3. senza 4. con 5. con 6. con 7. senza 8. con 9. senza 10. senza

38. Preposizioni (II): *davanti a, a fianco di...*

pagina 219

1 1. davanti 2. dietro 3. sotto 4. lontana 5. sotto

2
1. accanto	accanto	10. sopra
2. sotto	6. sullo	11. sopra
3. sopra	7. sotto	12. sopra / sul
4. sopra	8. sotto	13. dietro
5. vicino /	9. Sopra	14. davanti

pagina 220

3
1. dietro a Bianca.
2. di fronte alla banca.
3. dietro a una macchina rossa.
4. davanti
5. di fronte a una statua.
6. dietro al vaso.
7. di fronte alla biblioteca.
8. è davanti a Marisa.

pagina 221

4
1. Alla fine di	6. alla fine
2. dall'altro lato	7. dentro
3. prima di	8. dentro al
4. al centro	9. in mezzo
5. dopo	10. dentro all'

pagina 222

5
1. Contro / verso
2. Contro / verso
3. verso / verso
4. Verso / verso / verso / verso
5. Verso /contro

---

pagina 224

1
Poliziotto	A	Poliziotto	A
Paolo	D	Paolo	D
Poliziotto	A	Poliziotto	A
Paolo	D	Paolo	D
Poliziotto	A	Poliziotto	D
Paolo	D	Paolo	D

pagina 225

2
1. **Come** si chiama il fiume che passa per Roma?
   → **e.** Tevere
2. **Quando è finita la prima Guerra di** Indipendenza italiana? → **b.** Nel 1849
3. **Come** si chiama un tipico ballo del Sud Italia?
   → **c.** Tarantella
4. **Quando è la** Festa della Repubblica?
   → **f.** Il 2 giugno
5. **Dov'** è nato Dante?
   → d. A Firenze

3
1. Dov'è (Dove si trova) la fermata del 18?
2. Come andiamo allo stadio?
3. Quando sei libero? (Quando ci vediamo?)
4. Dove compri la frutta e la verdura?
5. Quando vai a correre? (Quando fai jogging?)

pagina 226

4
1. **Quanto** dura il viaggio in aereo da Palermo a Venezia?
   → **g.** Un'ora e mezza.
2. **Quante** regioni ci sono in Italia?
   → **f.** Venti.
3. **Quanta** gente parla italiano nel mondo?
   → **c.** 63milioni di persone.
3. **Quanto** tempo durò il Fascismo?
   → **e.** Vent'anni.
4. **Quanto** è alto il Monte Bianco?
   → **b.** 4.810 m.
5. **Quanti** stati confinano con l'Italia?
   → **c.** sei, Austria, Slovenia, San Marino, Città del Vaticano, Francia e Svizzera.

5
1. ● **Quanto** tempo ci vuole per cucinare il ragù?
   ■ Almeno due/tre ore.
2. ● **Quanto** peperoncino hai messo nella pasta?
   ■ Mah, non tanto. Ti sembra tanto piccante?
3. ● Avete delle olive verdi dolci?
   ■ Sì. **Quante** ne vuole?
4. ● **Quanti** croccantini devo dare al gatto?
   ■ Pochi perché è grasso.
5. ● **Quanta** vernice prendiamo per il salone?
   ■ Almeno due secchi.
6. ● Ci servono delle pizzette per l'aperitivo di domani.
   ■ **Quante**?

pagina 227

6 1. ● **Perché** non mi aiuti a sistemare i libri?
 ■ **Perché** sto preparando la cena.
 2. ● **Perché** non prendi l'insalata?
 ■ **Perché** ci sono i peperoni che non mi piacciono.
 3. ● **Perché** hai litigato con tua sorella?
 ■ **Perché** lei prende sempre le mie cose.
 4. ● Ti va di venire a cena da me domani?
 ■ **Perché no!**
 5. ● **Perché non** andiamo in vacanza in Scozia?
 ■ **Perché no**? È un bel posto!
 6. ● **Perché** sei tornato prima a casa?
 ■ **Perché** sono uscito prima dal lavoro.
 Approfittiamo per andare a cena fuori?
 ■ **Perché no** ?
 7. ● Sono stanchissima, non ce la faccio più!
 ■ **Perché** non ti riposi un po'? Stasera cucino io.

7 1. ● Vado a una degustazione di vini stasera.
 ■ Ah, sì? **Dove?**
 ● All'enoteca Amici di Bacco.
 2. ● Facciamo il percorso intorno alle mura?
 ■ **Come?**
 ● In bici, le affittano qui vicino.
 3. ● Mi vedo con Bea, prendiamo un aperitivo. Vieni?
 ■ **Quando?**
 ● Verso le sette.
 4. ● Mi presti un po' di soldi? Non ho il portafoglio...
 ■ Certo, **quanti?**
 ● 20 euro vanno benissimo.
 5. ● Vado al cinema, vuoi venire?
 ■ Sì, **perché no?** Mi va proprio di vedere un film.
 6. ● Quest'anno non vado in vacanza.
 ■ **Perché?**
 ● Devo finire un lavoro per la prima settimana di settembre.
 7. ● Sai che Giacomo si è rotto un braccio?
 ■ Davvero? **Come?**
 ● Sciando sulle Dolomiti.
 8. ● Ho preso un appuntamento dal dentista.
 ■ **Quando?**
 ● Lunedì prossimo.

pagina 229

8 1. ● In **quale (che)** ristorante andiamo?
 ■ Proviamo il nuovo ristorante giapponese.
 ● **Quale**, quello in via Messina?
 2. ● **Cosa (che cosa /che)** regaliamo a tuo padre?
 ■ Prendiamo due di queste bottiglie di vino.
 ● **Quali?** Ce ne sono tantissime.
 ■ Secondo te **quali** sono le migliori?
 3. ● Mi passi la mia borsa?
 ■ **Qual** è?
 ● Quella nera, accanto al tavolo.
 4. ● **Che cosa (cosa)** serve per questa ricetta?
 ■ Uova, burro, farina e un po' di latte.
 5. ● **Cosa (che cosa)** hai fatto ieri pomeriggio?
 ■ Sono andato in un nuovo negozio di design.
 ● **Quale?** Quello in centro?
 ■ Sì. Ho fatto un po' di acquisti.

● **Cosa (che cosa)** hai comprato?
 ■ Una caffettiera di design.
 ● E a **cosa (che)** ti serve? Ne hai già tante!
 6. ● Sono un po' preoccupato per il test.
 ■ **Quale?**
 ● Quello di storia moderna.
 ■ **Che cosa (cosa)** ti preoccupa?
 ● Ci sono così tanti argomenti... non riesco proprio a immaginare **quali** saranno le domande!

pagina 230

9 1. ● **Quale** ciclista italiano ha vinto il Tour de France del 2014?
 ■ Vincenzo Nibali.
 2. ● **Quale** dei tuoi colleghi è il più disponibile?
 ■ Michele.
 3. ● Bambini, **chi** ha rotto il vaso?
 ■ È stato il gatto, mamma.
 4. ● Di tutti i tuoi amici, **quali** sono i più stretti?
 ■ Barbara e Vittorio. Li conosco da sempre.
 5. ● **Qual** è la scuola di tua figlia?
 ■ La De Amicis, è molto buona.
 6. ● Guarda quel ragazzo!
 ■ **Quale** ragazzo?
 ● Quello con la maglietta nera. Bello, no?
 7. ● **Chi** era al telefono?
 ■ Era Alessandro.
 ● **Quale** Alessandro? Tuo cugino o il tuo collega?
 8. ● Ieri mi sono iscritta in palestra.
 ■ **Quale** palestra?
 ● Quella vicino alla scuola.

10 1. Cosa fai domenica?
 → **f.** Niente, dormirò tutto il giorno!
 2. **Che** prepari per pranzo?
 → **g.** Un' insalata d'orzo.
 3. **Chi** viene stasera?
 → **d.** Tutti: Peppe, Monica, Susi Salvatore e Susi
 4. **Che** musica metto?
 → **a.** Un po' di jazz, ti va?
 5. Non so cosa mettermi. **Quale** dei due mi consigli?
 → **c.** Il maglioncino verde ti sta meglio.
 6. Tra questi film, **quali** andranno al Festival di Cannes?
 → Quello del regista italiano e della regista greca.
 7. Secondo te **qual** è la squadra più forte quest'anno?
 → **b.** La Juventus.

11 1. ● E **dove** l'ha trovata?
 ■ In un armadio. Mi sono appena trasferito qui e non ero mai entrato in quella stanza.
 2. ● Può dirmi di cosa si tratta? **Che cos'**è, esattamente?
 ■ Una mummia. Una mummia in perfetto stato.
 3. ● Incredibile! **Chi** potrebbe essere?
 ■ È la bisnonna di mia cugina Matilda.
 4. ● E **quanti** anni potrebbe avere?
 ■ Avrà duecento anni, più o meno.
 5. ● **Come** era vestita?

■ Non aveva abiti, solo bende. Proprio come le mummie egizie.

6. ● Secondo Lei, **perché** la tenevano nell'armadio?
■ Non saprei. Forse le volevano molto bene e non volevano separarsi da lei.

7. ● E Lei come sta?
■ Un po' sorpreso, a dire la verità.

8. ● **Che cosa** farà con la mummia?
■ La porterò in un museo. È un ritrovamento importante.

9. ● **Quale** museo?
■ Quello archeologico. Penso che sia il più adatto.

pagina 231

12 1. (I) Chi è Marte? → **d.** Il dio della guerra.
(II) Cos'è Marte? → **c.** Uno dei pianeti del Sistema Solare.

2. (I) Cosa sono i satelliti? → **f.** Corpi celesti che girano intorno a un pianeta.
(II) Quali sono i satelliti più grandi di Giove? → **e.** Io, Europa e Callisto.

3. (I) Cosa è Giove? → **h.** Un pianeta del Sistema Solare.
(II) Chi è Giove? → **g.** Il padre di tutti gli dèi.

4. (I) Cosa è un robot? → i. Una macchina che fa cose automaticamente.
(II) Chi sono i robot che accompagnano Luke Skywalker nelle sue avventure? → **j.** C-3PO e R2-D2.

5. (I) Chi era Apollo? → **l.** Il dio del sole.
(II) Cosa era Apollo 11? → **k.** La prima missione spaziale che portò l'uomo sulla Luna.

6. (I) Cosa è un pianeta? → **m.** Un corpo celeste dalla forma sferica che orbita intorno a una stella.
(II) Qual è il pianeta da cui viene Luke Skywalker? → **n.** Tatooine

7. (I) Chi è un cavaliere Jedi? → **o.** Obi-Wan Kenobi.
(II) Cos'è un cavaliere Jedi? → **p.** Un cavaliere che difende la pace e la giustizia con l'aiuto della Forza.

pagina 232

13 1. Cosa 2. Qual 3. Qual 4. che 5. Cosa 6. Quali 7. Che

14 1. A chi 2. Di chi 3. Da dove 4. Da chi
5. Con chi 6. Di quanti 7. Da dove

pagina 233

15 1. Per quante ore rimarranno a Firenze i passeggeri?
2. Fino a quando soggiornerà nella nostra città Andrea Boccelli?
3. Dove andrà la settimana successiva?
4. Per quanti milioni di dollari la Banca d'Italia ha comprato la compagnia Intergas?
5. Da quando apparteneva a Riccardo de Paperoni?

16 1. che   4. qual
2. quanti   5. cosa
3. quali   6. dove

7. come   12. chi
8. se   13. se
9. quanti   14. qual
10. come   15. cosa
11. che   16. quante

pagina 235

17 1. Quanti figli!
2. Quanto pesava!
3. Che dieta!
4. Quanti dischi ha!
5. Che generoso!
6. Quante buste della spesa ha portato!
7. Che vicino!
8. Che vanitoso!

18 1. Quanto mi piace questa canzone di De Gregori!
2. Com'è antipatico il fratello di Paolo!
3. Che brutta giornata ho avuto oggi!
4. Quanto parla tuo cugino!
5. Quanti amici ha Susanna!
6. Com'è strano questo film di fantascienza!

19 1. ~~Che~~ Com'è cresciuta mia nipote Clara.
2. ✓
3. Guarda questo tappeto, ~~come~~ che/com'è sporco!
4. ~~Come~~ Quanti specchi, in questa casa!
5. ✓
6. ~~Che~~ Quanti dischi! Sono proprio tanti!
7. ✓

40. Paragonare

pagina 237

1 1. Gli Omega 999 hanno meno occhi dei Beta-beta X.
2. GLi Omega 999 sono più alti dei Beta-beta X.
3. I Beta-beta X sono meno intelligenti degli Omega 999.
4. I Beta-beta X si svegliano prima degli Omega 999.
5. Gli Omega 999 vanno a dormire prima dei Beta-beta X.
6. I Beta-beta X consumano meno acqua degli Omega 999.
7. Gli Omega 999 vivono più a lungo dei Beta-beta X.

2 1. di   4. che   7. di
2. di   5. che   8. di
3. che   6. di   9. di

pagina 239

3 1 / 3 / 5

4 1. gli stessi 2. le stesse 3. lo stesso 4. lo stesso
5. gli stessi 6. la stessa 7. lo stesso 8. gli stessi
9. lo stesso 10. lo stesso

pagina 240

5 1. Mi piace **tanto** sciare **quanto** pattinare.
3. Rosaria cucina bene **come** / **quanto** Graziella
4. Nell'astuccio ho **tante** matite **quante** penne.
6. I miei cugini sono alti **tanto quanto** me / I miei cugini sono alti **come** me.
7. Caterina è studiosa (**tanto**) **quanto** Cecilia / Caterina è studiosa **come** Cecilia.

6 2. Alessia e Caterina bevono **la stessa** acqua minerale.
3. Alessia e Caterina hanno **lo stesso** numero di yacht.
5. Alessia ha **lo stesso** personal trainer di Caterina.
6. Alessia beve **tanti** caffé **quanti** Caterina.
/ Alessia prende **tanti** caffé **quanti** Caterina.
5. Alessia usa **lo stesso** profumo di Caterina.

pagina 241

7 1. → d. → c.
2. → b. → d.
3. → a. → b.
4. → i. → f.
5. → h. → e.
6. → f. → h.
7. → e. → i.
8. → g. → g.

pagina 242

8 1. simpaticissmio
2. antipaticissimo
3. felicissimo
4. giovanissimo
5. amabilissimo
6. piacevolissimo
7. salatissimo
8. interessantissimi
9. facilissimi
10. divertentissimo
11. altissimo

9 1. giovane
2. amabile
3. fragile
4. grande
5. bianco
6. stupido
7. felice
8. piacevole

10 1. lontanissimo
2. rapidissima
3. benissimo
4. velocissimo
5. malissimo
6. profondissimo
7. pochissimo
8. tantissimo

11 1. carissimo.
2. noiosissimo.
3. bruttissimo.
4. famosissima.
5. miserabilissima.
6. simpaticissima!
7. intelligentissima.

pagina 243

12 **Vanessa:** ✓ / ✓
Isabella: ~~magnificissimo~~ magnifico
Vanessa: ~~bionderissimi~~ biondissimi
Isabella: ~~orribilissima~~ orribile
Vanessa: ✓ / ✓
Isabella: ~~molto vecchissimi~~ molto vecchi
Isabella: ~~superstupendo~~ stupendo / ✓ / ✓
Vanessa: ~~estremamente affascinantissimo~~ estremamente affascinante / ✓
Isabella: ✓

pagina 244

13 1. peggiore 2. migliori 3. maggiore / minore
4. maggiore 5. migliore

pagina 245

14 La mia **migliore** / ~~meglio~~ amica italiana si chiama Lucia e usciamo sempre insieme. Ieri sera, per fare qualcosa di diverso, siamo andate in discoteca, ma solo dopo ci siamo accorte che era la **peggiore** / ~~peggio~~ discoteca di Firenze. Era affollata e quasi non si poteva respirare... non sono mai stata in un posto **peggiore** / ~~peggio~~! E la musica? Era la **peggiore** / ~~peggio~~ che abbia mai sentito! Dopo mezz'ora abbiamo capito che era ~~migliore~~ / **meglio** andarcene, e siamo andate in un locale più tranquillo, dove l'atmosfera era decisamente **migliore** / ~~meglio~~. Siamo andate a letto con un gran mal di testa, ma stamattina per fortuna mi sento ~~migliore~~ / **meglio**. La prossima volta sceglieremo ~~migliore~~ / **meglio** il locale in cui andare!

15 1. più grande
2. migliore?
3. peggiore
4. minore.
5. più piccola?
6. maggiore
7. più grande?

16 1. pessima
2. ✓
3. ✓
4. ✓
5. ottima
6. piccolissima
7. ✓

41. Unire frasi: *e, o, però, perché, quando, se, che...*

pagina 247

1 1. → d.
2. → g.
3. → c.
4. → b.
5. → f.
6. → a.

2 1. 1 regalo
2. 1 regalo
3. 1 regalo
4. 0 nessun regalo
5. 1 regalo
6. 2 regali

3 **Carla:** e
Giorgio: o / o
Lisa: né / né
Carla: o
Giorgio: né / né / o
Lisa: e

4 **Il tipo di uomo ideale di Cristina:**
1. e 2. e 3. né / né 4. né
Il marito di Cristina:
1. e 2. né /né 3. né / né 4. né /né 5. e

pagina 248

5 1. tuttavia
2. ma
3. invece
4. eppure
5. anche se
6. anzi
7. però
8. mentre
9. anzi

6 1. cioè
2. cioè
3. infatti
4. cioè
5. cioè
6. Infatti!

pagina 249

7 1. → c.   3. → a.   5. → b.   7. → f.
2. → g.   4. → e.   6. → h.

pagina 250

8 1. Siccome / Poiché 2. Siccome / Poiché 3. perché 4. Siccome/Poiché 5. perché 6. Siccome/Poiché 7. perché 8. Siccome/Poiché

pagina 251

9 1. che cammina
2. che canta
3. che ho guardato ieri
4. che si innamora
5. che viene
6. che ha vinto
7. che è sempre tanto buona
8. che le serve

10 1. Mio cugino è sposato con una ragazza giapponese **che** si chiama Kuniko.
2. Mia madre fa la segretaria in un'azienda **che** si occupa di traduzioni.
3. Mia sorella Rachel scrive romanzi **che** hanno molto successo.
4. Mio fratello Bernard è un fotografo **che** si occupa di reportage.
5. In Italia ho trovato un lavoro **che** mi piace.

11 1. Cinzia fa la programmatrice in un'azienda **dove** guadagna molto.
2. Chiara lavora in una casa editrice **dove** ho lavorato anch'io.
3. Pietro fa il portiere in un albergo **dove** non possono entrare animali.
4. Michele si è trasferito sulle Dolomiti **dove** ci sono molti paesini pittoreschi.
5. Barbara fa l'insegnante in una scuola **dove** ci sono solo venti studenti.

pagina 252

12 1. Mia sorella vuole ↓ le presti la mia macchina (**che**)
2. È necessario ↓ mi metta la cravatta? (**che**)
3. Al mio gatto piace essere accarezzato. (✓)
4. Non voglio andare al mare. Ho paura degli squali. (✓)
5. Abbiamo capito ↓ non ti piace uscire con noi. (**che**)
6. Ieri mi sono accorta ↓ il telefono non funzionava. (✓)
7. Domani voglio andare al mare con mio marito. (✓)
8. Paola ha deciso ↓ comincerà un corso di tango. (**che**)

9. Ai miei figli piace giocare nel parco. (✓)

pagina 253

13 1. Margherita ha fatto una cena
come solo lei sa farla: deliziosa!
quando è tornata dalle vacanze.
dove abita ora, a casa dei suoi genitori.
2. Oggi ho mangiato
dove mangia Carlo, in un ristorante buonissimo
come sempre, di fretta.
dove ho finito di fare delle commissioni.
3. Camilla suonava il piano
come le aveva detto l'insegnante.
quando era una bambina.
dove nessuno poteva sentirla, in cantina.
4. Ho comprato un vestito
come quello che aveva ieri tua madre.
dove mi hai consigliato tu, da Zazà.
quando sono cominciati i saldi.

14 1. → c. **Quando**   6. → g. **Come**
2. → b. **Dove**   7. → f. **Dove**
3. → a. **Come**   8. → i. **Come**
4. → e. **Quando**   9. → h. **Quando**
5. → d. **Come**

pagina 254

15 1. Prima chiude le finestre, poi esce.
2. Prima si veste, poi si trucca.
3. Si trucca e ascolta la radio.
4. Prima si sveglia, poi si fa la doccia.
5. Prima fa la colazione, poi esce
6. Fa colazione e legge il giornale.
7. Prima arriva al lavoro, poi apre la finestra.

pagina 256

16 1. tutte le volte che / ~~fino a quando~~
2. Mentre / ~~fino a quando~~
3. ~~Mentre~~ / ogni volta che
4. Appena / ~~Finché~~
5. Da quando / ~~fino a quando~~
6. ~~Ogni volta che~~ / finché
7. ~~finché non~~ / ogni volta che
8. Fino a quando non / ~~da quando~~

17 1. prima che   4. dopo che   7. dopo che
2. Dopo   5. Prima di   8. dopo
3. prima di   6. prima che   9. Dopo che

pagina 258

18 1. ↓ Vai in vacanza, portami un ricordino. (**F**)
2. Non ti aspetterò, ↓ farai tardi anche stasera. (**M**)
3. Mi chiami, ↓ ha qualche problema al lavoro. (**D**)
4. ↓ Esco con i compagni di scuola, mi vieni a prendere? (**F**)
5. ↓ Finisci presto di lavorare, passa in banca a ritirare i soldi. (**M**)
6. Posso andare in vacanza con i miei amici ↓ vengo promossa a scuola? (**F**)
7. ↓ Si impegna di più riceverà una promozione. (**D**)

19 Mio figlio maggiore Riccardo sarà direttore dell'azienda **se terminerà** / ~~terminerebbe~~ i suoi studi in Legge. A mia figlia Marta lascio le case di Capri e di Ischia **se** ~~fosse ritornata~~ / **ritorna** con il suo fidanzato Mauro. Mia moglie avrà 200 mila € ogni anno solo **se non si risposerà** / ~~si risposerebbe~~ e **non ha** / **non avrà più figli**. A mio cugino Luigi lascio la direzione della casa editrice Eurol **se smette** / ~~smetta~~ di bere. A mio nipote Paolo lascio la casa sull'isola se ~~avesse lasciato~~ / **lascerà** la sua amante **e tornerà** / ~~tornasse~~ con sua moglie.

pagina 259

20
1. tornasse **(P)**
2. smettessi **(P)**
3. riflettessi **(P)**
4. vincessi **(P)**
5. avessi saputo **(I)**
6. fosse stata **(I)**
7. cominciassi **(P)**

21
1. avesse fatto
2. avesse aperto
3. non fosse stato allergico
4. fosse andato
5. si fosse
6. fossi nato

22
1. cucinerei / ~~cucino~~
2. Ci ~~saremmo divertiti~~ / divertiremmo
3. ti ~~avrei comprato~~ / comprerò
4. ti troveresti / ~~saresti trovato~~
5. ~~imparerò~~ / imparerei
6. ti avrei presentato / ~~presenterei~~
7. ti ~~inviterò~~ / avrei invitato a cena.

42. Lettere e suoni

pagina 264

1 mano / tutto / pollo / fame / dado / voto / lato / laterale / quando / povero / foto / dormire / mamma

2
a. **suono [k]** crostata, casa, chiodo, chiesa, chitarra, comando.
suono [tS] ciao, circo, cena, cima, cinque, ciambella.
b. **suono [g]** ghetto, gabbia, sagra, grasso, gotico.
suono [/] viaggio, psicologi, tragedia, gelato, geometra, gemelli, agire.
c. **suono [s]** masso, sfumare, corso, orso, snocciolare, astice, sognare, fisso.
suono [z] sgusciare, trentesimo, paralisi, alpinismo.
d. **suono [ts]** calzare, negozio, pozione, esperienza, padronanza, immondizia.
suono [dz] Mozambico, azoto, zucchero, azzerare, valorizzare, ringraziare.

3
1. jazz
2. jeans
3. jogging
4. koala
5. killer
6. weekend
7. kimono
8. wurstel
9. yacht
10. xenofobia
11. yogurt

43. Accenti

pagina 265

1 ve-ri-<u>tà</u> / gior-<u>na</u>-le / <u>com</u>-pra-lo / <u>di</u>-te-lo / <u>ca</u>-vo-lo / <u>pri</u>-mo / <u>scri</u>-ve-re / <u>sa</u>-ba-to / cit-<u>tà</u> / <u>la</u>-dro / <u>don</u>-do-la-no / po-<u>li</u>-ti-co / <u>a</u>-bi-ta-no / <u>gio</u>-va-ne / gio-<u>ca</u>-re / so-<u>rel</u>-la / ac-cu-<u>sa</u>-re

pagina 266

2
1. ~~Tré per tré~~ Tre per tre
2. ✓
3. ~~é~~ è
4. ~~peró~~ però
5. ~~fuòri~~ fuori

3
1. ~~ventitre~~ ventitré
2. ~~caffe~~ caffè
3. ~~arrivero~~ arriverò / ~~andro~~ andrò / ~~cioe~~ cioè
4. ~~te~~ tè
5. ~~trasferira~~ trasferirà / ~~citta~~ città
6. ~~piu~~ più / ~~perche~~ perchè
7. ~~trentatre~~ Trentatré / ~~E~~ È

pagina 267

4 piano / piombo / ruota / fiore / seguente / caimano / causa / uguale / uovo / piede / causa / chiodo / aula / uomo / fiume

pagina 268

5
■ Si (**Sì**) grazie! Ma poi usciamo!
● Va bene. Andiamo al centro commerciale?
■ Si (**Sì**), andiamo la (**là**). E (**È**) più comodo.
● E (✓) poi se (✓) vuoi passiamo da (✓) Laura.
■ Non so, mi sembra che abbia molto da (✓) fare oggi.
● Va bene. Allora andiamo a prendere la (✓) borsa che volevi.
■ Si (**Sì**)! Andiamo da (✓) Gucci!
● No, non andiamo ne (**né**) da Gucci ne (**né**) da Armani. Sono troppo cari!
■ Ma quella che piace a me la (✓) vendono solo li (**lì**).
● Ok, va bene. Allora te la (✓) prendo per Natale.

44. Intonazione

pagina 268

1
1. Andiamo in moto? / Puoi prestarmi la macchina? / Domani che fai?
2. Grazie, ma non posso. / Vado a un festival di cinema. / Domani posso passare verso le cinque.
3. Aspettatemi, vengo anch'io! / Abbiamo vinto al Lotto! / A fare i compiti!